DR. HARALD WIESENDANGER

GEISTHEILER - DER RATGEBER

Was Hilfesuchende wissen sollten - Ehrliche Antworten auf 45 spannende Fragen

W0397712

LEA VERLAG

GEISTIGES HEILEN
im Internet:
www.psi-infos.de

ISBN 3-930147-10-6
2000. Dritte, aktualisierte und erweiterte Auflage 2004.
Copyright by Lea Verlag, Schönbrunn
Alle Rechte vorbehalten
Umschlag: H. Wiesendanger

Zur Neuauflage

Daß ein Buch nach gerade mal fünf Wochen in die zweite Auflage geht, kommt nicht alle Tage vor. Schon gar nicht, wenn es zwei- bis dreimal dicker und teurer ist als Dutzende andere zu seinem Thema. Noch erstaunlicher wird die unerwartet rege Nachfrage, wenn man bedenkt, daß dahinter kein großes Verlagshaus mit rührigen Marketing- und PR-Abteilungen, einem üppigen Werbeetat und einer Hundertschaft von Vertretern steht, die tagaus, tagein dem Buchhandel auf die Pelle rücken. Dieser Ratgeber ist Produkt eines nach Feierabend betriebenen Ein-Mann-Selbstverlags, der in erster Linie von Mundpropaganda lebt. Wieso erreicht er trotzdem jenen Leserkreis, für den er gedacht ist: Patienten und ihre Angehörigen, die erwägen, sich auf geistiges Heilen einzulassen?

Daß er ankommt, widerlegt ein verbreitetes Vorurteil über die Klientel von Heilern. Durchaus nicht jedem Hilfesuchenden genügen ein paar reißerische "Wunder"meldungen, um sich schnurstracks, blind vor Hoffnung, dem erstbesten Handaufleger, Gesundbeter oder Fernbehandler auszuliefern. Ebensowenig beeindrucken einen Großteil der Patienten aber auch jene billigen Entlarvungsorgien um angebliche "Scharlatane", die skandalverliebte Redaktionen in schöner Regelmäßigkeit feiern. Auch wer von geistigem Heilen bisher so gut wie nichts weiß, ahnt zumindest: Die Wahrheit liegt, wie fast immer, in der Mitte - irgendwo zwischen schriller Jubelarie und gnadenlosem Verriß. Genau dort sucht sie dieser Ratgeber, im Bemühen um Ausgewogenheit, um ein faires Gegenüberstellen von Pros und Contras, um ein Beibringen von zuwenig bekannten Hintergrundinformationen, die es Hilfesuchenden erleichtern sollen, sich ein begründetes eigenes Urteil zu bilden.

Schönbrunn, Mai 2000

So urteilt die Presse

Geistiges Heilen - wo gibt´s darüber richtig gute Information? Das neueste Buch von Harald Wiesendanger kann getrost all denen empfohlen werden, die sich erstmalig für das Thema interessieren. Aber auch denjenigen, die schon einiges darüber wissen (oder zu wissen glauben), sei das überaus gründlich recherchierte Werk ans Herz gelegt. Wiesendanger präsentiert sich - wieder einmal - als ausgewogener Ratgeber.

Grenzenlos Nr. 4/2000

Der Experte Dr. Harald Wiesendanger kennt die Fakten und Zahlen. Er gibt ehrliche Antworten auf spannende Fragen.

Bio Nr. 3/2000

Verblüffend, wie wirksam Geistheilung sein kann. Zahllose Beispiele belegen dies. Trotzdem sollte jeder, der sich einem Heiler anvertrauen möchte, vorsichtig sein - denn allzu viele Scharlatane und Möchtegern-Heiler tummeln sich auf diesem grauen Gesundheitsmarkt. Der Experte Dr. Harald Wiesendanger, seit vielen Jahren mit dieser Sparte vertraut, gibt wichtige Ratschläge.

Woche der Frau Nr. 16, 10.4.2000

Dieses Buch bietet ausgewogenen Rat, der weder in esoterische Euphorie noch in pauschale Skepsis abgleitet.

Para Nr. 27, Mai 2000

Experte Dr. Harald Wiesendanger, Autor von sechs Sachbüchern über das Phänomen des geistigen Heilens, erlebt tagtäglich die Verunsicherung von Patienten. Was ihnen ehrlicherweise zu sagen ist, faßt er in seinem Ratgeber zusammen.

Neue Gesundheit Nr. 5/2000

Macht Schwerkranken Hoffnung, bewahrt sie zugleich aber vor unrealistischen Erwartungen.

Naturheilpraxis Nr. 5/2000

Dieses Buch zeigt therapeutische Chancen auf, verschweigt aber auch nicht Grenzen und Gefahren.

Mensch&Sein Nr. 3/2000

Es erübrigt sich, den hinreichend bekannten Autor und sein Werk einmal mehr ausführlich zu charakterisieren. Er gilt nicht zu Unrecht als der deutsche Spezialist in Sachen 'Geistheilung'. Nach sechs einschlägigen Büchern vermittelt er nun - in Form von Antworten auf wichtige Fragen, unter Berücksichtigung positiver und negativer Beispiele und einer Fülle von Literatur-Nachweisen - den hilfesuchenden Lesern die Gegebenheiten und Möglichkeiten des Heilens und seines Umfeldes. Die klare Gliederung des Materials, ergänzt durch drucktechnisch hervorgehobene 'Merksätze', erleichtert den Zugang zu einem komplexen Gebiet, dessen Grenzen nach vielen Seiten offen sind. Die Inhalte sind geeignet, den Leser vor etlichen Fallstricken zu bewahren, die in der Szene lauern, sie können ihm aber die Wahl seines je eigenen Weges nicht ersparen. (...) Der 'Ratgeber' ist kein Lesebuch. Die Fülle der auf nahezu 400 Seiten dargestellten Einzelheiten überfordert den Schnellleser. Nach Kenntnisnahme der einleitenden Hinweise sollte man den einen oder anderen besonders wichtig erscheinenden Abschnitt herausgreifen. Beim weiteren Studium entwickelt sich ein Gesamtbild des derzeitigen Standes der geistigen Heilung, in dem die Konturen einer menschlicheren Medizin aufscheinen.

Prof. em. Dr. Ernst Senkowski,
Transkommunikation, Frühjahr 2000

Leserstimmen

Hätte es dieses Buch schon ein paar Jahre eher gegeben, so wären mir etliche Enttäuschungen mit selbsternannten "Heilern" erspart geblieben. Eine fabelhafte Orientierungshilfe für "Austherapierte"!

Elfriede W., Köln

Trotz Ihrer zahlreichen Bücher über geistiges Heilen, die ich alle mit Begeisterung gelesen habe, habe ich immer eines vermißt, das sich unmittelbar an Hilfesuchende wendet und auf ihre zahlreichen Fragen eingeht. Endlich ist es da!

Dr. Bernd S., Wiesbaden

Zu Ihrem neuen Buch möchte ich Ihnen gratulieren. Es hat mich so gefesselt, daß ich mich immer wieder zwingen mußte, es aus der Hand zu legen, um andere wichtige Dinge nicht unerledigt zu lassen. Ich habe es förmlich verschlungen. (...) Ihren distanzierten und kritisch-ausgewogenen Umgang mit diesem Thema schätze ich sehr. Ihr Buch ermöglicht mir eine Selbsteinschätzung meiner Arbeit und meiner Auffassung von ihren verschiedenen Aspekten. Immer wieder auftauchende Selbstzweifel lösen sich auf, wenn ich meine Anschauung der Dinge von Ihnen beschrieben und mit Fakten belegt finde. Das ist wie eine positive Resonanz sehr wohltuend und erfüllt mich mit tiefer Dankbarkeit.

Ingrid Priebe Engel, Mediale Medizinvermittlung
für Ärzte und Heilpraktiker, Detmold

Ich finde es toll, daß es Menschen gibt, die so fleißig sind wie Sie und so viel Wissen zusammentragen. (...) Es gibt sicherlich sehr viele Menschen, die ein Buch von Ihnen lesen und dafür zwanzig andere weglassen können, die man am Anfang seiner spirituellen Neugierde und Laufbahn lesen würde.

Silke Hennig-Tusche, Heilerin, Bremen

Sehr deutlich erkennbar ist, wie verantwortungsbewußt und vielschichtig Sie das Thema "Geistheiler" behandeln. So hoffe ich und wünsche Ihnen, daß dieses Buch weite Verbreitung findet.

Beate Schilling, Coppenbrügge

Viel Erfolg für Ihre wunderbare Arbeit!

Beryl Frei-Warburg, Heilerin, Allschwil

Das Buch ist hochinteressant, vor allem für Menschen, die Rat suchen, da es auf diesem Gebiet wirklich viele Scharlatane gibt. (...) Ich bewundere Sie, Ihre Bücher sind eine ganz große Fleißarbeit und beinhalten ein umfangreiches Wissen. Es überzeugt sicherlich auch große Skeptiker. Man spürt, Sie haben alles sehr kritisch geprüft, nach dem Ausspruch von Jesus Christus: "Prüfet alles, aber das Gute behaltet!"

Für Ihre wertvolle Pionierarbeit wünsche ich Ihnen von Herzen weiterhin Gottes Segen.

Waltraud Pampel,
Vorstand "Deutsche Vereinigung für geistiges Heilen e.V." (DVGH)

Ihre Bücher finde ich wirklich großartig.

Ursula Englert, Hamburg

Inhalt

Anhang

Lesetipps

Zur Einstimmung
Ein Weihnachtsmärchen

Angenommen, ausgerechnet an Heiligabend steht vor Ihrer Tür ein weißbärtiger, gütig dreinblickender älterer Herr in wallendem rotem Umhang. Er hat einen Sack geschultert, aus dem er für Sie ein Präsent ganz besonderer Art hervorkramt: ein strahlendes Etwas, das mit seinem warmen Licht schlagartig den Raum erfüllt. Sie wollen danach fassen - doch Ihre Hand greift hindurch, ins Leere.

Was ist das? "Niemand weiß es genau, selbst ich nicht", erklärt der sonderbare Gast. "Doch darauf kommt es nicht an. Ich weiß nur, wofür es bestimmt ist: für Leidende wie Sie.

❒ Es auf sich wirken zu lassen, ist immer angenehm.
❒ Es treten keinerlei schädliche Nebenwirkungen auf.
❒ Es verträgt sich mit jedem Medikament, das Sie einnehmen, und erhöht die Wirksamkeit von allem und jeglichem, was Sie für Ihre Gesundheit tun oder tun lassen.
❒ Es hilft bei nahezu jedem Leiden.
❒ In zwei von drei Fällen lindert es Beschwerden erheblich.
❒ In jedem zehnten Fall macht es sogar vollständig gesund.
❒ In 95 Prozent aller Fälle macht es glücklicher, ausgeglichener und zufriedener, gibt neue Kraft, Lebensmut und Zuversicht.
❒ Die Wirkung hält im allgemeinen an."

All diese Vorzüge, so erklärt der Besucher weiter, bekämen sogar Erdenmenschen zu spüren, die nie zuvor von diesem Etwas gehört haben. Die völlig ahnungslos sind, wie und warum es wirkt. Die keinerlei Vorstellung davon haben, wie sie damit umgehen sollen.

Würden Sie, falls Sie schwerkrank sind, dieses Etwas ungeprüft ablehnen - und den Fremden kurzerhand wieder damit fortschicken?

Empfänden Sie es nicht als Geschenk des Himmels?

Dieses Buch ist dazu da, Sie auf ein solches Geschenk vorzubereiten. Mehr noch: Es soll Ihnen Informationen an die Hand geben, mit denen Sie die segensreichen Wirkungen dieses Etwas noch erhöhen können. Denn die Chance, von ihm zu profitieren, wächst deutlich, wenn man es richtig vorbereitet annimmt - und richtig zu handhaben versteht.

Als Gebrauchsanweisung genügt in diesem Fall leider kein kurzer Beipackzettel. Zuviele Vorurteile und Ängste müssen ausgeräumt, zuviele unrealistische Erwartungen zurechtgerückt werden. Und gewiß sind auch Warnungen vor falschen Weihnachtsmännern angebracht. Was gegen geistiges Heilen zu sprechen scheint, ist ein wirres Knäuel von vielerlei Spekulationen, Übertreibungen und Halbwahrheiten: ein gordischer Knoten, der sich nicht mit einem Schlag durchhauen, sondern nur mühsam Faden für Faden auflösen läßt. Darum bemüht sich dieses Buch - Kapitel für Kapitel.

Vorwort

Das Wunder ist möglich

Wer ernstlich erkrankt, hofft auf ärztliche Kunst. Wem Ärzte nicht mehr helfen können, dem bleibt oft nur noch, auf ein Wunder zu hoffen.

In dieser Lage befinden sich, nach Expertenschätzungen, allein in Deutschland über zwanzig Millionen Menschen - ob sie nun an ständiger Migräne oder quälender Neurodermitis leiden, an Allergien oder chronischem Asthma, an fortwährenden Ängsten oder Depressionen, an Rheumatismen oder metastasierendem Krebs, der sich nicht mehr herausschneiden, wegbestrahlen oder mit der Pharmakeule niederknüppeln läßt. Bei ihnen allen stößt die Schulmedizin nach wie vor an Grenzen, trotz eines immer gigantischeren technischen und finanziellen Aufwands. "Damit müssen Sie sich abfinden", so bekommen Betroffene dann zu hören; bei einer lebensbedrohlichen Erkrankung wird ihnen, statistisch sauber und menschlich unterkühlt, sogar vorgerechnet, "wieviel Zeit Ihnen noch bleibt".

Solche entmutigenden Äußerungen, zumal aus dem Mund von Ärzten, sind verantwortungslos. Sie deprimieren, rauben jegliche Hoffnung, zerstören Lebensqualität. Bei Betroffenen richten sie oft schlimmeren seelischen Schaden an, als es ihrer Erkrankung je gelänge. Der ärgste Schmerz, die fürchterlichste Entstellung, die schwerste Behinderung kann immer noch leichter zu ertragen sein als der Verlust jeglicher Zuversicht, es könnte eines Tages eine Wende zum Besseren eintreten. So werden medizinische Prognosen letztlich zu Prophezeiungen, die sich selbst erfüllen, ähnlich der Unfallvision des Wahrsagers oder der Warnung des Charttechnikers vor "Widerständen" bei Kursentwicklungen. "Hoffnung", so meinte der Philosoph Arthur Schopenhauer einst aufklärerisch, sei "die Verwechslung des Wunsches nach einer Begebenheit mit ihrer Wahrscheinlichkeit" - und verkannte dabei, daß Begebenheiten um so wahrscheinlicher werden, je beharrlicher sich Hoffnung auf sie richtet. Ist es nicht besser, eine Kerze anzuzünden, als an der Dunkelheit zu verzweifeln? Unbeirrbarer Optimismus ist eine weithin unterschätzte therapeutische Größe, die mitentscheidet, welchen Verlauf eine Erkrankung nimmt. Wer um seine Gesundheit kämpft, kann verlieren, gewiß. Doch wer nicht kämpft, hat schon verloren.

All jenen, die sich vom modernen Medizinbetrieb aussortiert fühlen, den sogenannten "Behandlungsresistenten" und "Austherapierten", will ich mit diesem Ratgeber Mut machen. Denn das Wunder ist möglich. Bei nahezu jedem Leiden, in beinahe jedem Stadium, in jedem Alter. Es vollzieht sich immer wieder in den Praxen der fähigsten Geistheiler: einer sonderbaren, zu Unrecht belächelten Sorte von therapeutischen Laienhelfern, die sich allem Anschein nach eine höhere, physikalisch bislang noch unfaßbare Energie zunutze machen können, um Krankheitsverläufe unerwartet günstig zu beeinflussen - oft gegen alle medizinischen Prognosen. Wer nicht mit solchen Wundern rechnet, ist kein Realist. Er ignoriert Fakten.

Aber was heißt hier "Wunder"? Was Heiler bisweilen zustande bringen, setzt die Naturgesetze durchaus nicht außer Kraft; es vollzieht sich im Einklang mit diesen, auch wenn wir sie vorerst nur ansatzweise erahnen mögen. "Wunder", das betonte schon der Heilige Augustinus vor 1600 Jahren, "geschehen nicht im Widerspruch zur Natur, sondern nur im Widerspruch zu dem, was wir von der Natur wissen". Wer vollbringt sie? Jedenfalls nicht die Heiler selbst. Kaum einer von ihnen gibt vor, das Leid von Hilfesuchenden je aus eigener Kraft lindern zu können. Die meisten sehen sich vielmehr als "Kanal" eines höheren Geistes, der durch sie wirkt - als Werkzeuge, derer sich eine göttliche Intelligenz bedient.

Und auch diese geheimnisvolle Kraft bewirkt von alleine überhaupt nichts. Denn sie besteht, entgegen einem gängigen Zerrbild, keineswegs in mysteriösen "Heilstrahlen", die Krankheitsherde irgendwie wegschmelzen, gleich dem Laser eines Mikrochirurgen. Eher ist sie eine Quelle von Impulsen, die ein Patient mit Leib und Seele annehmen, aber auch abweisen und verpuffen lassen kann. Letztlich ist es immer nur der Hilfesuchende selbst, der sich heilen kann. Die Chancen, daß ihm dies in der Obhut eines Geistheilers gelingt, stehen nicht schlecht. Vorausgesetzt, er ist sich im klaren darüber, was ihn erwartet - und was von ihm erwartet wird. Denn fast alles hängt von ihm selbst ab. Er muß sich gründlich vorinformieren. Er muß sorgsam auswählen. Dabei muß er sich im wesentlichen auf seine Intuition, seine Menschenkenntnis und aufmerksame Selbstbeobachtung verlassen, statt dem Hörensagen zu vertrauen. Er darf nicht geschehen lassen, sondern muß mitwirken. Anders gesagt: Auch im Leid darf er nicht aufhören, ein mündiger Bürger zu sein.

Dieses Buch soll Hilfesuchende anleiten, sich auf Begegnungen mit Geistheilern bestmöglich vorzubereiten. Mit Antworten auf die häufigsten Fragen, die Patienten bewegen, ehe sie sich auf diese geheimnisvolle Behandlungsform einlassen. Mit vielen Ratschlägen, die sie beherzigen sollten, um von ihr wirklich zu profitieren. Mit Warnungen, die ihnen manch schmerzliche Enttäuschung mit Nichtskönnern und Scharlatanen ersparen können. Mit Bewertungen, die weder hochjubeln noch niedermachen, sondern die Wahrheit dort suchen, wo sie fast immer liegt: in der Mitte.

Dieser Leitfaden faßt zusammen, was ich an Eindrücken und Einschätzungen im Laufe von zehn Jahren gewonnen habe, in denen ich mich mit dem faszinierenden Phänomen des "geistigen Heilens", seinen Anwendern und Klienten befasse. In dieser Zeit habe ich einige hundert Heiler persönlich kennengelernt, bei der Arbeit beobachtet und befragt, beargwöhnt und bewundert. Viele von ihnen stellte ich in wissenschaftlichen Tests und Experimenten mehrfach auf die Probe - mit unterschiedlichem Ausgang; über tausend habe ich wiederholt in Fragebogen Erhebungen einbezogen, um mir ein Bild von ihrer Arbeitsweise, ihrer Vorgeschichte, ihren Erfolgen zu machen. Um ihren unbestreitbaren Leistungen zu mehr Anerkennung zu verhelfen, habe ich für sie Kongresse organisiert, mehrere Bücher über sie geschrieben, Presse, Funk und Fernsehen für ihre Sache gewonnen, eine Fachzeitschrift herausgegeben, einen Dachverband für Heilerorganisationen ins Leben gerufen. Mit alledem bin ich, wie ein Journalist kürzlich anmerkte, inzwischen wohl so etwas wie "der Wallraff der Heilerszene" geworden. Da ist etwas dran. Vermutlich ist, zumindest in Deutschland, kein Außenstehender je so lange und intensiv in diese sonderbare esoterische Subkultur eingetaucht, ohne sich von ihr vereinnahmen zu lassen, sondern stets um kritische Distanz bemüht zu bleiben. Und Kritik ist, trotz aller Aufgeschlossenheit, gerade hier dringend geboten - vielleicht zum Ärger mancher allzu euphorischer Fürsprecher, letztlich aber den Hilfesuchenden zuliebe. Muß es nicht zuallererst um sie gehen? Zuviel zu versprechen, wäre ebenso fatal, wie voreilig zu entmutigen.

Eine Begriffsklärung

Geistiges Heilen - was ist das eigentlich?

Was ist geistiges Heilen? Walt Disneys Zeichner boten auf ihre Weise eine Antwort an: Als Donald Duck die Beule auf Tracks Stirn wegzaubern will, treten leuchtende Blitze aus seinen Fingerspitzen aus, die "bssssss" durch die Kopfhaut dringen - und "schwupp" schwillt die Wölbung ab.

Das Comic entspricht einem weitverbreiteten Bild. Ein Geistheiler, so legt es nahe, kuriert Kranke, indem er sie mit bloßen Händen "bestrahlt". Doch dieses Bild führt in mehrerlei Hinsicht in die Irre.

Geistiges Heilen ist mehr als "Heilen mit den Händen", ebenso wie sich Psychotherapie nicht in Psychoanalyse erschöpft. Bei näherer Betrachtung stößt man auf eine ganze Familie von therapeutischen Verfahren, die mit denkbar unterschiedlichen Vorgehensweisen, Theorien und kulturellen Hintergründen verbunden sind.[1]

- Die älteste und verbreitetste Form, mit einer jahrtausendealten christlichen Tradition, ist das *Handauflegen.* Im Westen neuerdings in Mode gekommen sind Spielarten wie Reiki, Qi Gong, Chakra-Therapie, Prana-Heilen und Therapeutic Touch, die das ursprünglich eher intuitive Handauflegen methodisch verschult und theoretisch überbaut, aber nicht unbedingt effektiver gemacht haben.
- Beim *Fernbehandeln* sind Heiler und Patient räumlich voneinander getrennt - manchmal Tausende von Kilometern.
- Beim *Gruppenheilen* werden Kranke innerhalb eines größeren Kreises von Menschen behandelt, deren Heilfähigkeiten sich vereinen und

dadurch verstärken sollen.

- Beim *Gebetsheilen* (auch Gesundbeten) rufen Heiler, Kranke oder beide gemeinsam höheren Beistand an. Die meisten Geistheiler arbeiten vor einem solchen religiösen Hintergrund: Sie verstehen sich als Werkzeuge Gottes, als "Heilsorger" sozusagen.
- Viele Heiler verstehen sich als "Medien": als Mittler zwischen dem Diesseits und der geistigen Welt, von deren Wissen und Kräften sie sich geführt wähnen - in Europa besonders ausgeprägt im britischen Spiritualismus, ebenso in spiritistischen Glaubensgemeinschaften der Dritten Welt. Zum *medialen Heilen* zählt auch ein Großteil der sogenannten Psychochirurgie (Logurgie), die vor allem in Brasilien und auf den Philippinen verbreitet ist, vereinzelt aber auch schon in Westeuropa mehr oder minder qualifizierte Nachahmer findet.
- Beim *Exorzismus* werden dem Kranken vermutete Fremdenergien "ausgetrieben", die ihn anscheinend "besetzen". Diese gelten als eigentliche Verursacher seines Leidens: seien es Teufel, Dämonen, Totengeister oder Einflüsse von schwarzer Magie - oder auch nur von negativen Gedankenformen ("Elementale"), die sich angeblich ebenfalls in uns festsetzen und Krankheiten auslösen können.
- Beim *Schamanismus* versetzt sich der Heiler in einen ekstatischen Bewußtseinszustand, in dem sich seine Seele mit Geistwesen verbünden kann. Aus deren übermenschlichem Wissen und Können schöpft er angeblich die Macht, Erkrankungen zu erkennen und zu beseitigen.
- Beim *Heilen mit Fetischen*, einer nicht nur im Schamanismus verbreiteten Heilweise, werden eigentlich "leblose" Gegenstände als (Über-)Träger von Heilenergien eingesetzt: seien es Tücher, Asche, Wasser, Öl, Steine, Stanniol oder sonstige Objekte. Die Rolle des Heilers beschränkt sich darauf, solche Gegenstände "energetisch aufzuladen".
- Können bloße Worte eine magische Heilkraft besitzen? Auf dieser Überzeugung beruht das *Besprechen*. Ein geheimnisvoller Spruch scheint bisweilen auszureichen, um Patienten von hartnäckigen Warzen und Flechten, Allergien und Migräne, Gicht und Gürtelrose zu befreien.

Wieso werden all diese (und weitere) Verfahren unter den Sammelbegriff "geistiges Heilen" gebracht? Miteinander verbindet sie beinahe nichts - bis auf eine einzige Gemeinsamkeit: Die bloße *Intention*, die konzentrierte Absicht zu heilen, reicht offenbar häufig aus, Leiden entgegen ärztlichen Prognosen zu lindern oder gar zu beseitigen. Dabei werden keinerlei Hilfsmittel eingesetzt, die nach gegenwärtigem medizinischem

Erkenntnisstand im beobachteten Ausmaß wirksam sein könnten. Was heilt, scheint insofern purer "Geist".

Wie soll "Geist", so verstanden, überhaupt Heilungsprozesse einleiten können? Heiler sprechen davon, eine einzigartige "Energie" oder "Kraft", ein "Licht" oder einen "Heilstrom" einzusetzen. Doch damit "bestrahlen" sie nicht, wie Donald Duck es tut - denn als Quelle dessen, was sie an Hilfesuchende weitergeben, sehen sie keineswegs sich selbst. Es soll "höheren" Ursprungs sein. Deshalb versehen sie es mit Attributen wie "göttlich", "kosmisch" und "universell". Schon deshalb dürfen wir Begriffe wie "Energie" oder "Kraft" nicht wörtlich nehmen, weil sie alle in der modernen Physik eine wohldefinierte Bedeutung haben, die auf das sonderbare Geschehen beim geistigen Heilen gerade nicht übertragbar ist. Gemeint ist ein mysteriöses Etwas, von dem bisher nur dreierlei bekannt ist:

- Es gehorcht menschlicher Intention. Irgendwie gelingt es Heilern, sie aufzunehmen und kontrolliert weiterzugeben.

- Es überwindet anscheinend beliebige Entfernungen, ohne sich abzuschwächen. (Dies zeigen Fälle von erfolgreichen "Fernbehandlungen".)

- Noch entzieht es sich physikalischer Meßtechnik, zumindest auf dem gegenwärtigen Entwicklungsstand.

Trotzdem braucht es nicht im Reich des "Immateriellen", "Nichtphysikalischen" angesiedelt zu werden. Was in dieser Welt Wirkungen entfaltet, kann nicht ganz außerhalb dieser Welt sein.

Ist geistiges Heilen also die Kunst, mit dieser merkwürdigen Kraft therapeutisch umzugehen? Das Selbstbild vieler Heiler deutet darauf hin. Die meisten verstehen sich als "Kanal" für eine Energie, die sie aufnehmen und weitergeben. Entsprechend umschreiben sie, was sie in Patienten bewirken: Energieströme werden wieder zum freien Fließen gebracht, Ungleichgewichte der Energieverteilung ausgeglichen, Auren geglättet, Energiezentren ("Chakras") gereinigt, geöffnet und geschlossen.

Gewiß, manches spricht für dieses Bild. Heilungen gelingen mitunter selbst dann, wenn der Behandelte nicht einmal ahnt, daß sie stattfinden - und psychologische Erklärungen folglich ausscheiden.[2] In Labortests beeinflussen Heiler auf rätselhafte Weise Tiere und Pflanzen, Pilze und Bakterien, isolierte Zellen und Zellbestandteile, sogar anorganisches Material wie Wasser oder Kristalle - Zielobjekte also, denen wir schwerlich zutrauen würden, sich mit rein psychologischen Mitteln beeinflussen zu lassen.[3] Insofern erscheint Geistheilung als eine Behandlungsform, die entscheidend mit "Energie" zu tun hat.[4]

Es geht ums Ganze

Aber Heiler sind nicht bloß wandelnde Transformatoren für unsichtbare Energieströme. Weitere wesentliche Elemente kommen hinzu: nämlich psychotherapeutische. Zwar können die wenigsten Heiler eine entsprechende akademische Ausbildung vorweisen. Was sie gleichwohl zustandebringen, lehrt indes, daß die Intuition des untrainierten Laien nicht geringgeschätzt werden darf, schon gar nicht in sozialen Beziehungen zwischen Helfern und Hilfesuchenden.

Zum einen spielen Visualisierungen, bildhafte Vorstellungen, bei allen Formen geistigen Heilens eine Schlüsselrolle. Ob in Heilerpraxen nun tatsächlich geheimnisvolle "Energien" übertragen werden oder nicht - in jedem Falle wird der Hilfesuchende dazu angehalten, sich ihren Transfer lebhaft auszumalen, und dies zumeist im Zustand tiefer Entspannung und verbunden mit mehr oder minder subtilen Suggestionen, der Fluß dieser "Energien" sei spürbar. Was die Simonton-Methode, die diese Elemente ohne jegliches esoterische Drumherum kombiniert, bei Krebskranken selbst in fortgeschrittenen Stadien noch zustandebringt, belegt eindrucksvoll, wieviel damit therapeutisch zu erreichen ist, selbst bei scheinbar ausweglosem körperlichen Leid. Wie

Was Heilen bedeutet

"1. Heilen bedeutet eine lebenslange Reise zur Ganzheit.
2. Heilen bedeutet ein Sich-Erinnern an das, was über die Verbindung, die Einheit und die wechselseitige Abhängigkeit zwischen allen lebendigen und unbelebten Dingen vergessen wurde.
3. Heilen bedeutet eine Umarmung dessen, was am meisten gefürchtet wird.
4. Heilen bedeutet ein Öffnen dessen, was verschlossen wurde, ein Erweichen dessen, was sich bis zur Behinderung und zum Hemmnis verhärtet hat.
5. Heilen bedeutet ein Eintreten in das transzendente, zeitlose Moment, in dem das Göttliche erfahren wird.
6. Heilen bedeutet Kreativität und Leidenschaftlichkeit und Liebe.
7. Heilen bedeutet das Streben nach Selbsterkenntnis und Selbstausdruck in seiner ganzen Fülle, seinen Licht- und Schattenseiten, seinen männlichen und weiblichen Aspekten.
8. Heilen bedeutet lernen, dem Leben zu vertrauen."

Eingesandt von der ostdeutschen Chirurgin und Heilerin Dr. Clara T.

die Erfolge geistigen Heilens lehren, hilft unserem "inneren Heiler" im Ernstfall offenbar eine bestimmte Art von mentalen Bildern ganz besonders: Denn das Eigentümliche an dieser Therapieform ist, daß alle Beteiligten sich dabei von der *Vorstellung* eines Energieflusses leiten lassen. Und diese bloße Imagination aktiviert Selbstheilungskräfte womöglich besser, als es jede tatsächlich übertragene Energie je könnte.

Zum zweiten verwenden Heiler im allgemeinen beträchtliche Mühe und Ehrgeiz darauf, einen Hilfesuchenden *heil* zu machen: eine aus dem Gleichgewicht geratene Einheit von Körper, Geist und Seele wiederherzustellen. Das schließt ein, ihm Anstöße zu einer persönlichen Entwicklung zu geben, mit der wesentliche Vorbedingungen seines Krankseins verschwinden. Ein Großteil dieser Bedingungen wurzelt in einer unheilen Psyche: in einem unbewältigten Schicksal etwa, einem ungelösten Konflikt, einengenden Lebensumständen, mangelndem Selbstwertgefühl oder verlorenem Sinn. Den fähigsten Heilern gelingt es, mit ihren Klienten zu solchen Wurzeln der Erkrankung vorzustoßen. Das erfordert Weisheit, Geduld, Aufmerksamkeit und liebevolle Zuwendung - lauter Eigenschaften, die Patienten im modernen Medizinbetrieb zunehmend vermissen.

Geistiges Heilen ist, mit anderen Worten, intuitive Ganzheitsmedizin - mit besonderen psychologischen und anscheinend auch physikalischen Mitteln.

Anmerkungen

1 Die zahlreichen Formen geistigen Heilens stelle ich ausführlich vor in *Das große Buch vom geistigen Heilen - Möglichkeiten, Grenzen, Gefahren*, Lea-Verlag: Schönbrunn 2000, Kap. 1.

2 a.a.O., S. 49 ff. ("Fernheilung - Heilkräfte ohne Grenzen?")

3 a.a.O., S. 259 ff.

4 Zum Begriff der "heilenden Energie" siehe den hervorragenden Überblick des Schweizer Parapsychologen Lucius Werthmüller, "Lebensenergie - zwischen Mysterium und Forschungsobjekt", in H. Wiesendanger (Hrsg.): *Geistiges Heilen für eine neue Zeit - Vom 'Wunderheilen' zur ganzheitlichen Medizin*, Kösel-Verlag: München 1999, S. 37-60.

1
Die Statistik des "Wunders"
Wie wahrscheinlich ist Hilfe auf geistigem Weg?

Ende 1990 beginnt Michaela Korthals ihren Eltern Sorgen zu machen: Das Mädchen aus Frankfurt am Main, im Juni 1984 geboren, ist auffallend kleiner als seine Zwillingsschwester. Mitte 1993 ist Michaelas Körpergröße mit 1,22 m deutlich hinter dem Altersdurchschnitt zurückgeblieben.

August 1993: In der Hoffnung, eine Behandlung mit Wachstumshormonen könnte helfen, bringt das Ehepaar Korthals seine Tochter zu der Frankfurter Kinderärztin Dr. R. Thorbeck. Diese hegt einen schlimmen Verdacht: Möglicherweise drückt ein Tumor auf Michaelas Hypophyse (Hirnanhangdrüse), jenes 14 mm lange Organ an der Basis des Zwischenhirns, in dem Wachstumshormone synthetisiert werden.

Um Klarheit zu schaffen, wird Michaela an die Frankfurter "Gemeinschaftspraxis Radiologie und Nuklearmedizin" überwiesen; dort arbeiten sechs Spezialisten mit modernstem diagnostischen Gerät, darunter einem Kernspin(resenonanz)tomographen (MRT).

27. August 1993: Ein MRT von Michaelas Schädel bestätigt die Vermutung der Kinderärztin. Ein ausgedehnter Tumor wird entdeckt: 3,3 cm tief, 2,9 cm lang, 2 cm breit. Die Geschwulst hat sich vom Boden der Sella - einer Vertiefung der Schädelhöhlenbasis, in der die Hypophyse liegt - bereits bis oberhalb des Sehnervs ausgebreitet. Die Diagnose lautet auf Craniopharyngeom (von lat. *cranium*: Schädel, und gr. *pharynx*: Rachen, Schlund), womit die Lage der Geschwulst bezeichnet wird.

Die Eltern sind fassungslos: Nicht die geringsten Anzeichen in

Michaelas Verhalten hatten je auf eine derartige Erkrankung hingedeutet. Die üblichen Symptome eines Gehirntumors - wie Kopfschmerzen, Erbrechen, Ausfälle im Gesichtsfeld, Zittern, gestörte Reflexe, beeinträchtigte Sensibilität, Motorik und Sprache - fehlten völlig.

30. August bis 14. September 1993: Zur eingehenden Untersuchung wird Michaela in das Zentrum der Kinderheilkunde der Frankfurter Universitätsklinik stationär aufgenommen. Eine Computertomographie, für die ihr zuvor ein Kontrastmittel injiziert wird, erhärtet den Tumorbefund.

17. September 1993: Michaela wird operiert, bleibt anschließend zwei Wochen im Krankenhaus.

Der Eingriff scheint erfolgreich: Ein zweites Kernspintomogramm, unmittelbar nach der Operation aufgenommen, deutet auf eine "vollständige Tumorentfernung" hin, wie die Stationsärztin Ch. Wedekind protokolliert. (Allerdings räumt sie, eher beiläufig, ein verdächtiges Signal "am Sellaboden rechts" ein.) "Bei gutem Allgemeinzustand" kann Michaela am 1. Oktober nach Hause entlassen werden. Zur Nachbehandlung und Vorbeugung von Rückfällen muß sie fortan täglich bis zu vier verschiedene Medikamente schlucken. Doch die Zeitbombe in Michaelas Kopf tickt weiter, wie sich bald herausstellt.

6. April 1994: Um sicherzugehen, ziehen Michaelas Eltern den Frankfurter Arzt Dr. K. Hartmann zu Rate, einen Spezialisten für pädiatrische Endokrinologie (Drüsenfunktionen und hormonelle Abläufe bei Kindern). Der stellt eine Störung der Hypophysenfunktion fest. (Die Untersuchung wird für Michaela zur Qual. Die vier Testsubstanzen, die ihr dazu eingespritzt werden, lösen eine heftige allergische Reaktion aus. Eine halbe Stude lang erbricht sie immer wieder.) Dr. Hartmann vermutet einen Rückfall, befürchtet außerdem ein "intracranielles Aneurysma", ein Blutgerinnsel an einem Gefäß innerhalb des Gehirns, wahrscheinlich infolge des chirurgischen Eingriffs.

11. April 1994: Daraufhin muß Michaela erneut eine Woche lang in die Frankfurter Uniklinik. Eine Angiographie - eine Röntgenuntersuchung von Gefäßen nach Injektion eines Kontrastmittels - bestätigt Dr. Hartmanns Befürchtung.

26. April 1994: Zum zweiten Mal wird Michaelas Schädeldecke geöffnet. Neurochirurgen versuchen, den Resttumor zu entfernen.

Abermals vergeblich: Bei einer erneuten Kernspintomographie fallen nach wie vor "Unregelmäßigkeiten am Boden und rechts von der Sella auf", wie der Leiter der Abteilung für Pädiatrische Neurologie, Prof. Dr.

G. Jacobi, einräumen muß. Die verdächtigen Stellen auf Michaelas Tomogramm sind um so ernster zu nehmen, als vor der Aufnahme versehentlich kein Kontrastmittel verabreicht worden war; trotzdem zeichnen sie sich deutlich sichtbar ab. Die Uniklinik bereitet die entnervten Eltern darauf vor, daß eine dritte Operation unumgänglich sei. (Die beiden ersten Eingriffe, mitsamt der klinischen Vor- und Nachbetreuung, schlugen mit jeweils rund 100.000 DM zu Buche.)

Ende April 1994: Das verzweifelte Ehepaar Korthals wendet sich an den Geistheiler Christos Drossinakis, einen gebürtigen Griechen, der seit über zwanzig Jahren in Frankfurt praktiziert. Er legt Michaela die Hände auf. Schon während der allerersten Sitzung beginnen Hände und Füße des Mädchens, die zuvor monatelang andauernd kalt waren, plötzlich heiß zu werden. Hinterher fühlt sich die Kleine "auf einmal ganz leicht", sie wird viel aktiver. Nach und nach verschwinden leichte neurologische Auffälligkeiten, die offenbar von den schweren neurochirurgischen Eingriffen herrühren: darunter eine Schwäche des linken Beins, ein feines Zittern und eine mangelhafte Konvergenz des rechten Auges, das sich nach innen bewegt, wenn Michaela nahe Gegenstände fixiert.

14. Juni 1994: Michaela feiert ihren zehnten Geburtstag, fröhlich wie lange nicht mehr. Die Familie schöpft neue Hoffnung. Doch die bange Frage bleibt: Was ist aus dem Gehirntumor geworden?

18. Juni 1994: Nach zehn Behandlungen bei dem Heiler wollen die Eltern Gewißheit. Auf einem erneuten MRT sind "Tumor-Restformationen nicht mehr nachweisbar", wie der Radiologie Dr. Halbsfurth feststellt. Ebensowenig kann er noch eine "Gefäßmalformation" (-fehlbildung), "Blutung oder Ischämie" (arterielle Durchblutungsstörung) feststellen.

10. Oktober 1994: Eine weitere Tomographie bestätigt: Der Tumor ist verschwunden.

Anfang 2000: Bis heute ist Michaela wohlauf.

Wie sehr solche unerwarteten Genesungen einen unvoreingenommenen Zeugen auch beeindrucken: Bei kritischen Patienten, die in ihrer Not eine Geistheilung erwägen, hinterlassen sie dennoch ein mulmiges Gefühl. Auch beim Lotto, am Roulettetisch gibt es Gewinner. Trotzdem handelt reichlich irrational, wer sich auf Glücksspiele einläßt. Denn die Chancen, dadurch reich zu werden, bleiben statistisch gesehen verschwindend gering. Wer weiß denn schon, wie *repräsentativ* großartige Heilerfolge wie bei Michaela sind, die gelegentlich für Schlagzeilen sorgen? Machen solche spektakulären Fälle wirklich die Regel aus - oder bleiben sie seltene Ausnahmen? Wieviele Fehlschläge, wieviele Mißerfolge werden dabei übersehen oder verschwiegen? Für Hilfesuchende lautet die entscheidende Frage: Wie *wahrscheinlich* ist das "Wunder"? Ist es vernünftig, damit zu rechnen, daß es sich im eigenen Fall wiederholt? Wie häufig nehmen Krankheitsverläufe, die zuvor scheinbar unerbittlich fortgeschritten sind und Ärzte reihenweise kapitulieren ließen, in den Praxen von Heilern eine unvorhergesehene Wende?

Was bei Michaela Korthals geschah, bezeichnen Mediziner als "Spontanremission": eine Genesung (lat. *remittere* = sich erholen) ohne erkennbare äußere Ursache, insbesondere ohne daß eine anerkannte Therapie stattfand - sozusagen von selbst. (Das lateinische Wort *sponte* bedeutet wörtlich "aus eigenem Willen", "von innen heraus".) Bis vor kurzem waren Spontanremissionen in der Medizin ein Tabuthema: Weil vorherrschende Lehrmeinungen sie nicht erklären konnten, wurden sie schlichtweg als Phantom abgetan, als Produkt unseriöser Sensationsmeldungen, und auf Fehleinschätzungen der Patienten oder Diagnoseirrtümer der behandelnden Ärzte zurückgeführt. Einen Stimmungsumschwung leitete erst das Jahr 1974 ein: mit einer ersten wissenschaftlichen Konferenz über Spontanheilungen bei Krebs in Baltimore, USA. Seither haben sich größere Forschungsprojekte des Phänomens angenommen. Übereinstimmend kommen sie zum Ergebnis, daß es in der Unmenge von berichteten Spontanheilungen tatsächlich einen harten Kern gibt, an dessen Echtheit kein vernünftiger Zweifel besteht. Pionierarbeit leistete dabei die amerikanische Biochemikerin Caryle Hirshberg vom "Institute of Noetic Sciences" in Kalifornien: Gemeinsam mit ihrem Kollegen Brendan O´Regan (er starb kürzlich an einem malignen Melanom, bösartigem Hautkrebs) durchforstete sie nahezu die gesamte medizinische Weltliteratur der letzten 120 Jahre nach medizinisch unerklärbaren Heilungen. Dabei stieß sie auf rund 4000 Fälle aus 20 Ländern, davon 1051 Spontanremissionen bei Krebs.[1] (Fünfzig besonders überzeugende Fälle stellte sie kürzlich in ihrem Buch "Unerwartete Genesungen" vor.[2]) Als die Deutsche Krebsgesellschaft im April 1997 zu einem vielbeachteten Symposium über "Spontanremissionen bei Krebserkrankungen" nach Heidelberg lud, gehörte Caryle Hirshberg zu den Stargästen.

Bei derselben Veranstaltung machte eine deutsche Forschergruppe um Professor Dr. Walter Gallmeier und dem Oberarzt Dr. Herbert Kappauf auf sich aufmerksam, die am Klinikum Nürnberg seit 1990 unerwartete Heilungen bei Krebspatienten erforscht.[3] "Unser wichtigstes Anliegen ist zu zeigen, daß diese Phänomene real sind", sagt Kappauf. Aus seiner Fallsammlung stellte er 20 gutdokumentierte Beispiele vor, für welche die Schulmedizin keine plausible Erklärung anbot.

Doch auf eine Spontanheilung zu hoffen, so der Tenor des Heidelberger Symposiums, sei für Betroffene müßig. Denn allenfalls bei einem unter 60.000 bis 100.000 Krebspatienten trete eine solche Remission auf. Das wären gerade mal 0,001 Prozent.

Auf Hilfesuchende wirken solche Statistiken niederschmetternd: Bedeuten sie nicht, daß unter mehreren zehntausend Menschen, die schwerkrank und von Ärzten aufgegeben in geistiges Heilen ihre letzte Hoffnung setzen, am Ende bloß ein einziger nicht enttäuscht wird? Wenn beispielsweise alle 340.000 Deutschen, die jedes Jahr neu an Krebs erkranken, einen Heiler aufsuchen würden - fänden dann gerade mal drei bis vier von ihnen echte Hilfe? Und steht nicht zu befürchten, daß die Erfolgsbilanzen von Geistheilern bei anderen Erkrankungen kaum besser ausfallen, sobald ihnen mit wissenschaftlicher Akribie auf den Grund gegangen wird?

Man kann Patienten gar nicht eindringlich genug davor warnen, solche Zahlenspielereien allzu ernst zu nehmen - und sich von ihnen entmutigen zu lassen. Deren Datenbasis ist nämlich dünn: Sie besteht nur aus Fallschilderungen, die in den wichtigsten onkologischen Fachzeitschriften veröffentlicht werden; das sind jährlich nicht mehr als ein paar Dutzend. Doch wieviele Spontanheilungen bleiben unpubliziert - etwa weil der behandelnde Arzt sie nicht dokumentierte; weil er keine Redaktion fand, die seinen Bericht haben wollte; weil ihm die Zeit zur Auswertung und Veröffentlichung fehlte; oder weil sich der Patient außerhalb ärztlicher Aufsicht und Aufmerksamkeit erholte?

Hinterfragen sollten Patienten vor allem die angelegten Maßstäbe: Inwieweit taugen sie als Entscheidungshilfen? Als "spontan" erkennen Mediziner eine Heilung nur an, wenn sie durch eine aktuelle Diagnose gesichert ist und sich innerhalb eines Zeitraums ereignete, in dem keinerlei therapeutische Maßnahmen stattfanden, die nach gegenwärtigem medizinischem Erkenntnisstand wirksam sein könnten. Solche Kriterien benötigt die Forschung, um "reine" Fälle zu isolieren - aber benötigt sie der Patient? Für seine Urteilsbildung sind sie unrealistisch streng: Denn bei einem Großteil derer, die bei Geistheilern Hilfe suchen, liegt die letzte ärztliche Untersuchung schon Monate, wenn nicht Jahre zurück. Und vernünftigerweise schlägt kaum einer von ihnen, während er sich geistig behandeln läßt, jegliche sonstigen therapeutischen Chancen aus. Die bisherige Spontanremissionsforschung gleicht dem Fischer, der kaum etwas fängt: nicht weil es, wie er glaubt, zuwenig Fische gibt, sondern weil er Netze mit fehldimensionierter Maschengröße durchs Meer zieht.

In einem vergleichbaren Zustand befindet sich die Medizinforschung über die "Wunder"heilungen von Lourdes. Unter den drei bis vier Millionen Pilgern, die jedes Jahr in den berühmten Marienwallfahrtsort am Fuße der französischen Pyrenäen pilgern, vermuten Experten 30.000 bis 60.000 Kranke. Lächerlich gering scheint demgegenüber jene Zahl von 65 "Wunderheilungen" zu wiegen, die von der Kirche bislang offiziell abgesegnet wurden, nachdem ein internationales, aus dreißig Ärzten bestehendes Komitee sie gründlich durchleuchtet hat. Um Anerkennung zu finden, muß ein Fall strengsten Anforderungen genügen, die schon 1734 von Kardinal Lambertini, dem späteren Papst Benedikt XIV., in einem Kanon festgelegt wurden: Die Heilung muß *plötzlich*, *unvorhersehbar*, *vollständig* und *ohne Rückfall* erfolgt sein; das Leiden muß lebensbedrohlich und organischen Ursprungs gewesen sein; es muß *ausgeschlossen* werden können, daß es nicht ärztliche Behandlung war, die zum Erfolg führte. Die Heilung muß "die Kräfte der Natur übersteigen, eine Umkehrung der Naturgesetze bedeuten und wissenschaftlich unerklärbar sein".

Kranke Pilger stützen ihre Hoffnungen indes auf andere Zahlen und Kriterien: Denn in der Geschichte von Lourdes sind dem örtlichen "Bureau Medical" immerhin 6000 Heilungen gemeldet und dort registriert worden. Daß ihnen die Anerkennung letztlich versagt blieb, spricht nicht unbedingt gegen ihre Glaubwürdigkeit. Denn wieso soll sich ein "Wunder" nicht auch langsam, bloß teilweise, bei Leiden ohne erkennbare organische Ursache und von Rückfällen begleitet vollziehen? Warum soll es unangebracht sein, auch dann von einem "Wunder" zu sprechen, solange ein Leben nicht akut bedroht ist? Viele Kranke melden in Lourdes eine positive Wende gar nicht erst, zumal dann nicht, wenn sich diese - und das ist die Regel - erst längere Zeit nach ihrer Rückkehr abzeichnet: sei es aus Bequemlichkeit, aus dem entmutigenden Wissen um die strengen ärztlichen Prüfungskriterien oder in der (möglicherweise irrigen) Meinung, eine vorausgegangene oder begleitende Therapie habe die Besserung herbeigeführt.

Solange die Medizinforschung nicht mit brauchbareren Entscheidungshilfen aufwarten kann, orientieren sich Patienten besser an Patienten: an persönlichen Eindrücken und Erfahrungen, welche Betroffene selbst sammelten, nachdem sie sich Geistheilern anvertraut haben. Und darüber weiß man inzwischen bereits erfreulich viel. Allein in Deutschland, der Schweiz und den Niederlanden fanden in den letzten vierzig Jahren ein rundes Dutzend Umfragen unter Klienten von Heilern statt. Zusammengenommen erfaßten sie rund 7000 Patienten von 127 Geist-

Umfragen unter Patienten von Geistheilern in Deutschland, den Niederlanden und der Schweiz

Untersucher	Erhebung	Heiler	Patienten
Nicky Louwerens[4] (Universität Utrecht)	1955	1 ("Theta", Amsterdam)	180
Ingeborg Strauch[5] (Universität Freiburg)	1955	1 (Dr. Kurt Trampler, München)	650
L. F. Bakker[6] (Universität Utrecht)	1975/76	10 (niederländ. Heiler)	250
Holger Schleip[7] (Universität Freiburg)	1976	2 (aus D, CH)	1015
Johannes Attevelt[8] (Universität Utrecht)	1981/82	65 (niederländ. Heiler)	4379
Beat Biffiger und "Projektgruppe Healing"[9] (CH)	1981-84	28	144
Susanne Wällisch und Winfried Egeler[10] (Universität Freiburg)	1986	3 Joan Reid u. Marian Butler, GB; Madeleine Riedel-Michel, CH)	62
Markus Binder und Barbara Wolf-Braun[11] (Universitäten Freiburg, Bonn), Umfrage 1	1994/95	15	104
Markus Binder und Barbara Wolf-Braun[11] (Universitäten Freiburg, Bonn), Umfrage 2	1995	2	119

heilern. (Siehe Grafik "Umfragen unter Patienten von Geistheilern".) Über die Statistik des "Wunders" geben sie wertvolle Aufschlüsse. Ihre Stichproben waren zwar in keinem Fall repräsentativ - immerhin aber in der Gesamtsumme umfangreich genug, um einige vorsichtige Verallgemeinerungen zu erlauben. In den wichtigsten Ergebnissen stimmen sie bemerkenswert überein: Die große Mehrheit der Behandelten findet, daß geistiges Heilen ihnen wesentlich geholfen hat - und das häufig sogar bei Beschwerden, gegen die alle ärztliche Kunst sich zuvor jahrelang als machtlos erwies.

Die Remissionsquote, das belegen diese Erhebungen, liegt deutlich höher, als Medizinforscher erwarten würden: 5 bis 10 Prozent (in einer Umfrage bis zu 16 Prozent) all derer, die einen Geistheiler konsultieren,

Vollständige Genesungen bei Geistheilern - im Urteil von Patienten

Untersucher	"völlig geheilt", "Beschwerden sind weg" u.ä.
Nicky Louwerens[4]	**12 %**
Holger Schleip[7]	**9 %**
Beat Biffiger[9]	**5 %**
Markus Binder und Barbara Wolf-Braun[11], Umfrage 2	**16 bzw. 13 %**

Alle Angaben wurden auf volle Prozent auf- bzw. abgerundet.

fühlen sich anschließend "vollständig geheilt". (Siehe Grafik "Vollständige Genesungen bei Geistheilern".)

Doch ist eine unvollständige Heilung weniger wert? Die meisten Schwerkranken gäben schon viel darum, wenn ihre Symptome wenigstens ein bißchen erträglicher würden. Und gerade in dieser Hinsicht zeigen sich Patienten mit geistigem Heilen im allgemeinen hochzufrieden: Unmittelbar nach Abschluß der Behandlung erklären rund zwei Drittel, ihre Beschwerden hätten deutlich nachgelassen. Nur ein Drittel meint, geistiges Heilen habe wenig oder gar nichts gebracht. Lediglich

Besserung von Beschwerden durch geistiges Heilen

Untersucher/ Anzahl befragter Patienten	deutliche Besserung	nur geringe oder keine Besserung	Verschlechterung
Nicky Louwerens[4] 180 Patienten	"gebessert": 40 % davon "völlig geheilt": 12 %	"nur vorübergehend gebessert": 4 %; "keinerlei Besserung": 56 %	0 %
Ingeborg Strauch[5]	"gebessert": 39 %	"vorübergehend gebessert": 22 %; "unverändert": 29 %	10 %
L. F. Bakker[6]	"stark gebessert": 41 %; "deutlich gebessert": 25 %	"kaum gebessert": 25 %; "gleichgeblieben": 8 %	0 %
Holger Schleip[7]	"Beschwerden sind völlig weg": 9 %; "stark gebessert": 29 %; "etwas gebessert": 32 %	"kaum gebessert": 6 %; "gleichgeblieben": 18 %	4 %
Johannes Attevelt[8]	"stark gebessert": 51 %; "ziemlich gebessert": 28 %		
Beat Biffiger[9]	"Beschwerden sind weg": 5 %; "stark gebessert": 60 %; "etwas gebessert": 32 %	"gleichgeblieben": 2 %	1 %

Besserung von Beschwerden durch geistiges Heilen (Forts.)

Untersucher/ Anzahl befragter Patienten	deutliche Besserung	nur geringe oder keine Besserung	Verschlechterung
Susanne Wällisch / Winfried Egeler[10]	"stark gebessert": 25 %; "etwas gebessert": 38 %	"nur geringe Besserung": 10 %; "unverändert": 20 %	
Markus Binder und Barbara Wolf-Braun[11], Umfrage 1	"gebessert oder verschwunden": 60 %	"vorübergehend gebessert" oder "gleichgeblieben": 37 %	3 %
Markus Binder und Barbara Wolf-Braun[11], Umfrage 2	"Beschwerden sind verschwunden": 16 bzw. 13 %; "gebessert": 45 bzw. 37 %	"vorübergehend gebessert": 15 bzw. 3 %; "gleichgeblieben": 20 bzw. 40 %	4 bzw. 7 %

Alle Angaben wurden auf volle Prozent auf- bzw. abgerundet.

drei Prozent erlebten im Behandlungszeitraum eine weitere Verschlechterung:

Und ganz abgesehen von den jeweiligen besonderen Krankheitssymptomen versichern bis zu 95 Prozent der Behandelten, sie fühlten

Veränderungen des Allgemeinbefindens durch geistiges Heilen

Beat Biffiger[9]	"besser": 95 %	"gleichgeblieben": 5 %	"schlechter": 0 %
Susanne Wällisch / Winfried Egeler[10]	"viel besser": 44 %; "etwas besser": 41 %	"gleichgeblieben": 13 %	"geringfügig schlechter": 2 %

sich seither erheblich wohler, ihr körperliches und seelisches Allgemeinbefinden habe sich deutlich gebessert.

War Geistheilung da überhaupt nötig? Hätte den Patienten nicht längst die Schulmedizin helfen können, falls sie sich ihr anvertraut hätten? Die Umfragen bestätigen das Gegenteil: Von zehn Kranken, die zu einem Geistheiler gehen, waren neun vorher beim Arzt - und zwar selten bloß bei einem, sondern meist bei mehreren. Zwei Drittel haben deswegen schon Besuche bei mindestens fünf Ärzten hinter sich, ehe sie sich auf geistiges Heilen einlassen. Der durchschnittliche Klient hat eine siebenjährige Odyssee voller enttäuschter Hoffnungen durch Arztpraxen und Kliniken hinter sich, ehe einen Heiler aufsucht. Ein großer

Dauer der Beschwerden, derentwegen Geistheiler aufgesucht werden

Attevelt[8]	durchschnittl. 7 Jahre mehr als 10 Jahre: 20 % mehr als 5 Jahre: 36 % weniger als 3 Jahre: 47 % weniger als 1 Jahr: 25 %
Binder/Wulf-Braun[11]	mehr als 9 Jahre: 30 % 1 bis 9 Jahre: 42 % weniger als 1 Jahr: 28 %
Wiesendanger (1998)[12] (120 Patienten)	durchschnittl. 11,2 Jahre; jeder Zweite: über acht Jahre

Wie viele Patienten waren zunächst in ärztlicher Behandlung, ehe sie sich einem Geistheiler anvertrauten?

Strauch (1955), 650 Patienten	93 %
Schleip (1976), 1015 Patienten	89 %
Biffiger (1981-84), 144 Patienten	83 %
Wällisch/Egeler (1986), 62 Patienten	94 %
Wiesendanger (1998), 120 Patienten	79 % zum Zeitpunkt des Beginns der Geistheilung

Teil gilt aus schulmedizinischer Sicht bereits als "behandlungsresistent", als "austherapiert".

Gewiß bleiben viele Patienten, während sie sich einem Geistheiler anvertrauen, weiterhin in ärztlicher Behandlung. Von daher ist oft fraglich, wessen Einfluß gesundheitliche Fortschritte zuzurechnen sind. Könnte es nicht sein, daß schließlich doch die ärztlichen Maßnahmen halfen - und weniger irgendwelche wundersamen Heilkräfte? Aber auch dieser Verdacht hält den Umfrageergebnissen nicht stand. Zwar lassen sich rund acht von zehn Heilerpatienten gleichzeitig ärztlich behandeln.

Bei wievielen Ärzten haben Patienten Hilfe gesucht, ehe sie sich an einen Geistheiler wenden?

Strauch:	37 % waren bereits bei mehr als vier Ärzten, nur jeder Dritte erst bei einem.
Schleip:	Die Hälfte war schon bei mindestens 2 Ärzten, 62 % haben 5 Arztbesuche und mehr hinter sich.
Biffiger:	90 % waren mindestens 3mal beim Arzt, jeder Zehnte über 10mal.
Wiesendanger:	15 Ärzte hat jeder Patient im Schnitt konsultiert (Mittelwert: 14,74) und drei Klinikaufenthalte hinter sich (Mittelwert: 2,88).

Doch die Mehrheit tat dies schon jahrelang; deutliche Fortschritte indes stellten sich erst ein, als sie einen Geistheiler hinzuzogen:

Entsprechend hoch ist die Meinung, die Behandelte von ihren Heilern haben: In Schulnoten ausgedrückt (1=sehr gut, 6=ungenügend), schneiden Heiler im Urteil von Patienten mit durchschnittlich 1,74 deutlich besser ab als Ärzte (2,99). 71 Prozent bezeichnen ihre Erwartungen als "erfüllt". Ihren Heiler würden neun von zehn Patienten weiterempfehlen, davon jeder Zweite "uneingeschränkt" - nicht einmal jeder Zehnte täte dies nicht.[13]

Sind all dies nicht Zahlen, die jeder schulmedizinischen Therapieform alle Ehre machen würden? Dabei gilt es zu berücksichtigen, daß es sich hierbei um statistische Mittelwerte handelt, die geistiges Heilen im allgemeinen kennzeichnen; einzelne Heiler könnten vermutlich mit erheblich besseren Quoten und Noten aufwarten, während andere deutlich schlechter abschneiden. "Wenn man den Kopf in der Sauna hat und die Füße im Kühlschrank, sprechen die Statistiker von einer angenehmen mittleren Temperatur", so prangerte Franz-Josef Strauß einmal treffend die Fixierung auf Durchschnittswerte an. Ungeachtet der vorliegenden Zahlen noch Schlagzeilen wie "Wir brauchen keine Geistheiler" zu produzieren - so überschrieb die *Frankfurter Allgemeine* einen ganzseitigen Verriß der ahnungslosesten Sorte[14] -, zeugt weniger von einem klugen Kopf als von einem dummdreisten.

Schwere Krankheit hat zwei Seiten. Die eine spiegelt sich im objektiven medizinischen Befund: in Meßkurven und Laborwerten, in Röntgenbildern und Tomogrammen. Die andere besteht aus den Beeinträchtigungen, Beschwerden und Verlusten, die der Betroffene selbst erlebt. Schwere Krankheit kann für ihn andauernden Schmerz und Schwäche bedeuten. Sie kann ihn zunehmend entstellen und behindern. Sie läßt ihn oft einsam werden. Sie kann ihn launisch, verbittert, hoffnungslos, sinnleer machen. Und voller Angst.

Welche Seite verdient stärkere Beachtung? Wenn Geistheiler sich eines Hilfesuchenden annehmen, fragen sie nicht danach. Sie nehmen sich ihres Klienten als ganzer Person an: als einer untrennbaren Einheit von Körper, Geist und Seele. Was sie ihm vermitteln, ist vielleicht eine rätselhafte, physikalisch noch unfaßbare Energie, fast immer aber zwischenmenschliche Wärme, Verständnis, Aufmerksamkeit, Geborgenheit. Falls sie auf diese Weise, gegen alle ärztlichen Prognosen, im organischen Bereich eine Wende zum Besseren anstoßen oder auch nur einen für unabwendbar gehaltenen Verfall aufhalten können, ist das bemerkenswert. Aber sollte, was Heiler können, allein an organischen Veränderungen gemessen werden, und jeder Fortschritt, der unterhalb der vollständigen Remission bleibt, als minderwertig dastehen?

Viele Patienten tun dies, weil sie in den üblichen Arztpraxen und Krankenhäusern gelernt haben, Heilerfolge vornehmlich nach diesem Maßstab zu beurteilen - ebenso wie ihre behandelnden Ärzte dies während ihres Studiums vom vorherrschenden klinischen Forschungsstil lernten. (Bezeichnend: 90.000 Arzneistudien fanden britische Epidemiologen kürzlich im *Cochrane Controlled Trials Register*, einer Datenbank, in der ein Großteil aller klinischen Studien weltweit gespeichert ist; nur 2000 von ihnen bezogen auch den Faktor "Lebensqualität" ein.[15]) Mit entsprechenden Erwartungen suchen Patienten einen Geistheiler auf, und mit denselben Erwartungen blättern sie vermutlich in diesem Buch. Manch einer verspricht sich Hinweise darauf, mit welcher Wahrscheinlichkeit sich selbst ein metastasierter, inoperabler Tumor noch irgendwie auflöst, wenn die Hand eines Begnadeten lange genug darüberliegt. Was sie interessiert, sind Schicksalsberichte über Leidensgefährten, deren Karzinome von purem "Geist" spurlos weggeschmolzen wurden, und Empfehlungen von Heilern, die als Spezialisten für eine solche "übersinnliche" Strahlentherapie gelten.

Aber sind die subjektiven Veränderungen, die Heiler zustandebringen, etwa weniger erstaunlich als die objektiven? Wenn ein Krebskranker, den Ärzte aufgegeben haben, nach wenigen Sitzungen wieder Kraft, Mut und Lebensfreude spürt; wenn seine Schmerzen und Ängste nachlassen; wenn er so ausgeglichen, gelassen und zuversichtlich ist wie seit Jahren nicht mehr; wenn er aufhört, mit seinem Schicksal zu hadern, und neuen Sinn findet: dann ist dies be*wunder*nswert, ein kleines Wunder. Wiegt es geringer, wenn das große "Wunder" ausbleibt: das Verschwinden der Symptome, die körperliche Genesung? Geistiges Heilen tut gut - auch wenn dies, selbst unter dem stärksten Elektronenmikroskop, keiner Zellprobe anzusehen sein mag.

Wer mehr verlangt, verwechselt Heilen mit Kurieren. Was bedeutet es überhaupt, einen Menschen zu heilen? Heilung ist die Wiederherstellung von Gesundheit. Aber was heißt es, gesund zu sein? Wir alle sind in einer medikalisierten Kultur aufgewachsen, in der wir gelernt haben, unsere Befindlichkeit durch die Brille einer ärztlichen Expertokratie wahrzunehmen und zu bewerten, die sich alleinzuständig für sie wähnt. Der Sinnspruch "Es gibt tausend Krankheiten, aber nur eine Gesundheit" stimmt nicht - es gibt mehrere. Für unsere Medizin werden wir zum Fall, wenn wir Symptome entwickeln, für die sie Begriffe, Mittel und Theorien entwickelt hat: meßbare Defekte in der Maschinerie unseres Leibs. Entsprechende Definitionen beherrschen denn auch unsere Lexika: Der 25bändige "Meyer" etwa[16] setzt Gesundheit gleich mit dem "Fehlen ärztlicher und labormedizinischer Befunde, die von der Norm abweichen"; gesund sei, wessen "Körperfunktionen ohne Einschränkung intakt sind". Folgerichtig erkundigt sich der Hausarzt in der Sprechstunde: "Was fehlt Ihnen denn?" - und wir reagieren wie selbstverständlich mit der Aufzählung von einzelnen, isolierten Abweichungen von der Norm, statt zu sagen, was uns wirklich fehlt: Liebe vielleicht, oder Sicherheit, Angstfreiheit, innere Ruhe und Ausgeglichenheit, Bindungen, eine Aufgabe, Sinn. Zurecht plädiert die Weltgesundheitsorganisation (WHO) für einen erweiterten Begriff von Gesundheit:

als eines "Zustands vollkommenen körperlichen, geistigen und seelischen Wohlbefindens und nicht allein das Fehlen von Krankheit und Gebrechen." In diesem Sinne können wir krank sein, ohne Symptome zu entwickeln; wir können gesund sein, obwohl unsere Funktionen von der medizinischen Norm abweichen. Denn Vitalität und Wohlbefinden, auch wenn sie in engem Zusammenhang mit körperlicher Intaktheit stehen, sind nicht notwendig daran gebunden. Deshalb muß eine Geistheilung keineswegs mißlungen sein, nachdem sie an der Symptomatik nichts oder zuwenig geändert hat: genesen, in einem umfassenderen Sinn *heil* werden, kann ein Patient durch sie dennoch, und darin liegt vielleicht ihre größte Stärke.

Es gibt Krebskranke, die sich heiler fühlen als ihre tumorfreien Angehörigen. Es gibt Todgeweihte, die heiler hinübergehen, als ihre Hinterbliebenen je gelebt haben. Letztlich stirbt man nicht an einer bestimmten Krankheit - man stirbt an einem ganzen Leben.

Anmerkungen

1 Brendan O'Regan/Caryle Hirshberg: *Spontaneous Remission - An Annotated Bibliography*, Institute of Noetic Sciences, Sausolito 1993.

2 Caryle Hirshberg/Marc Ian Barasch: *Unerwartete Genesung - Die Kraft zur Heilung kommt aus uns selbst*, München: Droemer Knaur Verlag 1995.

3 Zwischenergebnisse veröffentlichten Walter Gallmeier und Herbert Kappauf 1995 in ihrem Buch *Nach der Diagnose Krebs - Leben ist eine Alternative*, Freiburg: Herder Verlag 1995.

4 Nicky Louwerens, "Paranormale Heilung in sozialpsychologischer Sicht", in Andreas Resch (Hrsg.): *Paranormale Heilung*, Innsbruck 1977, S. 495-522.

5 Inge Strauch: *Zur Frage der 'Geistigen Heilung'. Experimentelle Untersuchung*, Dissertation, Freiburg i. Br. 1958. (Einen Teil von Strauchs Daten reanalysierten Barbara Serick/R. Heger: Unorthodoxes Heilen, 3 Bde., Diplomarbeit, Freiburg 1985.)

6 L. F. Bakker, "Onderzoek naar de mate van neuroticisme van patienten van magnetiseurs", *Huisarts en Wetenschap* 19/1976, S. 47-50.

7 Holger Schleip: *Zur Praktik des Handauflegens durch Heiler*, Dissertation, Freiburg i. Br. 1985.

8 Johannes T. M. Attevelt: *Research into Paranormal Healing*, Dissertation, Utrecht 1988.

9 Beat Biffiger: *Geistheiler und ihr Umfeld*, unveröffentl. Manuskript, Naters 1991.

10 Susanne Wällisch/Winfried Egeler: *Pilotstudie zur Erfassung des Interaktionsprozesses zwischen "geistigen" Heilern und ihren Patienten*, Diplomarbeit, Freiburg i. Br. 1987.

11 Markus Binder/Barbara Wolf-Braun: *Geistheilung in Deutschland*, Freiburg 1997, Sonderdruck (36seitige Kurzfassung von Forschungsberichten, die inzwischen zum Teil in der *Zeitschrift für Grenzgebiete der Psychologie und Psychohygiene* veröffentlicht worden sind).

12 Harald Wiesendanger: *Heilen ohne Grenzen - 'Fernbehandeln' auf dem Prüfstand*, Schönbrunn 1999 (über den "Fernheil-Test"), s. dort ib. S. 73, 144; eine Diplomarbeit über diesen Test schrieb Katja Reuter: *Der Einfluß psychologischer Variablen auf den Therapieerfolg bei chronisch Kranken. Eine Untersuchung aus dem Bereich der Komplementärmedizin*, Freiburg i. Br. 1999.

13 Markus Binder/Barbara Wolf-Braun: *Geistheilung in Deutschland*, a.a.O., S. 25

14 Frankfurter Allgemeine Sonntagszeitung, Nr. 8 / 22.2.1998, S. 3.

15 Diese Studie wurde von Stephen Frankel, Universität Bristol, Ende 1998 veröffentlicht. Siehe Wiebke Rögener, "Wunderdroge sucht passende Krankheit", *Süddeutsche Zeitung* Nr. 271, 24.11.1998, S. V2/9.

16 *Meyer*, Bd. 10, S. 263f.

2

"Jede Krankheit ist heilbar, aber nicht jeder Patient"

Warum Erfolgsversprechen unseriös sind

Um welches körperliche oder seelische Leiden es sich auch immer handeln mag - mit Sicherheit läßt sich irgendwo auf der Welt ein Mensch ausfindig machen, der genau dieses Leiden los wurde, nachdem er sich einem Geistheiler anvertraute. Nicht einmal so schwere Krankheiten wie Krebs oder Kinderlähmung, so vermeintlich unheilbare wie Alzheimer oder multiple Sklerose scheinen spiritueller Kraft stets widerstanden zu haben. Weder die Dauer der Erkrankung noch das Alter der Betroffenen, noch ihre allgemeine Verfassung ziehen dabei unüberwindbare Grenzen. In manchen Fällen beschränkt sich die erzielte Besserung keineswegs bloß auf Symptome - sie betrifft die zugrunde liegenden organischen Schäden und deren Ursachen selbst. Sogar zu Aids, der scheinbar unheilbaren Immunschwäche, tauchen in den letzten Jahren vereinzelt ärztlich bestätigte Berichte auf, denen zufolge Menschen mit mehrfach positivem HIV-Test auf geradezu wundersame Weise vollständig genesen sind, nachdem ein Geistheiler mit ihnen arbeitete: Das Virus soll anschließend nicht mehr nachweisbar gewesen sein.[1]

Solche Erfolgsmeldungen, in Wahrheit rarer als Hauptgewinne im Lotto, schüren bei den meisten Leidensgenossen freilich irrationale Hoffnungen. Selbst wenn jemand irgendwo auf der Welt dank rein «geistiger» Hilfe ein gefürchtetes Leiden losgeworden sein sollte, folgt daraus noch lange nicht, daß anderen Betroffenen ein ähnliches Glück widerfährt. Und selbst wenn es einem Patienten gelänge, einen der wenigen Geistheiler weltweit ausfindig zu machen, die selbst der tödliebsten Bedrohung schon beigekommen sind, so besäße er immer noch keine Garantie dafür, daß sich das Unwahrscheinliche wiederholt - und das ausgerechnet bei ihm. "Jede Krankheit ist heilbar", sagte der legendäre englische Geistheiler Harry Edwards (1893-1976) einmal, "aber nicht jeder Patient."

Deshalb der dringende Rat: Glauben Sie keinem, der Ihnen sofortige, vollständige Heilung verspricht! Kein Heiler hilft hundertprozentig, keiner hilft jedermann in jedem Fall, kaum einer hilft prompt. Die meisten, die sich meinen schriftlichen Befragungen stellten[2], rechnen mit Behandlungszeiten bis zu mehreren Dutzend Einzelsitzungen.

Generell überschätzen viele Heller ihre Fähigkeit, intuitiv vorauszusehen, wem sie helfen können. Das jedenfalls stellten die Freiburger Parapsychologen Susanne Wällisch und Winfried Egeler fest, als sie Mitte der Achtziger Jahre Erfolgsprognosen von Heilern *vor Beginn* einer Behandlung mit den Monate später erzielten Ergebnissen verglichen[3]: "Zwischen der Schätzung der Heiler und der später bei den Patienten festgestellten Besserung besteht überhaupt kein Zusammenhang. Die Prognosen der Heiler sind somit *irrelevant* ... Sie wissen nicht, ob, wie und bei wem ihre Behandlungsmethode wirkt." Geprüft wurden dabei zwar nur drei Heiler mit insgesamt 62 Patienten; doch diese drei standen in dem Ruf, herausragend befähigt zu sein, so daß vorsichtige Verallgemeinerungen, insbesondere auf das Gros der Minderbegabten, bis zum Beweis des Gegenteils gewiß nicht abwegig sind.

Insofern führt die Bezeichnung "Heiler" irre. Heilung - dazu gehört die Beseitigung von Leid. Doch unabhängig davon, welchen Fall er vor sich hat, kann niemand, der Hände auflegt, betet, fernbehandelt oder sonstwie "spirituell" zu helfen versucht, Heilung garantieren. Unverfänglicher und ehrlicher wäre es, bescheiden von "Genesungshilfe" zu sprechen, wie der Schweizer Parapsychologe Matthias Güldenstein vorschlägt.[4]

Anmerkungen

1 Vier vollständige Aids-Heilungen sollen allein der amerikanischen Heilerin Carolyn Myss gelungen sein, die seit Jahren mit dem bekannten Alternativmediziner Dr. Norman Shealy zusammenarbeitet. (Myss/Shealy: *Aids: Passageway to Transformation*, Walpole/New Hampshire o.J.)

2 Siehe H. Wiesendanger: *Auswege*, Schönbrunn 5. Aufl. 1999.

3 *Zeitschrift für Parapsychologie und Grenzgebiete ...* 1-4/1988, S. 211 ff.

4 Siehe Güldensteins Beitrag "Geistiges Heilen: die älteste und ungefährlichste Art, Leidenden zu helfen", in H. Wiesendanger: *Auswege*, a.a.O., 1. Aufl. 1993.

3
Mehr oder minder
Welche Leiden sprechen auf geistiges Heilen besonders gut an?

Wäre rein medizinpsychologisch erklärbar, was Geistheiler zustande bringen, so müßten sie psychischen und psychosomatischen Leiden mit Abstand am besten beikommen, zum Beispiel Ängsten und Depressionen, Süchten und Phobien. Doch diese Vermutung hat sich in kaum einer Studie bestätigt.[1] Die dabei untersuchten Geistheiler waren im allgemeinen am erfolgreichsten bei Stoffwechsel- und Herz-Kreislauf-Störungen, bei Beschwerden an Knochen, Gelenken und dem Bewegungsapparat, an Drüsen und Atmungsorganen, am Verdauungstrakt und an Ausscheidungsorganen.

Einen originellen Vorschlag, den durchschnittlichen geistigen Heilerfolg bei verschiedenartigen Leiden zu bewerten, machte der Freiburger Mediziner Holger Schleip 1980 in seiner Doktorarbeit. Er ordnete 751 Patienten zweier Geistheiler[2] neun verschiedenen Beschwerdekreisen zu: von Stoffwechselstörungen bis hin zu Beeinträchtigungen von Sinnesorganen.[3] Für jeden Beschwerdekreis errechnete er einen "Heilungsindex". Dazu wurden sechs mögliche Beurteilungen in Punktwerte übersetzt: "Die Beschwerden sind weg" (4), "haben sich stark gebessert" (3), "etwas gebessert" (2), "kaum gebessert" (1), "sind gleichgeblieben" (0), "haben sich eher verschlechtert" (-1), "deutlich verschlechtert" (-2). Die erteilten Noten wurden addiert und dann durch die Zahl der jeweils befragten Patienten geteilt. Als Maße für den durchschnittlichen Heilerfolg ergaben sich die auf der nächsten Seite in Tabelle A zusammengestellten Werte.[4]

Schleips Untersuchung verließ sich auf die subjektiven Einschätzungen der Patienten. Daß geistige Heilerfolge am wahrscheinlichsten bei psychogenen Erkrankungen erzielt werden, widerlegen aber auch Studien, bei denen Ärzte die Behandlungsergebnisse bewerteten: so schon in den fünfziger Jahren bei 247 Patienten des Münchner Heilers Dr. Kurt Trampler[5]; Mitte der achtziger Jahre bei über 1400 Kranken in einer Warschauer Klinik, deren sich der polnische Geistheiler Dr. Jerzy Rejmer annahm[6]; oder 1990 bei rund 50 stationär Behandelten in einem bulgarischen Militärkrankenhaus, denen Krassimira Dimowa zu helfen versuchte[7]. (Siehe dazu Tabelle B.)

Generell zeigte sich, daß der Heilerfolg überraschenderweise nur wenig mit der Art der Erkrankung zusammenhängt. Insbesondere bestätigte sich nicht das Vorurteil, daß geistiges Heilen organischen Leiden weitaus besser beikomme als funktionellen.

Eines allerdings zeigte sich: Akute Beschwerden lassen sich weitaus leichter behandeln als chronische. Aber unterscheidet dies Geistheiler etwa von Ärzten?

Anmerkungen

1 Eine Ausnahme bildet die Studie der niederländischen Psychologin Nicky Louwerens von der Universität Utrecht: "Paranormale Heilung in sozialpsychologischer Sicht", in Andreas Resch (Hrsg.): Paranormale Heilung, Innsbruck 1977, S. 495-522. In den sechziger Jahren befragte sie eine Stichprobe von 180 Erwachsenen, die sich von dem Amsterdamer Geistheiler "Theta" behandeln ließen. (Diese Stichprobe war aus insgesamt 2310 Personen, die "Theta" in den zwei Jahren zuvor konsultiert hatten, zufällig zusammengestellt worden.) Dabei "ergab sich ein signifikanter Zusammenhang zwischen den psychogen erkrankten Befragten und denjenigen, die bei der Behandlung Erfolg verspürten" (Louwerens, a.a.O., S. 507). Bei "Psychosen, Neurosen und Anomalien der Persönlichkeitsstruktur" war die Heilungsrate überdurchschnittlich hoch, bei "Krankheiten der Verdauungsorgane" sowie "Krankheiten des Nervensystems und der Sinnesorgane" überdurchschnittlich niedrig. Zu bemängeln ist allerdings, daß Louwerens ein allzu grobes Raster benutzte. Die befragten Patienten konnten nur zwischen zwei vorgegebenen Antworten wählen: "Erfolg" oder "kein Erfolg".

2 Die beiden Geistheiler blieben anonym. Sie werden in Schleips Studie nur "A" und "B" genannt. A ist ein gelernter Maler aus dem Schweizer Kanton aargau, B ein ehemaliger Bauunternehmer aus Südwestdeutschland. Beide behandeln vornehmlich durch Handauflegen.

3 Da 340 der 751 Patienten mehrere Beschwerden aufwiesen, ist diese Zuordnung problematisch. Schleip berücksichtigte jeweils nur die "Hauptbeschwerde" der Betreffenden. Wie er einräumt, "liegt eine erhebliche Quelle für Falschklassifizierungen dann vor, wenn mehrere Beschwerden genannt wurden, der

Heilerfolg aber nur pauschal angegeben wurde". Um diese Fehler abzuschätzen, beschränkte sich Schleip in einer weiteren Untersuchung auf Patienten, die "nur eine Beschwerde angegeben hatten" (*Zur Praktik des Handauflegens durch Heiler*, Freiburg i.Br. 1980, S. 86). Dabei ergaben sich weitgehend entsprechende Erfolgsquoten.

4 Schleip, a.a.O., S. 86. Zur Ermittlung des "Heilungsindex" siehe ebda., S. 159, Anm. 133.

5 Strauch: *Zur Frage der "geistigen Heilung": Ergebnisse einer experimentellen Untersuchung an einem "Geistigen Heiler" und seinen Patienten*, Freiburg i. Br. 1958.

6 Siehe H. Wiesendanger: *Das große Buch vom geistigen Heilen*, Lea-Verlag: Schönbrunn 2000, Kap. IV, S. 273.

7 a.a.O., S. 272 f.

Bei welchen Beschwerden helfen Geistheiler?

Tab. A: Nach Einschätzung der Patienten selbst

Beschwerdekreis	**Anzahl Patienten**	**Heilungsindex**
endokrines System, Stoffwechsel	19	**2,47**
Atmungssystem	36	**2,27**
Herz, Kreislauf, Blutgefäße	67	**2,23**
Verdauungs- und Urogenitaltrakt	96	**2,05**
Nervensystem, Psyche	219	**1,94**
Knochen, Gelenke, Muskelverspannungen	177	**1,86**
Haut	27	**1,59**
Sinnesorgane	35	**1,03**
Sonstiges	75	**1,79**
insgesamt	751	**1,92**

Bei welchen Beschwerden helfen Geistheiler?

Tab. B: Nach dem Urteil von Ärzten

Heiler	Patienten	Begutachtende Ärzte	Ergebnis der ärztlichen Gutachten
Dr. Kurt Trampler	247	2 Ärzte der Med. Poliklinik Freiburg (1955)	Von 22 "objektiven Besserungen" betrafen: Herz-Kreislauf-Beschwerden: 7 Verdauungstrakt: 6 neurologische Erkrankungen: 5 rheumatische Beschwerden: 2 Insgesamt hatten *organische* Leiden einen Anteil von 46 %, überwiegend *funktionelle*: 54 %.
Dr. Jerzy Rejmer	1402 mit 1684 Krankheitsbildern	Iziz-Klinik Warschau (Sept. 1983 - Jan. 1985)	Bei 887 Krankheitsbildern erreichte Rejmer mit durchschnittlich 2-3 Behandlungen eine medizinisch objektive, unerwartete Besserung. Nur in 4,6 % der Fälle änderte sich nichts. Dabei besserten sich - von 226 Erkrankungen des Nervensystems und der Sinnesorgane: 151 = 67 % - von 132 Erkrankungen im Harnsystem: 84 = 64 % - von 196 Erkrankungen im Kreislaufsystem: 118 = 60 % - von 84 Erkrankungen des Hormonsystems: 50 = 60 % - von 276 Erkrankungen des Atmungssystems: 143 = 52 % - von 177 Erkrankungen des Genitalsystems: 252 = 43 %. Nur 120 Fälle = 3 % wurden währenddessen medikamentös behandelt.
Krassimira Dimowa	40 mit 44 ärztlich diagnostizierten Erkrankungen	5 Ärzte des Militärkrankenhauses von Rousse, Bulgarien (4.-30. Juni 1990)	"Positiv beeinflußt" mit 5-10 Behandlungen wurden - von 2 Augenerkrankungen (Myopie): 2 - von 12 neurologischen Erkrankungen (u.a. Enuresis): 12 - von 13 chirurgischen Fällen: 13 (u.a. Verbrennungen 2. und 3. Grades, Gallenkoliken, Thrombose, Lymphödem)

Bei welchen Beschwerden helfen Geistheiler? (Forts.)

Tab. B: Nach dem Urteil von Ärzten

Heiler	Patienten	Begutachtende Ärzte	Ergebnis der ärztlichen Gutachten (Forts.)
Krassimira Dimowa (Forts.)		5 Ärzte des Militärkrankenhauses von Rousse, Bulgarien (4.-30. Juni 1990)	- von 3 onkologischen Fällen: 3 (Lymphogranulomatose, Lymphosarkom, Eierstockmetastasen) - von 10 inneren Erkrankungen: 10 (u.a. Hyper- und Hypotonie) - von 5 Hauterkrankungen: 5.

4
Verletzte Seelen
Was richten Heiler gegen psychische Leiden aus?

Sie war fünfzehn, als sie zum ersten Mal LSD schluckte. Ihre Drogenabhängigkeit beschwor immer schlimmere Angstzustände herauf, begleitet von schmerzhaften Verkrampfungen im Kopfbereich. Ab 1981 brachte Ines B. aus Bad Bergzabern insgesamt fünf Jahre in Kliniken zu; dort wurden ihr unter anderem "Schizophrenie" und eine "paranoide Psychose" bescheinigt. Bis 1988 verschlechterte sich ihr Zustand, trotz hochdosierter Medikamente, zunehmend.

Dann begann der Geistheiler Christos Drossinakis aus Frankfurt am Main mit Fernbehandlungen - und von da an "gingen meine Verkrampfungen um achtzig Prozent zurück", bescheinigte die junge Frau im Juni 1992. "Außerdem hat sich mein Wesen zum Guten verändert. Alpträume und Aggressivität sind verschwunden. Stattdessen haben sich bei mir mehr Realitätssinn, liebevolle Ausstrahlung und Ausgeglichenheit eingestellt." Für "ausschlaggebend" dafür erachtet Ines B. die Kraft des Heilers: "Exakt mit Beginn der Energieübertragungen setzte eine fortschreitende Besserung ein. Heute kann ich wieder ein normales Leben führen."

Mit ähnlich überschwenglichen Erfolgsmeldungen von psychisch Kranken, die sich auf geistiges Heilen einließen, ließen sich mühelos ganze Buchreihen füllen. Fast immer hatten die Patienten zuvor schon mehrere Ärzte und Psychotherapeuten konsultiert, oft jahrelang Pillen geschluckt - doch erst eine aufgelegte Hand oder irgendeine andere als "okkult" beargwöhnte Intervention linderte ihr Leid. In Umfragen, die ich seit 1992 mehrfach unter rund tausend Heilern im deutschsprachigen Raum durchgeführt habe - sie liegen meinem kommentierten

Adressenverzeichnis Auswege zugrunde[1] -, wurden mir geistige Heilerfolge aus nahezu dem gesamten Spektrum seelischer Leiden berichtet: unter anderem bei chronischer Angst[2] und Depression[3], bis hin zur Suizidgefährdung[4]; bei Phobien aller Art[5]; bei Konzentrationsstörungen[6] und Lernschwierigkeiten[7]; bei massiven Schlafstörungen[8]; bei Erschöpfungszuständen[9] und dem Burnout-Syndrom[10], bei vielerlei Formen der Sucht[11]; bei chronischer Anspannung und Nervosität[12]; bei gestörter Sexualität[13], Beziehungsunfähigkeit[14] und weiteren Partnerschaftsproblemen[15]; bei quälenden Schuldgefühlen und anderen schwerwiegenden Beeinträchtigungen des Selbstwertgefühls[16]; bei Magersucht[17], Bulimie[18] und anderen Eßstörungen; bei einer Vielzahl von psychosomatischen Störungen[19]; selbst bei Schizophrenien[20] und anderen hartnäckigen Psychosen[21]. (Eine kleine Auswahl finden Sie im Kasten am Ende dieses Kapitels zusammengestellt.)

Derartige Diagnosen liegen, wie mehrere Studien vermuten lassen, in 20 bis 25 Prozent aller Fälle vor, mit denen Heiler tagtäglich zu tun bekommen.[22]

Den meisten der 14.000 bundesdeutschen Diplompsychologen, die beratend oder therapeutisch tätig sind - und mit durchschnittlich 40 Klienten pro Jahr über eine halbe Million Bundesbürger betreuen[23] -, sträuben sich die Nackenhaare ob der drohenden, vermeintlich minderqualifizierten Konkurrenz von Handauflegern, Fernheilern und Gesundbetern. Doch zunehmend untermauern wissenschaftliche Tests die Glaubwürdigkeit von Anekdoten. Bei 76 Patienten des polnischen Handauflegers Jan Gulak etwa genügte eine einzige viertelstündige Sitzung, um chronische Ängste deutlich zu reduzieren, ebenso wie Migräne und Schlafstörungen - und das auch noch bei Messungen drei Wochen nach dem Behandlungstermin.[24] In zwei amerikanischen Studien verringerte eine Spielart des Handauflegens, "Therapeutic Touch" (TT), signifikant das Angstniveau bei zusammengerechnet 150 Testpersonen aus New Yorker Krankenhäusern.[25] (In beiden Fällen wurden TT-Effekte mit vorgetäuschten (Placebo-)Behandlungen verglichen.)

Wäre eine derart einfache, nebenwirkungsfreie Therapieform nicht ein wahrer Segen für unsere zunehmend neurotisierte westliche Gesellschaft, die sich in psychischer Hinsicht in einem immer desolateren Zustand befindet, während sie technologisch und ökonomisch prosperiert? Mindestens 15 bis 25 Prozent der westlichen Bevölkerung[26] - manche Experten schätzen sogar 50 Prozent[27] - leiden an psychischen

Problemen, die gängigen Diagnosesystemen zufolge als Krankheit einzustufen sind. Die Hälfte davon gilt als akut behandlungsbedürftig[28]: darunter mindestens 600.000 Psychotiker (etwa Schizophrene, Manisch-Depressive), eine Million Alkoholiker, 50.000 Drogensüchtige, sieben Millionen starker Neurotiker.[29] Doch nur fünf Prozent der Betroffenen[30], manchen Studien zufolge sogar nur 0,2 Prozent[31], suchen deswegen einen Psychologen, Psychotherapeuten oder Arzt auf. Immerhin 2,2 Prozent der Krankenhausfälle, die den gesetzlichen Krankenkassen zur Abrechnung gemeldet werden, entfallen auf psychiatrische Erkrankungen[32] die durchschnittliche Arbeitsunfähigkeit pro Fall liegt, je nach Psychose, zwischen 29 und 47 Tagen[33]. Allein von deutschen Hausärzten werden jährlich bei vier bis acht Millionen Menschen Krankheiten festgestellt, die seelische Ursachen haben[34] - wobei sie vermutlich nur ein Drittel aller psychogenen Leiden überhaupt als solche erkennen und den Rest auf organische Fehldiagnosen hin zu kurieren versuchen.[35]

In welchem Maße Geistheiler hier helfen könnten, lassen mehrere Studien ahnen: Unter 180 Niederländern, die wegen "Psychosen, Neurosen und Anomalien der Persönlichkeitsstruktur" einen bekannten Amsterdamer Heiler aufsuchten, beurteilten ein Jahr nach der ersten Sitzung 36, also 20 Prozent, die Behandlung als erfolgreich.[36] Ein noch eindrucksvolleres Bild zeichnet eine Untersuchung des Mediziners Holger Schleip.[37] Von 1015 deutschen Patienten zweier Heiler, die er mehrfach befragte, litten 219 an Erkrankungen des Symptomenkreises "Nervensystem/ Psyche": darunter 37 an Schlafstörungen, 36 an Nervosität, 17 an Depressionen. Nach Abschluß der Geistheilung berichteten Dreiviertel der Behandelten (76 Prozent) eine Besserung. Jeder Dritte (33 %) gab dabei eine "starke" Besserung an, sieben Prozent erklärten sogar, die Beschwerden seien vollständig "weg". Demgegenüber fanden 16 Prozent, die Beschwerden seien "gleichgeblieben", und nur fünf Prozent erlebten eine Verschlechterung.[38]

Und ganz abgesehen von der besonderen Symptomatik versichern bis zu 95 Prozent aller geistig Behandelten, ihre Lebensqualität habe sich erheblich gebessert: Sie hätten seither mehr Lebensfreude, Motivation und Zuversicht, seien innerlich ruhiger, ausgeglichener und zufriedener, könnten ihre Beeinträchtigungen leichter bewältigen.[39]

Zweifellos rühren geistige Heilerfolge bei psychischen Leiden zum Teil von einer "Selbstselektion der Behandelten" her, die speziell bei dieser Therapieform "zu Besserungen innerlich bereit sind", wie der amerikanische Psychiater und Heiler Dr. Daniel Benor einräumt: "Die besonderen Erwartungen, die Patienten zu Geistheilern mitbringen, könnten eher Fortschritte ermöglichen als jene Erwartungen, die sie auf andere psychotherapeutische Dienstleister gerichtet haben."[40] Aber natürlich hat auch jede herkömmliche Form von Psychotherapie "ihre" besondere Klientel. Wer mit Freuds spezieller Mythologie psychischer Störungen und der darauf gegründeten Seelenschürferei nichts anfangen kann, hat von vornherein eine geringere Chance, von einer Psychoanalyse zu profitieren.

Einem verbreiteten Gerücht zufolge sind Geistheiler nichts weiter als raffinierte Suggestivkünstler, weshalb sie bei sogenannten "funktionalen" Leiden zwangsläufig besser abschneiden als bei "organischen", denen suggestiv allenfalls vorübergehend oder überhaupt nicht beizukommen ist. Erreichen Geistheiler bei seelischen Nöten tatsächlich mehr als bei als Leiden anderer Art? Darüber liegen vorerst bloß spärliche und widersprüchliche Daten vor. In der oben zitierten niederländischen Studie lag die Erfolgsquote in 16 Krankheitskategorien nur bei "Krankheiten der Knochen und des Bewegungsapparats" noch ein wenig höher (21,1 %) als bei psychischen Leiden (20 %), bei anderen hingegen deutlich niedriger: z.B. 12,9 % bei Krankheiten der Verdauungsorgane, 9,4 % bei Krankheiten des Nervensystems und der Sinnesorgane. 8,9 % bei Krankheiten des Urogenitaltrakts. In der Schleip-Studie hingegen belegen die Behandlungserfolge bei psychischen Leiden einen Mittelplatz unter neun berücksichtigten Krankheitskategorien.[41]

Wenn vier von zehn psychisch Kranken bei Geistheilern tatsächlich eine starke Reduktion ihrer Beschwerden oder gar deren vollständiges Verschwinden erleben, wie die Schleip-Studie vermuten läßt; wenn darüber hinaus 95 von 100 Patienten einen beträchtlichen Zugewinn an Lebensqualität erfahren. Sind dies nicht Quoten, die jeder Psychotherapie alle Ehre machen würden? Unter den rund 600 verschiedenen psychotherapeutischen Verfahren, die inzwischen miteinander wetteifern[42], erreicht keine einzige auch nur annähernd solche Quoten.[43] Alles in allem steht der durchschnittliche Psychotherapie-Klient "am Ende der Behandlung besser da als achtzig Prozent vergleichbarer Personen, die keine Behandlung erfahren haben", faßt Deutschlands bekanntester Experte für Psychotherapiewirkungen, der Berner Professor Klaus Grawe zusammen[44] - nicht schlecht, aber auch nicht besser als das, was Geistheiler fast immer ohne jegliche psychotherapeutische Vorbildung zustandebringen.

Ein Hauptgrund dafür, solch glänzende Statistiken unglaubhaft zu finden, liegt in der weitverbreiteten Meinung, psychisch Kranke gehörten in die Hände von gründlich ausgebildeten Spezialisten: nämlich von Deutschlands 3500 Psychotherapeuten[45], den 2400 niedergelassenen Psychiatern[46] oder psychotherapeutisch geschulten Ärzten. Was könnten Laien schon ausrichten, wenn Experten nicht mehr weiterkommen?

Jedenfalls richten sie einiges aus. Wie eine Vielzahl von Studien mittlerweile belegt, kann in seelischen Nöten engagierte Laienhilfe einen "professionellen" Expertenrat nicht nur gleichwertig ersetzen - häufig ist sie sogar effektiver.[47] So verglich der amerikanische Psychologe Joseph Dudlak Anfang der achtziger Jahre 42 amerikanische Untersuchungen miteinander, die zwischen 1961 und 1977 zu diesem Thema durchgeführt worden waren. Fast immer zeigte sich das gleiche Resultat: Entweder waren Laientherapeuten den "Profis" gleichwertig - oder sogar überlegen. Nur in einer einzigen Studie, an übergewichtigen Erwachsenen, hatten berufsmäßige Psychotherapeuten bessere Ergebnisse erzielt.[48]

Woran könnte das liegen? Zwei der Studien, die Dudlaks Metaanalyse berücksichtigt, fanden heraus: "Nichtprofessionelle" verhalten sich in therapeutischen Situationen einfühlsamer, "wärmer" und "echter" - Profis hingegen wirken vielfach zu "abgebrüht". "Es könnte auch sein", mutmaßt die Fachzeitschrift *Psychologie heute*, "daß die Laien einfach unbefangener sind, ihr ‚natürliches Repertoire' an Hilfstechniken in den Gesprächen einsetzen und sich nicht durch psychologische Theorien lähmen lassen. Dadurch wirken sie dann möglicherweise glaubwürdiger auf die Klienten und können zu ihnen eine bessere - und eher gleichberechtigte - Beziehung aufbauen ... Schon bei Professionellen hat sich gezeigt, daß die Persönlichkeit des Therapeuten und sein persönlicher Einsatz mindestens ebenso bedeutsam für den Erfolg einer Psychotherapie sind wie die spezifische Technik."[49] All dies scheint bei geistigem Heilen eine besondere Rolle zu spielen.

Denn geistiges Heilen an sich ist nicht bloß "Energieübertragung", sondern intuitive Psychotherapie - eine besondere Art und Weise, in der Helfer und Hilfesuchende miteinander umgehen. Die therapeutische Beziehung, welche die meisten Geistheiler anbieten, ist geprägt von Aufmerksamkeit und Geduld, Anteilnahme und liebevoller Zuwendung, die hinter der Krankheit den Kranken, hinter dem isolierten Symptom die gestörte Ganzheit sucht und ernst nimmt. Davon abgesehen finden sich in den meisten Varianten geistigen Heilweisens viele intuitive Anleihen bei bewährten psychotherapeutischen Ansätzen, die offenkundig zu hochwirksamen neuen Behandlungsformen verschmolzen werden: unter anderem bei Suggestivtherapien (mit Vorgaben, was der geistig Behandelter gleich empfinden wird), bei Imagniationstechniken (insbesondere dem Visualisieren des "Energiestroms", seiner Aufnahme und Verteilung im Körper) und bei der Logotherapie (mit der gemeinsamen Suche nach den Sinn hinter den Symptom, der Deutung von Krankheit als Chance und Weg) und transpersonalen Ansätzen (mit der angestrebten persönlichen "Transformation"). Wie kann ein solch eklektischer Methodenmix psychisch Kranken helfen? Es hilft aufgrund derselben grundlegenden Faktoren, die alle erfolgreichen Psychotherapien, ungeachtet aller Abgrenzungen, letztlich gemeinsam haben[50]:

- eine emotional geladene und vertrauensvolle Beziehung;
- eine Lernbedingung, in der Patienten Erwartungen auf Hilfe entwickeln
- ein Erklärungssystem, das die Störung und ihre Heilung plausibel macht
- Prozeduren, die Therapeut und Patient ausführen und von denen beide glauben, daß sie das geeignete Mittel zur Wiederherstellung der Gesundheit sind.

Im Einklang damit nennt der amerikanische Psychotherapieforscher Goldfried als entscheidende Wirkfaktoren einer Psychotherapie: die Provokation von Erlebnissen und Aktionen und das Ausrichten der Aufmerksamkeit darauf, im Rahmen einer intensiven und vertrauensvollen Beziehung zwischen Therapeut und Patient.[51] In all diesen Hinsichten hat geistiges Heilen psychisch Kranken, und nicht nur ihnen, Vorbildliches zu bieten. Und vermutlich wäre es noch erheblich mehr, wenn Geistheiler sich diese Wirkfaktoren ihres eigenen Tuns bewußt machen würden, statt einseitig auf den Prozeß eines "übernatürlichen" Energietransfers zu achten, und entsprechende Fähigkeiten, solche Faktoren zu verstärken, systematisch trainieren würden. Auch sie haben hinzuzulernen.

Weshalb sperrt sich bis heute ein Großteil unserer Psychiater und Psychotherapeuten dagegen, über die Einbeziehung geistigen Heilens in ihre Praxis auch nur nachzudenken? An mangelnder therapeutischer Effizienz kann es schwerlich liegen. Erstens: Sie wissen nicht, wovon sie reden - wieviele haben je einen Heiler bei der Arbeit erlebt und deren Wirkungen über längere Zeit verfolgt? Zweitens: Sie mißtrauen therapeutischen Laien, denen höhere akademische Weihen fehlen. Drittens: Sie fürchten Konkurrenz, erst recht nach der neuen Gesetzeslage. Im

1999 nach 25jährigem Ringen erlassenen "Psychotherapie-Gesetz" wurde für 20.000 deutsche Psychotherapeuten ein Budget von jährlich 1,3 Milliarden Mark verankert. Für jede Praxis würde dies einen ruinösen Umsatz von 65.000 Mark im Jahr bedeuten, den Kundenverluste an Mitbewerber noch weiter schmälern könnten.

Welch immensen Nutzen die Integration geistigen Heilens in die westliche Psychotherapie und Psychiatrie haben könnte - nicht nur bei leichteren neurotischen Störungen, sondern bei schwersten Psychosen -, lassen dramatische Einzelfälle zumindest erahnen. So beispielsweise die Heilung des 56jährigen Wolfgang L.: Der Vater dreier Kinder, glücklich verheiratet und zuvor körperlich und psychisch allem Anschein nach kerngesund, begann buchstäblich über Nacht an schweren seelischen Störungen zu leiden, entwickelte dabei zeitweilig Lähmungssymptome. In der Nähe von Kreuzen und Kirchen begann er heftig zu zittern, jedes religiöse Symbol löste in dem zuvor frommen Christen Ekel aus. Eines Nachts trat er mit einem Beil ans Bett seiner schlafenden Kinder, wollte sie umbringen. "Der Teufel ist in mir", sagte er, "eine fremde, böse Macht hält mich gefangen." Zehn Jahre lang wurde er erfolglos von Ärzten behandelt, unter anderem in sechs psychiatrischen Klinikabteilungen. Erst nachdem 1990 der Heiler Christos Drossinakis einen Exorzismus vornahm, fühlt er sich geheilt. Zwanzig "Austreibungen" fanden damals statt. Seither sind die Lähmungen verschwunden, das seelische Gleichgewicht wiederhergestellt, das Gefühl der Ohnmacht gegenüber einem übermächtigen, unsichtbaren Angreifer gebannt. L. ist wieder arbeitsfähig - und ein liebevoller, ausgeglichener Familienvater.

Gerade bei Exorzismen, aber auch bei schamanischen Heilweisen drohen allerdings Gefahren, die mancher Geistheiler unterschätzt - und Hilfesuchende zögern lassen sollten, ehe sie entsprechende Angebote annehmen. Das spiritistische Weltbild hinter solchen Praktiken, das die meisten Heiler wie selbstverständlich weiterreichen, kann bestehende Psychosen schlimmstenfalls noch verstärken. Im übrigen gibt es eben auch Wahnvorstellungen, die von unbewußten Konflikten oder krankhaften hirnphysiologischen Veränderungen herrühren - und in solchen Fällen liegen andere Behandlungsweisen näher.[52] Den Königsweg zum psychischen Wohlbefinden gibt es nicht.

Auf den vielen Wegen dorthin führen mehrere Begleiter, sofern sie miteinander statt gegeneinander arbeiten, oft schneller zum Ziel als bloß einer. Dies zeigte sich unlängst in einem vorbildlichen Pilotprojekt in der Schweiz: Von 1997 bis Ende 1999 durfte bei den "Externen Psychiatrischen Diensten" (EPD) in Bruderholz bei Basel, einer

Beratungsstelle mit ambulanter Betreuung, die erfahrene Heilerin Graziella Schmidt 40 chronisch Kranke unter ärztlicher Aufsicht mitbetreuen. Im Rahmen eines Forschungsprojekts "Geistig-energetisches Heilen" kümmerte sie sich dabei ausschließlich um Patienten, die aus schulmedizinischer Sicht seit längerem "behandlungsresistent", wenn nicht gar "austherapiert" sind. Der Initiator und Leiter dieses Projekts, der Schweizer Psychiater Dr. Jakob Bösch - er ist Chefarzt der EPD -, erlebte erstaunliche Heilwirkungen mit: "Bei 50 bis 70 Prozent der behandelten Patienten", so stellte er fest, "zeigen sich deutliche Erfolge, bei etwa 20 Prozent außerordentliche". Dabei "wären schon einzelne Erfolge das ganze Projekt wert gewesen" - und davon kann Bösch etliche vorweisen, zum Beispiel:

- Ein 21jähriger Mann war wegen chronischer Schizophrenie fünf Jahre lang erfolglos an einer psychiatrischen Universitätsklinik behandelt worden. "Schließlich verweigerte er jegliche Medikamente", so berichtet Bösch, "schloß sich nahezu ständig in seinem Zimmer ein und verbrachte die meiste Zeit im Bett. Mit seinen Eltern sprach er kaum noch ein Wort. Nachts schrie er laut, anstatt zu schlafen." Um so erstaunter registrierte Bösch, daß der junge Mann zumindest mit der Heilerin von der ersten Sitzung an sprach. Nach zwei Terminen verschwanden ein schwerer Waschzwang und ein Vergiftungswahn. "Dann begann er spontan, seinem Vater bei der Arbeit zu helfen. Während er vorher fast wie ein Debiler aussah, wirkt sein Gesicht nun deutlich wacher, und er läuft aufrechter. Die Abende verbringt er jetzt zusammen mit seinen Eltern. Nachts schreit er nicht mehr und kommt ohne Schlafmittel zur Ruhe."

- Mit der Diagnose "Autismus" war ein 15jähriger Junge in das Projekt einbezogen worden. Seine Eltern, beides Ärzte, hatten jahrelang bei führenden Kapazitäten vergeblich Hilfe gesucht; ein Gutachten bezeichnete ihren Sohn als "imbezil", d. h. schwerstgradig debil (schwachsinnig). "Er war motorisch sehr ungeschickt", erinnert sich Bösch, "seine Bewegungen waren ruckartig und ziellos, wie bei einem Säugling." Doch nach wenigen Behandlungen bei der Heilerin "verbesserte sich seine Feinmotorik enorm. Statt mit den Händen begann er nun mit Messer und Gabel zu essen, so daß seine Eltern mit ihm erstmals ein Restaurant besuchen konnten". Eine Feuerphobie verschwand ebenso wie panische Angst vor Toiletten. ("Jetzt geht er alleine aufs WC, während die Eltern vorher jede Nacht deswegen aufstehen mußten.") Seine Kleider wählt er jetzt selber aus und zieht sich alleine an. Inzwischen geht er mit dem Vater joggen und hat sogar damit begonnen, Basketball zu spielen. "Immer häufiger spricht er Wörter, die nie zuvor von ihm zu hören gewesen waren, und bildet ganze Sätze aus drei bis vier Wörtern." Zu der Heilerin habe er einmal gesagt, durch ihre Behandlung sei ein "Licht" in ihm entstanden, wo vorher nur Dunkelheit und Haß gewesen seien.

- Von Kindheit an litt eine 17jährige an Epilepsie, verbunden mit erheblichen Entwicklungsrückständen. Sieben- bis achtmal täglich kam es zu schweren Zusammenbrüchen, bei denen das Mädchen weinte und sich wie ein Kleinstkind gebärdete. Während der "Geistheilung" verschwanden starke Gleichgewichtsstörungen nahezu vollständig: "Sie kann erstmals auf einem Bein stehen, ohne dabei umzufallen", so Bösch. Ein stark gestörtes Zeitgefühl besserte sich, panische Angst vor Dunkelheit verschwand. Auch ihre Feinmotorik machte augenföllige Fortschritte: "Während sie vorher steif wirkte und jede sportliche Betätigung haßte, hüpft sie nun öfters herum, mit sichtlicher Freude an der Bewegung." Ihr Gang ist aufrechter geworden, "so als wäre ihre Wirbelsäule gestreckt worden." Der Umgang mit Zahlen hatte dem Mädchen Angst gemacht - inzwischen hat sie Freude am Rechnen. "Vor der Behandlung hatte die Mutter keinerlei Hoffnung mehr gehabt, daß ihre Tochter jemals selbständig leben könnte", berichtet der Psychiater. "Diese Möglichkeit zeichnete sich nun aber von Sitzung zu Sitzung deutlicher ab."

(Zahlreiche weitere Behandlungsbeispiele schildert Jakob Bösch in seinem Beitrag "Sensitivität und geistiges Heilen in der Psychiatrie und Psychotherapie", in: *Geistiges Heilen für eine neue Zeit - Vom 'Wunderheilen' zur ganzheitlichen Medizin*, hrsg. v. H. Wiesendanger, Kösel-Verlag: München 1999, S. 243-264, dort S. 251-259.)

Entsprechend fassungslos reagierten die Beteiligten auf die Entscheidung der Sanitätsdirektion des Kantons Basel-Land, das Projekt zum Jahresende 1999 abzubrechen. Bei einer Überprüfung, so rechtfertigte die Behörde ihren Schritt in einer Presseerklärung, habe sich "gezeigt, daß das Projekt eine Reihe von ethischen und rechtlichen Fragen offen läßt". Somit erfülle es "die strengen Anforderungen an eine wissenschaftliche Studie nicht". Und die erwiesenen Fortschritte? Sie interessierten nicht.

Mit Geist die Seele heilen - Herausragende Einzelfälle

Angst: Einen 40jährigen Gastwirt aus Berlin belasteten seit sechs Monaten Herzrhythmusstörungen, Schlaflosigkeit und massive Angstzustände. EKG- und Blutuntersuchungen blieben ohne Befund, mehr als Rezepte für Schlafmittel bekam er von seinem Arzt nicht. Nun begann er eine Psychotherapie. Nachdem sich die Panikattacken dennoch weiter verstärkten, wandte sich der Mann an die Berliner Heilerin Elke H. - und nach vier Reiki-Sitzungen, alle innerhalb einer Woche, klangen die Angstzustände vollständig ab. "Binnen zwei Monaten war mein Klient in der Lage, seine Lebens- und Arbeitssituation neu zu ordnen, und er übernahm eine neue, verantwortungsvolle Tätigkeit. Seit nunmehr anderthalb Jahren ist er beschwerdefrei, ohne weitere ärztliche und psychotherapeutische Behandlung." Er hat "das Gefühl, daß die Last meiner Kindheit von der Seele genommen ist".[53]

Phobie: Die panische Flugangst eines 52jährigen Tanzlehrers aus Stuttgart war im Sommer 1994 schlagartig behoben - nach einer einzigen anderthalbstündigen Sitzung bei der Heilerin Daniela W.: "Einen Tag danach stieg er ohne Angst ins Flugzeug", berichtet sie.[54]

Depression: Im Juli 1991 hatte eine damals 29jährige Krankengymnastin, verheiratet mit einem Dermatologen (Facharzt für Hauterkrankungen) an der Universitätsklinik Erlangen, mit Kaiserschnitt einen Sohn zur Welt gebracht. Einen Tag später war das Kind tot: Das Zwerchfell war nicht zusammengewachsen, die Lunge konnte sich nicht entfalten. "Die Frau ging durch eine Hölle", berichtet der Geistheiler Herbert S. aus Erlangen. "Starke Depressionen stellten sich ein. Psychologen konnten ihr nicht helfen, Freunde und der Ehemann auch nicht." Im Januar 1992 nahm sich S. der Frau an. "Nach der vierten Behandlung wollte sie tanzen gehen. Ihr Mann verstand die Welt nicht mehr. Er hatte sich schon darauf eingestellt, für immer eine depressive Frau zu haben." Kurz darauf wurde die Frau wieder schwanger. Immer wieder brach nun die Angst auf, die Tragödie könnte sich wiederholen. S. begleitete sie mit Reiki und Gesprächen bis zur Entbindung: Ende September 1992 gebar sie ein gesundes Kind. "Ihr Mann, ein Schulmediziner, hat mir die Freundschaft angetragen, weil er einfach nicht verstehen konnte, wie ich das geschafft habe. Schon nach den ersten Fortschritten hatte seine Frau den Kontakt zu ihrem Psychiater abgebrochen."[55]

Schlafstörungen: Seit über vierzig Jahren litt ein 63jähriger Kaufmann aus Aachen an Schlafstörungen, Magenbeschwerden und Schmerzen im Arm. Kein Arzt konnte ihm helfen. Ab April 1996 behandelte ihn Faruk D., ein von der Türkei 1962 nach Deutschland übergesiedelter Heiler aus Köln, einmal monatlich etwa eine halbe Stunde lang über das Telefon. Die Beschwerden verschwanden.[56] - Trotz hochdosierter Schlaftabletten und Antidepressiva konnte der 48jährige Verwaltungschef eines Krankenhauses in Bad Salzuflen kaum eine Nacht mehr durchschlafen. Zehnmal legte ihm die Heilerin Hedda L., zuvor als Innenarchitektin und Unternehmensberaterin in derselben Stadt tätig, ihre Hände auf - seither ist die Nachtruhe des Mannes ungestört.[57]

Sucht: Ein 48jähriger Frührentner aus Horn in Niedersachsen war fünfzehn Jahre lang Alkoholiker gewesen. Nach einer Entziehungskur war er zwar zwei Jahre lang "trocken"; doch als er Anfang Dezember 1995 die Hilfe der Heilerin und Diplom-Sozialpädagogin Sigrid D. aus seiner Heimatstadt suchte, hatte ihn seine Sucht schon wieder seit anderthalb Jahren im Griff. Die Heilerin legte ihm die Hände auf und versuchte es mit einer schamanischen "Extraktion". Nach drei Wochen hörte der Mann auf, nach der Flasche zu greifen - und hat der Versuchung bis heute konsequent widerstanden.[58] - Ein einziges schamanisches Heilritual an einem alten Heiligtum, durchgeführt von dem Heiler, Bildhauer und Lyriker Bernhard K., befreite eine 37jährige Krankenschwester aus Zwickau von zehnjähriger Tablettensucht (Valium); ein halbes Jahr später, nach weiteren Sitzungen bei K., verschwand auch ihre Frigidität, die der Frau, obgleich Mutter von fünf Kindern, "seit jeher" zu schaffen gemacht hatte.[59]

Nervosität: Seit 1992 litt ein 55jähriger Beamter a.D. aus Eutin an ständiger innerer Unruhe und Nervosität, begleitet von heftigen Kopfschmerzen. Medikamente, Krankengymnastik und Chiropraktik hatten ihm keine Linderung verschafft. Ab Februar 1996 vertraute er sich dem Heiler Peter D. an, einem gelernten Maschinenschlosser, der Kranken durch Handauflegen, Gebete, Reiki und "Besprechen" zu helfen versucht. Bereits nach drei Sitzungen kam der Patient anhaltend innerlich zur Ruhe; seine Kopfschmerzen traten nur noch gelegentlich und erheblich leichter auf.[60]

Magersucht: Eine 37jährige Sekretärin aus München war seit ihrer Jugend magersüchtig - und blieb es auch nach zehn Jahren Psychotherapie sowie je einem Jahr Rebirthing und Reinkarnationstherapie. Drei Wochen lang, in acht Sitzungen, versuchte ihr der Heiler Adolf B. aus Herrsching durch "Chakrenaufbau" und "Aurabehandlung" zu helfen - danach war ihr Leiden "total" verschwunden, wie er versichert.[61]

Schizophrenie: Wegen einer schizophrenen Psychose war eine 24 Jahre alte angehende Krankengymnastin aus Marburg mehrfach in einer psychiatrischen Klinik in Gießen gewesen, hatte außerdem die üblichen Psychopharmaka geschluckt - ohne Erfolg. Vier Jahre nach Ausbruch ihrer Erkrankung, ab Anfang 1994, wurde sie von der Heilerin Annegret F. ein Dreivierteljahr lang einmal wöchentlich betreut. Daraufhin traten bis heute keine weiteren psychotischen Schübe mehr auf. Schon im Juli 1994 konnte die Patientin ihre unterbrochene Ausbildung wieder aufnehmen.

Beziehungsunfähigkeit: Trotz einer abgeschlossenen klassischen Psychoanalyse litt eine 37jährige Hannoveranerin, studierte Philosophin, unvermindert an Einsamkeit: Nach siebzehn Jahren "zerstörerischer Beziehungen" fühlte sie sich liebesunfähig, ihre Kinderlosigkeit belastete sie zunehmend. Drei Tage nach einer schamanischen Heilzeremonie in einer Höhle fand sie 1992 einen Lebenspartner, heiratete ihn und bekam ein Kind.[62]

Multiple Krankheitsbilder: Seit einem Jahr litt eine 34jährige Hausfrau aus Luxemburg an schweren Angstzuständen und Depressionen, in Verbindung mit Tinnitus (Ohrgeräuschen). Nachdem Psychopharmaka wirkungslos blieben, wurde sie ärztlicherseits darauf vorbereitet, daß sie "damit leben" müsse. Damit wollte sie sich nicht abfinden. Am 12. März 1996 wandte sie sich schriftlich an den Heiler Lothar M. aus Kempten, der eine "Umsessenheit" durch "niedere Geistwesen" vermutete. Er betete für sie und "schickte ihr Energie" - seither sind sämtliche Beschwerden verschwunden.[63]

Anmerkungen

1 Harald Wiesendanger: *Auswege - Wo Kranke geistige Hilfe finden*, Schönbrunn 5. Aufl. 1999.

2 a.a.O., D-10777, 26316, 26434, 34117, 34119, 40479, 50678, 51375, 54597, 60439, 65719, 66740, 66809, 71672, 75045, 76287, 79189, 86163, 87437

3 a.a.O., D-10789, 12099, 13347, 19406, 21717, 24226, 25767, 26316, 28865, 32052, 40229, 40235, 42489, 45128, 50678, 52525, 60599, 63110, 65207, 73033, 74360, 75045, 76287, 80993, 84489, 86163, 86825, 87437, 90542, 91054, 93466.

4 60599, 73033

5 a.a.O., D-12099, 26434, 27798, 29614, 66740, 70193, 71672, 73110

6 a.a.O., D-13593, 51375

7 a.a.O., D-31707

8 a.a.O., D-10777, 32105, 34119, 45128, 50939, 60599, 67435, 84489

9 a.a.O., D-79189, 87437

10 a.a.O., D-68799, 74360

11 a.a.O., D-19406, 24558, 32805, 34117, 34119, 75045, 91054

12 a.a.O., D-23701, 50678, 54597

13 a.a.O., D-12351, 19406

14 a.a.O., D-19406

15 a.a.O., D-63110

16 a.a.O., D-12351

17 a.a.O., D-82031, 82211

18 a.a.O., D-77978, 78073

19 a.a.O., D-26954, 30989, 34119, 60439

20 a.a.O., D-35091

21 a.a.O., D-34117

22 Eine niederländische Studie fand unter 180 Patienten eines Heilers einen Anteil von 20 % "psychogene Krankheiten" (Nicky Louwerens, "Paranormale Heilung in sozialpsychologischer Sicht", in Andreas Resch (Hrsg.): *Paranormale Heilung*, Innsbruck 1997, S. 495-522, dort S. 507). Zwei deutsche Untersuchungen ermittelten Anteile von 19,4 bzw. 28,7 %. (Susanne Wällisch / Winfried Egeler: *Pilotstudie zur Erfassung des Interaktionsprozesses zwischen "geistigen" Heilern und ihren Patienten*, Diplomarbeit, Freiburg i. Br. 1987, S. 131; Holger Schleip: *Zur Praktik des Handauflegens durch Heiler - Fragebogen-Untersuchung am Patientengut zweier Heiler, Dissertation*, Freiburg i. Br. 1980, S. 41). Extreme Abweichungen von diesen Zahlen nach oben oder unten ergaben sich allerdings in zwei weiteren Studien: auf nur 5 % kam Ingeborg Strauch (*Zur Frage der "geistigen Heilung" - Ergebnisse einer experimentellen Untersuchung an einem ‚Geistigen Heiler' und seinen Patienten*, Dissertation, Freiburg i.Br. 1958, S. 59), auf 42,4 % Johannes Attevelt (*Research Into Paranormal Healing*, Dissertation, Utrecht 1988, S. 33 f.) Jedenfalls kann keine Rede davon sein, es handle sich bei dem "in die Hände von Kurpfuschern gelangenden" Patientengut vor allem um "Hypochondrien, funktionelle Organstörungen, insbesondere sogenannte vegetative Dystonien, meist mit maßgeblicher Beteiligung psychischer Faktoren, und schließlich um klimakterische Zustände, die in diagnostischer Sicht schwierig einzuordnen und nur mehrdimensional interpretierbar sind". Diese Unterstellung setzte der deutsche Psychotherapeut Hellmuth Freyberger in die Welt - empirisch gestützt auf eine Befragung seines eigenen (!) Patientenguts. H. Freyberger, "Zur Beurteilung der Erfolge eines Kurpfuschers", *Deutsche Medizinische Wochenschrift* 82/1957, S. 386-388.)

23 Eckhard Giese / Dieter Kleiber, "Risiko Psychotherapie", in dies. (Hrsg.):

Das Risiko Therapie, Weinheim 1989, S. 9-14, dort S. 12

24 Jan Gulak, "Lowering the anxiety levels in persons undergoing bioenergotherapy", *Psychotronica* 1985, S. 6-9. (Englische Übersetzung: Alexander Imich.)

25 Patricia Heidt: *An Investigation of the Effect of Therapeutic Touch on the Anxiety of Hospitalized Patients*, Dissertation, New York University 1979; eine Zusammenfassung veröffentlichte Heidt unter dem Titel "Effects of therapeutic touch on the anxiety level of hospitalized patients", *Nursing Research* 30/1981, S. 30-37. Janet F. Quinn: *An Investigation of the Effect of Therapeutic Touch Without Physical Contact on State Anxiety of Hospitalized Cardiovascular Patients*, Dissertation, New York University 1982.

26 Heinz Schepank, "Epidemiologie psychogener Erkrankungen", *Zeitschrift für psychosomatische Medizin und Psychoanalyse* 28/1982, S. 104 ff.

27 Einen 50prozentigen Anteil fand eine epidemiologische Studie schon Mitte der achtziger Jahre an einer repräsentativen Stichprobe von 600 Mannheimer Bürgern: 305 Befragte, also 50,8 Prozent, klagten über psychische Symptome, die Krankheitswert im Sinne des International Classification of Diseases (ICD) besaßen. (H. Schepank: *Psychogene Erkrankungen der Stadtbevölkerung. Eine epidemiologisch-tiefenpsychologische Feldstudie in Mannheim. Berlin, Heidelberg*, New York 1987.) Zu berücksichtigen ist allerdings, daß die Prävalenz psychischer Leiden unter Großstädter ohnehin höher ist als auf dem Land.

28 nach Schepank, a.a.O. Das Max-Planck-Institut für Psychiatrie geht davon aus, daß 20 Prozent der westdeutschen Bevölkerung an behandlungsbedürftigen seelischen Störungen leiden. (Nach Siegfried Höfling: *Wirksamkeit und Nutzen psychotherapeutischer Behandlung*, Bonn 1988, S. 11.)

29 Diese Zahlen entstammen der bis heute sorgfältigsten Untersuchung über die Verbreitung von seelischen Störungen und das System ihrer Behandlung in der Bundesrepublik Deutschland: dem im Auftrag der Bundesregierung 1975 von einer Enquete-Kommission erstellten "Bericht über die Lage der Psychiatrie in der Bundesrepublik". Siehe Asmus Finzen / Hilde Schädle-Deininger: *"Unter elenden menschenunwürdigen Umständen" - Die Psychiatrie-Enquete*, Rehberg-Loccum 1979, S. 92 ff.

30 nach Schepank, a.a.O.

31 nach Ulfried Geuter, "Es kommt auf die Beziehung an", *Nürnberger Zeitung* Nr. 224 / 26.9.1992, S. 5.

32 Addition von Zahlen aus dem Jahre 1995 zu einschlägigen Krankheitsgruppen aus: *Statistisches Taschenbuch Gesundheit*, hrsg. vom Bundesministerium für Gesundheit, Bonn 1988, Tabelle 3.1.1.

33 a.a.O., Tabelle 3.2

34 Finzen/Schädle-Deininger, a.a.O.

35 Ursula Nuber, "Wer darf die Seele kurieren? Über das Heilmonopol ärztlicher Therapeuten", *Badische Zeitung* Nr. 144 / 25.6.1991.

36 Die 180 Befragten waren aus einer größeren Stichprobe von 912 Patienten dieses Heilers zufällig ausgewählt worden. Nicky Louwerens, a.a.O., S. 508.

37 Schleip, a.a.O.

38 Schleip, a.a.O., S. 85

39 Harald Wiesendanger: D*as Große Buch vom geistigen Heilen - Möglichkeiten, Grenzen, Gefahren, Bern*, München 2. Aufl. 1995, S. 263, 265.

40 Daniel Benor: *Healing Research, Vol. 2: Holistic Energy Medicine and the Energy Body*, München 1994, S. 34.

41 Als Maß für den durchschnittlichen Behandlungserfolg in verschiedenen Krankheitsgruppen führte Schleip einen "Heilungsindex" ein, den er folgendermaßen definierte (siehe Schleip, a.a.O., S. 86, 159): "Die Angabe ‚die Beschwerden sind weg' wird mit der Note 4 gewertet, ‚stark-, bzw. ‚etwas-, bzw. ‚kaum gebessert' mit 3 bzw. 2 bzw. 1, ‚gleichgeblieben' mit 0 und ‚eher-, bzw. ‚deutlich verschlechtert mit -1 bzw. -2, die Angabe ‚läßt sich nicht beurteilen' wird nicht berücksichtigt. Sodann wird von den so verschlüsselten Angaben (=Patienten) einer bestimmten Gruppe (z. B. Altersgruppe oder Beschwerdekreis) das arithmetische Mittel gebildet." Mit einem Heilungsindex von + 1,94 belegen geistige Heilerfolge im Beschwerdekreis "Nervensystem, Psyche" einen Mittelplatz. An der Spitze steht die Kategorie "endokrines System, Stoffwechsel" mit + 2,47, am Ende "Sinnesorgane" mit + 1,03.

42 *Der Spiegel* 25/1998, S. 193

43 siehe Höfling, a.a.O.

44 Klaus Grawe, "Die Effekte der Psychotherapie", in M. Amelang (Hrsg.): *Bericht über den 35. Kongreß der Deutschen Gesellschaft für Psychologie in Heidelberg 1986*, Bd. 2, S. 515-534, Göttingen, Toronto, Zürich 1986, dort S. 518

45 Peter Giesers, "Therapie nur noch für Reiche?", *Psychologie heute* 4/1989, S. 54-57, dort S. 54

46 Im Jahre 1984 waren bei der Bundesärztekammer waren 2357 niedergelassene Nervenärzte registriert. Sie versorgten 2,4 Millionen Patienten. Inzwischen dürften die Zahlen weitaus höher liegen. Nach "Stellungnahme des Berufsverbandes Deutscher Psychologen zur ‚Nervenarzt-Studie'", *Report Psychologie* 10/1989, S. 10-17, dort S.11.

47 Manfred Zielke, "Da staunt der Laie - und der Fachmann wundert sich", *Psychologie heute* 1/1980, S. 60-63.

48 *Psychologie heute* 1/1980, S. 62.

49 *Psychologie heute* 1/1980: "Sind Profis zu ‚abgebrüht'?", S. 62.

50 Siehe Jerome Frank: *Persuasion and Healing*, Baltimore 1961

51 M. R. Goldfried, "Some views of effective principles of psychotherapy", *Cognitive Theory and Research* 4/1980, S. 271-306.

52 Siehe H. Wiesendanger, "Auf zu Stracks ‚Wunderheiler'?", *Der Heiler* 2/1997, S. 76.

53 Nach H. Wiesendanger: *Auswege - Wo Kranke geistige Hilfe finden*, Schönbrunn 5. Aufl. 1999, PLZ D-10777

54 *Auswege*, a.a.O., D-70193

55 *Auswege*, a.a.O., D-91054
56 *Auswege*, a.a.O., D-50939
57 *Auswege*, a.a.O., D-32105
58 *Auswege*, a.a.O., D-32805
59 *Auswege*, a.a.O., D-19406
60 *Auswege*, a.a.O., D-23701
61 *Auswege*, a.a.O., D-82211
62 *Auswege*, a.a.O., D-19406
63 *Auswege*, a.a.O., D-87437

5
Spezialist gesucht

Gibt es auch unter Heilern Fachleute für bestimmte Krankheiten?

Kann jeder Geistheiler alles heilen - oder gibt es Spezialisten, wie unter Ärzten?

Geistiges Heilen wirkt in der Regel *unspezifisch*: Es stärkt die Selbstheilungskräfte der Behandelten, ob nun mittels psychischer Beeinflussung, energetischer Einwirkung oder beidem. Dabei zielt es gerade nicht auf bestimmte Organe und Funktionen. Es gilt *der ganzen Person*. Ihr wird "Energie zugeführt" - und "diese Energie", so bekräftigen Heiler nahezu einhellig, "fließt dann von selbst dorthin, wo immer sie gebraucht wird".

Dem scheinen Pressemeldungen über Heiler, teilweise aber auch deren Selbstdarstellungen zu widersprechen, denen zufolge sie bestimmten Krankheiten offenbar ganz besonders gut beikommen. Der polnische Geistheiler Dr. Jerzy Rejmer etwa, der seit Ende der achtziger Jahre in der Schweiz lebt und praktiziert, nennt als Spezialgebiet "Epilepsie", neben Störungen im Bereich von "Augen, Lungen, Verdauungsapparat, Allergien" sowie "Endokrinologie und Gynäkologie".[1] Der englische Heiler Andrew McKellar aus Millbrook, Grafschaft Southampton, gilt als Spezialist für eine der heimtückischsten Viruserkrankungen überhaupt, die "Myalgische Enzephalomyelitis" (ME)[2], von der allein in Großbritannien 50.000 Menschen betroffen sein sollen.[3] Irmgard Christoph aus Neckarbischofsheim scheint bei Mukoviszidose besonders erfolgreich: einer angeborenen Enzymstörung, aufgrund deren in sekretbildenden Drüsen ein zähflüssiger Schleim abgesondert wird, der die betreffenden Ausführungsgänge verstopft und ausweitet.[4] Christos Drossinakis aus Frankfurt gilt als handauflegender "Experte" für Asthma bronchiale, seit er in zwei aufsehenerregenden Tests mit langjährigen Asthmakranken ärztlicherseits eine Erfolgsquote von 80 bzw. 100 Prozent bescheinigt bekam.[5] Als ein deutsches Boulevardblatt seinen Lesern Ende 1993 in einer mehrteiligen Serie "die 107 besten Geistheller Deutschlands" vorstellte, gab sie für jeden in einer gesonderten Rubrik an, worauf er "spezialisiert" sei."[6] Als die Universitäten Freiburg und Bonn 1994/95 über 200 deutsche Geistheiler befragten, erklärten immerhin zwei Drittel, bestimmten Erkrankungen und Störungen besonders gut beizukommen. Unter anderem halten sich 16 Prozent für "besonders erfolgreich" bei inneren Erkrankungen, 15 Prozent bei Erkrankungen des Bewegungsapparats, 13 Prozent bei Schmerzen, 12 Prozent bei Krebs, acht Prozent bei Erkrankungen der Kopfregion, sechs Prozent bei Hauterkrankungen.[7]

Die weitverbreitete Ansicht, in der Heilerszene seien esoterische Entsprechungen für fachärztliche Bereiche aufzuspüren, hat mehrere Ursprünge. Wird ein Patient bei einem bestimmten Geistheiler zum Beispiel eine langjährige Allergie los, so empfiehlt er ihn deswegen im Bekanntenkreis weiter; somit wächst die Wahrscheinlichkeit, daß weitere Allergiker ebenfalls diesen Heiler aufsuchen. Dadurch vergrößert sich in dessen Patientenstamm der Anteil der allergisch Erkrankten - und damit auch die statistische Wahrscheinlichkeit, Erfolge speziell bei dieser Patientengruppe zu erzielen. Die Häufung solcher Erfolge überzeugt den Heiler dann womöglich selbst davon, daß seine Kräfte besonders gegen Allergien wirken. Das wiederum spornt ihn unter Umständen dazu an, sich bei Allergikern besondere Mühe zu geben, weil hier sein Expertenruf auf dem Spiel steht. So macht er aus einem Gerücht eine sich selbst erfüllende Prophezeiung. Dieser Schneeballeffekt vervielfacht sich, falls ein Journalist von einer erfolgreichen Allergiekur des betreffenden Heilers erfährt - und sie in den Mittelpunkt eines Berichts über ihn stellt. Spätestens dann steht der Heiler im öffentlichen Ruf eines "Spezialisten".

Anmerkungen

1 Harald Wiesendanger: *Auswege - Wo Kranke geistige Hilfe finden*, Schönbrunn 2. Aufl. 1994, PLZ CH-6300.

2 H. Wiesendanger, "Geistheiler hilft 'ME'-Kranken", *PSI-Pressedienst* 18/1990.

3 Nach *Ärzte Zeitung* Nr. 209/19.11.1992, S. 9.

4 *Auswege*, a.a.O., PLZ D-74924.

5 Siehe Dr. med. Andreas Wacker, "Geistheilen im Test bei Asthma bronchiale - eine Pilotstudie", *Erfahrungsheilkunde* 7/1996, S. 428-433. Über einen weiteren Heilertest mit Asthmakranken berichtet Drossinakis auf seiner Homepage im Internet (http://www.drossinakis.de), "Der Test von Riccione".

6 *die aktuelle* 47-51/1993.

7 Nach Markus Binder/Barbara Wolf-Braun: *Geistheilung in Deutschland*, Freiburg i. Br. 1997, Sonderdruck (36seitige Kurzfassung von Forschungsberichten, die inzwischen zum Teil in der *Zeitschrift für Grenzgebiete der Psychologie und Psychohygiene* veröffentlicht worden sind). Siehe H. Wiesendanger, "Im (Zerr-) Spiegel der Demoskopie", *Der Heiler* 2/1996, S. 30-34, dort S. 31.

6
Im Inneren des Kanals

Was geht in Geistheilern vor, während sie behandeln?

Wer leidet, ist verständlicherweise ganz mit sich selbst beschäftigt, während er behandelt wird. Was unterdessen in seinem Therapeuten vorgeht, kümmert ihn nur am Rande. Wichtig scheint ihm allein das Ergebnis, das ein Heiler zustande bringt, sowie eigene Empfindungen, die es anzukündigen scheinen. Wenn Patienten befragt werden, was ihnen während der Behandlung an ihrem Heiler auffiel, bekommt man deswegen selten mehr als allgemeine Umschreibungen zu hören wie: "Er wirkte konzentriert", "Irgendwie schien er mir in Trance", "Er strahlte Herzlichkeit und Anteilnahme aus".

Die parapsychologische Forschung hat diesen verengten Blickwinkel weitgehend übernommen. Nahezu ausschließlich konzentrierte sie sich bisher auf Therapie*wirkungen* - auf subjektive Eindrücke der Patienten, auf objektiv feststellbare Veränderungen an und in ihrem Körper sowie auf deren psychologische Voraussetzungen. "Die mentalen Prozesse der beteiligten Heiler wurden praktisch nicht beachtet", bedauert der amerikanische Psychologe M. Allan Cooperstein. Erst 1990 legte er, mit seiner Dissertation, die erste wissenschaftliche Arbeit hierzu vor. Darin versuchte er anhand ausführlicher Interviews mit zwanzig Geistheilern grundlegende Gemeinsamkeiten und Unterschiede in diesem Bereich herauszufiltern.[1] Weitgehend bestätigt sich dabei, was frühere Studien bloß beiläufig vermerkt hatten[2], und deckt sich mit meinen eigenen Beobachtungen. Wer jemals auch nur eine Handvoll Heiler befragt hat, gibt rasch die Erwartung auf, daß es "die" Heilerfahrung gibt: ein und dieselbe subjektive Erlebniswelt, in die jeder eintaucht, wenn er geistig heilt. Nach meinen Eindrücken unterscheiden sich Geistheiler in mindestens fünf Bereichen:

1. *Grad der Aufmerksamkeit.* Geistiges Heilen schließt stets eine *Intention* ein: die gezielte Absicht, einem Kranken zu helfen. Um sie aufzubauen, geht einer Behandlung fast immer eine Phase der inneren Sammlung und Einstimmung voraus, die von wenigen Sekunden bis zu einer halben Stunde dauern kann. Allerdings scheint es nicht erforderlich, daß sich ein Heiler während der gesamten Behandlungsdauer voll und ganz auf seine Intention konzentriert, ihr ununterbrochen seine ungeteilte Aufmerksamkeit widmet. Manche Heiler scheinen zeitweilig gar nicht recht "bei der Sache". Manche Patienten verunsichert, befremdet diese "Abwesenheit" zutiefst. Trotzdem scheint die Energie, die Heiler zu vermitteln suchen, weiterhin zu fließen - wie von selbst.

2. *Körperliche Empfindungen.* Ebenso wie ihre Patienten scheinen auch die meisten Heiler jene Energien förmlich zu spüren, die während der Behandlung "fließen" sollen: Sie schildern Gefühle von Wärme und Kälte, von Schwere, von einem Kribbeln und Vibrieren. (Währenddessen sind schon deutliche physiologische Veränderungen gemessen worden: Herzrhythmus, Puls- und Atemfrequenz, Blutdruck und Muskelspannung sinken.) Manche Heiler scheinen geradezu telepathisch nachzuempfinden, was in ihren Patienten vorgeht: Sie fühlen am eigenen Leib deren Schmerz, sie spüren deren Angst und Verzweiflung, wie sie beteuern.

Erhebliche Unterschiede fallen auch nach Abschluß der Behandlung auf. Manche Heiler wirken so frisch wie zuvor; sie scheinen unbegrenzt Energie abgeben zu können, ohne Anzeichen von Erschöpfung zu zeigen. Andere hingegen fühlen sich hinterher benommen, ausgelaugt, erschöpft - so als wäre die Energie, die sie übertragen, förmlich aus ihnen herausgezogen worden. Extrem leidet darunter die bulgarische Heilerin Krassimira Dimowa:[3] "Oft fühle ich mich sehr schlecht. Ich habe starke Schmerzen in der Stirngegend, erblinde für Minuten, habe Herzrhythmusstörungen (extrasystole Arrhythmien). Meine Hände schwellen manchmal an und platzen auf. Als ich einmal einen Krebskranken behandelte, lief Blut aus den Poren meiner Handfläche. Meine Handgelenke und der Rücken schmerzten."[4] Während eines einmonatigen Tests[5] im Militärkrankenhaus von Rousse, Bulgarien, konstatierten Ärzte bei der Heilerin «Tachykardie (Steigerung der Herzfrequenz) bis zu 120 Herzschlägen pro Minute; große Schwankungen des Blutdrucks bis zum Kollaps; starke Kopfschmerzen, begleitet von kurzfristiger

Blindheit für 5-10 Minuten".[6] Seit der ungarische Geistheiler György Ille seine Kräfte entdeckte, quälen ihn immer wieder unerklärliche, äußerst schmerzhafte Hitzeempfindungen. Häufig wacht er nachts mit der panischen Furcht auf, er würde "verbrennen". Um sich "abzukühlen", steigt er dann in eine Badewanne voll kalten Wassers."[7]

3. *Emotionale Beteiligung*. Ebenso unterscheiden sich Heiler offenbar hinsichtlich des Ausmaßes, in dem sie gefühlsmäßig involviert sind. Manche wirken regelrecht teilnahmslos - und dadurch kühl, distanziert. Andere hingegen tauchen in ein Meer von Emotionen: von Sympathie und Mitleid, von Freude und Liebe, von Dankbarkeit und Harmonie, aber auch von Trauer und Angst.

4. *Bewußtseinszustand.* Manche Heiler wirken während der gesamten Behandlung hellwach. Andere hingegen scheinen wie «weggetreten": in einen ekstatischen, tranceähnlichen Zustand, in dem sie für jene Energien, die sie weitergeben möchten, besonders empfänglich zu werden glauben. Dann nehmen sie kaum noch wahr, was um sie herum vorgeht. Ihr Zeiterleben scheint verändert.[8] Ihr Identitätsgefühl verblaßt, bis zu einem Punkt, an dem sich ihre Ich-Grenze aufzulösen scheint. Teils fühlen sie sich eins mit dem Patienten, "verschmelzen" förmlich mit ihm. ("Ich bin dann eine andere Person", bekam Cooperstein unter anderem zu hören.[9]) Teils erfüllt sie das Gefühl einer mystischen Vereinigung mit jener göttlichen Kraft, als deren Kanal sie sich betrachten. («Ich bin die Heilenergie», gab ein Befragter zu Protokoll.[10]) Insbesondere media le Heiler, darunter Trance-Chirurgen, wollen deutlich spüren, wie ihr eigenes Ich zurückgedrängt wird, um einem anderen, körperlosen Geist Platz zu machen, der ihren Körper als Werkzeug benutzt.

5. *Die Leitvorstellung.* Während sie behandeln, arbeiten Heiler mit recht unterschiedlichen Imaginationen. Die einen konzentrieren sich darauf, einen Krankheitserreger abzutöten, einen Fremdkörper zu "dematerialisieren", eine Geschwulst zu zerstören - wie ein feindliches Angriffsziel. Andere halten jede aggressive Vorstellung für unvereinbar mit dem Wesen geistigen Heilens; sie versuchen entartete Zellen oder Infektionsherde wie Pilze, Bakterien und Viren deshalb eher behutsam aus dem Körper "hinauszuführen", oder sie konzentrieren sich darauf, das biologische "Gleichgewicht", die "natürliche Ordnung" und "Harmonie" im Körper wiederherzustellen. Andere malen sich aus, "Kanal" für ein göttliches Licht zu sein, das in sie hineinströmt und durch sie hindurch zum Patienten weiterfließt. Wieder andere erbitten einfach Gottes Beistand. Das Schicksal ihrer Patienten legen sie demütig in Seine Hand, ohne damit irgendwelche gezielten Bitten zu verbinden.

Welche dieser mentalen Prozesse ist geistigem Heilen am förderlichsten? Pauschale Antworten darauf gibt es nicht, schon gar keine wissenschaftlich halbwegs fundierten. Nach meinen persönlichen Eindrücken richtet ein Geistheiler im allgemeinen um so mehr aus, je aufmerksamer er bei der Sache ist, je mehr er emotional "mitlebt", je mehr Anteilnahme und Liebe er ausstrahlt. "Die entscheidende Emotion", betont die amerikanische Heilerin Rosalyn Bruyere stellvertretend für die große Mehrheit, "ist Mitgefühl. Heilung entsteht aus Mitgefühl", aus der "aufrichtigen Sorge um den Patienten".[11] Welcher Patient öffnet sich schon einem Helfer, der eher abwesend, unbeteiligt und kühl wirkt?

Auch scheinen Heileffekte um so wahrscheinlicher, je mehr es dem Heiler gelingt, sich in einen veränderten Bewußtseinszustand zu versetzen, den entspannte Wachheit, eine deutlich herabgesetzte Verstandestätigkeit, ein intuitives, spontanes Vorgehen und ein völliges Eintauchen ins Hier und Jetzt kennzeichnen. Dazu tragen vermutlich zwei Gründe bei. Zum einen begünstigen solche Bewußtseinszustände erwiesenermaßen paranormale Leistungen aller Art, möglicherweise also auch den Zugriff auf eine unbekannte Energieform. Zum anderen ist der *Eindruck*, den ein Heiler in einem derartigen Zustand auf seine Patienten macht, einer Placebo-Reaktion überaus förderlich. Denn in den Köpfen der meisten Patienten geistert die Vorstellung: Um schier Übermenschliches zustande zu bringen, ein "Heilwunder" nämlich, muß ein Heiler irgendwie anders sein als du und ich. Je entrückter, ekstatischer ein Heiler auftritt, desto "echter", überzeugender wirkt er auf viele Patienten. Um so bereitwilliger öffnen sie sich für die Energien, die mutmaßlich von ihm ausgehen.

Je stärker die körperlichen Empfindungen sind, die ein Heiler während der Behandlung erlebt, desto eher wird er helfen können, so vermute ich ferner. Denn selbst wenn ein rätselhaftes Hitze- oder Kribbelgefühl rein autosuggestiv erzeugt und keineswegs ein inneres Signal dafür wäre, daß irgendwelche «Energien» fließen, so bestärken sie doch den Heiler selbst in seinem Glauben an diesen Fluß. Einerseits besteht zwischen der Überzeugung, einen paranormalen Effekt zu erzeugen, und der Wahrscheinlichkeit, daß dieser Effekt tatsächlich auftritt, ein bemerkenswerter statistischer Zusammenhang.[12] Andererseits gelingt es einem selbstsicheren Heiler eher, bei Patienten Placebo-Reaktionen auszulösen, als einem von Selbstzweifeln geplagten.

Auch die besondere Leitvorstellung, mit der ein Heiler arbeitet, scheint nicht unerheblich. Selbst in Tests an Bakterienkulturen schnitten die amerikanische Gesundbeterin Olga Worrall sowie der russische

Gynäkologe und Geistheiler Dr. Leonard Laskow dann am erfolgreichsten ab, wenn ihre Heilintention auf das Wiederherstellen von Harmonie, auf das Geschehenlassen des Willens Gottes oder das Walten einer universellen Liebe ausgerichtet war. Aggressive, zerstörerisehe Vorstellungen hingegen hatten meßbar geringere Effekte.[13]

Anmerkungen

1 Cooperstein berichtete darüber zusammenfassend in einem Vortrag anläßlich der "Weltkonferenz spiritueller Heiler" in Hall/Tirol (11.-12.5.1991). Eine deutsche Übersetzung seines Manuskripts erschien unter dem Titel "Subjektive Empfindungen von Heilern" in *Transkommunikation* 1/1992, S. 12-20. Ausführlicher analysiert er sein Material in "The Myths of Healing: A Summary of Research Into Transpersonal Healing Experiences", *Journal of the American Society for Psychical Research* 86/1992, S. 99-133.

2 Susanne Wällisch/Winfried Egeler: *Pilotstudie zur Erfassung des Interaktionsprozesses zwischen "geistigen" Heilern und ihren Patienten*, Diplomarbeit, Freiburg i. Br. 1987, S. 239-253 u. 274-281.

3 Siehe H. Wiesendanger: *Das große Buch vom geistigen Heilen - Möglichkeiten, Grenzen, Gefahren*, Lea-Verlag: Schönbrunn 2000, Kap. IV, S. 272 f.

4 Krassimira Dimowa: "Mein Weg zur Heilerin", *Grenzgebiete der Wissenschaft* 4/1991, S. 322.

5 Siehe *Das große Buch vom geistigen Heilen*, a.a.O., Kap. IV, S. 272 f.

6 Dimowa, a.a.O. (s. Anm. 4), S. 329

7 H. Wiesendanger, "Geistheiler kann Fleisch mumifizieren", *Esotera* 9/1993, S. 11.

8 Cooperstein, "Subjektive Empfindungen ...", a.a.O., S. 15: "Ein Gefühl der ausgedehnten Gegenwart oder der Zeitlosigkeit ist am häufigsten, obgleich auch andere Zeitverzerrungen berichtet werden."

9 Cooperstein, a.a.O., S. 17.

10 a.a.O., S. 17. Der bekannte amerikanische Alternativmediziner Larry Dossey, ehemaliger Leiter des Städtischen Krankenhauses von Dallas, nimmt solche "transpersonalen" Erfahrungen ernst. Für ihn liegt "die Vermutung nahe, daß beim Heilungsprozeß nicht nur ein einziger Geist beteiligt ist. Der Geist aller Heiler ist eins und nicht an Raum und Zeit gebunden. Dieser Geist schließt auch den Patienten ein." Siehe Dosseys Aufsatz "Der Geist jenseits des Körpers", in Richard Carlson/Benjamin Shield (Hrsg.): *Was ist heilen?* München 1992, S. 164-169, dort S. 167.

11 Rosalyn Bruyere, "Faktor Mitgefühl", in *Was ist heilen*, a.a.O., S. 105f.

12 Parapsychologen sprechen von einem "Sheep/Goat"-Effekt, einem von der amerikanischen Psychologin Gertrude Schmeidler vom City College der Universität New York geprägten Begriff. Demnach schneiden positiv eingestellte

Versuchspersonen (*sheep*, "Schafe") in quantitativen Tests zur außersinnlichen Wahrnehmung oder Psychokinese im allgemeinen besser ab als negativ voreingenommene (*goats*, "Ziegen").

13 Zu Olga Worrall siehe *Das große Buch vom geistigen Heilen*, a.a.O., Kap. IV, darin den Abschnitt über Tests an Bakterien. Zu Laskow siehe Glen Rein: *Quantum Biology: Healing with Subtle Energy*, Quantum Biology Research Labs, Palo Alto, CA, 1992.

7
Die Bedingungen
Wovon Heilerfolge abhängen

Wovon hängen geistige Heilerfolge ab? Zum einen natürlich vom Heiler - und zwar nicht nur davon, ob er über irgendwelche Psi-Kräfte verfügt, wie stark diese Kräfte sind und wie gezielt er sie einsetzen kann. Denn vom Sonderfall von Fernbehandlungen ohne Wissen des Patienten abgesehen, schließt jegliches geistiges Heilen immer auch Elemente einer Psychotherapie mit ein. Und der Erfolg einer Psychotherapie hängt wesentlich von sozialen, kommunikativen und wohl auch charakterlichen Fähigkeiten des Therapeuten ab: Wie geht er auf seine Klienten ein? Inwieweit vermittelt er ihnen das Gefühl, daß er versteht und Anteil nimmt? Wieviel Geduld, wieviel Liebe bringt er dabei auf? In welchem Maße gelingt es ihm, einem Kranken verständlich zu machen, warum und wozu er leidet? Inwieweit kann er ihm Hoffnung und Zuversicht vermitteln, wieder gesund zu werden? Wie weitgehend stärkt er das Vertrauen in seine eigene Heilfähigkeit - ebenso wie in die Selbstheilungskräfte des Behandelten?

All diese Eigenschaften betonen Geistheiler selbst, wenn sie sich zu Voraussetzungen ihrer Erfolge äußern; und was an wissenschaftlichen Untersuchungen darüber vorliegt, bestätigt sie weitgehend. Als zwei Freiburger Psychologen, Susanne Wällisch und Winfried Egeler, 1986 monatelang drei bekannte Geistheiler mit insgesamt 62 Patienten beobachteten und befragten, stellten sie fest, daß vor allem drei Merkmale den Ausschlag gaben:[1] Ein erfolgreicher Geistheller bringt ein hohes Maß an "liebevoller, tiefer Zuwendung und Wärme" auf. Es gelingt ihm, eine "vertrauensvolle, einfühlsame Beziehung" aufzubauen. Er kommuniziert mit seinen Patienten "natürlich und lebendig" - alles Vorzüge, von denen sich mancher praktizierende Arzt eine dicke Scheibe abschneiden könnte.

Ausnahmen von dieser Regel dürfen allerdings nicht übersehen werden, so selten sie auch vorkommen. Jedenfalls bin ich etlichen Heilern begegnet, deren charakterliche und soziale Fähigkeiten mir arg verkümmert vorkamen; trotzdem konnten sie mir teilweise verblüffende Heilerfolge vorweisen. Solche Einzelfälle bestätigen aufs neue, was in diesem Buch immer wieder betont wird: Auch wenn wir eine psychologische Erklärung von geistigen Heileffekten stets mitberücksichtigen müssen, sollten wir uns davor hüten, sie zu überstrapazieren.

Wenigstens ebenso stark wie auf den Heiler kommt es im übrigen auf den Patienten an. Wie sehr der erhoffte Erfolg auch von ihm abhängt, verdeutlichen vier wissenschaftliche Studien aus Deutschland und den Niederlanden, die zusammengerechnet knapp zweitausend Patienten erfaßten. (Siehe Kap. 1, "Die Statistik des 'Wunders'".) Demnach findet ein Kranker um so wahrscheinlicher bei einem Geistheiler Hilfe,

- je entspannter und gelassener er ist;
- je mehr ihn die Behandlung emotional berührt - je intensivere Gefühle er währenddessen erlebt: etwa Freude, Hoffnung, Sympathie, Liebe, Ruhe, Geborgenheit, Glück;
- je stärkere körperliche Empfindungen die Behandlung in ihm auslöst: etwa von Schwere oder Leichtigkeit, von Wärme oder Kälte; von einem Durchströmtwerden; einem Kribbeln und Vibrieren;
- je empfänglicher für diese Heilweise er sich von vornherein einschätzt;
- je häufiger er sich geistig behandeln läßt;
- je mehr er sich zuvor schon über geistiges Heilen informiert hat;
- je hoffnungsvoller er das Ergebnis erwartet.

Ausschlaggebend ist ferner, aus welcher Informationsquelle der Kranke von seinem Heiler erfahren hat. Wer durch andere Patienten davon hörte, hat eine statistische Erfolgsaussicht von 73 Prozent; waren es Massenmedien, sinkt diese Quote auf 65 Prozent; waren es Bekannte, die den Heiler nicht aus eigener Erfahrung, sondern nur vom Hörensagen kennen, fällt sie sogar auf 57 Prozent. Vermutlich gelten Leidensgefährten im allgemeinen als besonders glaubwürdige Informanten; ihre Angaben wecken Vertrauen und Zuversicht.

Als ebenso wichtig erweist sich die Erklärung, die der Patient für den

Heilerfolg hat. Am ehesten profitieren diejenigen Behandelten, die mit "höheren" Mächten und Kräften rechnen: Jeder Dritte, der seinem Heiler zutraut, eine übernatürliche "Strahlung" auszusenden, erlebt eine "Besserung" - aber nur 4 Prozent derer, die Heilerfolge von vornherein auf "Suggestion" zurückführen.[2] Ob sich der Patient die Möglichkeit geistigen Heilens eher christlich-religiös oder esoterisch erklärt, hat dagegen keinen nennenswerten Einfluß darauf, wie sich seine Beschwerden während und nach der Behandlung entwickeln.[3] Entscheidend scheint nur, daß er überhaupt eine "höhere" Erklärung bevorzugt. Auch dieser Befund deckt sich übrigens mit Erkenntnissen der Psychotherapieforschung: Ein Großteil des Erfolgs, den eine Psychoanalyse erzielen kann, beruht demnach darauf, daß dem Patienten ein *Mythos* vermittelt wird, der ihm glaubhaft erscheint: eine Vorstellung darüber, woran es lag, daß er erkrankte, und was dahintersteckt, wenn er wieder gesund wird. Ihr Inhalt ist zweitrangig - die Form entscheidet.

Anmerkungen

1 Susanne Wällisch/Winfried Egeler: *Pilotstudie zur Erfassung des Interaktionsprozesses zwischen 'geistigen' Heilern und ihren Patienten*, Diplomarbeit, Freiburg i.Br. 1987, s. dort zusammenfassend S. 284.

2 Ingeborg Strauch: *Zur Frage der "geistigen Heilung": Ergebnisse einer experimentellen Untersuchung an einem 'Geistigen Heiler' und seinen Patienten*, Dissertation, Freiburg i.Br. 1958, S. 90. Ebenso Holger Schleip: *Zur Praktik des Handauflegens durch Heiler. Fragebogen-Untersuchung am Patientengut zweier Heiler*, Dissertation, Freiburg i. Br. 1980, S. 76 f.

3 Schleip, a.a.O., S. 84.

8
Gut vorbereitet
Wieviel müssen Hilfesuchende wissen?

Wer in ein fernes Land reist, sollte nicht nur wissen, wo er übernachten kann. Ein Unterkunftsverzeichnis, gestützt auf Angaben der Gastwirte selbst, sagt ihm nichts über die allgemeine Qualität der Angebote, über Landschaft, Klima und andere Besonderheiten des fremden Landes, über Straßen und Sackgassen, über den Charakter der Einheimischen, über Sitten und Bräuche, über besondere Risiken für Touristen.

Die meisten Patienten indes machen sich auf den Weg zum Geistheiler, so als stünde ein Termin beim Friseur um die Ecke an. Aber Heilen ist keine Dienstleistung wie andere. Wer sie wahrnimmt, begibt sich in ein fernes Land. Er betritt eine neue Welt: eine esoterische Subkultur, die geprägt ist von Werten und Normen, Überzeugungen und Ritualen, die einen Außenstehenden bei den ersten Begegnungen größtenteils befremden - und ihm ein erhebliches Maß an Anpassung abverlangen, zugleich aber auch an kritischer Distanz.

Dafür reicht der Informationsstand, den Hilfesuchende mitbringen, selten aus. Von ihrem Heiler kennen die meisten vor dem ersten Besuch kaum mehr als die Adresse: .Manche folgen dabei Tips von Freunden und Bekannten, andere lassen sich durch Hinweise in Presse, Funk und Fernsehen leiten. Den Ausschlag dafür, einen bestimmten Heiler aufzusuchen, geben fast immer Hinweise aus fragwürdigen Quellen auf irgendwelche spektakulären Einzelfalle, in denen der Betreffende anscheinend Wundersames zustandebrachte.

Das ist zuwenig. Von geistigem Heilen profitiert am ehesten ein gründlich vorinformierter Patient. Wer sich darauf einlassen will,

- sollte wenigstens in Grundzügen die ganze, schwer überschaubare Vielfalt geistiger Heilmethoden kennen - vom traditionellen Handauflegen, Besprechen und Gesundbeten über Fern- und Gruppenheilen, Reiki, Qi Gong und Chakratherapie bis zu schamanistischen Verfahren - und sich ungefähr vorstellen können, was dabei geschieht;

- sollte Klarheit über wichtige Fragen haben, die Voraussetzungen, Begleiterscheinungen und Erfolgsaussichten geistigen Heilens betreffen, insbesondere seinen persönlichen Beitrag dazu, daß Heilung überhaupt möglich ist;

- sollte eine Fülle von Tips und Warnungen beherzigen, ohne die ein Patient Gefahr läuft, bei Nichtskönnern und Scharlatanen viel Geld und wertvolle Zeit zu verlieren, schlimmstenfalls auch Genesungschancen einzubüßen.

Vorwissen lindert nicht nur den "Kulturschock" des Erstkontakts mit der esoterischen Therapieszene - es erhöht die Heilungschance, wie mehrere wissenschaftliche Untersuchungen übereinstimmend bestätigen. Der Freiburger Mediziner Holger Schleip etwa befragte 1980, im Rahmen seiner Doktorarbeit an der Universität Freiburg, 663 Patienten von Heilern.[1] Wie er unter anderem feststellte, "korreliert der Heilerfolg stark mit der Kenntnis von medizinisch nicht erklärbaren Heilungen"[2] Patienten, denen ein oder mehrere solcher Fälle bekannt waren, erlebten zu rund 45 Prozent eine "starke Besserung", die Uninformierten dagegen nur zu 28 Prozent. In der ersten Gruppe verschwanden bei elf Prozent die Beschwerden vollständig - mehr als doppelt so viele wie in der zweiten Gruppe (fünf Prozent).[3]

Welche konkreten Vorstellungen der Patient heranzieht, um Heilerfolge zu erklären - ob nun "höhere Mächte", "der Glaube", "Täuschung", "Strahlung", "religiöse Kräfte" oder "Suggestion" -, hatte in Schleips Stichprobe "keinen Einfluß auf die Entwicklung der Beschwerden". Dagegen "ist offenbar wesentlich, daß der Patient sich eine Vorstellung vom Heilungsmechanismus macht", wie der Mediziner feststellte. "Diejenigen Patienten, die sich auf die Frage nach einer Erklärung der Heilerfolge zurückhaltend äußerten und die Antwort 'ich weiß nicht' wählten, gaben nach der Behandlung einen deutlich geringeren Heilerfolg an."

Der Grund dafür liegt auf der Hand. Wissen baut Vorurteile und Ängste ab, es schafft Vertrauen. Dies wiederum fördert den Glauben, daß Heilung möglich ist. Somit verstärkt es wünschenswerte Placebo-Effekte. (Siehe dazu Kap. 13, “Bloß ein Placebo?”)

Anmerkungen

1 Holger Schleip: *Zur Praktik des Handauflegens durch Heiler. Fragebogen-Untersuchung am Patientengut zweier Heiler.* Dissertation: Freiburg i.Br. 1980. Vgl. Barbara Serick: *Unorthodoxes Heilen*, Diplomarbeit 1985, Psychologisches Institut der Universität Freiburg, Band 1, S. 111 f.; Susanne Wällisch/Winfried Egeler: *Pilotstudie zur Erfassung des Interaktionsprozesses zwischen "geistigen" Heilern und ihren Patienten,* Diplomarbeit 1987, Psychologisches Institut der Universität Freiburg, S. 76, 285.

2 Schleip, a.a.O., S. 103

3 Schleip, a.a.O., S. 104

9
Wie sich Geist anfühlt
Heilkraft erleben: Was spüren Behandelte?

Erst kribbelte es intensiv, dann wurde mir plötzlich ganz heiß", "Es war so, als stünde ich unter Strom", "Es durchzuckte mich wie ein Blitz", "Es fühlte sich so an, als wogten unsichtbare Wellen durch mich hindurch", "Ich vibrierte am ganzen Körper": In solche Worte fassen viele Patienten, was sie bei Geistheilern erleben, während sie behandelt werden. Dabei stimmen ihre Angaben bemerkenswert überein: Die große Mehrheit schildert Empfindungen von Wärme oder Kälte, von Schwere, von einem Kribbeln oder Vibrieren, von einem Durchströmtwerden oder dem sanften Druck einer unsichtbaren Kraft, wie mehrere Umfragen seit den sechziger Jahren ergaben. Nur ein Drittel bis ein Fünftel der Befragten gibt an, nichts Besonderes zu spüren.[1]

Was empfinden Patienten während einer Geistheilung?

A. Nach TURNER (1969)

Berichtete Empfindungen	Zahl der Patienten	Zahl der Behandlungen
Wärme	168	441 (46,2 %)
davon: intensive Hitze	5	9 (0,9 %)
Kühle	56	113 (11,7 %)
davon: intensive Kälte	17	36 (3,7 %)
"Elektrische" Empfindungen (Kribbeln, Prickeln, Vibrieren, "unter Strom stehen")	47	71 (7,4 %)
Mischempfindungen (mit verschiedenen sinnlichen Anteilen)	11	21 (2,2 %)
Keine	**76**	308 **(32,3 %)**
Insgesamt	**353**	954

Was empfinden Patienten während einer Geistheilung?

B. Nach LOUWERENS (1977)

Von 171 Patienten eines niederländischen Handauflegers (A. Haverkate) berichteten
92: Wärme, Prickeln, elektrischen Strom;
78: keinerlei außergewöhnliche körperliche Empfindungen.

C. Nach SCHLEIP (1980)

Berichtete Empfindungen während der Behandlung	Patienten von Heiler A (322)	Patienten von Heiler B (85)
Wärme	246 (76 %)	31 (36 %)
Kälte	7 (2 %)	1 (1 %)
Schwere	10 (3 %)	3 (4 %)
Kribbeln	25 (8 %)	11 (13 %)
plötzliches Nachlassen der Beschwerden	42 (13 %)	22 (26 %)
plötzliche Verstärkung der Beschwerden	8 (2 %)	3 (4 %)
sonstige außergewöhnliche Empfindungen	18 (6 %)	4 (5 %)
keine besonderen Empfindungen	52 (16 %)	21 (25 %)

D. Nach RISCALLA (1982)

Von 17 Patienten, die sich von einem Geistheiler die Hände auflegen ließen, empfanden 82 % Wärme und 6 % "Schwingungen" (Vibrationen); 6 % spürten nichts.

E. Nach WÄLLISCH/EGELER (1986)

Von 96 Patienten dreier Geistheiler schilderten 58 merkwürdige Körperempfindungen, darunter:

Gelöstheit	15	Schmerzen	2
Entspanntsein	15	Hitze	1
Wärme	9	Schwere	1
Vibration	7	Sonstiges	5
Kälte	3		

Viele Patienten werten solche Empfindungen als Beweis dafür, daß mit ihnen etwas Wundersames geschieht, das zu ihrer Genesung führt; und die allermeisten Geistheiler bestärken sie in dieser Überzeugung. Zu Recht? Patientenbefragungen belegen zumindest eines: Die Wahrscheinlichkeit, von einer Geistheilung zu profitieren, nimmt zu, je häufiger und stärker dabei eigenartige Körperempfindungen auftreten. So hatte ein Drittel der Patienten, denen der britische Geistheiler Gordon Turner die Hände auflegte, währenddessen nichts Besonderes gespürt - aber nicht einmal zwei Prozent derer, die eine Besserung erlebten. Nicht ganz so kraß, aber ebenfalls unübersehbar, trat dieser Unterschied in einer Untersuchung des deutschen Parapsychologen Holger Schleip zutage.

Gibt es also typische Heilempfindungen, an denen ein Patient merken kann, ob ihm geholfen wird? In der Wällisch/Egeler-Studie will immerhin über ein Drittel derer, die nichts Bemerkenswertes spürten, eine Besserung erlebt haben, teilweise sogar eine vollständige Heilung; andererseits berichtet ein rundes Drittel enttäuscht, die Beschwerden seien "gleichgeblieben" oder gar schlimmer geworden, obwohl bei ihnen Wärmegefühle, ein Kribbeln oder andere merkwürdige Körperempfindungen auftraten. Dies deckt sich mit Eindrücken, die ich seit Jahren aus Briefen und persönlichen Gesprächen mit Hunderten von Patienten gewonnen habe und vor kurzem im "Fernheil-Test" mit einer Testgruppe von 60 chronisch Kranken bestätigt fand[2]: Etlichen, die während ihrer Behandlungen überaus intensive "Heilströme" wahrzunehmen glaubten, ging es anschließend nicht im mindesten besser; vielen anderen taten aufgelegte Hände erstaunlich rasch und anhaltend gut, obwohl sie dabei keinerlei besondere Empfindungen überkamen.

Ursache dafür ist, daß solche Empfindungen sich leicht (auto-)suggestiv erzeugen lassen. Das belegt die experimentelle Forschung an Hypnotisierten, in denen relativ mühelos die ganze Bandbreite von Sinneseindrücken ausgelöst werden kann, zu denen Menschen fähig sind: von Nadelstichen über Stromstöße und Verbrennungen bis hin zu zärtlichem Gestreicheltwerden. Darüber hinaus liefert eine niederländische Studie unmittelbare Anhaltspunkte für die Rolle der Suggestion bei vermeintlichen "Wahrnehmungen von Heilenergien": Bei insgesamt 15 Fernheilungen wurde ein Patient achtmal darüber informiert, wann die Behandlung stattfand - siebenmal blieb er dagegen im ungewissen darüber. War er informiert, so spürte er jedesmal deutliche Wärme; gleichzeitig stieg seine Hauttemperatur, die im Bereich der Nase gemessen wurde, um 3° C. Sobald er aber die Behandlungszeiten nicht kannte, stellten sich keinerlei Wärmegefühle ein, und auch die Hauttemperatur blieb konstant.[3]

Der Wert derartiger Empfindungen erschöpft sich deshalb im wesentlichen darin, auf heilsame Weise den Glauben an Heilkräfte zu stärken - sie wirken sozusagen als "innere Placebos". Weil sie unerwartet und oft in überraschender Intensität auftreten, können sie auch einen anfangs skeptischen Patienten davon überzeugen, daß mit ihm etwas "Übernatürliches" geschieht. Mit solchen Empfindungen werden die unsichtbaren Heilkräfte vermeintlich zur sinnlichen Realität. Diese Erfahrung baut Vorbehalte ab, ermutigt und macht bereit, sich dem Heiler ganz anzuvertrauen: alles Voraussetzungen, die Heilungsprozesse begünstigen.

Damit will ich keineswegs ausschließen, daß solche Empfindungen gelegentlich *paranormale* Anteile aufweisen. Denn nicht immer lassen sie sich als gewöhnliche Reaktionen auf die von den Händen des Heilers abgestrahlte Wärme, auf das sie umgebende schwache elektromagnetische Feld oder auf Berührungen erklären.[4] In wenigen glaubhaft belegten Fällen traten rätselhafte "Heilempfindungen" nämlich auch auf, während der Heiler durch eine undurchsichtige Trennwand hindurch oder gar von einer anderen Stadt aus "fernbehandelte", wobei seine Patienten unmöglich wissen konnten, ob und zu welchen Zeitpunkten er sich auf sie konzentrierte. Das deutet auf eine unbekannte Energieform hin, die von den Empfängern auf ebenso unbekannte Weise registriert und in sinnliche Eindrücke umgesetzt wird.[5] Tragen diese Energien *unmittelbar* zum Heilerfolg bei? Oder wird ihre Wirkung durch die sinnlichen Eindrücke vermittelt und verstärkt, die sie auslösen - wenn nicht überhaupt erst ermöglicht? Diskussionen über diese Fragen bleiben vorerst müßig: Empirisch sind sie derzeit nicht zu entscheiden.

Anmerkungen

1 Siehe Gordon Turner, "What Power Is Transmitted in Treatment?", *Two Worlds*, Juli 1969, S. 199-201; Nicky Louwerens, "Paranormale Heilung in sozialpsychologischer Sicht", in Andreas Resch (Hrsg.): *Paranormale Heilung*, Innsbruck 1977, S. 518; Holger Schleip: *Zur Praktik des Handauflegens durch Heiler*, Dissertation, Freiburg i. Br. 1980, S. 114 f.; Louise Riscalla, "A Study of Religious Healers and Healees", *Journal of the Society for Psychosomatic Dentistry and Medicine* 29/1982, S. 97-103; Susanne Wällisch/Winfried Egeler: *Pilotstudie zur Erfassung des Interaktionsprozesses zwischen "geistigen" Heilern und ihren Patienten*, Diplomarbeit, Freiburg i. Br. 1987, S. 232-235.

Wie hängen Körperempfindungen und Heilerfolge zusammen?

A. Nach TURNER (1969)

Berichtete Empfindungen während der Behandlung	Zahl der geheilten Patienten, die solche Empfindungen hatten	Zahl der Behandlungen, in denen solche Empfindungen auftraten
Wärme	8	15 (25,7 %)
davon: intensive Hitze	4	8 (13,7 %)
Kühle	12	16 (27,5 %)
davon: intensive Kälte	9	10 (17,2 %)
"Elektrische" Empfindungen	13	20 (34,5 %)
Mischempfindungen	5	6 (10,3 %)
Keine	1	1 (1,7 %)
Insgesamt	39	58

B. Nach SCHLEIP (1980)

Von 437 Patienten zweier Geistheiler berichteten:

Empfindung während der Behandlung / Heilerfolg	Wärme	Kribbeln	Beschwerden lassen plötzlich nach	keine besonderen Empfindungen	Grundgesamtheit
Beschwerden sind weg	25 11 %	3 10 %	8 16 %	2 3 %	52 12 %
stark gebessert	77 33 %	10 33%	16 31 %	15 24 %	130 30 %
etwas gebessert	62 27 %	10 33 %	21 41 %	15 24 %	123 28 %
kaum gebessert	8 3 %	2 7 %	0 -	4 6 %	15 3 %
gleichgeblieben	41 18 %	3 10 %	6 12 %	20 32 %	83 19 %
eher verschlechtert	7 3 %	2 7 %	0 -	3 5 %	15 3 %
deutlich verschlechtert	3 1 %	0 -	0 -	0 -	6 1 %
läßt sich nicht beurteilen	7 3 %	0 -	0 -	3 5 %	13 3 %
Summe	230 100 %	30 100 %	51 100 %	62 100 %	437 100 %

2 Siehe Harald Wiesendanger: *Heilen ohne Grenzen - 'Fernbehandeln' auf dem Prüfstand*, Schönbrunn 1999, S. 88.

3 R. von Wijk/D.H.J. Schamhart, "Thermografie en thermoregulatie-diagnostische methoden in het onderzoek naar de paranormale geneeswijze", *Nederlands Tijdschrift voor Integrale Geneeskunde* 1/1984, S. 67-76.

4 Siehe H. Wiesendanger: *Das große Buch vom geistigen Heilen - Möglichkeiten, Grenzen, Gefahren*, Lea-Verlag: Schönbrunn 2000, Kap. 1 ("Fernheilung")

5 An eine solche "Synästhesie im Bioenergiefeld" glaubt der englische Arzt und Geistheiler Dr. Daniel Benor: "Lessons From Spiritual Healing Research and Practice", *Subtle Energies* 3/1992, S. 79.

10

Der innere Arzt

Was Patienten selbst zum Heilerfolg beitragen können

Wenn Geistheilungen enttäuschend unwirksam verlaufen, trifft selten den Heiler allein die Schuld. Wenigstens ebensosehr hängt der Erfolg vom Patienten ab. Er muß vom Opfer zum Mitgestalter seines Schicksals werden.

Dazu gehört, Verantwortung für die eigene Gesundheit zu übernehmen. So mancher Kranke möchte zum ersehnten Ziel, seiner baldigen Genesung, förmlich hingetragen werden. Doch geistiges Heilen trägt ihn nirgendwo hin. Es wirft ihn zurück. Auf sich selbst.

Heilung ist nichts, was Ihnen widerfährt: eine Art übersinnlicher Strahlentherapie, die Sie passiv-unbeteiligt über sich ergehen lassen wie ein Tumorkranker eine Kobaltbestrahlung.[1] Heilung ist ein Prozeß, an dem Sie aktiv teilhaben, ja den niemand anders als *Sie* überhaupt erst gelingen lassen. Die meisten Geistheiler, wie übrigens auch Ganzheitsmediziner, stellen vorweg klar: Heilung kann immer nur Hilfe zur Selbsthilfe sein. Sie sehen sich als Katalysator von Selbstheilungsprozessen: Von ihnen gehen lediglich Anstöße zu Genesungsprozessen aus, deren Verlauf letztlich allein der Patient in der Hand hat. Darüber, ob Sie wieder gesund werden, entscheiden letztlich auch Ihre persönlichen Einstellungen, Ihre Bereitschaft, mit alten Denkmustern und Verhaltensgewohnheiten zu brechen, Ihr Engagement, Ihre feste Überzeugung. Sie müssen wollen. Dazu müssen Sie aufhören, im lateinischen Wortsinn "Patient" zu sein: *patiens*, ein Erduldender, Ertragender. Wirken Sie mit, statt geschehen zu lassen.

Heilen Sie mit! Das heißt: Vertrauen Sie nicht nur fremden Heilkräften, sondern auch Ihren eigenen - schaffen Sie Ihrem "inneren Arzt" günstige Voraussetzungen dafür, in Aktion zu treten. Wie die Placebo-Forschung nahelegt (siehe Kap. 12), beruhen manchmal selbst Besserungen von fortgeschrittenen chronischen Leiden weitgehend auf psychisch vermittelter Selbstheilung; und vermutlich ist sie an *jeglichen* Heilvorgängen, auch ärztlich eingeleiteten, mehr oder minder beteiligt. Ob jeder Kranke gleichermaßen befähigt ist, zum Geistheiler in eigener Sache zu werden, bezweifle ich. Immerhin kann er aber stets dazu *beitragen*: durch positive Einstellungen, Zuversicht und Vertrauen, durch mehr Bewegung und vollwertige Ernährung, aber auch durch konzentrierten, ausdauernden Einsatz geeigneter Psychotechniken wie Entspannungsübungen, Meditation, Autosuggestion, Imaginations- und Visualisierungsmethoden.

Seien Sie bereit zu genesen! Viele Patienten wollen unbewußt krank sein. Denn Leiden beeinträchtigen nicht nur, in ihnen liegen auch Gewinne. Sie können von lästigen Verpflichtungen und übergroßer Verantwortung entlasten; vermehrte Aufmerksamkeit, Zuwendung und Rücksichtnahme bescheren; zum Instrument der Rache an Mitmenschen werden; wichtige Bezugspersonen binden, die man zu verlieren fürchtet. Dann wird Krankheit buchstäblich "*not*-wendig": Sie wendet eine Not ab. An solchen versteckten Motiven prallen Behandlungsversuche, geistige nicht minder als schulmedizinische, ab wie von einer unsichtbaren Wand. Gegen seinen Willen kann niemand geheilt werden.

Ändern Sie Ihre Einstellung zu Ihrer Krankheit! Die allermeisten Patienten betrachten Krankheit als gleichbedeutend mit Verzicht, Behinderung, Abhängigkeit, Schmerz. Sie sehen ihre Beziehungen beeinträchtigt, fühlen ihre Freiheit eingeschränkt, wähnen sich um Zukunftsperspektiven beraubt. In ihrem Kranksein erkennen sie ausschließlich Verluste, unmöglich Zugewinne. Wie selbstverständlich verbinden sie Krankheit mit Not, Mangel und Bedrückung. (Nicht von ungefähr werden die Begriffe "Krankheit" und "Leiden" in der Umgangssprache beinahe schon synonym gebraucht.)

Diese verhängnisvolle Assoziation prägt selbst Ärzte und Wissenschaftler. Wie Betroffene eine schwere Erkrankung wie etwa Krebs erleben, "wurde in den Forschungsarbeiten der letzten Jahre fast nur unter dem Gesichtspunkt der Belastung untersucht", bedauert der Mediziner und Psychologe Dr. Rolf Verres, Ärztlicher Direktor der Abteilung Psychotherapie und medizinische Psychologie an der Universität Heidelberg, in seinem lesenswerten Buch *Die Kunst zu leben*[2]: "Die

Forscher interessierten sich hauptsächlich dafür, welche seelischen und sozialen Krisen mit Krebserkrankungen einhergehen können und was die Betroffenen tun, um mit diesen Belastungen umzugehen und sich - soweit möglich - dem früheren psychischen Zustand wieder anzunähern." Mit einer Erkrankung zurechtzukommen, scheint demnach in erster Linie Anstrengungen zu erfordern, an Altvertrautem weitestgehend festzuhalten, zu Bisherigem zurückzukehren, *trotz* der Erkrankung, *gegen* sie, im Kampf mit ihr. Daß Kranksein ein Fortschreiten zu Neuem einleiten könnte, mit der Beeinträchtigung als Ausgangspunkt und Wegweiser, scheint aus dieser Perspektive unvorstellbar. Und diese Sichtweise spiegelt sich bis heute vielfach auch in der ärztlichen Praxis. "Rauchen Sie nicht, trinken Sie nicht, ernähren Sie sich gesünder, gehen Sie öfter an die frische Luft - aber leben Sie im übrigen möglichst so weiter wie bisher!" ist einer der häufigsten Ratschläge, die Schwerkranke von ihrem Doktor zu hören bekommen. Er paßt zum herkömmlichen Bild der Krankheit als einer bloßen "Störung". Gesehen wird nur das hinderliche Symptom, mit dem man sich abzufinden hat, solange es andauert - nicht aber ein Signal mit tieferem Sinn, den es zu begreifen gilt. Wer diese Perspektive einnimmt, kann bloß staunend den Kopf schütteln, wenn er von psychologischen Testergebnissen hört, denen zufolge Menschen mit schweren Mißbildungen oder Querschnittsgelähmte im allgemeinen keineswegs unglücklicher sind als Gesunde.

Was man schleunigst loswerden will, erscheint natürlich um so mehr als reine Qual, je länger es andauert, je häufiger Versuche mißlingen, es zu beseitigen. Fast immer erwachsen daraus Wut, Angst, Sorge, Verzweiflung, Verbitterung, Resignation. Doch solche Einstellungen und Gefühle behindern jeglichen Heilungsprozeß, gleichgültig, ob er schulmedizinisch oder "geistig" einzuleiten versucht wird. (Ausgeglichene, zuversichtliche Patienten haben übrigens eine deutlich höhere statistische Genesungschance, wie mehrere Studien belegen - bei Geistheilern ebenso wie in Arztpraxen, Kliniken und Sanatorien.) Diesen seelischen Ballast muß der Patient über Bord werfen. Das bedeutet nicht, daß er lernen muß, sich über seine wahre Lage etwas vorzumachen; es erfordert lediglich, daß er sich auch der positiven Seite seines Krankseins bewußt wird.

Zu dieser positiven Seite gehört der Zwang, innezuhalten. Schwere Krankheiten durchkreuzen Lebenspläne, verbauen vertraute Wege, brechen mit liebgewordenen Gewohnheiten. Sie machen einige Ziele unerreichbar, zumindest vorübergehend, manchmal für immer. Sie werfen aus der Bahn. Viele Kranke sehen ihren Lebenszug förmlich aus den

Schienen gesprungen oder auf dem Abstellgleis. Aber eröffnet sich von hier aus nicht eine neue, wichtige Perspektive auf das bisherige Leben? Macht sie nicht frei, das schon Erreichte, ebenso wie noch Erhofftes, kritisch zu überdenken - und reifer, weiser zu bewerten als bisher? (Das meinte wohl Marcel Proust, als er schrieb: "Der beste Arzt ist die Krankheit. Denn dem Wissen macht man bloß Versprechungen, aber dem Leiden gehorcht man.") Einem guten Heiler gelingt es, dazu Anstöße zu geben. Einen Schwerkranken geistig zu heilen, kann durchaus auch bedeuten, ihn mit seinem Schicksal auszusöhnen; ihm die Angst und Verzweiflung zu nehmen, mit der er sich gegen sein Los aufbäumt; das Symptom als Signal, die Krankheit als Chance begreiflich zu machen. Und wenn das gelingt, sind womöglich sogar die seelischen Voraussetzungen dafür geschaffen, daß der Patient aus eigener Kraft überwindet, woran er leidet.

Ein schwacher Trost, mag manch einer denken, der sich einer abstoßenden Dermatose (Hautkrankheit) schämt; den unentwegte Schlafstörungen zermürben; der unter quälenden Schmerzen miterlebt, wie eine rheumatische Erkrankung seine Gelenke zunehmend deformiert und unbeweglicher macht; der an Impotenz, Sehschwäche oder Lähmungen leidet; oder einer, der sich einer tückischen Allergie wehrlos ausgeliefert fühlt. Aber wie schwer wiegen solche Belastungen wirklich, verglichen mit Erkrankungen, die unmittelbar lebensbedrohlich sind: zum Beispiel bösartige Tumoren? Gerade Krebspatienten leben allen minder schwer Betroffenen oft beispielhaft vor, welche Einstellungen zum Kranksein möglich sind - und wie sehr solche Einstellungen das Leben bereichern können. Das kann einschließen, die Krankheit als sinnvollen Teil der eigenen Lebensgeschichte zu begreifen. So belegt eine Untersuchung der Heidelberger Medizinpsychologin Andrea Schuhmacher an dreißig tumorkranken Patientinnen in einer Kurklinik, daß bestimmte Formen der Krankheitsbewältigung einen Menschen psychisch erheblich reifen lassen können; insofern bringen sie oft sogar einen wesentlichen Zugewinn gegenüber dem Zustand vor der Erkrankung mit sich.[3]

Alle dreißig befragten Frauen hatten Brustkrebs. Nur fünf von ihnen gaben an, die eigene Erkrankung als sinnlos zu erleben. Alle übrigen betonten positive Erfahrungen:

- 22 berichteten, sie lebten inzwischen intensiver als früher: seien imstande, tiefer zu empfinden, den Augenblick mehr zu genießen, sich auch an Kleinigkeiten zu freuen, für Nähe und Zuwendung dankbarer zu sein.

- Kaum weniger Betroffene, nämlich zwanzig, betonten, daß sie heute bewußter leben: Sie seien "nachdenklicher geworden", "zur Besinnung gekommen", würden "nicht mehr so gedankenlos in den Tag hineinleben und es als selbstverständlich hinnehmen, daß man auf der Erde ist". Eine 52jährige äußerte gegenüber der Interviewerin: "Wirklich zu sehen, daß diese Sekunde, die wir jetzt nebeneinander sitzen, niemals wiederkommt, darüber habe ich früher nie nachgedacht. Da geht ein Tag hinter dem anderen her, und du denkst nie darüber nach, daß er nie wiederkommt." Eine 48jährige Frau, die unter der Krebsdiagnose anfangs besonders stark gelitten hatte, meinte jetzt rückblickend: "Ich war ein Typ, der immer Sicherheit bis weit voraus brauchte und aufbaute. Alles habe ich mehr auf das Rentenalter hin orientiert. Jetzt versuche ich, mehr in der Gegenwart zu leben. Auch bin ich wieder bewußter mit meinem Mann zusammen. Man weiß nicht mehr, was morgen ist, man plant nicht mehr so in die Zukunft, sondern ich lebe heute, und wenn wir was machen wollen, dann machen wir das heute." Eine 44jährige Kantinenangestellte beschrieb sich selbst als "ein früher wahnsinnig unzufriedener Mensch, also man hat mir nichts recht machen können. Das ist jetzt vorbei." Hätte sie diesen inneren Wandel nicht auch anders erreichen können? "Sicher nicht", sagt sie, "das wäre alles im gleichen Trott weitergelaufen. Weil ich ja nicht gewußt habe, wie das ist, wenn man krank ist."

- Am dritthäufigsten nannten die Krebskranken die Entlastung von vermeintlichen Pflichten, die sie früher übergewichtet hatten: "Nicht mehr so selbstlos sein", "nicht mehr so im Streß leben", "nicht mehr diese Hektik, ich muß das alles schaffen im Haushalt, im Garten, da sag ich halt, was ich kann, das tue ich, und nicht, das und das muß ich."

Ein Drittel der Befragten sprach ausdrücklich vom tieferen Sinn ihrer Erkrankung, als einem "Wachrütteln", als einer Aufforderung zur Veränderung, zur selbstkritischen Abrechnung mit der bisherigen Lebensführung, zu einem völlig neuen Umgang mit sich selbst und anderen. "Vielleicht sollte ich dankbarer sein für das, was ich vorfinde und was ich habe", meinte eine Kirchenmusikerin. "Denn ich kann ja noch unheimlich froh sein, wenn ich sehe, wie andere Krebspatienten leben." Eine 43jährige Mutter sah "den Sinn darin, daß das Leben ein Geschenk an mich ist und daß ich nach Möglichkeit das Beste daraus mache".

Fast scheint es so, als fiele es Menschen um so leichter, sich mit ihrem

Kranksein nicht nur abzufinden, sondern auszusöhnen, je stärker sie davon existentiell bedroht sind. Weshalb? Jede Krankheit ist ein kleiner Tod. Sie lehrt, wie verletzlich, wie gefährdet, wie anfällig unser Leben ist, wie vorläufig jener Zustand, den wir "Gesundheit" nennen und für den selbstverständlichen Normalfall halten, solange wir in ihm sind. Letztlich mahnt sie, sich die Vergänglichkeit des eigenen Körpers bewußt zu machen. Diese Mahnung begreifen am ehesten Menschen, deren Krankheit den Tod schlagartig in greifbare Nähe rücken läßt. Erst im Angesicht dieser unmittelbaren Bedrohung, im immer deutlicheren Bewußtsein des möglichen Endes, besinnen sie sich, halten inne, denken um - und damit erteilen sie Kranken, deren Leben weniger akut bedroht ist, eine wichtige Lektion. Kranke verzweifeln - Todkranke verzweifeln existentiell, denn nicht nur ihr bisheriges Dasein steht auf dem Spiel, sondern ihr Sein überhaupt. Doch in der existentiellen Krise liegt zugleich die Chance eines radikalen Neuanfangs, zu dem es andernfalls nie gekommen wäre. Tatsächlich fühlen sich Todkranke oft "wie neugeboren"; und ehe ein Arthrosekranker, ein Allergiker, ein Gelähmter mit seinem Schicksal hadert, sollte er sich verdeutlichen, wie Menschen in Todesnähe an einer noch verzweifelteren Lage gewachsen sind. "Nichts ist schöpferischer als der Tod", schreibt der amerikanische Philosoph Alan Watts. "Denn er bedeutet, daß die Vergangenheit abgestreift werden muß, daß man dem Unbekannten nicht entgehen kann, daß ,Ich' nicht fortdauern und daß nichts endgültig festgelegt werden kann. Wenn ein Mensch dies weiß, lebt er zum ersten Male in seinem Leben bewußt ... Tod ist der letzte Schluß der Erkenntnis, daß wir in jedem Augenblick ins Unbekannte gehen. Hier muß alles Klammern an Sicherheit aufhören, und wo immer die Vergangenheit weggeworfen und Sicherheit aufgegeben wird, wird das Leben neu."[4] Viele Todkranke leben diese Einstellung vor. So werden sie zum Vorbild für Kranke überhaupt.

Zum Heilwerden, ob mit ärztlicher oder "geistiger" Hilfe, gehört Glück. Doch körperliche Gesundheit allein reicht nicht aus, um glücklich zu sein. Noch ist sie notwendig dafür.

Anmerkungen

1 Siehe dazu ausführlicher Harald Wiesendanger: *Geistiges Heilen für eine neue Zeit*, Kösel-Verlag: München 1999, Kap. I.

2 München 1991.

3 Andrea Schuhmacher: *Sinnfindung bei Brustkrebspatientinnen*, Bern 1990.

4 Alan Watts: *Weisheit des ungesicherten Lebens*, Bern 1987.

11
Gefährliche Alternative
Geistheiler ersetzen nicht den Arzt

Soll ich mich weiterhin ärztlich behandeln lassen", so fragen mich Patienten häufig, "nachdem ich mich für geistiges Heilen entschieden habe?"

Unbedingt. Es sei denn, Sie können sicher sein, daß alle ärztlichen Möglichkeiten, Ihnen zu helfen, entweder bereits ausgeschöpft oder mit unzumutbaren Belastungen verbunden sind.

Davon geht so mancher Hilfesuchende zu früh aus. Zwar sind viele Patienten, ehe sie ihre Hoffnung auf paranormale Heilkräfte richten, jahrelang von einem Arzt zum anderen gelaufen; doch viele resignieren bei dieser zermürbenden Suche voller enttäuschter Hoffnungen über kurz oder lang, ohne sich je einen Überblick über die gesamte Bandbreite möglicher Behandlungsmethoden verschafft zu haben. Umfragen von Freiburger Parapsychologen zufolge suchte nur ein Viertel aller Patienten von Geistheilern zuvor mehr als zwei Ärzte auf, nur sieben Prozent mehr als vier; jeder Zehnte hatte wegen seiner Beschwerden noch überhaupt keinen Arzt konsultiert, mehr als jeder Dritte bloß einen einzigen.

Aber Schulmedizin ist nicht gleich Schulmedizin: Wo ein Verfahren versagt, hätte ein anderes womöglich helfen können. Sind Sie sicher, daß Sie keine aussichtsreiche medizinische Maßnahme übersehen haben, die bei Ihnen bislang unterlassen worden ist - sei es, weil Ihre Ärzte damit bislang keine praktischen Erfahrungen gesammelt haben; sei es, weil sie so neu ist, daß sie noch kaum ein Arzt kennt und beherrscht; sei es, weil sie noch in der Phase der Grundlagenforschung oder klinischen Erprobung steckt?

● Beispiel chronisches Erschöpfungssyndrom (CFS): Erst im Frühjahr 1999 entdeckten australische Wissenschaftler der Universität Sydney, daß CFS-Patienten Glukose nicht richtig verarbeiten können. Sie wird vom Körper in Milchsäure umgewandelt, "vergiftet" den Körper und führt so zu Müdigkeit und Motivationsmangel - vielleicht ein Fingerzeig für eine medikamentöse Behandlung, auf die schätzungsweise 300.000 CFS-Kranke allein in Deutschland sehnlichst warten.

● Beispiel Diabetes. Die Zahl der Betroffenen nimmt zur Zeit alle fünf Jahre um 25 Prozent zu; bis zum Jahre 2006 rechnen Experten mit 6,5 Millionen Erkrankten in Deutschland. Eine erst 1999 entdeckte Substanz aus einem afrikanischen Pilz, "L-783,281", könnte neue Behandlungsformen ermöglichen. Im Tierversuch senkte sie den für diese Krankheit charakteristischen, gefährlich hohen Blutzuckerspiegel.[1] Ein weiterer Hoffnungsschimmer ist einer Forschergruppe aus Kanada, Korea und den USA zu verdanken: In Experimenten an Mäusen stellte sie fest, daß der zumindest für die Typ-1-Diabetes typische Immunangriff auf die das Hormon Insulin produzierenden Zellen der Bauchspeicheldrüse, den Beta-Zellen, von einem bestimmten Eiweiß, Glutaminsäure-Decarboxylase (GAD) ausgelöst wird. Dieses Protein produzieren die Zellen selbst. Nun zeigte sich: Mäuse, deren Beta-Zellen kein GAD erzeugen, bleiben diabetesfrei - ihre Artgenossen mit normaler GAD-Produktion hingegen werden krank.[2] Falls sich diese Beobachtungen vom Tier auf den Menschen übertragen lassen, wäre es denkbar, Typ-1-Diabetikern zu helfen, indem ihnen gentechnisch hergestellte Beta-Zellen transplantiert werden, die kein GAD produzieren.

● Beispiel Depressionen: Am Münchner Max-Planck-Institut für Psychiatrie wurde unlängst eine neuartige Pille entwickelt, die schon bald die marktbeherrschenden MAO-Hemmer und trizyklischen Antidepressiva ablösen könnte. Ausgangspunkt war die Entdeckung deutlich erhöhter Werte von CRH ("*corticotropin releasing hormone*"), einem aus 41 Aminosäuren bestehenden Molekül, in der Rückenmarksflüssigkeit depressiver Patienten. Die in München ausgetüftelte Wirksubstanz verhindert zwar nicht die Produktion von CRH im Gehirn - aber es blockiert dessen Aufnahme an den Rezeptoren. So unterbricht es die Stresshormonachse. Dabei ist es anscheinend frei von Nebenwirkungen anderer Antidepressiva, macht weder müde noch süchtig. Frühestens 2002 könnte es auf dem Markt sein.[3]

● Beispiel chronische Migräne: jener pochende, pulsierende oder bohrende Spannungskopfschmerz, an dem 14 Prozent aller Frauen und acht Prozent aller Männer leiden - acht Millionen Bundesbürger.[4] Drei Viertel aller Hausärzte, so ergaben Studien, verschreiben dagegen enttäuschend unwirksame Medikamente, die von einer überholten Entstehungstheorie herrühren. Lange Zeit galt eine plötzlich auftretende Erweiterung der Blutgefäße im Gehirn als Hauptursache des Schmerzes; folgerichtig kamen Präparate zum Einsatz, welche die Adern verengen, sogenannte Ergotamine. Erst seit Anfang der neunziger Jahre kennen Migräneforscher eine wichtigere Ursache: Aus bisher ungeklärten Gründen schüttet das Gehirn von Migräneanfälligen auch "vasoaktive Neuropeptide" aus: Substanzen, die unter anderem zu einer Reizung des Trigeminus-Nervs führen. Mehrere dieser biochemischen Übeltäter konnten bereits identifiziert werden, ebenso die Bindungsstellen (Serotonin-Rezeptoren) der Nerven, an denen sie andocken und so ihre schmerzerzeugende Wirkung entfalten. Genau dieser Mechanismus wird durch eine völlig neue Klasse von Substanzen blockiert: die Triptane; sie besetzen die Serotonin-Rezeptoren und unterbrechen so die verhängnisvolle Reaktionskette, die in der Ausschüttung von Peptiden mit nachfolgender Nervenreizung, Entzündungsreaktionen und Gefäßerweiterung besteht. (Der Prototyp der Triptane, das Sumatriptan, wurde 1993 in Deutschland als Arzneimittel zugelassen. Inzwischen sind Triptane in dritter Generation als Tabletten, Spritzen, Nasensprays oder Zäpfchen auf dem Markt. Ihr großer Vorteil: Sie wirken schnell und auch noch im fortgeschrittenen Stadium einer Migräne-Attacke. Wieviele Betroffene wissen davon - und probieren es aus, ehe sie zum Heiler gehen? Und wieviele haben davon gehört, daß Migräneforscher neuerdings auch auf Botulin große therapeutische Hoffnungen setzen: eigentlich eines der stärksten bekannten Bakteriengifte - schon 0,01 Milligramm wirken beim Menschen tödlich -, das die Signalübertragung zwischen Nervenzellen und auch von Nervenzellen auf Muskeln blockiert. Seit zehn Jahren wird Botulin bereits in der Augenheilkunde eingesetzt, um Krämpfe der Augenlider (Blepharospasmen) zu behandeln. Doch erst seit Mitte 1999, nach einer wegweisenden Studie amerikanischer Wissenschaftler der Universität Los Angeles, weiß man, daß Botulin-Gift auch gegen Migräne hilft. 75 Patienten wurde die Substanz in verschiedene Kopfbereiche gespritzt, unter anderem in die Stirn, in den Stirn-Nasen-Wulst, in Schläfe und Nacken. 39 der 75 Versuchspersonen waren daraufhin von ihren Schmerzattacken völlig befreit; 29 berichteten von einer Milderung um mindestens 50 Prozent; nur neun Behandelte sprachen auf Botulin überhaupt nicht an.[5]

- Beispiel Schuppenflechte: An der Mannheimer Hautklinik der Universität Heidelberg wurden Patienten, deren Hände stark von Psoriasis befallen waren, zwölf Wochen lang mit niederfrequentem Interferenzstrom (im Bereich von 0,1 Milliampere) behandelt. Bei 90 Prozent bildete sich der Befall deutlich zurück oder verschwand vollständig.[6]

- Beispiel Lähmung: Schon in einigen Jahren könnten Neurologen imstande sein, Nervenstränge nachwachsen zu lassen. Als "Molekül der Hoffnung" gilt vor allem der Antikörper "IN-1", der zerstörte Neuronen des Rückenmarks reparierte - zumindest im Tierversuch.[7]

In der Praxis zweier Geistheiler aus Deutschland und der Schweiz stieß der Freiburger Forscher Holger Schleip[8] unter 1015 Patienten auf 95 mit Kopfschmerzen, 17 mit Depressionen, 18 mit Diabetes mellitus und sechs, die sich "chronisch müde" fühlten. Vermutlich wären die Praxen leerer gewesen, wenn den Hilfesuchenden bereits die schulmedizinischen Fortschritte von morgen zugute gekommen wären, die aus vermeintlich "Therapieresistenten" plötzlich wieder in Behandelbare verwandeln.

Was aber tun, wenn seitens der Schulmedizin bis auf weiteres keine

Hilfe zu erwarten ist; wenn Schmerzen oder Todesgefahr keine Zeit mehr lassen, geduldig neuer therapeutischer Durchbrüche zu harren? Auch dann müssen Hilfesuchende davor gewarnt werden, in geistigem Heilen die einzige Alternative zu sehen. Haben Sie sich wirklich gründlich genug auch nach Außenseitermethoden erkundigt, die Ihnen Natur- und Erfahrungshellkundige anzubieten hätten? Lernen Sie aus Patientenschicksalen wie diesen:

● Seit 1975 litt eine damals 33jährige Hausfrau aus Dreleichenhain an der Bechterewschen Krankheit, einer qualvollen rheumatischen Erkrankung, bei der die Wirbelsäule zunehmend versteift. "Es war die Hölle", berichtet die Mutter von drei Kindern. "Der Schmerz hörte nie auf. Ich konnte nicht mehr richtig schlucken, nicht mehr richtig durchatmen. Ich hielt es nicht mehr aus, im Bett zu liegen. Ich blieb viele, viele Nächte in einem Sessel sitzen, hier im Wohnzimmer. Ich habe gewimmert vor Schmerzen." Schließlich zwang sie das Leiden zu Krücken. Sie dachte an Selbstmord. 1992 wurde sie zufällig auf einen "Dermapunktur-Roller" aufmerksam, wie er in jeder Apotheke zu kaufen ist: ein Massagegerät mit einem schwarzen Griff und Rollen mit vielen kleinen Zacken. Beim Abrollen der versilberten Nadelspitzen über die Haut werden feine Nervenenden im Unterhautgewebe gereizt - dadurch wird der Schmerz blockiert. "Damit begann ich mich abzurollen", berichtet sie. Tag für Tag, jedesmal zehn bis fünfzehn Minuten lang. Der Erfolg war sensationell. Nach zwei Monaten konnte ich meine Schmerztabletten absetzen. Nach sechs konnte ich mich besser bewegen. Heute fühle ich mich gesund.»

● Der Schmerz begann im rechten Arm und in den Knien, als sie gerade in die Schule kam. Mit zwölf ging sie an Krücken. Mit sechzehn saß sie im Rollstuhl. Mit achtzehn wurde sie von den Ärzten einer nahen Universitätsklinik aufgegeben: entzündliches Gelenkrheuma. Heute, mit 23, ist sie geheilt; sie geht tanzen und schwimmen, fährt Rad und trainiert im Fitneßstudio. Das vermeintliche "Wunder" verdankt die junge Frau aus Münster Naturheilärzten eines Schwarzwald-Sanatoriums in Baiersbronn: In einer vierwöchigen Kur spritzten sie ihr Thymuspeptide, Auszüge aus der Thymusdrüse - ein von dem schwedischen Arzt Dr. Ellis Sandberg vor fünfzig Jahren entwickeltes Verfahren. Diese organischen Substanzen aktivierten die Immunabwehr innerhalb weniger Tage.

● Wegen einer Netzhautablösung drohte eine 39jährige Sekretärin aus Hamburg zu erblinden. Ein dänischer Akupunkteur stach ihr je zwei Nadeln in Handflächen und Fußsohlen. «Schon am zweiten Tag hatte ich das Gefühl, daß meine Augen besser werden», erzählt die Frau. «Nach einer Woche konnte ich zum erstenmal nach über zehn Jahren wieder ohne Brille sehen! Und nach vierzehn Tagen war mein Sehvermögen ohne jede Hilfe scharf und ganz klar.»

● Sieben Jahre lang konnte sie ihre Knie nicht mehr bewegen, mußte im Rollstuhl sitzen. Denn die Rentnerin M. S. litt an Polyarthritis, einem rheumatischen Gelenkleiden, das jeden fünften Betroffenen am Ende zum Krüppel macht. Vier Jahre lang schluckte sie erfolglos Cortison. Dann empfahl ihr eine Bekannte ein rein pflanzliches Sauerstoff-Aktivöl, mit dem sich die heute 72jährige täglich zweimal die Knie einrieb. «Schon nach vierzehn Tagen hatte ich keine Schmerzen mehr. Sechs Wochen später konnte ich mich wieder richtig bewegen. ja, ich war wieder so fit wie früher. Das ist bis heute so geblieben.»

Lehren solche Schicksale nicht, daß es sich lohnt, sich umzuhören? Nehmen Sie das Beispiel Krebs: Viele Tumorpatienten machen sich bereits dann auf die hektische Suche nach fähigen Geistheilern, wenn Operation und Bestrahlung, Chemo- und Hormontherapie nicht den erhofften Erfolg brachten. Dabei übersehen sie Hilfsangebote, die ihnen eine biologisch-ganzheitliche Krebsmedizin machen könnte: mit einem breiten Spektrum von Maßnahmen, die nicht auf den Tumor direkt abzielen, sondern auf die Stärkung der körpereigenen Abwehrmechanismen, die mit Tumorzellen aus eigener Kraft fertigwerden könnten. Und was für Krebs gilt, trifft ebenso zu auf rheumatische Erkrankungen, auf Herz-Kreislauf-Beschwerden, auf Erkrankungen des Verdauungstrakts, des Atmungssystems, des Stütz- und Bewegungsapparats, der Ausscheidungsorgane, des endokrinen Systems oder der Haut: Gegen all diese Leiden haben sich zahlreiche erfahrungsheilkundliche Verfahren bewährt, von denen ein Kranker meist wenig ahnt, solange er das, was sein spezieller Arzt für ihn tut, für das medizinisch einzig Mögliche hält. Wertvolle Hinweise auf solche Alternativen können Ihnen Selbsthilfegruppen und Beratungsstellen geben; eine Adressenliste, die rund hundert derartige Einrichtungen umfaßt - von der "Deutschen Aids-Hilfe" über den "Schutzverband für Impfgeschädigte", die "Deutsche Rheuma-Liga" und die "Gesellschaft für Biologische Krebsabwehr" bis hin zur "Deutschen Zöliakie-Gesellschaft" -, können Sie beziehen über: Hartmannbund - Verband der Ärzte Deutschlands e.V., Godesberger Allee 54, 53175 Bonn. Die Berliner "Patienteninformation für Naturheilkunde" bietet Ratsuchenden vielfältige Informationen von der Therapeuten-Adresse bis zur klinischen Studie, gestützt auf ein Volltext-Archiv von über 50.000 Buchseiten, Beschreibungen von mehr als 600 verschiedenen Heilmethoden und einer Literatur-Datenbank, worin über 15.000 Buchtitel erfaßt sind.[9] Einen telefonischen Therapeuten-Suchdienst, der aus mehr als 120.000 Adressen und 700 Schwerpunkten schöpft, bietet neuerdings eine Einrichtung namens "Gesundheits-Kompaß" an.[10]

Speziell bei psychischen Leiden beginnen viele Betroffene schon dann nach "Wunderheilern" Ausschau zu halten, wenn ein Neurologe nur noch zum Rezeptblock greifen und zur Einweisung in eine psychiatrische Anstalt raten kann. Die vielfältigen Möglichkeiten, die ein erfahrener Psychotherapeut zu bieten hätte, bleiben dabei oft unbeachtet. Psychotherapeutische Hilfe für ein bestimmtes Problem, in der Nähe Ihres Wohnortes, vermittelt bundesweit und kostenlos der Deutsche Psychosoziale Suchdienst (DPS), Riegelpfad 44, 35392 Gießen.

Geistheiler ersetzen nicht den Arzt - aber könnte die Schulmedizin eines Tages die esoterische Heilerei erübrigen? Füllen Geistheiler womöglich bloß bis auf weiteres eine Marktlücke, die eine unvollkommene Schulmedizin offen läßt? Werden Patienten eines Tages auf Geistheiler verzichten, wenn Ärzte auch jenen Leiden beikommen, die sie heute noch als "behandlungsresistent" einstufen müssen? An der Schwelle zum 21. Jahrhundert stellen uns Futurologen atemberaubende medizinische Errungenschaften in Aussicht: von optimiertem Erbgut über gentechnisch fabrizierte Superpillen bis hin zu Organbanken, die zum transplantationschirurgischen Ersatzteillager für alles und jegliches werden können, was im menschlichen Körper kaputtgehen oder sich mit fortschreitender Lebensdauer verschleißen kann.

Aber solche Prognosen sind töricht. Ähnlich kühne Versprechen bekamen wir von Schulmedizinern schon in den fünfziger, sechziger Jahren zu hören, als der Glaube an den wissenschaftlich-technischen Fortschritt noch ungebrochener war als heute. Seither hat sich in den Ländern Mittel- und Westeuropas die Ärztedichte - also die Zahl der Ärzte pro Einwohner - verfünffacht, der Medikamentenverbrauch pro Kopf verzwanzigfacht. Der Gesundheitsbetrieb hat sich mit Abstand zum größten Industriezweig entwickelt; seine Beschäftigungszahlen, Umsätze und Wachstumsraten stellen alle anderen Bereiche der Volkswirtschaft in den Schatten. Der finanzielle, technische und pharmazeutische Aufwand, den der medizinisch-industrielle Komplex betreibt, um Krankheit zu besiegen, ist gigantischer denn je. Aber sind wir seither gesünder geworden? Oder bewahrheitet sich nicht vielmehr Aldous Huxleys Ausspruch: "Die medizinische Forschung hat so enorme Fortschritte gemacht, daß es praktisch überhaupt keinen gesunden Menschen mehr gibt"?

Gewiß, die westliche Schulmedizin leistet Hervorragendes im chirurgischen Bereich, bei der Bekämpfung von Infektionen, bei zahlreichen Erbkrankheiten, bei hormonellen Störungen und einer ganzen Reihe von psychischen Leiden, soweit sie organisch bedingt sind. Aber im Kampf gegen eine Vielzahl von chronischen Leiden stagniert sie seit längerem, allem Aufwand zum Trotz: seien es Herz-Kreislauf-Erkrankungen oder Rheumatismus, chronische Schmerzen, Neurodermitis oder Osteoporose, Neuralgien, Allergien, multiple Sklerose oder Krebs. Vermutlich ist keines dieser Leiden unbesiegbar - doch um ihnen beizukommen, ist womöglich ein anderer, erweiterter Ansatz erforderlich: einer, der auf die Selbstheilungskräfte von Menschen setzt, statt an diesen vorbei gesundheitliche Probleme rein lokal zu bekämpfen, mit Stahl, Strahl und chemischer Keule. Einem solchen Ansatz folgt ein Großteil der Geistheiler, ebenso wie Natur- und Erfahrungsheilkundige. Die wenigsten Symptome lassen sich einfach "wegspritzen", und wo es so scheint, verschieben sie sich häufig bloß zu anderen Krankheitsanzeichen hin. In einer Migräne etwa - um auf das Beispiel von Seite 84 zurückzukommen - drücken sich nicht immer nur erweiterte Gefäße aus, sondern auch eingeengte Seelen. Und ist Viagra wirklich imstande, jegliche Impotenz zu heilen? Gleichgültig, wieviele imposante Erektionen es zustandebringt: Bestenfalls stellt es "Funktionsfähigkeit" im Sinne eines verkümmerten Begriffs von Sexualität vorübergehend wieder her - und erspart dem Benutzer, sich mit dem auseinanderzusetzen, was ihm eigentlich fehlt. Eine effektivere Medizin von morgen wird geistiges Heilen mit Sicherheit nicht verdrängen - Medizin wird effektiver, indem sie aus den Erfolgen geistigen Heilens lernt und sich seinem therapeutischen Ansatz in Theorie und Praxis annähert.

Könnten Geistheiler eines Tages überflüssig werden, weil Ärzte lernen, was jene tun, es in ihre Praxen und Kliniken einbeziehen - und wieder zu Heilern werden, wie sie es ursprünglich einmal waren?

Durchaus zeichnen sich entsprechende Tendenzen ab. Immer mehr praktizierende Mediziner öffnen sich für Verfahren, die als wissenschaftlich nicht anerkannt gelten[11] - teils unter dem Nachfragedruck ihrer Patienten, teils aus einer zunehmenden, durch Forschung geförderten Aufgeschlossenheit für außerschulische Ansätze, teils im Bestreben, im kollegialen Konkurrenzkampf um immer knappere Marktanteile mit zugkräftigen Extras im therapeutischen Sortiment die Nase vorn zu haben. Diese Entwicklung wird auch vor geistigem Heilen nicht Halt machen. Und fraglos würden Patienten, wenn sie die Wahl hätten, eher einen geistheilenden Arzt konsultieren, als sich auf einen medizinisch unausgebildeten Heiler einzulassen.

Ob es dazu in größerem Maßstab kommen wird, ist allerdings zweifelhaft. Auf dem langen, beschwerlichen Ausbildungsweg zum graduierten Mediziner westlicher Prägung, und im Grunde schon in dem zur Universität hinführenden Schulwesen, werden einseitig analytisch-intellektuelle Fähigkeiten gefördert - fast immer auf Kosten eben jener

Begabungen, die für geistiges Heilen unabdingbar sind: Intuition und Sensitivität, Medialität und Empathie. Haben Musikwissenschaftler jemals Musiker verdrängt, Literaturkritiker Romanautoren, Diätetiker Köche?

Wahrscheinlicher ist, daß künftig die Zahl der Praxisgemeinschaften von Ärzten und Heilern zunehmen wird, in denen sich die beiden grundverschiedenen Therapeutengruppen mit ihren besonderen Erfahrungen, Kenntnissen und Fähigkeiten gegenseitig ergänzen. Aber auch solche Teamworks werden die seltene Ausnahme bleiben, solange es auch der aufgeschlossenste Arzt schwer hat, unter Geistheilern einen geeigneten Partner zu finden. An Qualitätsnachweisen kann er sich vorerst nicht orientieren - die sind nicht zu erbringen, weil verläßliche, intersubjektiv nachvollziehbare Prüfstandards für "Heilkraft" fehlen, vermutlich auch nie zu haben sein werden.[12] Deshalb werden in der Regel persönliche Eindrücke aus eher zufälligen Begegnungen den Ausschlag geben. Aber wieviele praktizierende Ärzte haben schon genügend Zeit und Gelegenheiten, sich aktiv auf die Suche nach solchen Kontakten zu begeben?

Oder könnte geistiges Heilen irgendwann vom physikalisch-technischen Fortschritt überholt werden? Malen wir uns einmal ein Stück Science Fiction aus: Gesetzt der Fall, irgendwann im nächsten Jahrtausend würden Geräte entwickelt, mit denen man endlich jene mysteriösen Heilenergien messen kann, die ein erfolgreicher Handaufleger oder Fernheiler anscheinend einsetzt. Angenommen ferner, diese Energien könnten mit geeigneten Apparaten künstlich reproduziert und dabei vielleicht sogar noch verstärkt werden, ähnlich wie wir heute elektrische Ströme fließen lassen, Magnetfelder aufbauen und künstliches Licht erzeugen können. Würden Heiler dann nicht überflüssig?

Entsprechende Entwicklungen deuten sich bereits an.[13] Im lobenswerten Bemühen, geistiges Heilen vom Ruch des okkulten Hokuspokus zu befreien und es "wissenschaftlich zu fundieren", beginnen immer mehr Esoterikautoren die Rolle von "Potential"- und "Quantenfeldern", "Biophotonenemissionen", "Skalarwellen" und anderen Lieblingskonstrukten einer "Neuen Physik" überzubetonen - und damit das Augenmerk von Hilfesuchenden, aber auch von Heilern selbst in die falsche Richtung zu lenken. Schon jetzt ist eine zunehmende Zahl von Heilern eifrig darauf aus, Institutsgutachten über entsprechende Messungen an ihnen geradezu als Trophäen zu sammeln, wie andere auf dubiose Doktorentitel von Postfach-Unis irgendwelcher Bananenrepubliken aus sind: "Ich produziere das stärkste Magnetfeld", "Meine Hände strahlen dreimal mehr Biophotonen ab als der Durchschnitt", "Ich habe die stärkste Hemisphärensynchronisation hingekriegt" undsoweiter. Das französische Chanson hatte seinen "Monsieur 100.000 Volt", der Heilerbewegung hierzulande ist immerhin bereits ein "Monsieur 190 Volt" entstiegen. Rußlands berühmteste Masseuse, Evgenia Dawitaschwili, als "Dschuna" (wörtlich "Dämon") selbst von kränkelnden Kreml-Größen wie Leonid Breschnew und Boris Jelzin zu Rate gezogen und mit höchsten staatlichen Orden dekoriert, wollte zum Vierten "Weltkongreß für Geistiges Heilen" 1998 nach Basel den "Biokorrektor Djuna-1" mitbringen: einen in mehreren Ländern bereits patentierten Apparat, der angeblich "genau die gleichen Strahlen abgibt, die von meinen Händen ausgehen". Das läßt ahnen, was auf uns zukommt, und davor graut mir.

Denn die Utopie der Heilmaschine beruht auf einem Kurzschluß. Sie reduziert geistiges Heilen auf unsichtbare Energieflüsse - und überläßt damit seine Wesensbestimmung den Physikern, die damit nicht anders verfahren als Physiologen und Biochemiker mit dem Liebesakt oder Akustiker mit einer Sinfonie. Ist es beim geistigen Heilen wirklich damit getan, Patienten irgendwelche "Heilströme" zuzuleiten, die "Informationsstruktur" ihres "Biofelds" zu manipulieren oder sonstige Kraftmeiereien im Unsichtbaren zu bewerkstelligen? Geistiges Heilen ist in erster Linie eine besondere Form, in der Menschen, ganze Personen, in einer therapeutischen Beziehung miteinander umgehen: eine Form von spiritueller Genesungshilfe, in der Anteilnahme, Vertrauen und liebevolle Zuwendung eine Schlüsselrolle spielen. Und dabei sollten wir das Wort "Heiler" ganz wörtlich nehmen: Einen Menschen zu heilen bedeutet eigentlich, ihn "heil", das heißt "ganz" zu machen, und dazu gehört weitaus mehr, als nur gewisse defekte Teile seines Körpers zu reparieren. Ein Krebspatient beispielsweise mag als kuriert gelten, wenn seine Tumoren verschwunden sind und mehrere Jahre nicht wiederkehren; aber ihn zu heilen erfordert, die ganze Vielfalt von äußeren und inneren Bedingungen zu erkunden und zu beseitigen, die ihn überhaupt erst krank machten: zum Beispiel belastende soziale Beziehungen, unausgewogene Ernährung und andere ungesunde Lebensgewohnheiten, mancherlei Ängste, Komplexe und Zwänge, sein Hadern mit dem Schicksal, vielleicht auch verlorene Werte und Sinnleere, oder irgendein erlittenes Un-Heil, mit dem er nicht fertig wird. Was ein guter Geistheiler tut, steht der Seelsorge des Priesters insofern viel näher als der therapeutischen Intervention des Schulmediziners. Geistheiler betreiben sozusagen *Heilsorge*, in Sorge um das Heil ihrer Patienten. Und heil werden kann ein Mensch durchaus, ohne symptomfrei zu werden. Einen Krebskranken geistig zu heilen, kann auch bedeuten, ihn mit seinem Schicksal auszusöhnen; ihm die Angst und Verzweiflung zu nehmen, mit der er sich gegen sein Los aufbäumt; ihm sein Leiden auch als Zeichen und Chance begreiflich zu machen. Das meinte wohl Marcel Proust, als er schrieb: "Der beste Arzt ist die Krankheit. Denn dem Wissen macht man bloß Versprechungen, aber dem Leiden gehorcht man." Und wenn das gelingt, sind womöglich sogar die seelischen Voraussetzungen dafür geschaffen, daß der Patient seinen Krebs aus eigener Kraft überwindet.

Diesem "inneren Heiler" hilft offenbar ein bestimmtes Bild ganz besonders: Denn das Eigentümliche an einer Geistheilung ist, daß alle Beteiligten sich dabei von der *Vorstellung* eines Energieflusses leiten lassen - und dieses mentale Bild aktiviert Selbstheilungskräfte womöglich besser, als es jede tatsächlich übertragene Energie je könnte. Geistheiler sind in erster Linie intuitive Psychotherapeuten, die mehr oder minder gekonnt die autosuggestive Kraft solcher Bilder nutzen - und in dieser Funktion sind sie niemals durch eine Maschine ersetzbar. Insofern gibt die zunehmende Technomanie in der esoterischen Therapieszene Anlaß zur Sorge. Kein Orgonstrahler, keine Pyramide, kein Bioresonanzgerät, keine radionische Vorrichtung kann leisten, was gute Heiler ihrer Klientel geben. Deshalb sollten sie nicht darauf aus sein, den High-Tech-Wahn der Apparatemedizin zu imitieren - sondern dieser Medizin Gründe geben, zu einer menschlicheren, ganzheitlichen Heilkunst zurückzufinden, die aufhört, in unserer Gesundheit ein technisch herstellbares Produkt zu sehen.

Die Medizin der Zukunft, so sagt der frühere Präsident der Berliner Ärztekammer Dr. Ellis Huber voraus, wird geprägt sein von einer "neuen Kultur des Miteinanders, in der ... professionelle Hilfe und Laienpotentiale in Netzwerken miteinander verknüpft sind".[14] Spätestens dann werden die letzten Geistheiler und Schulmediziner aufhören, gegeneinander Front zu machen, und ihren Patienten weiszumachen, die Hilfsangebote beiderseits schlössen einander aus. Bis dahin sollten Hilfesuchende den dringenden Rat beherzigen: **Mißtrauen Sie jedem Heiler, der Sie davon abhalten will, einen Arzt aufzusuchen.** Geistheilung kann, ja muß mit Schulmedizin Hand in Hand gehen - andernfalls drohen unabsehbare Katastrophen. Eine Krakauer Poliklinik befragte alle 433 Krebskranken, die sie zwischen Mai 1987 und Dezember 1988 behandelt hatte: 110, jeder Vierte also, hatten sich zuvor auf einen "Wunderheiler" eingelassen, *anstatt* einen Arzt aufzusuchen. Dadurch verzögerte sich die Behandlung im Schnitt um 13 Monate - ein oft tödlicher Zeitverlust.[15] Bedenken Sie: Auch die meisten Geistheiler gehen notfalls zum Arzt.

Anmerkungen

1 *Science*, Bd. 284/1999, S. 974.

2 *Science*, Bd. 284/1999, S. 1183.

3 Nach Thomas Wartmann, "Sei nicht traurig, schönes Kind", *Süddeutsche Zeitung Magazin* Nr. 40 / 8.10.1999, S. 19-27.

4 Nach einer Schätzung von Prof. Hans-Christoph Diener, Direktor der Neurologischen Universitätsklinik in Essen, im Frühjahr 1995.

5 Ingrid Kupczik, "Botulin-Gift hilft gegen Migräne", *Welt am Sonntag* Nr. 39/26.9.1999, S. 43.

6 *Die Welt* 4.4.2000, S. 39: "Mit Strom gegen Schuppenflechte".

7 *Nature* Bd. 403/2000, S. 383, 434, 439.

8 Holger Schleip: *Zur Praktik des Handauflegens durch Heiler. Fragebogen-Untersuchung am Patientengut zweier Heiler*, Dissertation, Freiburg i. Br. 1980

9 Stand: Ende 1999. Kontakt: Patienteninformation für Naturheilkunde e.V., Genter Str. 63, 13353 Berlin, Tel. (allgemein) 0 30 / 45 47 52 03, Fax: 45 47 52 19, eMail: pi@datadiwan.de; im Internet: http://www.datadiwan.de. Therapeutisches Beratungstelefon: 0 30 / 45 47 52 07. Bei schriftlichen Anfragen bittet die Einrichtung um eine beigelegte Spende von ca. 20 DM.

10 Beim "Gesundheits-Kompaß" erhalten Anrufer Hinweise auf Heilpraktiker, ambulante Pflegedienste, Selbsthilfegruppen und andere therapeutische Angebote in ganz Deutschland. Außer den Telefongebühren (Stand Frühjahr 1999: 6 Pfennig pro Sekunde, Mo-Fr 9-17 Uhr: 01 90 / 88 66 55) fallen dabei keine weiteren Kosten an.

11 Siehe H. Wiesendanger: *Geistiges Heilen für eine neue Zeit - Vom 'Wunderheilen' zur ganzheitlichen Medizin*, Kösel-Verlag: München 1999, Kap. IV("Für eine Medizin mit mehr Geist")

12 Weshalb ich hinsichtlich der Prüfbarkeit geistiger Heilfähigkeiten skeptisch bin, begründe ich in den Essays "Wem die Götter Flügel schenken", *Der Heiler* 3/1997, S. 68-74 und "ET-geprüft in Außermenschlichkeit", *Der Heiler* 3/1999, S. 29-35.

13 Siehe H. Wiesendanger, "Keine ,Wunder' auf Bestellung" (Interview), *Der Heiler* 4/1998, S. 38-42.

14 Ellis Huber, "Heilung im Kommunikationszeitalter", in Harald Wiesendanger (Hrsg.): *Geistiges Heilen für eine neue Zeit - Vom 'Wunderheilen' zur ganzheitlichen Medizin*, Kösel-Verlag: München 1999, S. 419-430, dort S. 424.

15 Marek Pawlicki u.a., "Wird das Schicksal Krebskranker durch Kurpfuschen und nichtärztliche Behandlungsmethoden beeinflußt?" *Der Skeptiker* 4/1991, S. 92-94; *PSI-Pressedienst* 2/1992: "Zu Tode gehofft - Bei 'Wunderheilern' verliert jede vierte Krebskranke wertvolle Zeit".

12
Ins Vertrauen ziehen

Soll der behandelnde Arzt von der Geistheilung erfahren?

Neun von zehn Patienten verschweigen ihrem Arzt, daß sie einen Geistheiler aufsuchen.[1] Zurecht? Das hängt vom jeweiligen Arzt ab. Fühlt er sich zum "Schutz kranker Menschen" berufen, "die selbst nicht zu erkennen vermögen, mit welch magischem Brimborium sie von Gauklern und Scharlatanen ausgebeutet werden"?[2] Unterstellt er Geistheilern von vornherein "mangelnde Selbstkritik bis zur Hemmungs- und Rücksichtslosigkeit, ... unechte Frömmigkeit, bewußte und unbewußte Unaufrichtigkeit mit Aufschneiderei, Titelschwindel, Gewinnsucht"?[3] Dann tun Sie gut daran zu schweigen; andernfalls würden Sie sich bloß lächerlich machen.

Erkunden Sie zunächst behutsam, wes Geistes Kind Ihr Arzt ist. Fragen Sie ihn am besten erst ganz allgemein, was er von "geistigem Heilen" hält - in letzter Zeit höre man so viel Gutes davon. Erzählen Sie ihm die Geschichte einer Bekannten, die mit einem Handaufleger hochzufrieden war, und fragen Sie ihn nach seiner Einschätzung hierüber. Machen Sie von seiner Reaktion darauf abhängig, ob Sie ihn ins Vertrauen ziehen. Winkt er grinsend ab, so behalten Sie Ihr Geheimnis besser für sich; denn mit Häme und Ironie könnte er vieles kaputtmachen, was Sie an Vertrauen und innerer Bereitschaft mitbringen müssen, um von geistigem Heilen zu profitieren. Weihen Sie ihn nur ein, falls er signalisiert, daß er geistiges Heilen nicht von vornherein für abergläubischen Humbug hält - und als gefahrlose Ergänzung seiner eigenen

Maßnahmen zumindest wohlwollend dulden würde.

Hören Sie weg, falls er sich pauschal abfällig über geistiges Heilen äußert - offenbar weiß er nicht so recht, wovon er spricht. So dürfte ihm unbekannt sein, daß immer mehr Ärzte

- eigene Patienten, bei denen sie selbst nicht mehr weiterkommen, unter der Hand an Geistheiler weiterempfehlen, ebenso wie kranke Angehörige;[4]
- selber einen Heiler aufsuchen, wenn sie schwere gesundheitliche Sorgen haben;[5]
- mit Heilern zusammenarbeiten, bis hin zu dem Angebot, in ihrer Praxis bzw. Klinik unter ihrer Aufsicht und Verantwortung mitzuwirken;[6]
- an sich selbst geistige Heilfähigkeiten entdecken, die sie in Ausbildungen weiterentwickeln und dann in ihrer Praxis anwenden.[7]

Seltene Einzelfälle sind dies beileibe nicht mehr. Immerhin beginnt die Einheitsfront von Kritikern, die "geistiges Heilen" als okkulten Humbug abtun, innerhalb der Ärzteschaft mehr und mehr zu bröckeln.

Auch Vorurteile haben sprichwörtlich kurze Beine. Daß Ärzte grundsätzlich nichts vom Geistheilen halten, ist eines, das schon beinahe auf den Hinterbacken daherkommt - allen Dementis von Ärztekammern zum Trotz. Welch erstaunliche Aufgeschlossenheit vor allem unter niedergelassenen Ärzten um sich greift, belegt die Studie einer Arbeitsgruppe der Abteilung für Theoretische Medizin der Universität Osnabrück.[8] Nicht nur befürworten demnach 73 Prozent aller hausärztlich tätigen Mediziner (Allgemeinmediziner, praktische Ärzte und Ärzte für Innere Medizin) alternative Heilmethoden - immerhin jeder Vierte von ihnen steht geistigem Heilen "positiv" gegenüber (25,8 Prozent); unter den weiblichen Ärzten sind es sogar 59 Prozent. Fast jeder Zweite (49,2 Prozent) könnte sich "geistiges Heilen als sinnvolle Therapie bei chronischen Erkrankungen" vorstellen; speziell bei psychischen Erkrankungen halten sogar 77 Prozent der Ärzte geistiges Heilen für empfehlenswert. Drei von fünf Ärzten hätten sich gewünscht, während ihrer Ausbildung mehr darüber zu erfahren.[9]

Gewiß bilden jene Ärzte, die geistiges Heilen ablehnen, nach wie vor eine deutliche Mehrheit - doch läßt die Osnabrücker Studie ahnen, wie leicht diese Abwehrfront bröckeln kann. Denn die Gründe der Nichtakzeptanz sind dürftig: Jeder dritte befragte Arzt räumt freimütig ein "Informationsdefizit" ein - dem läßt sich abhelfen. Ein weiteres Drittel der negativ eingestellten Ärzte argumentiert mit "Unwissenschaftlichkeit" und dem "Placebo-Effekt" - beidem ist durch neuere Forschungen der Boden entzogen.[10] 31 Prozent wittern "Scharlatanerie"; dabei sorgen sie sich um eine Randerscheinung, die statistisch kaum ins Gewicht fällt - und sich in ihren eigenen Berufsreihen nicht minder stellt.[11] Und daß geistiges Heilen "gefährlich" sei, wie 26 Prozent argwöhnen, bleibt ein Gerücht ohne wissenschaftliche Grundlage.[12]

Anmerkungen

1 Nach einer Umfrage des Mediziners David M. Eisenberg von der Harvard Medical School in Boston, veröffentlicht in *New England Journal of Medicine*, 28.1.1993.

2 So polemisiert der Mediziner Dr. Georg Glogowski, Präsident der Schweizerischen Gesellschaft für Anthropologie, in "Magisches Denken in der Heilkunde", in Irmgard Oepen / Otto Prokop (Hrsg.): *Außenseitermethoden in der Medizin. Ursprünge, Gefahren, Konsequenzen*, Darmstadt 1986, S. 45-67, dort S. 65.

3 So abfällig äußert sich Irmgard Oepen in "Magische Heilmethoden in der europäischen Medizin am Beispiel der Bundesrepublik Deutschland", *Heilkunst* 92/1979, S. 152ff.

4 Siehe die Beispiele in H. Wiesendanger: *Geistiges Heilen für eine neue Zeit - Vom "Wunderheilen" zur ganzheitlichen Medizin*, Kösel-Verlag: München 1999, S. 145 ff.

5 Ebda., S. 151 ff.

6 Ebda., S. 147 ff. Siehe darin auch die Beiträge von Dr. Jakob Bösch, Manfred Engel und Dr. Andreas-Hans Wasylewski.

7 Ebda., S. 154 ff. Siehe darin auch die Beiträge von Dr. med. Ulrich E. Hasler, Dr. med. Ulrich Klettner, Dr. med. Barbara Schliecker und Dr. med. Verena Schmuckermeier. Zu Deutschlands geistheilenden Ärzten zählt neuerdings sogar ein Professor für Chirurgie: Jochem Hoyer. Im Mai 2000 verließ er das von ihm 1980 aufgebaute und zwei Jahrzehnte lang geleitete Transplantations-Zentrum am Klinikum Lübeck, um fortan "Fernheilungen mit der Liebe Gottes" vorzunehmen. (*Bio* 2/2000, S. 10-15. "Vom Schulmediziner zum Fernheiler - Das neue Leben des Professor Hoyer".)

8 H. Wiesendanger, "Erstaunlich aufgeschlossen: Was Ärzte von geistigem Heilen halten", *Der Heiler* 3/1997, S. 33.

9 Noch erheblich aufgeschlossener gegenüber geistigem Heilen äußern sich Ärzte in Großbritannien, wie eine Umfrage unter 594 Allgemeinpraktikern belegt: D. E. King / J. Sobal / J. Haggerty u. a., "Experiences and attitudes about

faith healing among family practitioners", *Journal of Family Practitioners* 35/1994, S. 158-162.

10 Zum Vorwurf der "Unwissenschaftlichkeit" vgl. *H. Wiesendanger: Das große Buch vom geistigen Heilen*, a.a.O., S: 259-303 ("Geistheilung im Zerrspiegel der Wissenschaft"). Zur Dürftigkeit des Placebo-Arguments siehe Kap. 12.

11 Zum Vorwurf der "Scharlatanerie" siehe H. Wiesendanger, "Von Mücken und Elefanten", *Der Heiler* 1/1998, S. 5 sowie ders.: *Das große Buch vom geistigen Heilen*, a.a.O., S. 306-307.

12 H. Wiesendanger: *Das große Buch vom geistigen Heilen*, a.a.O., S. 384-387. Siehe Kap. 41.

13

Bloß ein Placebo?

Inwieweit Glaube wichtig ist

Inbrünstiger Glaube kann "Berge versetzen", wie die Bibel in Aussicht stellt. Aber will ein Kritiker denn ernsthaft behaupten, daß der bloße Glaube eines Patienten seinen körperlichen Zustand wirklich derart tiefgreifend beeinflussen kann, wie das bei Geistheilungen oft geschieht?

Daraufhin wird ein Skeptiker erwidern: "Ja, das geht durchaus." Und er hat recht. Die überzeugendsten Beweise dafür kommen aus der medizinischen Forschung mit sogenannten Placebos. "Placebo" heißt, wörtlich aus dem Lateinischen übersetzt, "ich werde gefallen", oder sinngemäß: "Ich werde (jemandem) gut tun." Tatsächlich ist ein Placebo ein Mittel, von dem der Patient *glaubt*, es tue ihm gut - einfach weil dieses Mittel ganz so aussieht, schmeckt und sich anfühlt wie ein richtiges Medikament. In Wahrheit stecken darin aber keinerlei pharmazeutische Wirkstoffe - oder zumindest keine, die einen unmittelbaren Einfluß auf das jeweilige Leiden ausüben, gegen das sie verordnet werden. Es kann eine harmlose Zuckerpille sein, oder eine Spritze, die nur Kochsalzlösung enthält.

Was geschieht im Körper eines Menschen, der ein solches Placebo einnimmt - im Glauben, es handle sich um eine echte Arznei, ein "Verum"? Seit Ende der vierziger Jahre, als die medizinische Forschung darüber begann, zeigte sich unter anderem: Mit Placebos gelingt es zwei von drei Diabetikern, ihren Blutzuckerspiegel zu kontrollieren. Bei Bettnässern sind Placebos meist ebenso wirksam wie Medikamente. Bei über 70 Prozent aller Patienten mit Magengeschwüren lindern Placebos die Beschwerden erheblich, ebenso bei vier von fünf Arthritis-Kranken. Drei von vier Patienten mit starken Wundschmerzen sprechen auf Morphium an - aber bei jedem Dritten erzielt ein Placebo die gleiche Wirkung. Besonders stark auf Placebos sprechen Patienten mit Kopfschmerzen an (62 Prozent), mit Seekrankheit (58 Prozent) und Verdauungsstörungen (22 Prozent), Hautkrankheiten (21 Prozent), Parkinsonscher Krankheit (19 Prozent), Angina pectoris (18 Prozent) und Bluthochdruck (17 Prozent).[1] Im allgemeinen, so schätzen Experten, ist mindestens jeder dritte Patient für Placebos empfänglich.[2] Diese Quote erhöhte sich experimentell schon auf 70 bis 80 Prozent, sofern der Glaube an die Wirkung des Placebos besonders stark war[3] - bei Angina Pectoris, anfallsartigen Krämpfen im Herzbereich, gar bis zu 90 Prozent.[4] Da wird verständlich, wie Placebos schon zum "wirksamsten Arzneimittel, das je von pharmazeutischen Laboratorien entwickelt wurde", deklariert werden konnte.[5]

Die Effektstärke eines solchen "Leerpräparats" hängt unter anderem davon ab, wie es aussieht und wie es verabreicht wird. Placebo-Kapseln wirken besser als Tabletten. Rote, orange- oder rosafarbige Pillen sind wirksamer als blaue oder vielfarboge, weiße wirksamer als braune; mittelgroße wirken besser als solche, die nach nichts schmecken. Spritzen wirken im allgemeinen stärker als Tabletten, selbst wenn sie exakt die gleichen Substanzen in identischer Dosis enthalten. Placebos wirken besser, wenn sie angeblich aus dem Ausland stammen; wenn ihre Bezeichnung Anleihen bei altehrwürdigem Latein oder Griechisch macht und vielversprechende Steigerungen wie "forte" oder "plus" einschließt; wenn sie vom Arzt persönlich verabreicht werden und nicht bloß von einer Krankenschwester; und wenn die Versuchsperson sie nicht kostenlos bekommt, sondern dafür bezahlen muß.

Muß da nicht jeder nachdenklich werden, für den bisher unerschütterlich feststand, daß es vor allem außergewöhnliche Kräfte des Heilerrs sind, die Geistheilungen gelingen lassen? Lehrt uns die Placebo-Forschung nicht, daß es wohl doch pure Einbildung des Patienten ist, die ihn heilt, wenn er sich Geistheilern anvertraut? Ist geistiges Heilen also am Ende doch bloß Scharlatanerie, geschickte Suggestion, ein raffiniertes Spiel mit der fast grenzenlosen Gutgläubigkeit von verzweifelten Kranken? "Glaube versetzt Zwerge - in Euphorie", hörte ich einen Arzt einmal voller Häme das Bibelwort abwandeln.

In welch hohem Maße Placebo-Effekte bei Geistheilungen mitspielen können, hat in den letzten Jahren experimentell niemand überzeugender belegt als der niederländische Parapsychologe Johannes Attevelt von der Universität Utrecht. Fünfzehn Sitzungen lang, in wöchentlichem Abstand, ließ er achtzig Bluthochdruck-Patienten jeweils zwanzig Minuten lang hinter einer undurchsichtigen Abschirmung Platz nehmen. Der Hälfte von ihnen saß währenddessen einer von zwölf Geistheilern gegenüber, die von mehreren niederländischen Heilerverbänden empfohlen und vermittelt worden waren. Die andere Hälfte blieb unbehandelt, ohne dies zu wissen. Bei beiden Gruppen waren die Gegebenheiten im wesentlichen die gleichen, insbesondere was den Durchschnitt ihrer Blutdruckwerte, ihres Medikamentenverbrauchs und ihrer Ernährungsgewohnheiten betraf. Nach Ablauf des Versuchs erklärten 43 Prozent der tatsächlich Fernbehandelten, es gehe ihnen deutlich besser - aber auch 41 Prozent der Kontrollgruppe. In beiden Gruppen war der mittlere Blutdruck gleich stark gesunken, wie Messungen belegten.[6] Ebenso ging ein ähnlich angelegter Test aus, bei dem Attevelt sechs prominente Heiler der Niederlande auf 96 Asthma-Kranke ansetzte.[7]

Wer will es der Ärzteschaft verdenken, wenn sie aus solchen Studien nach wie vor die gleichen Schlüsse zieht wie schon 1917 eine von der niederländischen Regierung eingesetzte Untersuchungskommission? Deren zwölf Mitglieder, allesamt praktizierende Ärzte, hatten 96 ihrer Patienten dafür ausgewählt, von bekannten Geistheilern behandelt zu werden. Zwar anerkannte die Kommission, daß bei einem Großteil der Testpersonen eine deutliche Besserung des Allgemeinbefindens eintrat, bei einem kleinen Teil sogar organische Störungen nachließen oder verschwanden. Doch führte sie diese Effekte ausnahmslos auf "Suggestion" zurück - und empfahl der Regierung *deshalb*, am gesetzlichen Verbot geistigen Heilens festzuhalten.[8] (Erst seit 1993 darf in den Niederlanden "paranormales Heilen" legal auch von medizinischen Laien angewandt werden.[9])

Verabreichen Geistheiler also lediglich Placebos - Scheinmedikamente, die bloß wirken, weil Hilfesuchende zuversichtlich an ihre Wirkung glauben? Folgt daraus, daß sich Patienten gar nicht erst darauf einlassen sollten, falls sie noch die geringsten Zweifel plagen? Immer weniger Schulmediziner bestreiten rundweg, *daß* geistiges Heilen Erfolge erzielt. Doch mit paranormalen *Erklärungen* dieser Erfolge - etwa durch eine "höhere", physikalisch noch unfaßbare Art von Energie, die zwischen Heilern und Patienten angeblich fließt - können nach wie vor die wenigsten etwas anfangen. Im Prinzip, so heißt es, verabreichen Geistheiler nichts weiter als Placebos: Scheinmedikamente ohne therapeutisches Agens - vergleichbar einer Zuckerpille oder einer Spritze, die nur Kochsalzlösung enthält -, die bloß wirken, solange der Patient von ihrer Wirkung überzeugt ist.

Kein Einwand ist häufiger zu hören, wenn Schulmediziner geistige Heilerfolge wegzuerklären versuchen. Und kaum einer ist dürftiger begründet. Dieses "Placebo-Argument" ist ein Ärgernis - nicht, weil es Verfechter geistigen Heilens in Verlegenheit bringt, sondern weil es bis heute von Kritikern immer und immer wieder gebetsmühlenhaft wiederholt wird, obwohl es seit eh und je den springenden Punkt verfehlt. Das "Placebo-Argument" ist ein miserables Argument, aus mindestens einem Dutzend Gründen, von denen man immer ein paar parat haben sollte, wenn man mit Skeptikern ins Gespräch kommt:

1 Falls ein Geistheiler bloß Placebos verabreichen würde, dann müßte er um so erfolgreicher sein, je selbstsicherer, je überzeugender, je allmächtiger er auf Kranke wirkt. Doch gerade unter den fähigsten Heilern finden wir erstaunlich viele Persönlichkeiten, die auf den ersten Blick alles andere als charismatisch und vertrauenserweckend wirken. Unter ihnen habe ich äußerst stille, zurückhaltende, geradezu schüchterne Persönlichkeiten kennengelernt, die man am liebsten in den Arm nehmen und trösten würde: "Sei doch endlich mal stolz auf dich, du kannst wirklich ´was!" Ich bin allerdings auch schon einem cholerischen, rechthaberischen Alkoholiker begegnet, der kettenrauchend in einem schmuddeligen, unaufgeräumten Wohnzimmer praktizierte, das vermutlich seit Wochen nicht mehr gelüftet worden war. Solchen Heilern traue ich eher schon die Rolle eines Anti-Placebos zu - eines *Noccbos*, um im medizinischen Fachjargon zu bleiben. ("Dieser Kerl muß mir schaden.") Trotzdem haben sie augenscheinlich Erfolg - merkwürdigerweise auch bei einem Patiententyp, der ihr Äußeres, ihr Auftreten, ihre Umgebung eher entsetzlich und abstoßend fand.

2 Wäre Geistheilung ein bloßes Placebo, dann müßte es um so besser wirken, je stärker ein Patient an seine Wirkung glaubt. Geistheiler helfen manchmal aber auch Mißtrauischen, ja selbst ausgesprochenen Skeptikern. Andererseits warten viele Patienten, die von geistigem Heilen felsenfest überzeugt sind, vergeblich auf ein Wunder.

3 Nachdem Geistheilungen begonnen haben, nimmt die weitere Krankengeschichte oft einen Verlauf, den das "Placebo-Argument" allein schwerlich erklären kann. Gäbe starker Glaube allein den Ausschlag, so wäre zu erwarten, daß es mit einem Patienten langsam, aber stetig aufwärts geht: Die Genesung müßte kontinuierlich voranschrei-

ten. Recht häufig tritt aber ein Phänomen auf, das den Erwartungen und Hoffnungen des Patienten diametral entgegengesetzt ist: Kaum hat der Heiler mit ihm zu arbeiten begonnen, da verschlimmern sich die Symptome vorübergehend, und neue Beschwerden stellen sich ein: Schmerzen, Erbrechen, Durchfall, Fieber und andere heftige Reaktionen können auftreten. Sie überraschen und ängstigen viele Behandelte, weil sie auf einen Rückfall hinzudeuten scheinen. Merkwürdigerweise zeigen sie aber häufig an, daß die Behandlung anschlägt. Die Wahrscheinlichkeit, von einer Geistheilung zu profitieren, wächst erheblich, nachdem solche Krisen aufgetreten und überstanden sind. Das erinnert an einen Vorgang, der Homöopathen wohlvertraut ist: die sogenannte "Erstverschlimmerung" nach Einnahme eines Präparats, die der Heilung oft vorangeht.

4 Wären geistige Heilerfolge ausschließlich auf Suggestionen und Placebo-Effekte zurückzuführen, dann müßten vorgetäuschte Behandlungen ebenso wirksam sein wie echte. Wenn ich also bloß so tue, als ob ich einem Kranken die Hände auflege - das heißt, wenn ich das beobachtbare Heilritual täuschend echt nachahme -, während ich in Wahrheit an etwas völlig anderes denke, dann müßte ich damit ebensoviel erreichen, wie wenn ich mich voll und ganz auf die Heilabsicht konzentriere. Diesem Verdacht sind Anfang der siebziger Jahre fünf amerikanische Studien nachgegangen. Dazu wurden jeweils zwei Gruppen von Versuchspersonen gebildet, die an den gleichen Beschwerden litten: in einer Untersuchung waren es chronische Kopfschmerzen, in zwei weiteren Herz- und Gefäßerkrankungen, in den übrigen Angstzustände. Der einen Gruppe wurden in voller Heilabsicht die Hände aufgelegt; die andere Gruppe bekam bloß Placebo-Behandlungen von Heilern, die währenddessen im Kopf von hundert auf null zurückzählten oder sich sonstwie innerlich ablenkten. Das übereinstimmende Ergebnis der fünf Studien lautete: Konzentriertes geistiges Heilen hilft deutlich besser. Die möglichen Placebo-Anteile einer Geistheilung erklären also keineswegs ausreichend, warum sie wirkt.

5 Selbst wenn geistiges Heilen ausschließlich Placebo-Wirkungen erzielen könnte, so würde daraus mitnichten folgen, daß es ärztlichen Maßnahmen unterlegen ist und insofern eine minderwertige Therapieform darstellt. Unter vielen Medizinern herrscht die irrige Ansicht vor, Placebo-Reaktionen fielen grundsätzlich milder, abgeschwächter aus als die "objektiven" Effekte einer "echten" Therapie. Doch in Wahrheit kön-

nen Placebo-Reaktionen jede erdenkliche Form und Stärke aufweisen. Selbst Todesfälle durch Placebos kommen vor, wie die Voodoo-Magie in einigen schamanistischen Kulturen belegt. Es gibt keine physische Reaktion des menschlichen Körpers auf irgendein anerkanntes therapeutisches Verfahren, die nicht auf ein Placebo hin erfolgen könnte. Andererseits reagieren Testpersonen auf verabreichte Leerpräparate im allgemeinen schwächer und vorübergehender, als daß damit Ausmaß und Nachhaltigkeit geistiger Heilwirkungen kurzerhand wegzuerklären wäre.

6 Unter Ärzten, den sprichwörtlichen "Halbgöttern in Weiß", kommen charismatische Persönlichkeiten, mit großer suggestiver Ausstrahlung und einem Nimbus von Allwissenheit und Unfehlbarkeit, bestimmt nicht seltener vor als unter Geistheilern; ihr akademischer Titel, ihre Bildung, ihre Sprachgewandtheit, das Inventar und Ambiente ihres Arbeitsplatzes verschaffen ihnen im Gegenteil einen gehörigen Autoritätsvorsprung. Nach wie vor haben 75 Prozent der Bevölkerung vor Ärzten "am meisten Achtung", wohingegen keine andere Berufsgruppe einen Prestigewert über 45 Prozent erreicht - nicht einmal Geistliche, Rechtsanwälte und Hochschulprofessoren.[10] Müßten sich in Arztpraxen und Kliniken denn nicht viel öfter unfaßbare "Heilwunder" ereignen, wenn dazu lediglich nötig wäre, Vertrauen und Zuversicht von Kranken zu stärken? Patienten von Ärzten glauben und hoffen schließlich nicht weniger stark als Patienten von Heilern; warum widerfahren ihnen denn nicht viel häufiger unerwartete Genesungen, falls es dazu lediglich einer Placebo-Reaktion bedürfte?

7 Wenn ein Langzeitpatient, dem kein Arzt helfen konnte, nach ein paar Sitzungen bei einem Handaufleger ein vermeintlich unheilbares Leiden los wird, so ist ihm reichlich wurscht, ob dafür ein "Placebo-Effekt" oder eher ein "Psi-Effekt" verantwortlich ist, der Mann im Mond oder Rumpelstilzchen. Hauptsache, gesund. Selbst wenn Geistheilung nichts weiter wäre als ein Placebo, muß ihm zugestanden werden, daß es oft geradezu konkurrenzlos gut wirkt - auch und gerade dort, wo schulmedizinische Maßnahmen versagt haben. Warum also darauf verzich-ten?

Aber büßt ein Placebo nicht zwangsläufig seinen Nutzen ein, nachdem es als solches durchschaut wurde? Schwindet dann nicht unweigerlich seine geheimnisvolle Kraft? Das muß nicht sein. Ein Kinofilm, ein Fernsehspiel, ein Theaterstück kann uns "wirklich" erregen und ganz in seinen Bann ziehen, auch wenn uns klar ist, daß man uns Wirklichkeit vorgaukelt. Wir lassen uns darauf ein, und dazu drängen wir unseren zensierenden Realitätssinn zeitweilig zurück. Den Kunstgriff, dessen sich die menschliche Psyche dabei bedient, hat der Dichter Samuel Taylor Coleridge einmal als die "willentliche Aussetzung des Unglaubens" bezeichnet. Die Bereitschaft, an die Wirksamkeit einer Placebo-Behandlung zu glauben, "ist weniger eine Selbsttäuschung als eine konstruktive Selbstsuggestion", wie der Psychologe und Wissenschaftspublizist Heiko Ernst betont. "Wir können uns die heilsame Wirkung von 'wirkungslosen' Mitteln selbst verschreiben."[11]

8 Geistheilungen gelingen manchmal auch unter Umständen, die Placebo-Wirkungen von vornherein ausschließen[12]: etwa

- bei Fernheilungen, von denen der Behandelte gar nicht wissen konnte - etwa, weil er bewußtlos war;
- in sogenannten "Doppelblindstudien", d.h. Untersuchungen, bei denen sowohl die Versuchspersonen als auch die beteiligten Ärzte und Wissenschaftler im ungewissen gelassen werden, wer geistig behandelt wird und wer nicht;
- in Experimenten mit nichtmenschlichen Versuchsobjekten, denen wir schwerlich zutrauen würden, für Placebo-Effekte anfällig zu sein: etwa mit niederen Tieren, Pflanzen, Pilzen, Bakterien, isolierten Zellen und Zellbestandteilen. Häufig haben sie meßbar angesprochen, als Geistheiler auf sie einzuwirken versuchten.

9 Wäre Geistheilung ein Placebo, dann müßte es bei Jugendlichen und Erwachsenen deutlich besser wirken als bei Säuglingen und Kleinkindern. Denn Placebo-Reaktionen schließen kognitive Leistungen ein; auch das Fehlidentifizieren eines Objekts, sein Verwechseln mit etwas anderem, erfordert gehörig Geist - zumal die Eigenart eines Placebos nicht unmittelbar wahrzunehmen ist, sondern mit seiner inneren Zusammensetzung und gewissen Ereignissen in der Zukunft zu tun hat. Wollen wir einem Einjährigen wirklich unterstellen, bereits Meinungen über Arzneimittelwirkungen zu haben? Kann es schon glauben, daß eine aufgelegte Hand ihm eine Warze oder eine Schuppenflechte nimmt? Auch Mütter legen oft intuitiv Hände auf, wenn ihren Kindern etwas fehlt - doch dabei tut sich in der Regel nichts medizinisch Wundersames. Dagegen beobachten viele Heiler, daß sie gerade bei Kleinstkindern besonders erfolgreich sind.[13] (Siehe Kap. 38)

10 Wäre Geistheilung ein Placebo, dann müßten Menschen grundsätzlich stärker darauf ansprechen als Tiere. Zwar ist nicht auszuschließen, daß ein Scheinmedikament auch bei einem kranken Hund oder einer Katze wirkt, wenn der Besitzer es mit besonderer Zuwendung verabreicht. Aber Geistheiler erzielen bei Tieren gelegentlich Erfolge, die normalerweise kein noch so liebevoller Tierhalter zustandebringt (siehe Kap. 40); manche Heiler haben sich sogar auf Tierbehandlungen spezialisiert, mit der Begründung, Vierbeiner seien die besseren Patienten, weil kein kritischer Verstand sie dagegen blockiert, heilsame Energien aufzunehmen.[14]

11 Wäre Geistheilung ein Placebo, dann müßten Fernbehandlungen, also geistige Heilversuche in Abwesenheit des Patienten, grundsätzlich schwächer wirken als andere Formen geistigen Heilens, bei denen Heiler und Hilfesuchender unmittelbaren Kontakt miteinander haben.[15] Denn die physische Präsenz eines Kranken erleichtert es dem Heiler erheblich, den Glauben an seine Fähigkeiten zu stärken: durch sein ganzes Auftreten, seine Ausstrahlung, durch mehr oder minder offensichtliche Suggestionen, und allein schon durch die besondere Einrichtung und Atmosphäre des Behandlungsraums. Aber erstaunlicherweise erzielen manche Heiler bessere Erfolge bei Fernheilungen. Begründet wird dieses Phänomen fast immer gleich: Beim Behandeln auf Distanz, so heißt es, könnten sich Heiler und Patient ganz auf ihre Begegnung auf "energetischer" Ebene konzentrieren, ohne von unwichtigen Wahrnehmungen und Emotionen abgelenkt zu werden, die sie zwangsläufig ineinander auslösen, sobald sie einander gegenübersitzen.

Überhaupt sind Fernbehandlungen ein besonders spannender Forschungsbereich, wenn man die Placebo-Anteile geistigen Heilens untersuchen will. Etwa zwei Drittel aller Patienten berichten von sonderbaren körperlichen Empfindungen zu genau dem Zeitpunkt, an dem eine Fernbehandlung stattfindet: z.B. ein starkes Kribbeln, Wärme oder Kälte, ein Gefühl des Durchströmtwerdens, des Schwebens, schlagartiger innerer Ruhe, oder eines Unter-Strom-Stehens. Kritiker deuten dieses Phänomen grundsätzlich als Ergebnis von Autosuggestion und als Begleiterscheinung einer Placebo-Reaktion: Denn schließlich wisse der Patient ja in der Regel, wann er fernbehandelt wird - also rede er sich pünktlich ein, daß ihn heilende Energieströme von fern erreichen, und empfinde entsprechend. Aber das erklärt in keiner Weise zwei Phänomene, zu denen es bei Fernheilungen manchmal kommt:

- Es kann vorkommen, daß ein Heiler die vereinbarte Fernbehandlung versäumt - sei es, daß ihm etwas dazwischenkommt, sei es, daß er den Termin einfach vergißt. Manchmal gehen bei ihm anschließend Beschwerden der betroffenen Patienten ein - sie haben gespürt, daß nicht mit ihnen gearbeitet worden ist, weil die üblichen charakteristischen Empfindungen diesmal aus-blieben.

- Auch kann es vorkommen, daß sich ein Heiler mit der Fernbehandlung um ein paar Stunden verspätet - und entsprechend später erlebt der Patient rätselhafte Empfindungen, obwohl er von der Verzögerung zunächst nichts weiß. Wie ist das möglich, wenn alle Reaktionen eines Patienten auf geistiges Heilen bloß glaubensbedingt wären?

12 Daß suggestive und Placebo-Effekte in der Praxis häufig vorkommen, muß Geistheilern nicht erst in ihrer laienhaften Ahnungslosigkeit beigebracht werden - sie wissen es und bestreiten es keineswegs. Im Gegenteil: Als in den achtziger Jahren 221 von ihnen gefragt wurden, worauf sie ihre Erfolge zurückführen, nannte immerhin jeder Dritte "den Glauben des Patienten" als Hauptursache (36 Prozent) und jeder Vierte "Suggestion" (27 Prozent).[16] Trotzdem können Psi-Faktoren zumindest *mit*beteiligt sein. Ähnlich verhält es sich mit Spukfällen, mit vermeintlichen "Jenseitskontakten" von Medien, mit Nahtodeserlebnissen, mit anscheinenden "Erinnerungen an frühere Leben", ja vermutlich mit jeglicher Art von Psi-Phänomenen: Überall sind psychische Anteile nachweisbar - aber nicht immer erschöpfen sich die Phänomene darin.[17]

13 Daß ausgerechnet Ärzte den Geistheilern aus dem "Placebo-Argument" einen Strick drehen wollen, ist im Grunde ein schlechter Witz. Denn in Wahrheit sind Placebo-Effekte bei *jeglichen* Heilweisen, auch den schulmedizinisch anerkannten und allgemein praktizierten, niemals auszuschließen. Experten schätzen, daß 30 bis 60 Prozent der Wirkung aller ärztlichen Maßnahmen auf den Placebo-Effekt zurückzuführen sind; gar von einem 99-Prozent-Anteil ging ketzerisch der Psychologe Hans-Jürgen Eyenck aus.[18] Wenn ihrer Einnahme trotzdem eine Besserung folgt, dann weniger dank irgendwelcher hochpotenter pharmakologischer Inhaltsstoffe als vielmehr aufgrund positiver Erwartungen der Kranken, die sie wohlgemut schlucken, und ihrer Ärzte, die sie zuversichtlich verschreiben. Bei jeder somatischen Therapie wirkt auch die "Droge Arzt" mit.

In diesem Zusammenhang lohnt sich ein Rückblick auf die Medizingeschichte: Bis vor wenigen Jahrzehnten waren die meisten von Ärzten verordneten Medikamente pharmakologisch inaktiv, wenn nicht gar schädlich. Noch 1860 brachte der amerikanische Schriftsteller Oliver Holmes ein glaubhaftes Diktum zu Papier: Würden die meisten damals verwendeten Arzneien "auf den Boden des Meeres versenkt, so wäre das um so besser für die Menschheit und um so fataler für die Fische".[19] Das heißt, die Ärzte setzten Placebos oder Schlimmeres ein, ohne sich darüber im klaren zu sein, und insofern ist "die Geschichte der medizinischen Behandlung bis in relativ neue Zeit die Geschichte des Placebo-Effekts", wie der amerikanische Psychiater und Medizinhistoriker A. Shapiro anmerkt.[20] Doch wenngleich sie sich unwissentlich auf Placebos verließ, wahrte die Ärzteschaft doch Ruf und Ansehen als erfolgreiche Heilerprofession, woraus geschlossen werden darf, daß die Mittel ihrer Wahl im großen und ganzen wirksam waren.

Hat sich daran bis heute wirklich Wesentliches geändert? Üppig verdient wird mit therapeutischen Illusionen unter anderem auf dem Pharmamarkt. Allein in Deutschland soll ein jährlicher Bruttogewinn von sechs Milliarden Mark mit Arzneimitteln erzielt werden, deren einzig gesicherter Effekt in der Bewegung der Umsatzkonten der Hersteller besteht. Über 250 Millionen mal pro Jahr verschreiben Ärzte hierzulande Medikamente, deren klinischer Wirksamkeitsnachweis zumindest strittig ist, wenn nicht gar fehlt; das entspricht 34 Prozent des gesamten deutschen Arzneimittelmarkts. Wie selbst das Bundesgesundheitsministerium einräumt, werden in Deutschland derzeit 16.000 Medikamente verkauft, für die "kein therapeutischer Nutzen nachgewiesen ist"; das entspreche mehr als einem Drittel aller angebotenen Arzneimittel.[21] Im Verdacht von teuren Massenplacebos stehen etwa durchblutungsfördernde Mittel, die vor allem ältere Menschen in der Hoffnung schlucken, dadurch Wahrnehmung und Gedächtnis zu verbessern. Auch bei Gallenwegsmitteln werden wesentliche therapeutische Effekte bezweifelt, ebenso bei Leberschutzpräparaten, die strikte Alkoholabstinenz ohnehin weitgehend erübrigen würde; Schlankheitsmittel - von "Xenical" bis hin zu einem Inhalierstift ("Riech dich schlank. Dreimal riechen, 200 Kalorien weg") verschlanken absolut zuverlässig allenfalls die Geldbörsen der Käufer. Auch auf einen Großteil der urologischen Medikamente richten namhafte Fachleute den Placebo-Verdacht. Und nach wie vor stehen überzeugende klinische Nachweise dafür aus, daß Rheumasalben der Wärmeflasche entscheidend überlegen sind; daß Venenmittel tatsächlich Krampfadern entlasten und Thrombosen vorbeugen; oder daß Tropfen gegen den Grauen Star, sogenannte "Antikataraktika", wirklich eine Augenoperation erübrigen können. Bei Antidepressiva, so vermuten unabhängige Arzneimittelforscher neuerdings, beruhen drei Viertel der Wirkung auf dem Placebo-Effekt; höchstens ein Viertel ist dem Wirkstoff zuzuschreiben.[22] Vermutlich wirkt jedes dritte Medikament, das wir in Apotheken kaufen können, im Grunde gar nicht spezifisch gegen jene Beschwerden, derentwegen es rezeptiert wird. Wenn es dennoch hilft, dann weniger dank irgendwelcher hochpotenter pharmakologischer Inhaltsstoffe als vielmehr aufgrund positiver Erwartungen der Kranken, die es wohlgemut schlucken, und ihrer Ärzte, die es zuversichtlich verschreiben.

Nicht einmal bei chirurgischen Eingriffen, den scheinbar "ungeistigsten" aller ärztlichen Interventionen, sind Placebo-Reaktionen auszuschließen, ohne allein deswegen pauschal in Mißkredit zu geraten. So machte in den fünfziger Jahren ein neues operatives Verfahren Furore, das Schmerzen beseitigen sollte, die im Laufe einer koronaren Herzerkrankung auftreten; als Meilenstein im Kampf gegen die Arterienverkalkung wurde es bei seiner Einführung gefeiert. Dazu wurde eine Arterie im Brustraum, die *mammaria interna*, umgeleitet; dadurch sollte dem Herzen mehr Blut zugeführt werden. Die Ergebnisse waren vielversprechend: Bei 70 Prozent der auf diese Weise Operierten ließen die Schmerzen tatsächlich nach, und die Herzfunktion verbesserte sich. Bis 1968 wurden allein in den Vereinigten Staaten über zehntausend derartige Eingriffe durchgeführt. Dann wurden Zweifel an der physiologischen Grundlage dieser Heilerfolge laut. Eine Kontrollstudie fand statt, bei der koronar Herzkranke ohne ihr Wissen nach dem Zufallsprinzip in zwei Gruppen aufgeteilt wurden. Während Patienten der einen Gruppe nach der neuen Technik operiert wurden, erhielt die andere Gruppe reine Placebo-Operationen, die entsprechende Arterie wurde nicht angerührt. Dabei stellte sich heraus, daß sich die Erfolgsquoten in beiden Gruppen nicht im mindesten unterschied: Bei beiden war eine deutliche Schmerzreduktion sowie eine verbesserte Herzfunktion feststellbar. Jener ehrfurchtgebietende Zungenbrecher namens "Koronarchirurgie mit Bypass mit perkutaner transluminaler koronarer Angioplastie und mit Koronarkatheter"stellte sich somit als unnötig blutiges Placebo heraus.[23]

Und lauert der Placebo-Effekt nicht allgegenwärtig in jeder ärztlichen Sprechstunde? Nichts fördert Zutrauen mehr als Sozialprestige - und kein Beruf genießt in Deutschland größeres Ansehen als der des Arztes. Entsprechend großen Respekt haben Patienten vor ihrem Doktor, sie vertrauen ihm. Sie sind von seinem Titel und seinem Fachjargon beeindruckt, aber auch von seinem Schweigen; selbst jedem Stirnrunzeln, jedem Räuspern, jedem stummen Kopfnicken messen sie Bedeutung bei. Sie sind beruhigt, wenn der Doktor ihre Beschwerden durch Diagnose-Latein benennt und zu wissen scheint, was ihnen fehlt. Sie bestaunen die Fachliteratur in seinen Bücherregalen und all die technischen Apparate um ihn herum, mit denen er so sicher hantiert. All dies fördert doch immens die Erwartung des Patienten, geheilt zu werden - ist also "Placebo".

Damit soll keineswegs abgewertet werden, was Ärzte tun, im Gegenteil. Bei Patienten segensreiche Placebo-Reaktionen auszulösen, ist eine hohe ärztliche Kunst, die unverdientermaßen beargwöhnt wird.

Daß solche Reaktionen überhaupt vorkommen, müßte bei Medizinforschern und allen in Heilberufen Tätigen enthusiastische Aufmerkamkeit wecken; stattdessen gelten sie in der Schulmedizin weithin als Ärgernis, das es herauszufiltern und auszuschalten gilt, wenn der Wert einer therapeutischen Maßnahme beurteilt werden soll. Für viele Ärzte haben Placebos etwas Anrüchiges, Unseriöses; ihr Einsatz scheint auf Tricks und Täuschungen zu beruhen, insofern auf Quacksalberei hinauszulaufen. Manche Ärzte verabreichen deswegen, aus ethischen Gründen, niemals Placebo-Präparate. Solche "unechten" Heilmittel werden von oben herab behandelt, wie eine vorsintflutliche Requisite, derer man sich schämen muß. Auch gelten Placebo-Effekte als "unecht". Wenn es beispielsweise Schmerzpatienten, nachdem sie ein Placebo eingenommen haben, besser geht, wird diese an sich begrüßenswerte Reaktion gewöhnlich als Indiz dafür gedeutet, daß die Schmerzen ohne physiologische Grundlage, also "bloß eingebildet" waren. Schon in einem medizinischen Wörterbuch aus dem Jahre 1811 wird "Placebo" abfällig definiert als "Bezeichnung für jede Medizin, die eher geeignet ist, einen Patienten zufriedenzustellen, als ihm zu nützen."[24] Aber wieso soll es nicht nützen dürfen, indem es zufriedenstellt?

In Wahrheit spricht jeder Mensch auf Placebos an - sofern sie ihm unter Bedingungen verabreicht werden, die seinen Glauben daran stärken. Und das ist gut so: Denn die Macht des Glaubens, Selbstheilungskräfte zu wecken, ist eine weithin unterschätzte therapeutische Größe; sie anzuerkennen und zu nutzen, statt sie als etwas "Unwirkliches" auszuschalten zu trachten, würde die Humanmedizin nicht nur effektiver machen, sondern letztlich auch humaner. Der Illusion, Placebo-Reaktionen ausschließen zu müssen, kann nur erliegen, wer den Geist für unwirklich hält oder ihm jede Verbindung zum Körper abspricht - ihn als "Gespenst in der Maschine" betrachtet, wie der englische

Philosoph Gilbert Ryle einmal anmerkte. Dagegen führen die Erfolge von Heilern nebenbei vor Augen, wie innig sich Geist und Körper auf Bahnen durchdringen, welche die Wissenschaft erst noch nachzeichnen muß. "Als praktischer Arzt", so erklärt der amerikanische Medizinphilosoph Andrew Weil, "habe ich keinerlei Interesse, eine Placebo-Reaktion bei meinen Patienten zu eliminieren. Placebos einzusetzen, die mittels eines psychischen Mechanismus die inneren Heilkräfte freisetzen, ist nicht Quacksalberei oder Täuschung, sondern psychosomatische Medizin in ihrer besten Form - schlicht und einfach gute Medizin, gleich nach welchem Maßstab."[25] Insoweit sind Heiler oft die besseren Ärzte.

Geistheilung wirkt - bestimmt auch als Placebo, aber nicht nur, und nicht immer. Jede Wette: Wäre "Geistheilung" der Name einer Pille, die in den Forschungslabors BASF, Bayer oder Hoechst entwickelt worden wäre - sie hätte längst die Zulassung.

Anmerkungen

1 Sybo Schouten, "Psychic Healing and Complementary Medicine", *European Journal of Parapsychology* 9/1992-93, S. 35-91, dort S. 78.

2 Von 35 Prozent ging schon eine klassische Studie aus den fünfziger Jahren aus: H. K. Beecher, "The Powerful Placebo", *Journal of the American Medical Association* 159/1955, S. 1602-1606. Neuere Studien rechnen mit deutlich höheren Anteilen; siehe zusammenfassend Schouten, a.a.O.

3 Siehe H. Benson/D.P. McCallie, "Angina Pectoris and the Placebo Effect", *The New England Journal of Medicine* 300/1979, S. 1424-1429. - Sieben von zehn Patienten mit Asthma, Magengeschwüren und Herpes-Infektionen sprachen in einem kürzlich durchgeführten Experiment auf fünf angeblich "vielversprechende" Medikamente an, die in anschließenden klinischen Tests Placebos nicht überlegen waren. Allerdings hatten die am Experiment beteiligten Ärzte die Medikamente für hochwirksam *gehalten* - und entsprechend enthusiastisch verordnet. Der amerikanische Psychologe Alan Roberts, der dieses Experiment an einer Klinik im kalifornischen La Jolla durchführte, berichtet darüber in *Clinical Psychology Review* 13/1993, S. 375-385.

4 Nach Rolf Degen, "Placebo: Glaube als Medizin", *Psychologie heute* 7/1988, S. 54-59, dort S. 56.

5 Uwe Fricke, "Placebo - ein Aspekt der Pharmakotherapie, *Medizinische Monatsschrift für Pharmazeuten* 6/1983, S. 356-369.

6 Johannes T. M. Attevelt: *Effectiviteit van de paranormale geneeswijze: een experimenteel onderzoiek bij patienten met essentiele hypertensie,* Rapport

Rijksuniversiteit Utrecht 1987. Über diese Studie berichten J. J. Beutler u.a. in "The Effect of Paranormal Healing on Hypertension", *Journal of Hypertension* 5/1987, S. 551-552; sowie in "Paranormal Healing and Hypertension", *British Medical Journal* 296/1988, S. 1491-1494.

7 J. T. M. Attevelt: *Research into Paranormal Healing*, Dissertation, Utrecht 1988. Sowohl in der Bluthochdruck- als auch in der Asthma-Studie bildete Attevelt noch eine dritte, gleich große Gruppe von Testpersonen, die von Geistheilern "direkt" behandelt wurden, in der Regel durch Handauflegen. In dieser Gruppe waren, subjektiv wie objektiv, deutlich höhere Besserungsquoten feststellbar. Dies führt Attevelt hauptsächlich auf die psychologischen Auswirkungen des unmittelbaren persönlichen Kontakts zwischen Heilern und Patienten zurück.

8 *Rapport Staatscommissie inzake doeltreffendheid niet wettelijk toegelaten geneeskunst*, s´ Gravenhage 1917.

9 Siehe H. Wiesendanger: "Geistheiler als Straftäter - Warum sie vom Rechtsstaat verfolgt werden", in ders. (Hrsg.): *Geistiges Heilen für eine neue Zeit - Vom "Wunderheilen" zur ganzheitlichen Medizin*, Kösel-Verlag: München 1999, S. 310-339, dort S. 333.

10 Nach einer Umfrage des Instituts für Demoskopie Allensbach im Januar 1999 unter 2131 Bundesdeutschen ab 16 Jahren, veröffentlicht in *Allensbacher Berichte* 4/1999.

11 Heiko Ernst, "Das Geheimnis des Heilens", *Psychologie heute* 9/1993, S. 20-30, dort S. 27; ders.: *Die Weisheit des Körpers. Kräfte der Selbstheilung*, München/Zürich 1993, S. 160 f.

12 Der Forschungsstand wird zusammenfassend vorgestellt und erörtert in H. Wiesendanger: *Das große Buch vom geistigen Heilen - Möglichkeiten, Grenzen, Gefahren.* Alfred-Scherz-Verlag: Bern, München, 2. Aufl. 1995. Eine Übersicht über Studien aus dem angelsächischen Sprachraum gibt Daniel Benor in meiner Anthologie *Geistiges Heilen für eine neue Zeit*, s.o. Anm. 9 ("Geistiges Heilen erforschen - ein Überblick", S. 89-126.)

13 H. Wiesendanger: "Liebesenergie für unsere Kleinsten. Geistiges Heilen bei kranken Kindern: Erstaunliches aus Forschung und Praxis". *Der Heiler* 3/1997, S. 14-26.

14 H. Wiesendanger: "'Liebesenergie' für kranke Vierbeiner. Im Spiegel der Wissenschaft: Geistiges Heilen bei Tieren". *Der Heiler* 1/1997, S. 6-13.

15 H. Wiesendanger: *Heilen ohne Grenzen. "Fernbehandeln" auf dem Prüfstand: Dokumentation eines wissenschaftlichen Tests mit 55 Geistheilern und 290 Schwerkranken.* Schönbrunn 1999.

16 Nach Beat Biffiger: *Geistheiler und ihr Umfeld*, unveröffentl. Manuskript, Nasters 1991.

17 Siehe H. Wiesendanger: *Die Jagd nach Psi. Über neue Phänomene an den Grenzen unseres Wissens*, Westermann/Aurum: Braunschweig 1989. Speziell zu "Erinnerungen an frühere Leben" siehe H. Wiesendanger: *Zurück in frühere Leben. Möglichkeiten der Reinkarnationstherapie*, Kösel-Verlag: München 1991, sowie ders.: *Wiedergeburt - Herausforderung für das westliche Denken*, Fischer:

Frankfurt 1990.

18 Bemerkung auf einem Kongreß zur Suggestibilität, Gießen, Juli 1987.

19 Zitiert nach A. K. Shapiro: "The placebo effect in the history of medical treatment: Implications for psychiatry". *American Journal of Psychiatry* 116/1959, S. 298-304, dort S. 301.

20 Shapiro, a.a.O., S. 303.

21 Nach *Welt am Sonntag* Nr. 10 / 8.3.1998, S. 14: "16.000 Arzneien ohne Nachweis des Nutzens".

22 Nach einer Analyse von 19 klinischen Tests mit Antidepressiva, die der Psychologe Irving Kirsch Anfang 1999 vorlegte. Nach Claus Peter Simon, "Pillen ohne Power", *Die Woche*, 29.4.1999, S. 27.

23 Hans Glatzel, "Der Herzinfarkt", *Zeitschrift für psychosomatische Medizin* 33/1987, S. 252-265.

24 *Hooper´s Medical Dictionary*, zit. in B. Roueché, "Placebo", in ders.: *A Man Named Hoffman and Other Narratives of Medical Detection*, Boston 1965, S. 92.

25 Andrew Weil: *Heilung und Selbstheilung. Über konventionelle und alternative Medizin*. Weinheim 1988, S. 261.

14
Nur Geduld
Wie lange dauert eine Geistheilung?

Eine einzelne Sitzung kann nach wenigen Minuten bereits vorbei sein. So zum Beispiel bei Christos Drossinakis aus Frankfurt-Höchst: "Die eigentliche Energieübertragung", so begründet er, "erfolgt sogar binnen Sekunden." Messungen, die Professor Popp im März 1999 bei Drossinakis und zwei weiteren Geistheilern am Institut für Biophysik in Neuss vornahm, deuten darauf hin, daß an Vermutungen eines heilenden "Schusses" tatsächlich etwas dran sein könnte.[1] "Wenn ich trotzdem meine Hand länger auflege", so Drossinakis, "dann nur als 'Placebo': Die meisten Klienten meinen halt, daß eine Kraft um so mehr ausrichtet, je länger sie einwirkt." Weil sich die Behandelten danach müde und schläfrig fühlen, ruhen sie sich anschließend bis zu einer halben Stunde aus, entspannen sich und "lassen die aufgenommenen Energien in sich fließen".

Die durchschnittliche Behandlungsdauer, so schätze ich aufgrund eigener Umfragen, liegt allerdings bei einer Dreiviertel- bis ganzen Stunde; manche Heiler nehmen sich sogar zwei Stunden und länger Zeit.[2] Die eigentliche «Energiearbeit» dauert aber auch dann selten länger als fünfzehn bis dreißig Minuten; die restliche Zeit füllen eingehende Gespräche aus, oft auch Entspannungsübungen. In einer Umfrage der Universitäten Freiburg und Bonn unter 213 deutschen Geistheilern ergab sich[3]: Eine Heilsitzung dauert bei jedem zehnten Heiler bis zu zehn Minuten. 30 Prozent nehmen sich zwischen zehn Minuten und einer halben Stunde Zeit. Zwischen 30 und 60 Minuten behandeln 40 Prozent der Heiler. Jeder fünfte Heiler nimmt sich mehr als eine Stunde

Zeit für seine Patienten.

Wie viele Einzelsitzungen erfordert die Behandlung insgesamt? In Ausnahmefällen genügt ein einziger Besuch, vor allem bei leichteren, akuten Beschwerden. Die meisten Geistheiler geben einen Durchschnitt von fünf bis zehn Sitzungen an.[4] Bei besonders hartnäckigen, schon chronischen Leiden können allerdings mehrere Dutzend Sitzungen nötig sein, im Abstand von drei bis sieben Tagen. Der erwähnten Umfrage zufolge[5] meint jeder vierte Heiler, in der Regel würden ein bis zwei Sitzungen genügen; jeder dritte Heiler hält durchschnittlich drei bis fünf Sitzungen für erforderlich; ein weiteres Drittel glaubt, je nach Art des Leidens seien sechs bis 15 Sitzungen nötig; nur fünf Prozent der Heiler veranschlagen 20 Sitzungen und mehr.

Je länger, desto wirksamer? Diese Faustregel gilt nur mit erheblichen Einschränkungen. Vor allem die psychotherapeutischen Elemente einer geistigen Behandlung greifen im allgemeinen um so besser, je mehr Zeit sich ein Heiler nimmt, sie ins Spiel zu bringen. Dagegen scheint von «Energieübertragungen» manchmal tatsächlich schon binnen Sekunden ein entscheidender Heilimpuls auszugehen. Im "Fernheil-Test" ragten die Therapieeffekte derjenigen drei (von 55) Heilern, die pro Sitzung mehr als eine Stunde "Energiearbeit" auf sich nahmen, keineswegs heraus.[6] Unter Aufsicht eines Mannheimer Arztes für Allgemeinmedizin, Dr. med. Andreas Wacker, erreichte Christos Drossinakis 1995 bei elf chronischen Asthmatikern - mit einer mittleren Erkrankungsdauer von knapp 17 Jahren - "in allen Fällen eine deutliche klinische Besserung", und das innerhalb einer Testphase von nur sechs Wochen. "Die 'Behandlung'", so berichtet der Arzt, "bestand darin, daß der Heiler am sitzenden oder liegenden Probanden im oberen Brustbereich die Hand für *ein bis drei Minuten* auflegte".[7]

Anmerkungen

1 Siehe Christos Drossinakis: *Wie ein Wunder. Der Geist heilt - So helfe ich Schwerkranken*, Frankfurt am Main 2000, Kap. "Messungen der Heilkraft".

2 Siehe H. Wiesendanger: *Auswege*, 5. Aufl. Schönbrunn 1999.

3 Markus Binder/Barbara Wolf-Braun: *Geistheilung in Deutschland*, Freiburg 1997, S. 13.

4 Siehe *Auswege*, a.a.O.

5 Binder/Wolf-Braun: *Geistheilung in Deutschland*, a.a.O., S. 13.

6 Siehe H. Wiesendanger: *Heilen ohne Grenzen*, Schönbrunn 1999, S. 89.

7 Andreas Wacker, "Geistheilen im Test bei Asthma bronchiale - eine Pilotstudie", *Erfahrungsheilkunde* 7/1996, S. 428-433, dort S. 429.

15
Auf lange Sicht
Wie stabil sind die erzielten Ergebnisse?

Seit 1986 traten bei David L., einem 12jährigen Jungen aus Rüsselsheim, anfallsweise wiederkehrende Erstickungsanfälle aufgrund asthmatisch verengter Atemwege auf. Im selben Jahr setzte bei ihm die gefürchtete Hautkrankheit Neurodermitis ein, mit quälendem Juckreiz und entstellendem Hautausschlag. Schulmedizinische Maßnahmen halfen ihm immer nur vorübergehend, ohne ihm mehr als leichte Linderung zu verschaffen.

Dann hörte seine Mutter, Maria L., von einem "Heiler-Test" unter ärztlicher Aufsicht, anläßlich des Zweiten "Weltkongresses für Geistiges Heilen" in Basel - und meldete ihren Sohn kurzentschlossen an. "Bis heute", so berichtete sie bei Testbeginn im Sommer 1994, "hat sich Davids Zustand nicht verbessert, eher verschlechtert. Er leidet sehr unter der Krankheit, da er neben den körperlichen Leiden auch in anderen Dingen eingeschränkt wird, wie zum Beispiel beim Vereinssport."

Von der allerersten Sitzung an - ein paar Minuten Handauflegen durch den Frankfurter Heiler Christos Drossinakis - war der Junge vollständig symptomfrei. Bis zu sieben Medikamente, die er zuvor gleichzeitig wegen seines Asthmas einnehmen mußte, konnte er seit dem 5. September 1994 ganz absetzen. Bereits nach der zweiten Behandlung bei Drossinakis nahm David wieder am Schulsport teil (und schaffte dort prompt die Note Eins), joggte wieder durch den Wald, spielte Fußball und war körperlich voll belastbar. "Aber auch andere Schulleistungen haben sich enorm verbessert", hielt seine Schwester in einem Protokoll vom 19. Oktober 1994 fest, "weil David viel ausgeglichener und aktiver am Unterricht teilnimmt, wie seine Lehrerin bestätigt hat. David kann sich jetzt viel besser konzentrieren, was auch durch die Medikamente, die er sonst immer einnehmen mußte, sehr beeinträchtigt worden war." - "Die klinische Untersuchung der Lungen", so der ärztliche Versuchsleiter Dr. György Irmey, ein Allgemeinmediziner aus Heidelberg, "ergibt ein klares Atemgeräusch und somit keinen Hinweis auf Spasmen im Lungen- und Bronchialbereich. Auch nach Belastung ist dieses Ergebnis unverändert." Neurodermitische Schübe sind ebenfalls nicht wiedergekehrt.

Bis heute, sechs Jahre später, blieb David von Rückfällen verschont.

Ist dies ein bloß ein spektakulärer Einzelfall? Oder hält die Zufriedenheit von Patienten mit ihren Heilern (siehe Kap. 1) in der Regel an? Bestehen die erzielten Erfolge nicht bloß vorübergehend, womöglich herrührend einer ersten Euphorie, die rasch verpufft?

Wer sich von Geistheilern ähnlich anhaltende Hilfe verspricht, wie David sie fand, erhofft durchaus nicht zuviel. Auch ein bis zwei Monate nach Abschluß einer Behandlung erklärt noch mindestens jeder dritte Patient, seine Beschwerden hätten sich "stark gebessert" oder seien "weg".[1] Die bislang einzige Umfrage, die Patienten ein halbes Jahr später befragte, ermittelte sogar eine Quote von 79 Prozent Hochzufriedenen: So viele erklärten, ihr Leiden habe sich "außerordentlich" (51,2 Prozent) oder zumindest "ziemlich" (28,2 Prozent) gebessert.[2] Nur jeder Zehnte mußte seither wieder zum Arzt.

Für Prognosen in jedem besonderen Einzelfall taugen solche generellen Zahlen allerdings nur bedingt; denn sie unterscheiden nicht zwischen Raucherhusten und Lungenkrebs, zwischen Migräne und multipler Sklerose. Besonders bei organischen Leiden gelingt es oft nur, Symptome zeitweilig zu lindern. Daß sie auf kurz oder lang nicht erneut ausbrechen, kann niemand garantieren.

Zu bedenken ist freilich, daß es auch bei herkömmlichen medizinischen Behandlungen immer wieder zu Rückfällen kommt. Das spricht nicht gegen die Schulmedizin - nur dafür, daß nachbehandelt werden muß; daß Genesung kein Ereignis ist, das sich blitzartig einstellt, sondern ein meist langwieriger Prozeß, der permanent unterstützt werden muß - durch Hilfe von außen und eigene Anstrengung -, bis er abgeschlossen ist. Für geistiges Heilen gilt das nicht minder.

Anmerkungen

1 Siehe dazu Susanne Wällisch/Winfried Egeler: *Pilotstudie zur Erfassung des Interaktionsprozesses zwischen 'geistigen' Heilern und ihren Patienten.* Diplomarbeit, Freiburg i. Br. 1987; ebenso Beat Biffiger: *Geistheiler und ihr Umfeld*, unveröffentl. Manuskript, Naters 1991.

2 J. T. M. Attevelt: *Research into Paranormal Healing*, Amsterdam 1988, S. 37. Die Befragung bezog 213 Patienten von Heilern ein.

16

Spirituell vorgebeugt

Hilft geistiges Heilen auch präventiv?

Ob geistiges Heilen schweren Erkrankungen nicht nur therapeutisch beikommen, sondern bereits verhindern kann, daß sie überhaupt erst auftreten, ist eine Frage, die jeden bewegen müßte, der es mit präventiver Gesundheitspflege ernst meint. Ganz besonders interessiert sie Rückfallgefährdete: vom "trocken" gewordenen Alkoholiker über Infarktpatienten bis zu Krebskranken, die allem Anschein nach erfolgreich operiert, bestrahlt, hormon- oder chemotherapiert worden sind - und nun ihr Rezidivrisiko senken wollen.

Leider liegt über den präventiven Nutzen geistigen Heilens bislang weltweit kaum eine Studie vor, die Mindestanforderungen an wissenschaftliche Tests genügen würde - abgesehen von einer Arbeit aus der Volksrepublik China, die aus der bis zu 22jährigen Langzeitbeobachtung von 244 Bluthochdruckpatienten schloß, Qi Gong verringere das Risiko eines Schlaganfalls bei dieser Personenkreis statistisch signifikant.[1] Ohnehin sind wissenschaftliche Untersuchungen hierzu schwer durchführbar; denn Patienten von Geistheilern unterscheiden sich vermutlich in vielen gesundheitsrelevanten Eigenschaften, die mit "energetischen" Einflüssen nicht das Geringste zu tun haben müssen, von anderen Bevölkerungsteilen. Deshalb ließe sich kaum eine vergleichbare Kontrollgruppe zusammenstellen.

Bis jetzt deuten fast nur anekdotische Berichte, die von Heilern selbst stammen, darauf hin, daß Erkrankungsrisiken unter rein geistigem Einfluß tatsächlich sinken. Zwei der berühmtesten Geistheiler Großbritanniens haben allerdings versucht, einen vorbeugenden Effekt an größeren

Stichproben von Behandelten zu erhärten: Harry Edwards und Gordon Turner.

Mitte der fünfziger Jahre wurde die britische Insel von einer Welle der sogenannten Asiatischen Grippe heimgesucht. Einige Monate zuvor bereitete Harry Edwards' Heilzentrum durch sein Magazin *The Spiritual Healer* und ein Rundschreiben etwa 40.000 Briten darauf vor, daß es sie per Fernheilung gegen die drohende Epidemie zu schützen versuchen werde. "Wir verbürgten unseren Einsatz für alle Kranken und Gefährdeten", berichtet Edwards. "Wir baten um genaue Informationen, wo immer die Symptome der ‚Asiatischen Grippe' zuerst beobachtet wurden, und welche von unseren Mitbürgern sie infizierte." Als "erfreuliches Ergebnis dieser Aktion" stellt Edwards fest: 15 Prozent der Gesamtbevölkerung seines Landes mußten sich in ärztliche Behandlung begeben, nachdem sie sich mit dem bösartigen Virus angesteckt hatten - unter den "Ferngeschützten" hingegen nur "der Bruchteil eines Prozents", und das "selbst in Gebieten, in denen die Krankheit am meisten wütete". In einem Mädcheninternat, dessen Leiterin Edwards um "Heilungsbeistand" gebeten hatte, sollen "nur äußerst wenige Schülerinnen erkrankt sein, während jede andere Schule in diesem Gebiet geschlossen werden mußte".[2]

In den sechziger Jahren nahm sich Turner einmal 19 schwangerer Frauen an. Jede stand ungefähr sechs Monate vor der Niederkunft. «Sie alle hatten daraufhin eine vergleichsweise leichte Entbindung», versichert Turner, «und das, obwohl bei neun von ihnen Komplikationen erwartet wurden.» Dreizehn dieser Mütter ließen sich auch nach der Geburt noch vier weitere Jahre lang von Turner betreuen: "Keines ihrer Babys zog sich in dieser Zeit eine der üblichen Kinderkrankheiten".[3] (Ein zweifelhafter Gewinn freilich, wenn man bedenkt, welch wichtige Rolle Infektionen in früher Kindheit für das Training des Immunsystems spielen.) Auf den Bittbrief eines Bauern hin, der seine wertvolle Herde reinrassiger friesischer Kühe von einer grassierenden Maul- und Klauenseuche bedroht sah, versuchte Turner drei Monate lang die Tiere aus der Ferne vor einer Infektion zu schützen. "Monate später schrieb mir der Farmer: Nicht nur sei keine einzige seiner Kühe erkrankt - sie gaben auch acht Prozent mehr Milch, solange sie auf Distanz behandelt worden waren."[4] Zufälle sind bei solch mangelhaft kontrollierten "Tests" nicht auszuschließen, paranormale Einflüsse aber ebensowenig.

Sollte ein Patient, der nach zwei Herzinfarkten einen dritten oder nach einer Tumoroperation bösartige Neubildungen von Geschwülsten befürchtet, einen Geistheiler vorbeugend hinzuziehen? Nichts spricht dagegen, solange die Hilfe nicht dazu verführt, naheliegendere Maßnahmen zur Vorbeugung zu vernachlässigen. Daß eine aufgelegte Hand Erkrankungsrisiken wirklich in erheblicherem Maße senkt als gesündere Ernährung, mehr Bewegung an frischer Luft, seelische Ausgeglichenheit und eine bewußtere Lebensführung, hat noch kein Esoteriker unter Beweis gestellt.

Anmerkungen

1 Kuang Ankun u.a., "Long-term observation on Qigong in prevention of stroke - follow-up of 244 hypertensive patients for 18-22 years", *Journal of Traditional Chinese Medicine* 6/1986, S. 235-238.

2 Harry Edwards: *Geistheilung*, Freiburg i. Br. 1983, S. 148 f.

3 Gordon Turner, "I treated Plants, not Patients", *Two Worlds*, August 1969, S. 232-234.

4 ebda.

17
Magie für Moneten

Der Preis der "göttlichen Energie": Wie teuer darf Geistheilung sein?

Zuerst", so schwante TV-Talkmaster Robert Lembke, "verbraucht man seine Gesundheit, um zu Geld zu kommen; dann sein Geld, um die Gesundheit zurückzuholen." Wie tief müssen Kranke in die Tasche greifen, wenn sie die Dienste von Geistheilern in Anspruch nehmen?

Die spärlichen Umfragen hierzu zeichnen ein uneinheitliches Bild.[1] Unter Deutschlands Heilern nimmt ein Drittel grundsätzlich kein Geld an. Ein weiteres Drittel akzeptiert lediglich Spenden: Der Klient entscheidet selbst, wieviel ihm die Hilfe wert ist. Die übrigen arbeiten nach festen Honorarsätzen, je nach Art und Dauer der Behandlung, wobei die für eine einzelne Sitzung verlangten Beträge im allgemeinen zwischen 15 und 200 DM streuen, und dies bei zehn Minuten bis drei Stunden pro Termin.

Diese Situation kommt Patienten einerseits zugute: Wer einen bestimmten Heiler nicht bezahlen will oder kann, darf sichergehen, daß er anderweitig auch billiger, wenn nicht gar kostenlos Hilfe findet. Andererseits gerät er in Entscheidungsnöte: Sind Gratis-Heiler denn so gut wie andere? Wie hoch sollte eine angemessene Spende ausfallen? Welche Honorarforderungen sind noch akzeptabel, welche überzogen?

Aus der Heilerszene selbst sind klärende Worte nicht zu erwarten: Gerade in Geldangelegenheiten präsentiert sie sich zutiefst uneins. Anderswo in der freien Wirtschaft besteht weithin ein selbstverständlicher, unaufgeregter Konsens darüber, daß Waren und Dienstleistungen ihren Preis haben, der sich im Wechselspiel von Angebot und Nachfrage regelt. Mit der Frage jedoch, ob und wieviel Geld geistiges Heilen kosten darf, verbinden ihre Anwender fast immer persönliche Grundeinstellungen, durchtränkt mit reichlich Herzblut; viele von ihnen sehen dabei Anstand und Ethik, Glaube und Gottesfurcht, höchste Werte und letzten Sinn ihrer Tätigkeit auf dem Spiel stehen. Entsprechend inbrünstige Überzeugungskriege werden darüber zuweilen geführt. Öl ins Feuer gießen argwöhnische Beobachter der Szene, die hinter geistigem Heilen ohnehin eine scheinheilige Form der Geldmacherei wittern, bei der Gutgläubige mit Pseudoleistungen abgezockt werden.

Darf Heilen überhaupt Geld kosten?

Auch nur einen Pfennig anzunehmen, scheint manchen Heilern völlig inakzeptabel: moralisch verwerflich und unvereinbar mit dem Geist, der ihrer außergewöhnlichen Tätigkeit geziemt. Ihre Fähigkeit betrachten sie als göttliche Gnade, die ihnen umsonst zuteil wurde - und deshalb auch umsonst weitergegeben werden müsse. Schließlich seien es ja gar nicht sie selbst, die heilen - "es" heilt durch sie: eine höhere, göttliche Kraft, die sich ihrer als Werkzeug bedient. Verlangte etwa Jesus etwas für seine Heilungen? Darf man ein Geschenk weiterverkaufen? Darf man einen Gegenwert für etwas verlangen, was einem gar nicht gehört? Wer einen solchen Frevel begehe, so wird befürchtet, dem wird Gott sein Talent unweigerlich entziehen. "Verdienen", so befand der österreichische Dichter Stefan Zweig (1881-1942) in seiner bissigen Schrift *Die Heilung durch den Geist*[2], "hemmt überall das moralische Gewicht einer Leistung, so auch hier", nämlich beim Heilen. Denn "für jedes redliche Gefühl" bleibe "Frömmigkeit unlösbar von Selbstpreisgabe, von Verzicht auf Irdisches: Buddha, der sein Königshaus verläßt und als Bettler in die Welt geht, zu lehren, Franziskus, der sein Kleid zerreißt und den Armen schenkt, jeder kleine jüdische Bibelgelehrte, der Geld und Gewinn verachtet und mit einer Krume Brot über den heiligen Büchern sitzt, sie alle überzeugen durch das Opfer und nicht durch das Wort. Nur über Armut und Entbehrung ging bisher der Weg aller Religionen ins Göttliche." Auf dieser Linie stellte Deutschlands führende Esoterikzeitschrift kürzlich einer Titelgeschichte über geistiges Heilen die Wesenseinsicht voran, "das klassische Requisit des echten Heilers" sei "lediglich eine Spendenkasse".[3]

Ein zweites, eng verwandtes Argument treibt solch moralinsauren Rigorismus auf die Spitze: Wer Geld verlange, dem fehle offenkundig das nötige Gottvertrauen. Er sorgt sich, statt darauf zu bauen, daß der Höchste für ihn, seinen Diener, sorgen wird. Heißt es nicht in der Bibel: "Sehet die Vögel des Himmels: Sie säen nicht, sie ernten nicht, aber ihr himmlischer Vater ernährt sie doch"? Mit "Unterstützung aus indirekten Quellen" rechnet die britische Heilerin Eileen Herzberg: Für ihren bedürftigen Kollegen Phil Edwards, so berichtet sie, sei gerade zur rechten Zeit ein Lottogewinn gekommen.[4]

Ein drittes Argument betont: Heilen ist wesentlich ein Akt der Liebe. Wahre Liebe muß bedingungslos sein, nicht geknüpft an irgendwelche Voraussetzungen und Forderungen, schon gar nicht an finanzielle. Honorare für Heiler würden die Liebe auf die Stufe der Prostitution herabwürdigen. Und ist wahre Liebe nicht unverkäuflich?

Zudem würden jegliche Geldforderungen zwangsläufig all jene abschrecken und ausschließen, die außerstande sind, sie zu erfüllen. "Manche Menschen", so gibt der amerikanische Heiler Alan Young zu bedenken, "sind zu arm für eine Bezahlung, und würden daher nicht um Hilfe bitten, obwohl sie ihnen genauso zugänglich sein sollte wie denen, die es sich nicht leisten können."[5] Auch sonst, so wird betont, dürfe Geistheilung nicht als Ware wie jede andere betrachtet werden: Zum Zeitpunkt ihrer Lieferung - das heißt, während Heilsitzungen stattfinden - könne der Käufer in der Regel nämlich überhaupt nicht beurteilen, ob und in welchem Umfang er sie überhaupt erhalten habe. Denn Geistheilung ist kein Akt, der sich terminieren ließe: Ob das, was ein Heiler für einen Kranken tut, eine wirkungsvolle Behandlung war und nicht bloß suggestiver Hokuspokus oder laienpsychologische Seelenmassage - der Kunde also tatsächlich erhielt, was er kaufen wollte -, läßt sich, von ausnahmsweisen "Spontanremissionen" abgesehen, immer erst im nachhinein, vom Ergebnis her beurteilen, niemals zuvor - und dieses Ergebnis kann, sofern es überhaupt eintritt, Monate, wenn nicht Jahre auf sich warten lassen. Was Patienten und Heiler bis dahin empfinden und erleben, bleibt rein subjektives Meinen, von daher unüberprüfbar. Darf eine möglicherweise nicht erbrachte Leistung mit einem Preisschild versehen werden?

All diese Erwägungen ehren den, der aus ihnen Maximen für sein eigenes Heilerdasein ableitet, dem heiligen Franz von Assisi gleich "La povertá" zu seiner Geliebten macht und diese Liaison, in Sack und Asche wandelnd, im Alltag konsequent durchhält. Geraten sie aber nicht zur Zumutung, sobald sie zum Maßstab erhöht werden, an dem Heiler generell in ehrenwerte und unanständige sortiert werden? Das Argument etwa, als Gottesgeschenk sei Heilkraft unverkäuflich, klingt beim ersten Hinhören beeindruckend demütig und fromm. In Wahrheit verrät es eine Selbstüberhöhung, die leicht in die narzißtische Arroganz eines "Auserwählten Volks" umschlägt. Denn unterschwellig unterstellt es, die eigene Profession stünde dem Himmel näher als andere, weswegen sich der Herrgott wohl veranlaßt sieht, auf deren Geschäftsgebaren ein besonders wachsames, strenges Auge zu werfen - und ihr leichter zu zürnen als anderen: praktizierenden Medizinern beispielsweise, oder Vertretern anderer Heilberufe. Heilt der Hausarzt, der Rechnungen stellt, gottferner als der Handaufleger? Die Gabe des Heilens scheint mir durchaus nicht "göttlicher" als andere Talente wie etwa die des Malens, Komponierens, Schreibens. Darf etwa kein Verständnis dafür aufgebracht werden, wenn ein begnadeter Künstler seine Werke, ein Tenor seine Stimme vermarktet - sei es, weil er ein schönes Leben will, sei es auch nur mit dem Ziel, sich eine finanzielle Grundlage zu schaffen, auf der er einigermaßen sorgenfrei weiterarbeiten kann? Versündigt sich der Priester, der als bezahlter Angestellter seiner Kirche wirkt? Sammelt der Redakteur, der geldverdienende Heiler anprangert, sein eigenes fünfstelliges Monatsgehalt beim Verleger denn mit der Spendenkasse ein, eingedenk der womöglich göttlichen Inspirationen, die ihm in seiner Arbeitszeit zumindest ab und zu aus der Feder fließen? Müssen wir Heilern nicht dasselbe Recht zubilligen? Und wenn eine Ehefrau von ihrem Gatten Haushaltsgeld verlangt - "prostituiert" sie ihre Liebe dadurch?

Daß Heilfähigkeiten nachlassen, sobald sie als Einkommensquelle dienen, ist eine vorerst unbestätigte empirische Hypothese, die man besser in vergleichenden wissenschaftlichen Tests entscheiden sollte als im esoterischen Nebel des Wähnens und Argwöhnens. Jedenfalls kenne ich armgebliebene Heiler, die nahezu unentwegt die Hände falten, wenn sie sie nicht gerade aufhalten, um ihre Mitmenschen anzupumpen, jämmerlich wehklagend ob der Ungerechtigkeit dieser Welt - und trotzdem kaum Schwerwiegenderes zu lindern verstehen als gelegentliches Kopfweh und Schlafstörungen der harmloseren Art; ebenso kenne ich Heiler, deren Kontostände auf Chefarztniveau liegen - dafür aber selbst bei metastasiertem Krebs wahre Wunder vollbringen. Unergründlich ist Gottes Ratschluß: Auch die vermeintlich Unwürdigen stattet er mitunter reichlich mit Talenten aus.

Wer sich als ernteunlustiger Himmelsvogel wohler fühlt, möge weiterhin getrost in Wolkennähe schweben. Die meisten Heiler indes haben

Bodenkontakt, und dabei spüren sie, von der Lottofee hartnäckig im Stich gelassen, schmerzlich die Bedrängnisse des materiellen Daseins. Von ihrer Berufung überzeugt, haben viele eine gesicherte Existenz in einträglichen Berufen aufgegeben. Nicht verdienen, sondern dienen ist seither ihr Hauptziel, wenn auch nicht ihr einziges. Denn auch ihnen erspart der Himmlische Vater nicht Wohnungsmieten, Einkäufe von Lebensmitteln und Kleidung, von Einrichtungsgegenständen und Transportmitteln, von Wasser, Strom und Müllabfuhr. Manche müssen Partner, Kinder und weitere Angehörige miternähren, bei erheblichem Patientenzustrom durchaus auch eine Sekretärin. Ist es da unanständig, Geld anzunehmen? Auch Heiler, wie alle Dienstleister, tragen Verantwortung meist nicht nur für Klienten, sondern für weitere Personen in ihrem Umfeld - und auch für sich selbst. Wer unentwegt ums nackte Überleben kämpfen muß, ist selten imstande, die innere Ruhe, Gelassenheit und Geduld aufzubringen, die fürs Heilen nötig ist. "Wer arbeitet, hat ein Anrecht auf Lohn", heißt es schon im Lukas-Evangelium (10,7).

Kein Kranker, darüber besteht auch außerhalb der Heilerszene Konsens, darf von gesundheitlicher Fürsorge ausgeschlossen werden, bloß weil er sie sich nicht leisten kann. Wer will schon eine Zwei-Klassen-Medizin? Dieser Ansicht sind allerdings auch Heiler, die auf Honorarbasis arbeiten. Kaum einer ist herzlos genug, kein Auge zuzudrücken, wenn ein Hilfesuchender mit leerer Brieftasche ankommt; die meisten behandeln dann ausnahmsweise gratis oder zu deutlich ermäßigtem Tarif - im Unterschied etwa zur Ärzteschaft.

Es trifft zu, daß Geistheilung nicht zu jenen Dingen gehört, die einem Kunden als fertige Produkte ausgehändigt werden können, so wie eine Semmel gebacken über den Ladentisch wandert. Damit verbietet sich indes nur, die Heilung selbst zu verkaufen - und wieviele Heiler tun dies denn? Was sie sich üblicherweise vergüten lassen, ist der Zeitaufwand, den sie für ihre Bemühungen aufbringen. Wäre dies unanständig, so müßten, aus Gewissensgründen, auch Kindermädchen und Psychotherapeuten, Lehrer und Masseure ihre Gehaltsvorstellungen schleunigst überdenken.

Bei Stefan Zweig, dem vielzitierten Kritiker unseriösen Geschäftsgebarens in der Heilerszene, sollte man im übrigen genauer nachlesen. Was er anprangert, ist durchaus nicht das Geldverdienen an sich - sondern eine Heuchelei, die er speziell bei der Gründerin der "Christian Science"-Kirche, Mary Baker-Eddy, auszumachen glaubte: eine raffgierige "maßlose Geldfreude" im Mäntelchen aufopferungsvollster Gottesnähe, die allen irdischen Versuchungen zu trotzen vorgibt - die sonderbare Doppelliebe sowohl zum Heiligenschein als auch zum Geldschein. Ihn empört, daß jemand "aus seiner Verachtung der Materie jährlich Millionen von höchst materiellen Dollars scheffelt".[6] Damit legt Zweig den Finger auf ein nach wie vor verbreitetes, doch keineswegs heilertypisches Ärgernis: Heuchelei in Geldangelegenheiten. Die meisten Heiler indes, die sich ihre Dienste bezahlen lassen, machen daraus keinerlei Hehl. Sie stehen dazu, auch dann, wenn es nicht bloß zu einer heruntergekommenen Einliegerwohnung an der Hauptverkehrsstraße reicht, sondern zu einem schmucken Häuschen im Grünen samt Auto der gehobenen Preisklasse. Sollten Patienten sich darüber den Kopf zerbrechen? Taugt die Hilfe, die ihnen widerfährt, denn weniger, wenn sie den Helfer zugleich gut leben und nicht bloß dahinvegetieren läßt?

Die streitbarsten Verfechter des Postulats, daß Geistheilung keinen Pfennig kosten dürfe, habe ich im übrigen unter jenen gefunden, die sich so viel Altruismus schmerzfrei leisten können: bei Heilern nämlich, die ein gutverdienender Ehepartner oder Lebenspartner großzügig aushält, oder die von Erbschaften, gutdotierten Nebenjobs oder anderen Einkommensquellen sorglos zehren können. Wird hier weniger geheuchelt?

Kurzum, was an Grundsätzlichem gegen das Geldverdienen durch Heilen vorgebracht wird, überzeugt herzlich wenig. Nicht viel einleuchtender fallen allerdings etliche Begründungen dafür aus, allen voran die esoterisch kunstvoll verbrämten.[7] So scheint manchen Heilern ein "Energieausgleich" geboten, der Geldflüsse einschließt: Sie selbst wenden für ihren Klienten ja schließlich "Energie" auf. Dadurch entstehe in der Zweierbeziehung ein Ungleichgewicht, das durch die Honorarzahlung wieder "ausgeglichen" werden müsse: eine vor allem in der Reiki-Szene populäre Rhetorikübung. Mark Twain, ein weiterer spöttischer "Christian Science"-Kritiker, hätte hierzu die Empfehlung parat, unsichtbare Kräfte am passendsten mit unsichtbaren Schecks zu begleichen. Selbst ungeschriebene "kosmische Gesetze" werden bemüht[8]: das "Karmagesetz" etwa, demzufolge "jede unserer Handlungen Reaktionen nach sich zieht, durch die wir uns mit anderen Menschen verstricken. Um diese Verstrickungen aufzulösen, müssen wir das Gesetz der Fülle beachten, das heißt: Geben wir unsere Zeit, unseren Raum, menschliche Zuwendungen, so machen wir andere Menschen von uns abhängig. Von dieser Abhängigkeit kann sich der zu Heilende quasi freikaufen, sei es durch Spenden oder durch einen festen Betrag. Würde dieser materielle

Austausch nicht stattfinden, so würde das aufgebaute Karma den Weg zur freifließenden bedingungslosen Liebe für beide blockieren. Daher müssen wir als Menschen den materiellen Austausch vornehmen." Da muß einem angst und bange werden um die künftigen Inkarnationen aller ehrenamtlichen Helfer bei der Freiwilligen Feuerwehr, beim Rettungsdienst oder beim Naturschutz: "Karmisch verstrickt" haben dürften sie sich schon hundertfach.

Bedenkenswert ist dagegen ein psychologisches Argument: Ein Heiler, der jegliche finanziellen Zuwendungen ablehnt, verkennt die therapeutische Funktion des Honorars. Westlicher Materialismus hat Menschen darauf konditioniert, den Wert von Dingen und Leistungen nach ihrem Preis zu bemessen; "was nichts kostet, kann nicht viel wert" sein, so meinen viele. "Ein Arzt, der umsonst heilt, heilt umsonst", heißt es schon im Talmud, der heiligen Schriftensammlung des Judentums. Insofern verstärken Zahlungsverpflichtungen wünschenswerte Placebo-Effekte. Wer Skrupel hat, Bares anzunehmen, dem bleibt unbenommen, es an gemeinnützige Unternehmungen abzuführen.

Wie teuer darf Geistheilung sein?

Seine öffentliche Hinrichtung erlebte der Frankfurter Geistheiler Christos Drossinakis, einer der bekanntesten und bis dahin angesehensten in Deutschland, im März 1995: Deutschlands führende esoterische Fachzeitschrift prangerte ihn, ohne Chance zur Gegendarstellung, seitenlang als "Sekunden-Heiler" an.[9] Gerade mal "zwei bis fünf Minuten", so wird er darin zitiert, lege er seine Hände auf den Körper von Patienten, wobei "meine Bioenergie - genau wie bei einem Schuß - sieben Sekunden lang strömt." Nach dieser siebten Sekunde sei seine Arbeit praktisch getan - die restliche Zeit füllen eine meditative Ruhephase, Vor- und Nachgespräch. Für derartige Sitzungen verlangt er pauschal 150 DM, unabhängig vom Heilerfolg. Das ist eindeutig zuviel, murrt unser Rechtsempfinden. Aber wieviel ist zuviel?

Daraufhin angesprochen, messen Geistheiler ihre Honorarvorstellungen gerne an anderen Heilberufen. "Warum", so höre ich häufig, "sollen wir für erfolgte Behandlungen keine ordentlichen Festhonorare nehmen, wie es auch Ärzte tun? Da regt sich ja auch keiner auf! Und warum soll unser Bemühen um die Gesundheit anderer Menschen weniger wert sein als die eines Arztes?" Dabei verkennen sie eines: Ob das, was sie für einen Kranken tun, wirklich eine Behandlung war, läßt sich immer erst im nachhinein, vom Ergebnis her beurteilen; was Patienten und Heiler bis dahin empfinden, denken und erleben, bleibt rein subjektiv und von daher unüberprüfbar. Deshalb wäre es ein leichtes, so zu tun, *als ob* man eine "geistige" Behandlung durchführt; jeder Scharlatan ist imstande, sie vorzutäuschen. Den Einsatz medizinischer Diagnose- und Therapieverfahren hingegen kann nicht nur der Patient, sondern jeder beliebige Außenstehende objektiv nachvollziehen und kontrollieren. Außerdem bedarf es, wie Heiler selbst immer wieder versichern, keiner besonderen medizinischen Vorbildung, um geistige Energien einzusetzen; dagegen erfordert es ein langjähriges intensives Studium, um als Arzt praktizieren können. Der Vergleich hinkt also. Doch welche Vergleiche sind angemessen?

Orientierungshilfe versprechen manche Heilerverbände neuerdings mit Honorarrichtlinien, die sie zum Bestandteil eines "Ehrenkodex" gemacht haben - um Geldforderungen einzudämmen, die "in krassem Mißverhältnis zum Zeitaufwand" stehen, wie es in einem dieser Paragraphen heißt. Indes fehlt es leider an Einigkeit: So darf im größten Schweizer Heilerverband umgerechnet bis zu 180 DM pro Stunde verlangt werden, während seinem deutschen Pendant bereits bei 120 DM die Obergrenze des Anstands erreicht zu sein scheint. Andere Vereine setzen unter der 100 DM-Grenze an, wieder andere verbieten jegliches Entgelt. Doch Moral, so sollte man meinen, ist unteilbar, auch in Geldangelegenheiten. Welcher Verein ist ihr näher? Kann in Deutschland ab 121 DM unziemlich sein, was in der Schweiz noch als maßvoll durchgeht? Ab wann wird aus dem Verhältnis zwischen Zeitaufwand und Honorar, auf das Heilerverbände ein waches Auge haben, ein "Miß"verhältnis, wann überdies ein "krasses"? Wie steht es beispielsweise mit dem Geschäftsführer eines Heilerverbands, der sich aus der Vereinskasse ein Monatssalär in eben jenem fünfstelligen Bereich genehmigen läßt, das er seinen Heilern aus ethischen Gründen ersparen will? Oder mit dem Vorsitzenden eines deutschen Heilerverbands, der im Hauptberuf guten Gewissens weit mehr verdient jeder Geistheiler, gleichgültig wieviele Stunden dieser länger arbeitet? Ist, wer sich für Heiler einsetzt, ferner von himmlischer Finanzmoral - weshalb an seine eigenen Bezüge weltlichere Maßstäbe anzulegen sind?

Über die tieferen Beweggründe, aus denen sich gerade Heiler über Besserverdiener aus den eigenen Reihen ereifern, darf durchaus spekuliert werden. Am lautstärksten empören sich dabei in der Regel jene, die meinen, selber zu kurz zu kommen. Während der vier Jahre, in denen ich eine Dachorganisation von Heilerverbänden leitete und 1998 dann gerne hinter mir ließ, standen Geldangelegenheiten wiederholt auf der Tagesordnung von Vorstandssitzungen, und zumeist sorgten sie für hitzige Wortgefechte. Aus der Entrüstung über deutlich überdurchschnittliche Heilerhonorare war häufig ein aufrichtiges persönliches Glaubensbekenntnis herauszuhören - mitunter schwang aber auch blanker Neid mit, mühsam bemäntelt mit aufgesetzter Eso-Spiritualität. So gerieten, während einer Sitzungspause, vor meiner Haustür zwei Präsidiumskollegen aneinander - beides praktizierende Heiler -, die beinahe handgreiflich geworden wären und sich anschließend keines Blickes mehr würdigten: Der eine hauste, da er aus Gewissensgründen prinzipiell nur Spenden annahm, im Haus der Mutter in einem Zehn-Quadratmeter-Zimmerchen, das er sich obendrein noch mit seinem Lebensgefährten teilte - und zieh seinen Kollegen der "Unanständigkeit", weil der sich nicht dafür schämen mochte, sich in einer selbstfinanzierten 1,5-Millionen-Villa mit 300 Quadratmetern Wohnfläche wohlzufühlen. Geld bedeutet eben gar nichts, außer man hat es. Und schmutzig ist immer nur das Geld in den Taschen des anderen. Schmeicheleien kann man kaufen, Neid muß man sich verdienen; insofern stellt er die aufrichtigste Form der Anerkennung dar.

Seit Kain und Abel scheint Neid ein unausrottbarer Grundzug menschlicher Psyche, von dem auch erfolgreiche Heiler unter ihresgleichen, und gerade dort, reichlich zu spüren bekommen. Denn Neid bleibt der Nähe verschwistert. Man beneidet keinen Bill Gates oder George Soros, aber diesen Müller oder Meier von nebenan; die biblische Urgeschichte des Neids erzählt von Brüdern. Darum müssen wir verstecken, was wir haben - dem Geheimnisverrat, zu etwas gekommen zu sein, folgt der Tod, der bürgerliche zumindest, auf dem Fuße. Ein deutsches Erfolgsbuch der siebziger Jahre heißt "Haben oder Sein". Das kommt als strikte Lebensalternative daher, und natürlich verfällt das schnöde Haben der Feme, einzig im interesselosen Sein liegt wahres Menschsein.

Geld zu verdienen, ist nichts Unehrenhaftes - und deshalb haben Honorarrichtlinien für Heiler in sogenannten "Ehrenkodices" nichts verloren. Was Patienten dringender bräuchten als moralisierende Gebote unklarer Legitimität, wären Tabellen über die unter Heilern üblichen Honorarsätze, vergleichbar den Mietspiegeln im Immobilienbereich. Einem Münchner auf der Suche nach einer Eigentumswohnung nützt die Information, daß in München-West durchschnittlich 5478 DM pro Quadratmeter zu berappen sind, in der Region Nord hingegen nur 4674 DM[10], erheblich mehr als ein inbrünstiges Glaubensbekenntnis, oberhalb von 5000 DM beginne der Wucher. Unter Berücksichtigung üblicher Tarife steht es dem Klienten dann selbst frei zu entscheiden, ob er sich mehr als das Übliche leisten will - oder nicht. (Das Durchschnittshonorar jener Heiler, die überhaupt Geld annehmen, liegt in Deutschland zur Zeit bei 40 bis 70 DM pro Stunde, wie ich eigenen Umfragen entnehme.) Daß das Teuerste nicht unbedingt das Beste sein muß, wird ihm niemand erst sagen müssen. Wenn ein Patient einem Heiler jedoch zutraut, in wenigen Minuten mehr zu erreichen als ein anderer in drei Stunden: Müssen dann beide Beteiligten für den Geldtransfer getadelt werden, auf den sie sich aus freien Stücken geeinigt haben? Immerhin hat der "Sekunden-Heiler" in mehreren Tests unter ärztlicher Aufsicht Erfolgsquoten erzielt, um die ihn gemächlicher vorgehende Kollegen nur beneiden können.[11] Ob eine Vase, ein Bild, ein Buch in hundert Tagen entstand oder in zehn, halten Käufer in der Regel für zweitrangig: Hauptsache, ihnen gefällt es. Und wenn ein begnadeter Chirurg mir binnen Minuten eine Geschwulst aus dem Leib holt, an der ein anderer stundenlang vergeblich herumschnipfelt: keine Frage, bei wem ich mich lieber unters Messer lege, ungeachtet des Verhältnisses zwischen Zeitaufwand und Rechnungsbetrag.

Auch wenn kein förmlicher schriftlicher Auftrag erteilt wird, gehen Heiler und Klient, ehe eine Behandlung beginnt, einen Vertrag miteinander ein: Unter anderem treffen sie Absprachen darüber, welche Art von Dienstleistung mit welchem Zeitaufwand erbracht wird und was sie kosten soll. Ist es ethisch unerträglich, wenn der vereinbarte Honorarsatz die statistische Durchschnittsnorm sprengt? Müssen Parfums, die mehrere hundert Mark kosten, anstandshalber aus dem Verkehr gezogen werden, weil doch Duftwässerchen, die in den Nasen des größten Teils der Bevölkerung für kaum geringere Verzückung sorgen, schon für einen Zehner an der Ladenkasse von Aldi zu haben sind? Tragen die Preisschilder von Markenpullis unsittliche Auszeichnungen, da *noname*-Kleidungsstücke von durchaus vergleichbarer Verarbeitungsqualität in der Regel nicht einmal die Hälfte kosten? Dafür, daß Warenpreise trotzdem nicht in astronomische Höhen schnellen können, sorgt, solange keine Monopole entstehen, der freie Markt - und dieses Regulativ hat, lange vor irgendwelchen förmlichen "Ehrenkodices", schon immer in der Heilerszene drohende Auswüchse einigermaßen eingedämmt.

Heilen setzt Vertrauen voraus; Patienten brauchen es, ehe ihnen wirksam geholfen werden kann. Dazu dürfen sie nicht den Eindruck gewinnen, von einem Heiler über Gebühr ausgenommen zu werden, noch von schlechtem Gewissen geplagt werden, ihn unter Wert zu entlohnen - wie umgekehrt der Heiler nicht das Gefühl haben darf, es werde unterbewertet, was er tut. Aber was ist geistiges Heilen wert? Wann ist es preiswert, wann zu teuer? Grundsätzlicher gefragt: Worin besteht überhaupt der Wert einer Dienstleistung, als Ware im weitesten Sinne? In der Nationalökonomie haben sich, ausgehend von Adam Smith (1723-1790), vier Wertlehren ausgebildet:

1. Der Wert entspricht dem Preis, der sich im Wechselspiel von Angebot und Nachfrage auf dem Markt einpendelt (konventionelle Wertlehre)

2. Der Wert bestimmt sich durch die Kosten, die der Anbieter aufwenden muß, um die Ware herzustellen, die Dienstleistung erbringen zu können (Kostentheorie)

3. Der Wert entspricht der aufgewandten Arbeit (Arbeitswertlehre)

4. Der Wert entspricht der subjektiven Wertschätzung seitens des Abnehmers, dem wahrgenommenen Nutzen ("Gebrauchswert") - mit anderen Worten, der Bedeutung, die ein Gut für ihn hat. (Nutzentheorie).

Je nachdem, welcher Wertlehre wir den Vorzug geben, gelangen wir zu höchst unterschiedlichen Vorstellungen über den Preis, der geistigem Heilen angemessen ist:

1. Auf dem Markt eingependelt hat sich bisher kein fester Preis, sondern eine Preisspanne von erheblicher Breite.

2. Die Kosten, die Heilern entstehen, gehen anscheinend gegen Null: Die "Energie", die sie weitergeben, stellt ihnen niemand in Rechnung, und eine kostspielige Ausbildung scheint nicht unbedingt erforderlich. Zu berücksichtigen wäre möglicherweise aber ein Verdienstausfall: der Verlust von Einnahmen, die sie erzielen würden, wenn sie ihre Zeit nicht aufs Heilen verwenden würden.

3. Von "Arbeitsaufwand" kann beim geistigen Heilen kaum die Rede sein, zumal bei Behandlungen, die nur wenige Minuten dauern. Ohnehin ist es nach Auffassung der meisten Heiler ein höherer Geist, der die eigentliche Arbeit verrichtet.

4. Der subjektive Nutzen schwankt extrem: Er fehlt völlig, sofern kein Heileffekt eintritt - er kann aber auch unermeßlich groß sein, wenn etwa eine tödliche Krankheit besiegt wird. (Einem Krebskranken mag eine Geistheilung eine fünfstellige Summe wert sein, zumal wenn er sie an den Kosten vorausgegangener Operationen, Bestrahlungen und Chemo-

therapien mißt, die ihm nichts gebracht haben.)

Wer Heiler anprangert, die aus ihrer Tätigkeit überdurchschnittlich hohe Einnahmen erzielen, verfängt sich in der Regel in zwei argumentativen Fallstricken: Er verwirft, ohne brauchbare Alternative, Markt- und Nutzenlehren - und er springt von der deskriptiven auf die normative Ebene, von wo aus er bewertet, welcher Preis als "fair", welcher Lohn als "gerecht" zu gelten hat, und solche Bewertungen verbindlich zu machen versucht. Mit deutlicheren Worten: Er will totalitäre Politik machen. Das Recht zu solchen Bewertungen wird in der Heilerszene gewöhnlich aus einer Überzeugung hergeleitet, die Moralphilosophen immer schon heilig war: dem Glauben an den "inneren Wert" eines Objekts, der ihm unabhängig von ökonomischen Maßstäben zukomme. Geistiges Heilen, so scheint es aus der Sicht eines wirtschaftsethischen Absolutisten, ist etwas so Überirdisches, daß es nicht profanen Tausch- und Nutzenerwägungen unterworfen werden darf. Doch selbst wenn es so etwas wie einen "Wert an sich" gäbe, bliebe immer noch fraglich, ob es sinnvoll wäre, den Preis daran zu bemessen - und wer eigentlich autorisiert ist, ihn festzulegen. Nicht nur Heiler meinen aus überirdischen Quellen zu schöpfen - auch viele Maler, Schriftsteller und Musiker fühlen sich von höheren Welten inspiriert. ("Nicht ich singe meine Lieder, sondern ich werde von ihnen gesungen", merkte Goethe zu seinen Gedichten einmal an. Und Jurek Becker bekannte im März 1997 in seinem letzten Interview, vier Wochen vor seinem Tod: "Ich lese manchmal Texte von mir und komme zu dem Schluß: eigentlich sind diese Texte intelligenter, als ich es bin. Und ich frage mich, wie das möglich ist.") An welche Instanz, wenn nicht den Markt, delegieren wir die Entscheidung, wieviel ihre Arbeit tatsächlich wert ist? Was legitimiert eine solche Instanz? Und warum sollte sie auf das Heilen beschränkt bleiben? Deutschlands Spitzenmanager und Geschäftsführer streichen jährlich im Schnitt 393.000 DM ein[12], ihre amerikanischen Kollegen liegen noch um ein Zehnfaches darüber. Mancher auf das treffsichere Treten gegen einen luftgefülltes Leder spezialisierter Kicker streicht Monat für Monat bis zu zehn Millionen DM Grundgehalt ein, zuzüglich Siegprämien und Sponsorenzuwendungen. Eine junge Dame aus Brühl, die eine Filzkugel ein wenig besser als andere über ein gespanntes Netz dreschen konnte, hat es mit dieser Gabe auf über 30 Millionen DM Preisgelder gebracht, Werbegelder nicht eingerechnet. Ein Landsmann, der ein Auto Sekundenbruchteile schneller als die Konkurrenz ein paar Dutzend mal im Kreis zu chauffieren versteht, bringt es auf 76 Millionen DM pro Jahr. Es gibt Gemälde, die für zweistellige Millionenbeträge den Besitzer wechseln - und wer prominent genug ist, kann selbst einen handgeschriebenen Liebesbrief, eine zweckentfremdete Zigarre oder einen mehrfach getragenen Slip lukrativst versteigern. Wie steht es hier um das "angemessene" Verhältnis von Aufwand und Ertrag? Sollten wir nicht schleunigst eine "Ethik-Kommission" installieren, die solchen Auswüchsen einen Riegel vorschiebt? Und mit wem besetzen wir solche Kommissionen?

Das heißt nicht, daß beim geistigen Heilen jedes Geschäftsgebaren akzeptabel ist. Was Hilfesuchende nicht nur von Handwerkern und Einzelhändlern, sondern auch von Heilern fordern müssen, ist

- *Transparenz*: Die Art der Leistung und ihr Preis müssen vorab offengelegt und Einigung darüber erzielt werden.
- *Verbindlichkeit*: Zugesagte Leistungen und Preise müssen eingehalten werden.
- *Redlichkeit*: Eine Leistung, die nicht mit Sicherheit zu erbringen ist (nämlich Heilung oder auch nur Linderung von Leid), darf auch nicht versprochen und abgerechnet werden.

Unter diesen Prämissen muß ein informierter Marktteilnehmer, auch im Gesundheitswesen, aus freien Stücken entscheiden dürfen (und können), wieviel ihm ein Therapieangebot wert ist. Das Risiko, am Ende, bei enttäuschendem Ergebnis, einem überdurchschnittlich teuren Anbieter "zuviel" bezahlt zu haben, trägt er ebenso beim Psychotherapeuten, in der Parfümerie, in der Modeboutique, auf dem Strich.

Einen Sonderfall stellen anscheinend "Fernbehandlungen" dar: Heilversuche in Abwesenheit des Hilfesuchenden. (Siehe Kapitel 33, "Heilen auf Distanz".) Vom Ausnahmefall des Heilens am Telefon abgesehen, ist der Behandelte hierbei außerstande, den Zeitaufwand des Heilers zu kontrollieren. Die meisten Fernheiler betreuen ihn anhand eines Fotos, eines Zettels mit Name und Adresse des Klienten, eines zugesandten persönlichen Gegenstands. Zwar vereinbaren sie mit den Klienten im allgemeinen feste Behandlungszeiten, zu denen sich der Klient entspannen und innerlich einstellen soll - aber wie kann der Klient sichergehen, daß der Heiler dann auch tatsächlich mit ihm arbeitet? Selbst merkwürdig starke Empfindungen, die zwei Drittel aller Fernbehandelten zu den vereinbarten Zeitpunkten berichten, bleiben trügerische Indizien (siehe Kap. 9): Sie können autosuggestiv erzeugt sein. Aus diesem Grund prangern es vereinzelte Heilerverbände als unethisch an, Fernbehandlungen überhaupt abzurechnen - Mitglieder müssen sie gratis anbieten, andernfalls drohen ihnen Abmahnungen und Einträge in "schwarze Listen".

Wenn allerdings Leistungen, deren Zeitaufwand für den Kunden unkontrollierbar sind, nichts kosten dürften, so müßte auch gegen Homöopathen vorgegangen werden, wenn sie stundenlanges Repertorisieren in Rechnung stellen. Werbe- und PR-Agenturen verhielten sich unanständig, wenn sie die Entwicklung von Aktionen und Kampagnen nach Stundensätzen abrechnen: Denn woher will der Kunde wissen, daß die zündende Idee und ihre Umsetzung erst nach 138 Stunden geboren war, und nicht schon nach sechseinhalb? Vieles auf dem freien Dienstleistungsmarkt bleibt, zwangsläufig, Vertrauenssache, und das ist gut so, denn die einzige Alternative bestünde in einem lückenlosen sozialen Kontrollsystem von Orwell´schen Ausmaßen: Der eine verspricht, etwas zu tun - der andere baut darauf. Wo dieses Vertrauen fehlt, kommen Geschäftsbeziehungen gar nicht erst zustande.

Das vermutlich fairste Honorarsystem für Heiler, wie für Heilkundige insgesamt, sieht ohnehin völlig anders aus. Die Chinesen pflegten es während der Song-Dynastie (960 bis 1290 nach Christus), und für Gesundheit und Geldbeutel der Menschen erwies es sich als gleichermaßen förderlich: Die Familien der gehobenen Stände bezahlten ihren Hausärzten ein festes Gehalt, solange alle Angehörigen gesund waren. Erkrankte ein Mitglied der Familie, wurden die Zahlungen bis zur Heilung ausgesetzt.

Anmerkungen

1 Die folgenden Angaben beruhen auf wiederholten eigenen Erhebungen seit 1992 unter rund tausend Geistheilern im deutschsprachigen Raum, deren Daten in mein kommentiertes Adressenverzeichnis *Auswege - Wo Kranke geistige Hilfe finden* eingegangen sind.

2 Frankfurt am Main 1983, S. 235

3 *Esotera* 11/1998, S. 1

4 Eileen Herzberg: *Praktisches Handbuch der Geistheilung*, Grafing 1989, S. 55.

5 Alan Young: *Das ist Geistheilung*, Freiburg i.Br. 1993, S. 231.

6 Zweig, a.a.O., S. 236

7 Siehe z.B. Elisabeth Bond: *Geld - Irdische Form für himmlischen Fluß*, Bern 1999.

8 *Der Heiler* 1/1996, "Warum Heilen bezahlt werden muß", S. 22

9 *Esotera* 3/1995, S. 80 ff.

10 *Süddeutsche Zeitung* Nr. 287 / 12.12.1998, S. V2/1

11 Dr. med. Andreas Wacker, "Geistheilen im Test bei Asthma bronchiale - eine Pilotstudie", *Erfahrungsheilkunde* 7/1996, S. 428-433; Dr. med. György Irmey: "Probe aufs Exempel: Geistiges Heilen bei schweren körperlichen Leiden", Vortrag beim Zweiten "Weltkongreß für Geistiges Heilen" am 19.11.1994 in Basel; *Bio* 2/1996: "Die Kraft der heilenden Hände - Beeindruckende Ergebnisse beim Heilertest".

12 *Süddeutsche Zeitung* Nr. 267 / 19.11.1998, S. 25

17
Geistheilung auf Krankenschein?
Noch zahlen die Kassen nicht

Übernehmen deutsche Krankenkassen die Kosten einer Geistheilung? Die Antwort ist vorerst ein klares "Nein, unter keinen Umständen, nicht einmal in Ausnahmefällen". Lediglich zwei Versicherungen, Inter und Signal, sollen gerüchteweise im Einzelfall schon einmal, auf dem Kulanzweg, nachträglich für Reiki-Sitzungen bezahlt haben, die offenkundig halfen, nachdem die Schulmedizin bereits mit ihrem Latein am Ende war.

Im Ausland geht es da großzügiger zu. In Großbritannien erstattet der Nationale Gesundheitsdienst (NHS) zumindest die Kosten jener Geistheilungen, die unter Aufsicht und in der Verantwortung eines Arztes stattfinden. Niederländische Privatkassen bieten vereinzelt schon ebenfalls diesen Service, seit Ende 1993 ein Gesetz namens "De Wet B.I.G. (*Beroepen in de Individuele Gezondheidszorg*) dafür sorgte, daß "paranormales Heilen" legal auch von medizinischen Laien angewandt werden darf. Vergleichsweise großzügig in Erstattungsfragen wird auch in der Schweiz verfahren, wo die Sanitätsgesetze von immerhin 5 der 26 Kantone Geistheilern ausdrücklich ihre Tätigkeit erlauben - und die übrigen sie zumindest tolerieren, solange sie keinen nachweislichen Schaden angerichtet haben. So erklärte sich die "Eidgenössische Gesundheitskasse" im März 1996 gegenüber dem namhaften Schweizer Geistheiler George Paul Huber formell bereit, "aufgrund unseres Leistungskatalogs für sanfte Medizin, auf Antrag der bei uns versicherten Mitglieder hin, einen Betrag von SFr 20,- pro Sitzung, für 24 Sitzungen pro Jahr, an die von Ihnen durchgeführte Therapie zu leisten."1

Noch ein wenig weiter geht die seit 1874 bestehende "Krankenkasse Zurzach": Seit Herbst 1998 erstattet sie Versicherten einen Betrag von SFr 50,- pro Behandlung bei dem Geistheiler Walter Janser - bis zu einer Obergrenze von 2000 Franken pro Kalenderjahr. Vom Patienten wird lediglich eine Selbstbeteiligung von "maximal zehn Prozent" der anfallenden Kosten erwartet.

Die Vorgeschichte dieser wegweisenden Vereinbarung reicht ins Jahr 1991 zurück. Seit einem schweren Autounfall quälte den Direktor der Zurzacher Krankenkasse, Christian Camastral, ein schmerzhaftes Rückenleiden: "Meine Ärzte waren ratlos." Durch Empfehlungen von Bekannten wurde der Direktor auf Janser aufmerksam - und vollständig geheilt. Ebenso helfen konnte der Geistheiler zwei Verwandten Camastrals. Seiner Dankbarkeit gab Camastral an einem "Tag der offenen Tür" Ausdruck, zu dem Janser Pressevertreter, Patienten, Ärzte und auch mich in sein Haus in Galgenen am Zürcher See eingeladen hatte. "Wir sind von der Fähigkeit von Janser als Geistheiler überzeugt", erklärte der oberste Kassenfunktionär manch verblüfftem Gast, "und durch seine gute Zusammenarbeit mit diversen Ärzten kann er bei vielen Patienten den Heilungsprozeß beschleunigen helfen. Wir sind sicher, mit diesem Schritt der Kostenexplosion im Gesundheitswesen entgegenzuwirken". Camastral sprach von einem "historischen Tag".

Warum ist dergleichen denn nicht auch in Deutschland möglich? Den Rahmen für die Kostenerstattung der gesetzlichen (und teilweise auch der privaten) Krankenkassen stecken das Sozialgesetzbuch (SGB) und höchstrichterliche Urteile ab. Ihre Unlust, Schritte in "besondere Therapierichtungen" zu finanzieren, begründen die gesetzlichen Krankenkassen hierzulande gewöhnlich mit dem "Wirtschaftlichkeitsgebot" des SGB. Demnach "müssen die Leistungen ausreichend, zweckmäßig und wirtschaftlich sein; sie dürfen das Maß des Notwendigen nicht überschreiten. Leistungen, die nicht notwendig oder unwirtschaftlich sind, können Versicherte nicht beanspruchen, dürfen die Leistungsträger nicht bewirken und die Krankenkassen nicht bewilligen" (nach § 12 I SGB V).

Doch wer entscheidet über das "Maß des Notwendigen"? Außerdem spielen Kassenfunktionäre gerne weitere Bestimmungen im Sozialgesetzbuch herunter, die auch für die Bewertung geistigen Heilens bedeutsam sind:

- Bei der Beurteilung der besonderen Therapierichtungen ist die besondere Wirkungsweise dieser Mittel zu berücksichtigen (SGB V, § 92a, Abs. 6). Die Wirksamkeit darf nicht allein nach den Kriterien der Schulmedizin beurteilt werden.

- Die Krankenkassen sind gehalten, auf eine humane und risikoarme Behandlung hinzuwirken, also auch die Lebensqualität zu berücksichtigen (§ 70).

Die Richtlinien des Sozialgesetzbuches werden in Streitfragen durch die Gerichte ausgelegt. Dabei gilt jedes Urteil immer nur für den Einzelfall, so daß untere Gerichte in ähnlich gelagerten Fällen durchaus zu unterschiedlichen Schlüssen kommen können. Oberste Instanz für den Bereich der gesetzlichen Krankenkassen ist das Bundessozialgericht (BSG). Seine Grundsatzurteile werden von den unteren Gerichten weitgehend beachtet. Und neuere Urteile dieses Gerichts sind durchaus ermutigend. So entschied es am 16. September 1997 zu Fragen der Wirksamkeit und Kostenerstattung von unkonventionellen Therapien grundsätzlich (Az.: 1 RK 28/95): "Für die Kostenerstattung kann kein strenger Wirksamkeitsnachweis verlangt werden, wenn die Ursache der Krankheit weitgehend unerforscht ist." (Dies trifft auf einen hohen Prozentsatz der Heilerklientel zu.)

Eine Schlüsselrolle zumindest für die Erstattungsfähigkeit von Therapien im Rahmen der gesetzlichen Krankenversicherung fällt dem Bundesausschuß der Ärzte und Krankenkassen zu, einer berüchtigten Ansammlung orthodox-schulmedizinischer Betonköpfe. Dieses mächtigste Gremium der Selbstverwaltung im Gesundheitsbereich steht seit langem im Ruf, sich als Nebengesetzgeber zu gebärden und - weil nicht demokratisch legitimiert, sondern von Interessengruppen besetzt - seine Kompetenzen zu überschreiten, vor allem, wenn es um die Eindämmung "alternativer" Ansätze geht. Therapien, die dieser Ausschuß negativ beurteilt hat, sind grundsätzlich von der Erstattung ausgeschlossen (BSG 16.9.97, Az.: 1 RK 28/95). Weil geistiges Heilen indes bisher noch gar nicht von ihm bewertet wurde, sind Erstattungen zumindest *möglich*, auch wenn es noch nicht ausdrücklich anerkannt worden ist.

Wenn private Krankenkassen die Kostenerstattung für Leistungen im "alternativen" Gesundheitsbereich verweigern, verschanzen sie sich gewöhnlich hinter der sogenannten "Wissenschaftlichkeitsklausel", die jeder Versicherte zwangsläufig mitunterschreibt, wenn er seinen Vertrag abschließt. (Auf diese Klausel hatten sich 1976 vierzig private Krankenversicherungen geeinigt.) Demnach "besteht keine Leistungspflicht für wissenschaftlich nicht allgemein anerkannte Untersuchungs- oder Behandlungsmethoden und Arzneimittel."[2] Diese Praxis besteht fort, obwohl der Bundesgerichtshof (BGH) - für die "Privaten" die oberste Rechtsinstanz - in einem aufsehenerregenden Urteil vom 23. Juni 1993 (Az.: IV ZR 135/92) diese Klausel als Verweigerungsgrund für *unwirksam* erklärt hat. Nach Auffassung der Richter sollten über die Frage, ob eine Therapie erstattungsfähig ist, vier andere Kriterien entscheiden, nämlich: Ist sie "medizinisch notwendig"? Hat sie sich in der Praxis als "erfolgversprechend" bewährt? Ist sie ebenso "wirksam" wie die wissenschaftlich allgemein anerkannten Methoden und Arzneien? Verursacht sie keine höheren Kosten? So dehnbar die Schlüsselbegriffe in diesem Anforderungskatalog auch ausfielen: Daß geistiges Heilen sie in gerade jenen Fällen erfüllt, die die typische Klientel von Geistheilern ausmachen - nämlich langjährig "behandlungsresistente", wenn nicht schon als "austherapiert" geltende chronisch Kranke -, steht außer Frage, zumindest für niemanden, der den Forschungsstand zur Kenntnis nimmt.

Noch einen Schritt weiter ging der Bundesgerichtshof drei Jahre später. Am 10. Juli 1996 entschied er zugunsten privat versicherter Patienten (Az.: IV ZR 175/77):

- Eine Behandlung ist dann vertretbar, wenn sie mit nicht nur ganz geringer Erfolgsaussicht die Erreichung des Behandlungsziels als *möglich* erscheinen läßt.

- Die Behandlung muß auf einem nach medizinischen Kenntnissen nachvollziehbaren Ansatz beruhen. Dabei kann die Behandlung *auch* auf Erkenntnissen beruhen, die in der sogenannten "alternativen Medizin" entwickelt worden sind.

- Die Behandlung muß bereits anderweitig erprobt worden sein, so daß Aussagen darüber möglich sind, ob die erstrebte Wirkung wahrscheinlich zu erreichen ist.

Von diesen drei Anforderungen erfüllt geistiges Heilen die erste und dritte zweifellos. Über die zweite darf vorerst gestritten und an die Adresse von Richtern und Kassen zurückgefragt werden: Muß erst klar sein, *wie und warum* eine Therapie wirkt, ehe festzustellen ist, *ob, in welchem Maße und mit welcher Wahrscheinlichkeit* sie wirkt? Gewiß nicht.

Mindestens ebenso wichtig für geistiges Heilen ist ein Urteil desselben Gerichts vom 10. Juli 1995 (Az.: IV ZR 133/95). Es betrifft "schwere, lebensbedrohliche oder lebenszerstörende Erkrankungen", für die es keine schulmedizinisch anerkannte Therapie gibt - also eben jene Indikationen, mit denen Geistheiler ganz überwiegend zu tun bekommen. In solchen allem Anschein nach "unheilbaren" Fällen, so der Vierte Zivilsenat des BGH, "greift dieser Maßstab (der medizinischen Notwendigkeit einer Heilbehandlung) nicht - private Krankenkassen *müssen* dann auch für die Kosten von Behandlungen aufkommen, die lediglich "Versuchscharakter" haben, "für die der Nachweis medizinischer ,Richtigkeit' nicht geführt werden kann".[3] Eben diese Versuchsfunktion kommt Geistheilung in den allermeisten Fällen zu.

Kurzum, die juristischen Chancen, ihre Krankenkassen zu Kostenerstattungen für geistige Heilbehandlungen zu bewegen, stehen für Sie als Patienten gar nicht so schlecht. **Wie sollten Sie dabei vorgehen?** Zu beachten ist zunächst, daß ein entsprechender Antrag bei der Krankenkasse gestellt werden muß, *ehe* die Behandlung beginnt; andernfalls kann eine Erstattung allein schon aus diesem formalen Grund abgelehnt werden.

Diesen Antrag muß ein Arzt für Sie stellen - und Ärzte, die geistigem Heilen gegenüber aufgeschlossen sind und ihm einiges zutrauen, sind auch in Deutschland inzwischen eine ganze Menge zu finden.[4] In seiner Begründung Ihres Antrags muß der Arzt vor allem folgende Punkte betonen:[5]

- Eine herkömmliche (schulmedizinische) Behandlung ist nicht angezeigt, weil sie (a) unverträglich ist, (b) weil eine Gegenindikation besteht oder (c) weil sie wirkungslos bzw. ihr Effekt fraglich ist.

- Die konventionellen Therapiemöglichkeiten sind ausgeschöpft.

- Für die vorliegende Erkrankung gibt es keine Therapie, deren Wirksamkeit gesichert ist.

- Die beabsichtigte Geistheilung soll konventionelle Maßnahmen ergänzen - sei es, um Nebenwirkungen zu mildern, eine Schwächung der Abwehrkräfte zu verhindern, die Lebensqualität zu verbessern, Rückfällen vorzubeugen.

- Die vorgesehene Maßnahme, in diesem Fall geistiges Heilen, wird auch von anderen Ärzten angewandt.[6] Ihr Erfolg ist aufgrund von Erfahrungen und vorliegender Studien möglich oder wahrscheinlich und daher zweckmäßig. (Dabei sollte auf Fachliteratur verwiesen werden.[7])

Wenn Ihre Kasse Ihnen daraufhin einen Ablehnungsbescheid schickt: **Wie können Sie sich dagegen wehren?** Der Widerspruch muß binnen Monatsfrist eingelegt werden - und zwar diesmal von Ihnen selbst, weil Sie, nicht Ihr Arzt, der Vertragspartner der Kasse sind. Allerdings wäre es sehr hilfreich, wenn Ihr Arzt Ihren Protest durch ein Gutachten medizinisch untermauern würde.

Grundsätzlich sollten Sie bemüht sein, in strittigen Fällen durch direkte Verhandlung mit der Kasse eine Lösung auf dem Kulanzweg zu erzielen. Nur wenn es bei der Ablehnung bleibt und Sie sich damit nicht abfinden wollen, sollten Sie den Prozeßweg beschreiten - und von der Kasse dazu einen "rechtsmittelfähigen Bescheid" anfordern.

Auch wenn die Ablehnungsgründe von Kasse zu Kasse variieren, werden Sie als Heilerpatient doch voraussichtlich mindestens eines der fünf folgenden Standardargumente zu hören bekommen; für die Auseinandersetzung damit müssen Sie rhetorisch gewappnet sein, wobei Sie sowohl medizinische als auch kassenrechtliche Gründe ins Feld führen können:

1. "*Das Gutachten des Medizinischen Diensts (MD) ist negativ ausgefallen.*" Die Krankenkassen sind jedoch nicht verpflichtet, ablehnenden Gutachten des MD zu folgen.

2. "*Die Mittel der Schulmedizin sind in Ihrem Fall noch nicht ausgeschöpft bzw. gar nicht erst versucht worden.*" Dagegen müssen Sie geltend machen (und belegen), daß entweder (a) tatsächlich alles schulmedizinisch Mögliche versucht wurde und weitere Bemühungen keinen (zusätzlichen) Erfolg mehr versprechen; oder (b) daß schulmedizinische Behandlungen in diesem Fall nicht geeignet sind, zum Erfolg zu führen; oder (c) daß die Mittel der Schulmedizin unverträglich oder kontraindiziert sind. Je nach Einzelfall läßt sich weiter einwenden: (d) Geistiges Heilen wird als "adjuvante", begleitende Therapie durchgeführt, um Nebenwirkungen schulmedizinischer Maßnahmen zu mindern und deren Wirksamkeit zu unterstützen; (e) geistiges Heilen soll das durch vorangegangene Therapien geschädigte Immunsystem wieder aufbauen und kräftigen; (f) Geistiges Heilen wird angewandt, um einem Rückfall vorzubeugen; (g) geistiges Heilen soll Krankheitsfolgen und Beschwerden lindern und zu einer besseren Lebensqualität führen.

3. "*Geistiges Heilen ist in Ihrem Fall nicht notwendig und nicht zweckmäßig.*" Auch hiergegen sind die unter Punkt 2. genannten Erwiderungen angebracht.

4. "*Die Wirksamkeit geistigen Heilens ist nicht belegt.*" Dagegen können

Sie geltend machen: (a) Wirksamkeitsnachweise liegen inzwischen vor. (Siehe dazu Anmerkung 7.) (b) Auch in der konventionellen Medizin werden Mittel angewandt und von den Kassen erstattet, deren Wirksamkeit nicht wissenschaftlich gesichert ist. (c) Verweisen Sie gegebenenfalls auf das BGH-Urteil bezüglich des "Versuchscharakters" ungewöhnlicher Therapien in äußersten Notfällen.

5. *"Geistiges Heilen ist nicht Bestandteil der vertragsärztlichen Leistungen."* Machen Sie dagegen geltend: (a) Eine Erstattung ist auch für nicht vertragsärztliche Leistungen möglich, sofern Zweckmäßigkeit und Wirtschaftlichkeit gewährleistet sind. (SGB V, § 27 ff.) Diese Bedingung erfüllt geistiges Heilen. (b) Ein Leistungsanspruch ist nicht deshalb ausgeschlossen, weil sich der "Bundesausschuß der Ärzte und Krankenkassen" - er definiert den vertragsärztlichen Leistungskatalog - bisher nicht für die Behandlung gemäß dieser Heilmethode ausgesprochen hat.

Gemeinsam mit Ihnen bin ich gespannt darauf, wieviel Ihre Hartnäckigkeit gegen die Kassenpolitik der Leistungsverweigerung ausrichten kann. Kaum ein deutscher Patient fand bisher den Mut dazu, seine Rechte gegenüber seinem Versicherer derart beharrlich einzufordern.

Und falls Ihre Krankenkasse nach wie vor stur bleibt? Dann wäre ein Wechsel zu einem Konkurrenten zu erwägen, von dem bekannt ist, daß er unkonventionelle Heilbehandlungen eher erstattet - und daher auch für geistiges Heilen aufgeschlossener sein müßte. Für Akupressur beispielsweise zahlt bisher nur die Securvita, für eine Bioresonanztherapie nur die BKK Philips Medizin Systeme. (Stand: Frühjahr 1999. Auf Anfrage versendet die Hamburger Verbraucherzentrale kostenlose Informationen darüber, welche Krankenversicherer für welche Therapien aufkommen.) Klären Sie vorher aber unbedingt ab, wie es der alternative Versicherer speziell mit geistigem Heilen hält - und welche Bedingungen er an eine Kostenübernahme stellen würde. Andernfalls geraten Sie vom Regen in die Traufe.

Käme auf unser ohnehin am Rande des Bankrotts dahinsiechendes Gesundheitswesen denn nicht eine weitere Kostenlawine zu, falls nun auch noch die Kundschaft von Geistheilern die Hand aufhält? Daß das Gegenteil der Fall ist, lassen schon Einblicke in die Praxen einzelner Heiler ahnen. So reichte mir der Schweizer Heiler Alois Krummenacher, einer der bekanntesten und angesehensten seines Landes, eine detaillierten Übersicht über Krankengeschichten von 18 Patienten ein, die er im ersten Halbjahr 1994 behandelt hatte. Aus ihr geht hervor, in welcher Höhe schätzungsweise Kosten eingespart werden konnten, nachdem sich die jeweiligen Patienten seinen heilenden Händen anvertrauten: Die Summen liegen zwischen 5.000 und 50.000 CHF.[8] Krummenachers prominentestes Beispiel liefert ein bekannter Schweizer Politiker, der seit Jahren an immer stärkeren Herzrhythmusstörungen litt. Spezialisten in Basel und Zürich konnten ihm nicht helfen. "Eines Nachts", berichtet der Heiler, "bekam er einen so starken Rückfall, daß er glaubte, er erlebe den nächsten Morgen nicht mehr. Nun war er überzeugt, daß er auf andere Weise gesund werden müsse. Er kam zu ein paar Behandlungen zu mir. Seither ist er wieder gesund. Für den Betrag, den er mir dafür zahlte, hätte er keinen Tag im Spital bleiben können. Die Kosteneinsparung schätze ich auf 30.000 bis 50.000 CHF."

Die einzelnen Beträge in Krummenachers Beispielsammlung addieren sich zu einer Summe zwischen 500.000 bis 1.000.000 Schweizer Franken - wohlgemerkt allein in 18 Fällen, eine Klientenzahl, auf die es ein hauptberuflicher Geistheiler schon innerhalb einer Woche bringt.

Für den Vorsitzenden des Gesundheitsausschusses im Deutschen Bundestag, der mich zu einem Gespräch nach Bonn eingeladen hatte, machte ich im Sommer 1997 eine Hochrechnung auf, die abschätzen helfen sollte, wie geistiges Heilen zur Kostendämpfung im Gesundheitswesen beitragen könnte, wenn es konsequent in unser medizinisches Versorgungssystem integriert würde: mindestens 18 Milliarden DM pro Jahr.

Diese Hochrechnung geht davon aus, daß sich an Geistheiler nahezu ausschließlich chronisch Kranke wenden. (Die Beschwerden, derentwegen Heiler konsultiert werden, bestehen im Durchschnitt bereits seit sieben Jahren, wie in Kapitel 1 erläutert.) Deren Gesamtzahl schätzen Krankenkassen und statistische Ämter in Deutschland auf mindestens fünfzehn Millionen.

Gehen wir zunächst von dem fiktiven Idealfall aus, daß alle fünfzehn Millionen von Geistheilern betreut würden. Daraus ergäben sich jährliche Einsparungen

- bei Arzneimitteln von 1,2 Miliarden DM. In einer Studie[9] von Dr. Michael Dixon, Leiter eines britischen Ärztezentrums, sanken die Medikamentenkosten bei 50 chronischen Patienten um rund 4000 DM pro Jahr;
- bei ärztlichen Konsultationen von 12 Milliarden DM. In der Dixon-

Studie ging die Anzahl der Arztbesuche pro Jahr im Durchschnitt um ein Viertel zurück, von zwölf auf acht. Bei zurückhaltend geschätzten Kosten von durchschnittlich 200 DM pro Arzttermin (Anamnese, Beratung, Untersuchung/apparative Diagnostik) würden demgemäß pro Patient jährlich 800 DM weniger an entsprechenden Kosten anfallen;

- bei stationären Behandlungen von 28 Milliarden DM. Allein für die medizinische Versorgung in Krankenhäusern, Hochschulkliniken und Kureinrichtungen wurden 1993 in Deutschland 110 Milliarden DM aufgewandt. Nach Umfragen unter 7000 Patienten von 110 Geistheilern (siehe Kap. 1) fühlen sich annähernd zehn Prozent nach Abschluß der Behandlung vollständig geheilt, weitere fünfzig Prozent erleben eine deutliche Linderung ihrer Symptome.[10] Wenn jeder Zehnte unter 15 Millionen Patienten keiner weiteren Behandlung bedürfte, würden elf Milliarden DM eingespart; wenn bei weiteren fünfzig Prozent wegen deutlicher Symptomlinderung die stationären Behandlungskosten nur um ein Drittel sinken würden, kämen weitere siebzehn Milliarden DM an möglichen Kosteneinsparungen hinzu.

- bei Krankheitsfolgeleistungen von 26 Milliarden DM. 1993 wurden in Deutschland aufgewendet: für Entgeltfortzahlungen 47 Milliarden, für sonstige Einkommensleistungen im Krankheitsfall 21 Milliarden, für Erwerbsunfähigkeitsrenten 30 Milliarden, zusammengerechnet 98 Milliarden DM. Wenn jeder zehnte Patient, der sich einem Heiler anvertraut, eine vollständige Genesung erfährt, würden rund zehn Milliarden DM eingespart: zehn Prozent von 98 Milliarden. Wenn sich bei weiteren fünfzig Prozent durch geistiges Heilen die Krankheitsfolgekosten nur um ein Drittel verringern würden, wären weitere 16 Milliarden DM an Einsparungen möglich.

All diese Faktoren zusammengerechnet, ergäbe sich demnach eine Kostenreduktion von 66 Milliarden DM jährlich.

Um vom Idealfall zur Realität zu gelangen, sind allerdings drei Einschränkungen nötig.

Erstens: Nicht alle Schwerkranken lassen sich auf Heiler ein. Nach einer Repräsentativumfrage der Tübinger Wickert-Institute von 1991 würden sich 65 Prozent der Deutschen "einem Geistheiler anvertrauen, falls sie eines Tages schwer erkranken und die Ärzte nicht weiterkommen". Zwar dürfte dieser Anteil erheblich wachsen, sobald die Berufszulassung für Heiler liberaler gehandhabt wird: auf geschätzte 80 Prozent. Vom Vorsatz zur Tat wird es allerdings, wie bei allen demoskopisch ermittelten Absichtserklärungen, immer noch ein großer Schritt sein; tatsächlich würde sich vermutlich nur die Hälfte, also 40 Prozent, auf geistiges Heilen einlassen. Die übrigen würden davon möglicherweise abgehalten (a) durch anfallende Behandlungshonorare, (b) durch die zu große räumliche Entfernung vom Heiler ihrer Wahl, (c) dadurch, daß der Heiler ihres Vertrauens keine Zeit für sie hat, (d) wegen mangelnder Hoffnung. Dadurch verringert sich die prognostizierte Kostenersparnis um rund 40 Milliarden (60 Prozent von 66 Milliarden).

Zweitens: Auch Heiler werden Kosten verursachen. Da die Legalisierung eine Professionalisierung zur Folge haben wird, könnte sich das derzeitige Durchschnittshonorar von 40 bis 50 DM pro Sitzung[11] auf durchschnittlich 90 DM pro erhöhen. Angenommen, unter 80 Prozent von 15 Millionen chronisch Kranker nähme jeder Zweite geistiges Heilen in Anspruch - also sechs Millionen -, mit durchschnittlich zehn Sitzungen zu je 90 DM. Der finanzielle Gesamtaufwand für geistige Heilsitzungen betrüge dann 5,4 Milliarden DM (sechs Millionen mal zehn Sitzungen mal 90 DM).

Dritte Einschränkung: Schon jetzt verursacht geistiges Heilen Kosten. Von den rund 7000 Heilern in Deutschland nimmt ein Drittel ein Durchschnittshonorar von 40 bis 50 DM, ein weiteres Drittel erhält

Hochrechnung

I Idealfall: Alle chronisch Kranken würden von Heilern (mit)betreut	**II Vom Ideal zur Realität: Kostensenkung aufgrund tatsächlicher Gegebenheiten**
Einsparungen bei Arzneimitteln: 1,2 Mia DM	Erste Einschränkung: *Nicht alle Schwerkranken lassen sich auf Heiler ein.* abzgl. - 40 Mias. DM
Einsparungen bei ärztlicher Beratung/Anamnese/Diagnostik: 12 Mia. DM	Zweite Einschränkung: *Auch Heiler werden Kosten verursachen.* abzgl. - 5,4 Mia. DM
Einsparungen bei stationären Behandlungen: 28 Mia. DM	Dritte Einschränkung: *Schon jetzt nehmen vierle Heiler Honorare.* abzgl. - 2,3 Mia. DM
Einsparungen bei Krankheitsfolgeleistungen: 26 Mia. DM	
insgesamt: 66 Mia. DM	**Effektive Kosteneinsparung:** 66 minus (40 + 5,4 + 2,3) = 18,3 Milliarden DM pro Jahr

Spenden in gleicher Höhe; ein Drittel hilft gratis.[12] Gehen wir ferner von durchschnittlich fünf Sitzungen pro Woche aus, also 260 im Jahr. Daraus ergäben sich: 2/3 von 7000 = 4700, mal 260 Sitzungen mal 40 DM = rund 2,3 Milliarden DM.

Die effektive Einsparung durch geistiges Heilen beliefen sich demnach auf 18,3 Milliarden DM (66 Milliarden abzüglich 40 + 5,4 + 2,3).

Wären Deutschlands Geistheiler überhaupt in der Lage, sechs Millionen Patienten zu betreuen? Durchaus, zumal ihre Anzahl wachsen wird. Denn infolge einer liberaleren Rechtslage würden (a) viele Heiler, die bisher nur in ihrer Freizeit tätig sind, aus ihrer Fähigkeit einen Hauptberuf machen; (b) viele Begabte ermutigt werden, eine Ausbildung in geistigem Heilen zu absolvieren und es anschließend auszuüben; (c) viele Vertreter von bereits anerkannten Heilberufen - Ärzte, Heilpraktiker, Psychotherapeuten, Masseure, medizinisches Hilfspersonal - einen Anstoß erhalten, geistiges Heilen zu erlernen und anzuwenden. Zum Vergleich: In Großbritannien, wo seit Jahrzehnten für Heiler weitgehende Therapiefreiheit herrscht, liegt die Zahl der Heiler bei rund 20.000, wovon allein 8.000 im größten Heilerverband NFSH organisiert sind. Unter Berücksichtigung der Einwohnerzahlen Großbritanniens und Deutschlands darf daher langfristig durchaus von 30.000 Heilern hierzulande ausgegangen werden.

Wenn sich jährlich sechs Millionen Patienten auf 30.000 Heiler verteilen, entfallen auf jeden Heiler 200 Hilfesuchende.[13] Bei durchschnittlich zehn einstündigen Sitzungen pro Patient müßte jeder Heiler 2000 Termine pro Jahr anbieten können, umgerechnet vierzig pro Woche bzw. acht pro Werktag - eine durchaus realistische Annahme.

Der Nachholbedarf an Grundlagenforschung, die auch zu fundierteren Einschätzungen von Kosteneinsparungen beitragen würde, ist gewaltig. Auch die Krankenkassen könnten dazu, schon im eigenen Interesse, einen erheblichen Beitrag leisten; würden beispielsweise unsere privaten Krankenversicherer auch nur ein Hundertstel des Betrages, den sie jährlich für Vertreterprovisionen, Werbung und Verwaltung ausgeben, einem Fond zuführen, aus dem Studien und Praxismodelle zur Integration geistigen Heilens in unser Gesundheitswesen gefördert werden, so stünden dafür jährlich 48 Millionen DM zur Verfügung.[14] Doch immerhin liegen bereits vereinzelte ermutigende Studien über die Effekte geistigen Heilens bei ausgewählten Krankheitsbildern vor.

Beispiel Asthma: Vier Millionen Deutsche leiden daran. Ihre medikamentöse Behandlung mit entzündungshemmenden Cortisonpräparaten, bronchialerweiternden und sekretverflüssigenden Substanzen, für sonstige ambulante und stationäre Behandlung verschlingt jährlich über zwei Milliarden Mark.[15] In einer Mannheimer Arztpraxis kümmerte sich ein Geistheiler 1995 um elf Asthmatiker, sechs bis 69 Jahre alt, mit schwersten Symptomen und einer durchschnittlich siebzehnjährigen Leidensgeschichte, Bei Testbeginn schluckten die meisten von ihnen Dreier- bis Fünferkombinationen von Arzneimitteln, einer sogar sieben; nur einer kam ohne sie aus. Nach acht Wochen Handauflegen "waren sieben von elf Probanden medikamentenfrei", berichtet der Mediziner. "Maximalverbraucher war ein Proband mit einer Viererkombination."[16]

Beispiel Krebs: Jeder dritte Bundesbürger erkrankt im Laufe seines Lebens daran - 350.000 sind es pro Jahr. Die volkswirtschaftlichen Gesamtkosten, die zwei bis drei Millionen krebskranke Bundesbürger verursachen, werden auf 12 bis 13 Milliarden DM pro Jahr geschätzt. Eine einzige Hochdosis-Chemotherapie mit obligatorischer Stammzell- oder Knochenmarktransplantation kostet die Krankenkassen 70.000 bis 200.000 DM, eine Lebertransplantation 100.000 DM.[17] "Supportiva", Mittel zur Milderung der Begleiterscheinungen und Folgen herkömmlicher Krebstherapien, schlagen mit jährlich 600 Millionen DM zu Buche.[18] Im Juni 1990 testete ein vierköpfiges Ärztegremium am Militärkrankenhaus von Rousse, Bulgarien, vier Wochen lang die Fähigkeiten der Heilerin Krassimira Dimowa an 40 chronisch Kranken, darunter mehreren Krebspatienten: Sämtliche Behandelten wurden positiv beeinflußt", bescheinigte das abschließende Gutachten: Tumorschmerzen klangen ab, Geschwulste bildeten sich zurück, Bestrahlungen und Chemotherapien wurden besser vertragen.[19]

Beispiel Schmerzen: Fünf Millionen Deutsche leiden an chronischem Dauerschmerz. Über eine Million Kilogramm Analgetika werden jährlich verschrieben. Mehrere britische und amerikanische Studien bestätigen übereinstimmend: Geistiges Heilen führt in Dreiviertel aller Fälle zu einer drastischen Schmerzreduktion.

Die tatsächliche Kostenersparnis könnte aus zwei Gründen noch deutlich höher ausfallen als von mir erwartet. Zum einen ist das zugrundegelegte Zahlenmaterial bereits mehrere Jahre alt - seither sind die Kosten im Gesundheitswesen weiter explodiert. Zum zweiten muß berücksichtigt werden, daß Heiler, sobald sie ihre Tätigkeit legal zum Beruf machen können, auch Steuern und Beiträge zur Sozialversicherung zahlen. Diese Mehreinnahmen könnten das Gemeinwesen mit zusätzlich zweistelligen Milliardenbeträgen stützen.

Noch optimistischer äußern sich Experten aus dem Ausland. "Wir wissen", erklärt Dennis Fare, der frühere Präsident der "World Federation of Healing" (WFH), "daß Ärzte, die Heiler in ihren Praxen arbeiten ließen, ihr Arzneimittelbudget halbieren konnten".[20] Auch der amerikanische Arzt und Heiler Dr. Daniel Benor aus Rockville, Maryland - er baute in Großbritannien das "Doctor-Healer Network" auf, das Heiler und Ärzte zusammenführt -, rechnet aufgrund langjähriger Praxiserfahrungen mit "enormen Einsparungsmöglichkeiten":

1. "um 30 bis 50 Prozent verringerte Medikamentenkosten, unter anderem bei Schmerzen, Angst, Schlafstörungen, Arthritis, Erkrankungen des Verdauungstrakts, Bluthochdruck und Diabetes";

2. weniger Arztbesuche" (Benor schätzt ein Drittel);

3. "seltenere Einweisungen in Krankenhäuser";

4. "weniger operative Eingriffe";

5. "seltenere und kürzere Krankenhausaufenthalte, z.B. bei Infektionen und Traumata".[21]

Gegenbeweise lassen auf sich warten.

Krankenkassen, die den Mut zu entsprechenden Schritten aufbringen, würde ich allerdings zweierlei empfehlen:

a) *Effektivitätskontrollen*. Eine Krankenkasse könnte fürs erste nur eine Mindestzahl von Heilsitzungen finanziell mittragen - und ihre Bereitschaft, für weitere aufzukommen, davon anbhängig machen, daß ein Patient inzwischen erkennbare Fortschritte gemacht hat - bestätigt durch ein Attest des behandelnden Arztes oder sonstigen anerkannten Therapeuten, durch verringerten Medikamentenkonsum oder andere Parameter.

b) *Obergrenzen der Kostenübernahme*. Ein Leistungslimit von beispielsweise 50 DM pro Sitzung würde einer Preistreiberei durch "schwarze Schafe" gegensteuern - und Hilfesuchenden einen Anreiz schaffen, auch bei der Wahl ihres Heilers preisbewußt zu sein.

Anmerkungen

1 Brief der "Eidgenössischen Gesundheitskasse" vom 7. März 1996 an George Paul Huber.

2 Die Fragwürdigkeit dieser Klausel zeigt der Bielefelder Rechtsanwalt Dr. Frank Stebner auf in *Kostenerstattung biologischer Medizin. Die Wissenschaftlichkeitsklausel in der privaten Krankenversicherung*, Heidelberg 1992.

3 Zitiert aus der BGH-Presseerklärung Nr. 34/1966 zum Urteil.

4 Siehe das Kapitel 4, "Ärzte und Heiler: Vom Gegen- zum Miteinander", in meiner Anthologie *Geistiges Heilen für eine neue Zeit: Vom "Wunderheilen" zur ganzheitlichen Medizin*, Kösel-Verlag: München 1999. In meiner Heiler-Datenbank "*Auswege*" (siehe Anhang) finden Sie mehrere Ärzte, die geistiges Heilen anbieten.

5 Nach Stebner: "Kostenerstattung durch die gesetzlichen Krankenkassen", Broschüre der Gesellschaft für Biologische Krebsabwehr, Heidelberg 2/1998.

6 Siehe Anm. 5.

7 Eine Fülle solcher Studien stelle ich im Kap. IV ("Geistheilung im (Zerr-) Spiegel der Wissenschaft") meines *Großen Buchs vom geistigen Heilen* vor (Lea-Verlag: Schönbrunn 1999). Siehe auch die Zusammenfassung von Dr. Daniel Benor in seinem Aufsatz "Geistiges Heilen erforschen: Ein Überblick", in meiner Anthologie *Geistiges Heilen für eine neue Zeit - Vom "Wunderheilen" zur ganzheitlichen Medizin*, Kösel-Verlag: München 1999, S. 89-127.

8 Bei Krummenachers Schätzzahlen handelt es sich allerdings um Gesamtkosten einer Erkrankung, neben der medizinischen Versorgung auch private Mehrausgaben und Verdienstausfälle.

9 Siehe Dr. med. Michael Dixon, "Preiswert, frei von Nebenwirkungen und meistens nützlich - Was eine Geistheilerin in einem britischen Ärztezentrum bewegte", in H. Wiesendanger (Hrsg.): *Geistiges Heilen für eine neue Zeit*, a.a.O., S. 165-169.

10 Siehe Harald Wiesendanger, *Das große Buch vom geistigen Heilen. Möglichkeiten, Grenzen, Gefahren*, Lea-Verlag: Schönbrunn 2000.

11 Nach Harald Wiesendanger, *Auswege - Wo Kranke geistige Hilfe finden*, 5. Aufl. Schönbrunn 1999.

12 Dies ergab eine kürzliche Untersuchung der Universitäten Freiburg und Bonn zum "Beruflichen Selbstverständnis von Heilern in Deutschland" (siehe *Der Heiler* 1/96, S. 30-34).

13 Daß sechs Millionen Kranke in Deutschland, also rund acht Prozent der Gesamtbevölkerung, zu Heilern gehen, ist keineswegs illusorisch: Aus Erhebungen aus der liberaleren Schweiz wissen wir, daß jeder zehnte Eidgenosse sich schon mindestens einmal einem Heiler anvertraut hat (Link-Institut, Luzern 1992).

14 Nach Angaben der Bundesärztekammer geben Deutschlands private Krankenversicherer jährlich 4,8 Milliarden Mark für Provisionen, Werbung und Verwaltung aus - gegenüber gerade mal 5,6 Milliarden für die gesamte ambu-

lante Behandlung. Nach *Welt am Sonntag* Nr. 25 / 20.6.1999, S. 4 ("Ärztechef will Gesetz gegen Kassen-Bürokratie").

15 Nach einer Schätzung des Statistischen Bundesamts (Hrsg.): *Kosten nach Krankheitsarten*, Wiesbaden 1999, S. 11.

16 Dr. med. Andreas Wacker, "Geistheilen bei Asthma bronchiale - eine Pilotstudie", *Erfahrungsheilkunde* 7/1996, S. 428-433.

17 Dieter Hager: "Gesundheitsökonomie in der Onkologie. Kosten-Nutzen-Vergleich zwischen konventionellen und komplementären Methoden der Krebstherapie", *Forschende Komplementärmedizin* 2/1995, S. 310-322.

18 *Zeitschrift für Allgemeinmedizin* 72/1996, S. 643 f.

19 Siehe Wiesendanger, *Das große Buch vom geistigen Heilen*, a.a.O., S. 272.

20 persönl. Mitteilung vom 28.2.1997

21 persönl. Mitteilung vom 23.3.1997

19
Schweiger, Schwärmer, Schwadroneure

Wer Sie erwartet - Eine Typologie der Geistheiler

Der Geistheiler - was für eine Sorte Mensch ist das eigentlich? Viele Hilfesuchende, die sich vorweg ein Bild zu machen versuchen und sich umhören, fühlen sich zwischen zwei Eindrücken hin- und hergerissen.

Das eine Bild, zu besichtigen in Szene-Zeitschriften, auf Esoterikmessen und hyperspirituellen "Workshops", malen etliche Heiler ganz unbescheiden in ihren Selbstdarstellungen aus, und dankbare Kunden und begeisterte Anhänger überzeichnen es noch. Heiler und Heiliger werden hier beinahe zu Synonymen. Ein Geistheiler, so scheint es demnach, verkörpert konsequent so ziemlich alles Wahre, Gute und Schöne, wozu Normalsterbliche immer nur ausnahmsweise imstande sind: erfüllt von aufopferungsvoller Liebe zu Kranken in Not, uneigennützig und bar jeglicher finanzieller Interessen, durchdrungen allein von dem innigen Wunsch, mehr Menschlichkeit ins Gesundheitswesen zu bringen, dabei immer Gott ganz nahe - wie auch sonst könnte er jener göttlichen Kraft teilhaftig werden, die er an Patienten weitergibt?

Das andere, krass entgegengesetzte Bild bringen Kritiker in Umlauf. Es setzt Geistheiler mit Kurpfuschern gleich, die mit einer wirkungslosen Scheinbehandlung, einem "Placebo" (siehe Kap. 13) überaus einträgliche Geschäfte machen. Esoterisches Brimborium liefert dazu die höhere Weihe. Gerissen, wie sie sind, ist Heilern beinahe jedes Mittel recht:

Skrupellos machen sie Hilfesuchende von sich psychisch abhängig, halten sie von notwendigen ärztlichen Maßnahmen ab, versuchen sie mit Versprechungen und Drohungen bei der Stange zu halten, beuten sie in finanzieller Hinsicht schamlos aus.

Heiler richtig einzuschätzen, scheint zu erfordern, sich für eines dieser beiden Bilder zu entscheiden. Doch so einfach liegen die Dinge nicht.

Beiden Klischees zugrunde liegt letztlich die Annahme, der Ausdruck "Geistheiler" bezeichne eine hinlänglich klar abgrenzbare Gruppe von Personen, für die bestimmte Tätigkeiten und Überzeugungen, Methoden und Ziele, Fähigkeiten und Charakterzüge typisch sind. Wie jedem Berufsstand, so haftet auch dem des Geistheilers unweigerlich ein *Stereotyp* an: eine starre, stark vereinfachte Vorstellung über sein Wesen, seine kennzeichnenden Merkmale und Verhaltensweisen. Niemand von uns ist frei von solchen Vorurteilen, denn wir benötigen sie, um uns in der Gesellschaft zurechtzufinden. Stereotype schaffen Ordnung in unserem Bild von der sozialen Wirklichkeit - "reduzieren Komplexität", wie Soziologen sagen -, indem sie Einzelpersonen und Gruppen von vornherein für uns einigermaßen berechenbar machen, selbst wenn wir noch nie mit ihnen zu tun hatten. Schaden anrichten können Stereotype allerdings in den Köpfen von Hilfesuchenden: dann nämlich, wenn sie unrealistische Erwartungen erzeugen, die nur enttäuscht werden können.

Bei Begegnungen mit Patienten, die Hilfe bei Geistheilern suchen, stoße ich fast immer auf solche Stereotype. Mit vielleicht ebenso verbreiteten Vorurteilen über ihre eigene Berufsgruppe konfrontiert, würden sie sich gegen solche Vereinfachungen entschieden verwahren und Unterschiede klarstellen. In bezug auf andere Gruppen auch nur annähernd so sorgfältig zu differenzieren, fällt den meisten indes schwer.

Doch Differenzierung tut not, erst recht seit Beginn der "Esoterikwelle" in den siebziger Jahren. Bis dahin beherrschte der Typus des *traditionellen Heilers* die Szene: ein schlichter Mensch mit geringer Bildung aus unteren sozialen Schichten, der meist in ländlichem Gebiet wirkt und vornehmlich aus innerer Berufung hilft. Fast immer zeigen sich seine Heilkräfte schon in der Kindheit oder Jugend. Oft liegen sie in der Familie; oder sie brechen auf dem Höhepunkt einer existentiellen Krise durch, etwa während einer lebensbedrohlichen Erkrankung, einem schweren Unfall oder einem erschütternden Verlust. Der traditionelle Heiler denkt und handelt weitgehend intuitiv. Wie von selbst finden seine Hände jene Stellen, auf die sie aufgelegt werden müssen. Er diagnostiziert nicht eigentlich; er "spürt" irgendwie, wo "etwas nicht in Ordnung ist". Um das, was er tut, macht er wenig Worte. Dazu fehlt ihm das Vokabular. Wenn er erklären soll, wie und warum er heilen kann, trägt er keine ausgefeilte Theorie vor. Er schöpft seine Kraft aus Gott - traditionelle Heiler sind durchweg tiefgläubige, praktizierende Christen -, dessen unergründlicher Ratschluß gerade ihn berief. Dessen Gnade läßt er entscheiden, für wen er etwas tun kann und darf.

Einen zweiten Typus hat die "New Age"-Bewegung insbesondere in größeren Städten westlicher Industrieländer hervorgebracht: den *esoterischen Heiler*. Überdurchschnittlich viele relativ junge Menschen sind darunter, aus der Altersklasse zwischen zwanzig und vierzig, ausgebrochen aus erlernten Berufen, in denen sie sich nicht ausgefüllt fühlten. Ihre Berufung entdeckten sie in Begegnungen mit Astrologen, Medien, Gurus oder anderen respektierten Autoritäten der Esoterikszene, in Kursen und Seminaren, in eingehenden Literaturstudien, oder auf ausgedehnten Selbstfindungstrips nach Indien oder Fernost. Traditionellen Heilern wird ihre Fähigkeit *zuteil* - esoterische *erlernen* sie, ähnlich wie dier Kunst des Deutens von Horoskopen, Handlinien oder Tarotkarten. Was sie tun, beschreiben und erklären sie mit Vorliebe in kulturfremden Begriffen, vor allem aus dem asiatischen Raum; sie geben Reiki, aktivieren Chakras, steuern das Qi. Traditionelle Heiler erspüren Krankheiten; esoterische Heiler erspüren Auren. Traditionelle Heiler sprechen von göttlicher Gnade; esoterische Heiler sprechen von "Energieströmen", "Schwingungen" und "Frequenzen". Beider Selbstverständnis ist allerdings eher religiöser als medizinisch-wissenschaftlicher Natur; ein von Zweifeln ungetrübter, fester Glaube gilt ihnen mehr als vorläufig begründetes Wissen, Intuition und Hingebung mehr als kritisches Hinterfragen und Analysieren. Die Kraftquelle, aus der esoterische Heiler zu schöpfen meinen, erscheint ihnen allerdings unpersönlicher als der himmlische Vater der Christenheit; auch hierbei orientieren sie sich an östlichen Leitbildern. Um geistiges Heilen im engeren Sinn gruppieren sie ein mehr oder minder breites Angebot weiterer esoterischer Therapieformen: darunter Shiatsu, Akupressur und Reflexzonenmassage, angewandte Kinesiologie, Craniosacral-Therapie, "Tibetan Pulsing" und andere Formen von "Körperarbeit", die den Energiefluß durch physische Manipulationen fördern sollen. Auch kommen immer häufiger Hilfsmittel zum Einsatz, die geeignet sein sollen, kosmische Heilenergien an Kranke weiterzugeben: von Pyramiden, Edelsteinen und Kristallen bis hin zu Düften und Klängen, Blütenessenzen und Farbfolien. Ferner ergänzen immer mehr esoterische Heiler ihr Therapieangebot um Techniken der Meditation und Imagination, denen sie neben rein psychologischen und physiologischen Wirkungen auch ein "energetisches" Potential zutrauen. Traditionelle Heiler hingegen schöpfen ergänzend eher aus volkstümlicher Kräuterheilkunde, alten Hausrezepten und jahrhundertealten magischen Ritualen wie dem "Besprechen".

Neben beide tritt neuerdings ein dritter Typus: der *medizinische Heiler*. Als ausgebildeter Heilpraktiker oder Arzt, oft auch als jahrelanger beharrlicher Autodidakt verfügt er über mehr oder minder profunde medizinische Kenntnisse und Fertigkeiten. Geistiges Heilen betrachtet er als Bestandteil einer ganzheitlichen energetischen Medizin: einer angewandten Wissenschaft von gestörten Funktionen des Organismus, ihrer Ursachen und Erscheinungsformen, ihrer Vorbeugung und Heilung. In deren Mittelpunkt steht nicht das Symptom, sondern ihr Träger, nicht als biochemische Maschine, sondern als offenes energetisches System. Im Gegensatz zu den beiden anderen Heilertypen ist dieser auf sorgfältige Dokumentation aus, befürwortet Tests und Experimente, interessiert sich für entsprechende Forschungsprojekte. Er spricht nicht von Beweisen, sondern von Anhaltspunkten oder Evidenzen; nicht von Gewißheiten, sondern von Hypothesen. Die energetischen Prozesse, die er in Kranken in Gang setzt, scheinen ihm im Prinzip meßtechnisch faßbar - und eines Tages auch physikalisch erklärlich. Geistiges Heilen spielt in seiner Praxis eine eher untergeordnete und komplementäre Rolle in einem weitaus umfassenderen Behandlungskonzept, das zahlreiche Therapieverfahren außerhalb der Schulmedizin einbezieht: von der Homöopathie über die Akupunktur bis zu Bioresonanzverfahren.

Innerhalb jeder Gruppe habe ich grundverschiedene Persönlichkeiten angetroffen - durchaus auch, aber bei weitem nicht nur jene außergewöhnlichen Menschen von beeindruckender Ausstrahlung und edlem Charakter, erfüllt von Nächstenliebe und Glaubenskraft, mnit bewundernswerter Einfühlungsgabe und Geduld, Ausgeglichenheit und Weisheit. Patienten, die davon ausgehen, verkennen, daß nur eines dazugehört, ein "Heiler" zu sein: die mehr oder minder wohlbegründete subjektive Überzeugung, Kranken mit "geistigen" Mitteln helfen zu können, und der Entschluß, entsprechend aufzutreten. Diese Überzeugung kann im übrigen mit beinahe beliebigen Charakterzügen einhergehen. Mir persönlich begegneten:

- Der *Altruist*: Er opfert sich im Dienst am Kranken auf, versucht bis zur Erschöpfung zu helfen, leidet buchstäblich mit, setzt sich uneigennützig ein.
- Der *Masochist*: Den Typus des Altruisten steigert er ins Extrem. Jahr-

aus, jahrein nimmt er das Leid und den Kummer von Hilfesuchenden tapfer in sich auf, kommt sich wie ein Abfallkübel für "Seelenmüll" vor, meint aber, dies gehöre notwendig zur Rolle eines guten Heilers. Allein schon durch seine Geduld und sein Gewährenlassen meint er, hilfreich zu sein. Solche Heiler neigen dazu, in ihrer Praxis das Heft aus der Hand zu geben - und sich von ihren Klienten behandeln zu lassen, anstatt diese zu behandeln.

- Der *Businessman*: Er verfährt nüchtern nach dem ökonomischen Prinzip von Leistung und Gegenleistung: Ware "Heilenergie" gegen Bezahlung.

- Der *Psi-Techniker*: Er vertraut den eingesetzten Verfahren mehr als der Intuition, schenkt Einzelheiten ihrer korrekten Anwendung größere Beachtung als Besonderheiten seiner Patienten. Als Methodenfetischist zelebriert er jede Verrichtung.

- Der *Souffleur*: Er begleitet jede Maßnahme mit wortreichen Erklärungen und Vorankündigungen, was der Patient erleben wird.

- Der *Prediger*: Er klärt Patienten über die "Lektion" der Krankheit, den tiefsten Sinn ihres Leidens auf. Selbsternannte "Meister", mit entsprechenden Guru-Attitüden, kommen in dieser Gruppe besonders häufig vor. Ihn kennzeichnen Dogmatismus und dessen "siamesischer Zwilling", die Ignoranz.

- Der *Schweiger*: Wortkarg läßt er seine Heilkräfte für sich selbst sprechen. Fragen sind unangebracht, töricht, sowieso unbeantwortbar.

- Der *Gestreßte*: Er behandelt jeden Patienten, als wäre es der neunzigste von hundert, die er heute in seinem Terminkalender unterbringen mußte.

- Der *Größenwahnsinnige*: Ihn treibt jenes ungeheure Machtgefühl um, das Kleinmütige beschleicht, wenn Hilfsbedürftige Tag für Tag ihr Ach und Weh vor ihnen ausbreiten - und sie sich dazu aufgefordert und berufen fühlen, ihnen den Weg, die Wahrheit, das Leben zu erklären. Leichtfüßig überspringt er alle Probleme. Er wirkt eitel und selbstgefällig.

- Der *Depressive*: Er hat die Kehrseite des Größenwahns erfahren, als ihm bewußt wurde, wie begrenzt seine eigenen Möglichkeiten sind. Wer hoch hinaus will, stürzt manchmal tief ab. Anfangserfolge versetzen in Euphorie, die aber verblaßt, sobald die vielfältigen Komplikationen des Heilerberufs sich nicht mehr verdrängen lassen.

Welch unterschiedliche Akzente Geistheiler im Umgang mit Kranken setzen, verdeutlicht eine Umfrage der Universitäten Freiburg und Bonn unter 214 deutschen Heilern Mitte der neunziger Jahre.[1] "Die Geschichte des Patienten zu kennen", hält jeder Dritte für "unwichtig" (31 Prozent), wohingegen 45 Prozent dies für "sinnvoll" und weitere 15 Prozent sogar für "notwendig" erachten". Eine "vertrauensvolle Beziehung aufzubauen", erachtet nur jeder Zweite für "notwendig" (52 Prozent); 39 Prozent schätzen dies lediglich als "sinnvoll" ein, vier Prozent sogar für "unwichtig". Vier von zehn Geistheilern erscheint es "unwichtig", "persönliche Gefühle mitzuteilen" - nur 13 Prozent finden dies unabläßlich.[2]

Mit anderen Worten: Die Berufsbezeichnung "Geistheiler" steht für nichts weiter als eine behauptete energetische Fähigkeit. Sie verbürgt keine charakterlichen oder therapeutischen Qualitäten. Sich über diese einen persönlichen Eindruck zu verschaffen, bleibt keinem Patienten erspart. Niemand - kein Bekannter, kein Journalist, kein Vereinsfunktionär - kann ihm diese Mühe abnehmen. Er muß den Heiler finden, der zu *ihm* paßt; er muß sich die Rollenerwartungen bewußt machen, die er seinem künftigen Heiler entgegenbringt - andernfalls drohen bittere Enttäuschungen. Darauf jedenfalls deutet eine zweite Studie der Universitäten Freiburg und Bonn hin, in deren Mittelpunkt 119 Patienten zweier Heiler standen: "Eine Behandlung, die sich auf eine reine Kraftübertragung (etwa durch Handauflegen) beschränkt", so zieht ein Studienbericht Bilanz, "wird von den meisten PatientInnen als aufbauend erlebt, reduziert Schmerzen und depressive Tendenzen." Einerseits. Andererseits "zeigen sich hier auch gewisse Grenzen, vor allem bei stark verunsicherten Patienten, die einen inneren Halt, eine inhaltliche Auseinandersetzung mit ihren Problemen suchen."[3]

Doch auch ein Übermaß an Empathie und Innenschau will und braucht nicht unbedingt jeder, der zum Heiler geht. Was der Philosoph Karl Jaspers einmal über "Die Schädlichkeit der psychologischen Atmosphäre"[4] in der ärztlichen Praxis schrieb, ist durchaus auf die Geistheilerei übertragbar: "In der psychologischen Atmosphäre entfaltet sich eine egozentrische Lebenshaltung ... Es erwächst eine spezifische Schamlosigkeit, eine Neigung, seine Seeleneingeweide auszubreiten, ein Sagenmögen dessen, was im Sagen gerade zerstört wird, eine Neugier in bezug auf Erlebnisse, eine Zudringlichkeit zum Anderen als psychologischer Wirklichkeit." Jedoch "ist auf dem Wege psychologischer Selbstreflexion unmöglich zu erreichen, was allein aus der Hingabe an das Sein möglich ist ... Der Mensch muß sich um die Sachen kümmern, nicht um sich selbst (oder um sich selbst nur als Weg), um Gott, nicht um die Gläubigkeit, um das Sein, nicht um das Denken, um das Geliebte, nicht um das Lieben, um die Leistung, nicht um das Erleben, um die Verwirklichung, nicht um Möglichkeiten - oder vielmehr um das je zweite immer nur als Übergang, nicht seiner selbst willen." Weil manche Geistheiler vor lauter Psychologisieren fast schon das Behandeln vergessen, sollten Hilfesuchende stets vorab bedenken, wieviel Nähe und spirituelle Vereinnahmung sie suchen und zulassen möchten. Aus der Psychotherapieforschung wissen wir: Die Einfühlsamsten sind keineswegs immer die Erfolgreichsten.

Anmerkungen

1 Markus Binder/Barbara Wolf-Braun: *Geistheilung in Deutschland*, Freiburg 1997, Sonderdruck (36seitige Kurzfassung von Forschungsberichten, die inzwischen zum Teil in der *Zeitschrift für Grenzgebiete der Psychologie und Psychohygiene* veröffentlicht worden sind).

2 ebda., S. 14; siehe H. Wiesendanger, "Im (Zerr-)Spiegel der Demoskopie", *Der Heiler* 2/1996, S. 30-34, dort S. 31.

3 ebda., S. 34.

4 Karl Jaspers: *Der Arzt im technischen Zeitalter*, München 2. Aufl. 1999, S. 104-105.

20
Mehr Masse als Klasse

Sind alle Geistheiler gleich gut?

Ebenso könnten Sie fragen: Sind alle Ärzte gleich gut? Die Vermutung, daß zwischen Geistheilern keinerlei Qualitätsunterschiede bestehen, rührt in erster Linie von dem Glauben her, Hellkräfte seien eine Gabe Gottes. Widerspräche es nicht dem Wesen des Allerhöchsten, ein Geschenk ungerecht zu verteilen? Läßt er es nicht jedem in der gleichen Vollkommenheit zukommen? Schöpfen nicht alle Heiler letztlich aus ein und derselben Quelle, die unversiegbar und immer gleich stark fließt?

Möglicherweise stammen geistige Heilkräfte letzten Endes tatsächlich aus einer Quelle, der religiöse Begriffe näherkommen als physikalische - trotzdem mag sie nicht für alle Heller gleichermaßen verfügbar sein. Aus dieser Quelle möglichst oft, möglichst lange zu schöpfen, die daraus gewonnene Kraft in unverminderter Stärke an Kranke weiterzugeben, und das möglichst gezielt, bei möglichst vielen Formen von Leid, auch unter ungünstigen Umständen und über räumliche Hindernisse hinweg: all das sind Fähigkeiten, über die Geistheiler in überaus unterschiedlichem Maße verfügen.

Im übrigen mißverstehen wir geistiges Heilen, wenn wir bloß seine «höheren» Aspekte betrachten. Vom Sonderfall der anonymen Fernbehandlung abgesehen, schließt es immer einen Austausch auf psychologischer Ebene ein, der über den Erfolg mitentscheidet. Und insbesondere, was ihre psychotherapeutische Befähigung anlangt, bestehen zwischen Geistheilern ganz erhebliche Unterschiede. Die Fähigkeit zu lieben, verbunden mit der kommunikativen Begabung, Liebe glaubhaft und unaufdringlich zu vermitteln, scheint mir die wichtigste von allen.

Steigt die Qualität mit zunehmender *Professionalität*? Wer hauptberuflich Artikel schreibt, Schach spielt oder auf der Bühne steht, tut dies zumeist besser als jemand, der daraus bloß einen Nebenjob oder ein Freizeitvergnügen macht. Auf geistiges Heilen hingegen scheint diese Regel nicht ohne weiteres übertragbar. In meinem "Fernheil-Test" etwa, an dem 55 Heiler aus sieben Ländern Europas beteiligt waren, brachten "Profis" nicht zwangsläufig mehr zustande als "Gelegenheitsarbeiter".[1] Bedeutsamer scheint dagegen die *Erfahrung*, über die ein Heiler verfügt.[2]

Anmerkungen

1 Siehe Harald Wiesendanger: *Heilen ohne Grenzen - "Fernbehandeln' auf dem Prüfstand*, Schönbrunn 1999, S. 91. Maßstab war hierbei der Mittelwert aller Einschätzungen, die begutachtende Ärzte auf neun Schätzskalen (von -5 = "deutlich verschlechtert" über 0 = unverändert" bis +5= "erheblich gebessert" abgaben; diese neun Skalen bezogen sich auf neun Aspekte des Gesundheitszustandes der behandelten Patienten, z.B. "subjektive Beschwerden", "Medikamentenkonsum", "Häufigkeit der Arztbesuche" usw. Die hauptberuflich tätigen Heiler erzielten mit durchschnittlichen + 0,637 einen Wert, der kaum über den "Nebenberuflern" liegt (+0,595) - und vom Durchschnittswert der bloß gelegentlich tätigen Heiler sogar noch übertroffen wird.

2 ebda. S. 91. Diejenigen zwölf Heiler im "Fernheil-Test", die schon seit mindestens zehn Jahren praktizierten, erreichten im Schnitt einen Mittelwert von +0,736, gegenüber +0,3999 bei denjenigen, die seit fünf und weniger Jahren heilen.

21
Je bekannter, desto besser?
Vom zweifelhaften Ruhm der "Stars"

Ist "Dr. Sommer" von *Bravo* der beste Jugendpsychologe, weil niemandes Rezepte gegen die Seelennöte deutscher Teenies höherauflagige Schlagzeilen machen? Hat niemand hierzulande Wichtigeres zu sagen als Ottmar Hitzfeld, weil doch der Cheftrainer des FC Bayern München auf deutschen Fernsehkanälen mehr sagen darf als selbst Kanzler und Bundespräsident? Auch Klienten von Geistheilern würden da eher den Kopf schütteln. Die Parallele zu ihrer Jagd nach gefeierten "Wunderheilern" indes ist nicht allen klar. Beinahe täglich fragen Patienten bei mir nach Adressen von Heilerstars an, die ihnen die Boulevardpresse oder das Fernsehen soeben als die "Größten" und "Besten" präsentiert hat; ihretwegen wären die meisten bereit, eine Anfahrt von mehreren hundert Kilometern auf sich zu nehmen, um an der vermeintlichen Stätte ihrer baldigen Erlösung dann wochenlang Quartier zu beziehen - und dort notfalls Abertausende von Mark loszuwerden. Was Sensationsjournalisten tunlichst verschweigen, sind die bösen Überraschungen, die auf einen Großteil der in Scharen Angereisten dort warten. Um mich in den nächsten Jahren nicht überwiegend mit gerichtlichen Klagen der Betreffenden auseinandersetzen zu müssen, verzichte ich darauf, Namen zu nennen: Sprechen wir einfach von A, B und C.

Wer A´s Hände spüren will, kann nicht nur eine, sondern muß mindestens fünf Sitzungen im Paket fest "buchen"; jede dauert, wie mir mehrere enttäuschte Heimkehrer berichteten, oft nicht mehr als zehn Minuten und kostet 100 DM - eine satte Strafgebühr für allzu blauäugigen Umgang mit Massenmedien. Von dem überlasteten "Wunderheiler" werden viele, zu ihrem Befremden, an seinen Sohn weitergereicht; angeblich verfügt er über die gleichen Kräfte wie der Vater. Seit A vor deutschen Staatsanwälten reißaus nahm, residiert er auf einer Ferieninsel im Mittelmeer, wohin ihm - verführt durch märchenhafte Reportagen nachgereister Journalisten - Hunderte von Schwerstkranken folgen. Die Patientin Edith J. aus Lübbecke schildert, was sie dort vorfand: "Zuvor war mir mitgeteilt worden, daß eine Heilbehandlung 100 DM kosten würde und ich zehn Behandlungen bräuchte. Dort angekommen, teite A mit, daß er nur Gruppenbehandlungen (10-12 Personen) machen würde - und das zum gleichen Preis. Außerdem würde eine Behandlung nicht 100 DM, sondern 140 DM kosten. Als wir uns beschwerten, wurde A ausfallend. Da ich behandelt werden wollte, bezahlte ich alles. Die erste Behandlung versetzte mich in Erstaunen. A legte eine Kassette ein - eine geführte Heilmeditation mit Begleitmusik, die 60 Minuten dauerte. Während der Behandlung mußten wir die Augen geschlossen halten, und A widmete jedem Patienten fünf Minuten, indem er seine Hände über ihn hielt. Nach der letzten Behandlung bat ich um eine Quittung, die mir verweigert wurde."

Ein anderer, in der Presse als "Messias" gefeierter Heiler B erklärt sich in Interviews selbstgefällig zur "Nummer eins" in Deutschland. Und "Top-Heiler" haben ihren Preis: Eine einzige "Sitzung" von gewöhnlich 20 bis 30 Minuten kostet offiziell 150 DM - vereinzelte Patienten berichteten mir aber auch schon von 250, ja 500 DM -, und "wer kein Geld hat, den nehmen wir auch nicht an", wie mir sein Sekretariat auf Anfrage erklärte. Solch rigide Geschäftspolitik zahlt sich aus.

Dabei wird Abertausenden von kranken Bittstellern verschwiegen, daß der Meister längst nur noch ausnahmsweise selbst Hand anlegt. Das Therapieren besorgen mehrere eigens angeheuerte Mitarbeiter. Zu ihnen gehören ausgebildete Heilpraktiker, aber auch eine Germanistin, die monatelang in B´s Büro als Sekretärin arbeitete, bis sie plötzlich ihre eigenen Heilkräfte entdeckte. B selbst spielt im wesentlichen nur noch den Empfangschef: Er besorgt die "Anamnese", schaut seinen Stellvertretern ein paar Minuten über die Schulter - dann hastet er ins nächste Zimmer. "Um einen namenlosen, gerade erst angelernten 'Geistheiler' an mir herummachen zu lassen, hätte ich wahrlich nicht zu B fahren müssen", machte eine maßlos enttäuschte Patientin aus Karlsruhe kürzlich bei mir ihrer Empörung Luft. "Das hätte ich auch hier um die Ecke haben können."

"Es ist doch klar", rechtfertigte sich B in einem Telefax an mich, "daß ich bei diesem massenhaften Andrang nicht mehr jeden Patienten persönlich behandeln kann." Doch warum schenkt er Hilfesuchenden darüber nicht reinen Wein ein, *ehe* sie sich mit falschen Erwartungen auf den Weg zu ihm machen? Wieso verweist er sie nicht an weniger überlastete, nicht minder fähige Heiler in der Nähe ihres Wohnorts, statt sie an ein Therapeutenteam weiterzureichen, über dessen Qualifikation bisher niemand außer B Genaueres weiß?

Patienten, die davon nichts ahnen, füllen ihm hoffnungsfroh die Praxis. Die hier stundenlang ausharren, wähnen sich glücklich; denn die meisten werden für mehrere Monate auf eine Warteliste gesetzt, weil "wir im Augenblick total überlastet sind", wie der Anrufbeantworter von B´s "Heilzentrum" erklärt. Wer trotzdem nicht aufgibt, dem wird, ohne vorherige mündliche Absprache, per Post ein Termin zugewiesen. Daß B möglicherweise gar nicht persönlich zur Verfügung steht, wird dabei wohlweislich verschwiegen - es wäre schlecht fürs Geschäft. Wer zum betreffenden Datum verhindert ist, kann kaum mit Rücksicht rechnen. Wer pünktlich zur vereinbarten Uhrzeit eintrifft, muß darauf gefaßt sein, nach vorheriger Zahlung stundenlang zu warten - und dann unverrichteter Dinge wieder heimgeschickt zu werden. Wer mehrere Behandlungen benötigt, muß darauf gefaßt sein, von B jedesmal an einen anderen Gehilfen verwiesen zu werden - an irgendeinen, der gerade frei ist. Auch soll es schon vorgekommen sein, daß B aus einer Laune heraus mitten am Tag die Praxis einfach dichtmachte. Dann befestigte er eine Notiz an der Eingangstür, mit der Aufforderung an Besucher, diesen Zettel anzufassen - das sei heilsam.

Daß derart Empfangene nicht wiederkommen, muß B nicht bekümmern. Denn auch ohne sie ist er längst ein steinreicher Mann: Bei "5000 bis 6000 Patienten pro Jahr", mit denen sich B in einem deutschen Nachrichtenmagazin brüstete, einem hypothetischen Schnitt von nur fünf Sitzungen pro Patient und dem Mindestsatz von 150 Mark pro Sitzung flössen in A´s Kasse brutto wenigstens 3,75 Millionen Mark pro Jahr. Damit nicht genug: Falls jeder seiner Heiler an 25 Arbeitstagen pro Monat täglich im Durchschnitt bloß zehn Patienten "behandelt", so brächte es B´s Unternehmen auf einen zusätzlichen Jahresumsatz von über vier Millionen Mark - noch nicht als GmbH, aber immer mit beschränkter Haftung. Den Löwenanteil kassiert B selbst: Anfangs zahlte er seine Mitarbeiter aus den Erlösen, die ihre Behandlungen einbrachten, keinen Pfennig aus; denn sollten sie sich nicht glücklich schätzen, sich von einer solch ruhmreichen Koryphäe überhaupt "ausbilden" lassen zu können und unter seinen Fittichen in für sie kostenlosen Räumlichkeiten üben zu dürfen? Erst auf den geschlossenen Protest seiner Mitarbeiter hin billigte ihnen B, offenkundig in einer Anwandlung von frühkapitalistischem Sozialgewissen - einen Anteil von 25 DM pro Sitzung zu, ein Sechstel ihres eigenen Arbeitsertrags. Den Rest streicht er nach wie vor selber ein. Warum lassen sich seine Mitarbeiter solche schamlose Ausbeutung überhaupt gefallen? "Ich muß ja schon froh sein, wenn ich auf diese Weise an Patienten rankomme", meinte eine seiner "Heilerinnen". Im übrigen "versprach er, daß er ihnen seine Patientenkartei übergeben wird, wenn er eines Tages das Heilzentrum verläßt", erklärte mir ein Zeuge. "Und damit ködert er sie. Nur in der vagen Hoffnung darauf harren die meisten bei ihm aus." Doch diese Rechnung wird nicht aufgehen: Ohne die Attraktion B wäre die Kartei weitgehend wertlos, denn kaum ein Patient käme noch. Nicht jeder Mitarbeiter, der dies durchschaut, kann einfach abspringen: Um ihrem Guru zu folgen, haben manche eine gesicherte Existenz in einträglichen Berufen aufgegeben.

Mehr noch als B´s Verhältnis zum Geld verschreckt Menschen, die ihn näher kennenlernen, seine Hybris des Auserwählten. Anfang der achtziger Jahre will er auf einem biblischen Berg "erleuchtet" worden sein. Mehreren Bekannten gegenüber soll er sich als "die Wiedergeburt von Jesus Christus" zu erkennen gegeben haben ("Immer dann, wenn es Schwierigkeiten auf der Erde gibt, reinkarniere ich") - für einen früheren Vertrauten B´s der peinliche Ausdruck eines "magischen Größenwahns", in den B durch seine Popularität getrieben worden ist.

Mit entsprechenden Allüren tritt B in der deutschen Heilerszene auf. "Ordnung" will er in ihr schaffen, die "Minderwertigen" aussortieren, eine "Leitfigur" bieten, wie er mir ankündigte. Daß er allein dafür geeignet wäre, steht für ihn außer Zweifel: Nie habe ich ihn einen anderen Heiler anerkennend erwähnen, stets nur Abfälliges über seinesgleichen äußern hören. Wie sich B vorstellt, die Spreu vom Weizen zu trennen, läßt sein kürzlicher Auftritt auf einem großen Heilerkongreß ahnen. Hier nahm er "Massentestungen" am Fließband vor, um herauszufinden, "wer über die Gabe des Heilens verfügt". Ein fassungsloser Augenzeuge berichtet: "Dazu ließ er schätzungsweise 300 Kongreßbesucher in Reih und Glied vor sich Aufstellung nehmen. Jeder mußte seine Hand heben. Vor jedem hob B ebenfalls eine Hand. 'Wenn sich dazwischen eine Energiebrücke aufbaut', so erklärte B, 'dann können Sie heilen'.

Jede einzelne 'Prüfung' dauerte nicht länger als ein paar Sekunden." Die wenigsten Kandidaten bestanden - wobei sich der Augenzeuge "des Eindrucks nicht erwehren konnte, daß dieser Test eher etwas darüber aussagte, wen B mochte und mit wem er sich nicht vertrug."

Ein Arzt, der mit B monatelang zusammenarbeitete, will "über diesen Mann lieber kein weiteres Wort verlieren. In seinem Verhalten habe ich immer wieder psychopathologische Züge feststellen müssen. Ich halte ihn selbst für heilungsbedürftig." Für das Idol B hatte ein Leitender Baudirektor seine glänzende Position aufgegeben, um künftig nur noch für B zu arbeiten - bis ihm klar wurde, "daß es diesem Mann überhaupt nicht darum geht, anderen zu helfen. Keine Spur von Menschlichkeit." Eine Sekretärin von B schüttete Bekannten ihr Herz aus: Es sei für sie geradezu peinlich mitanzusehen, wie B, sichtlich genervt und gelangweilt, den Kopf wegdrehe und aus dem Fenster schaue, während seine Patienten ihm ihren Leidensweg vorzutragen versuchen; oftmals habe sie sich dann als Ansprechpartnerin angeboten. "Ich mag keine Krankengeschichten hören", soll B gegenüber Bekannten einmal geäußert haben. "Ich will damit eigentlich nichts zu tun haben."

Eine frühere Mitarbeiterin von B, immerhin Heilpraktikerin, bestätigt: "Er nimmt den Patienten nur Geld ab, wedelt ein bißchen mit der Hand und schickt sie dann nach Hause." Schlimmer noch: "Er ist verantwortungslos, weil er uns verboten hat, Kranke zur Kontrolle zu Ärzten zu schicken." Deshalb stellte sie der Staatsanwaltschaft einen Strafantrag gegen B "wegen versuchter fahrlässiger Tötung", unter Hinweis auf einen besonders gravierenden Fall: "Am 15. September 1995 erschien Herr Aron G. in der Privatpraxis von B mit folgenden Beschwerden: Kopfschmerzen, allgemeine körperliche Verfallserscheinung, zeitweilige Amnesie und Fieber. Der Patient war 74 Jahre alt. Ohne eine eingehende Anamnese durchzuführen, stellte B, in einer Art Betrachtungsdiagnostik, einen leichten Hirnschlag. Aufgrund dieser 'Ferndiagnostik' behandelte er Herrn G. dreimal zum Preis von je 500 DM durch Wedeln mit der Hand. Nachdem es dem Patienten immer schlechter ging, entledigte sich B des Patienten und schob ihn mir zu. ... Als verantwortungsbewußte Heilpraktikerin habe ich diesen Patienten in seiner Privatwohnung aufgesucht und mußte feststellen, daß die Krankheitssymptomatik weiter fortgeschritten war. Im Widerspruch zu den *Anweisungen von B, diesen Patienten ausschließlich mit den Mitteln der Geistheilung zu behandeln*, rief ich, nach Rücksprache mit der zuletzt von dem Patienten konsultierten Klinik, die Feuerwehr an und ließ ihn ins Klinikum B. F. einweisen. Die dortigen klinischen Untersuchungen ergaben eine Blutvergiftung durch Bakterien, die durch eine entzündete Gallenblase (Steine) hervorgerufen wurde, sowie eine maligne Leukämie. Des weiteren hat der Patient zwei Magengeschwüre und leidet an Ödemen beider Beine. Ferner wurde seitens der Klinik mitgeteilt, daß der Patient ohne gezielte Behandlung nur noch maximal drei Monate zu leben gehabt hätte. Sein Zustand war zum Zeitpunkt der Einlieferung bereits mehr als kritisch. ... Ich beschuldige hiermit B der versuchten fahrlässigen Tötung, wegen der unsachgemäßen und mehr als unverantwortlichen Behandlung des Patienten G. Da es genügend dokumentierte ähnliche Fälle gibt, scheint nun der Zeitpunkt gekommen, diesem Scharlatan das Handwerk zu legen."

Auch über C, des öfteren als "größter Wunderheiler Europas" gefeiert, häufen sich in letzter Zeit bei mir Klagen frustrierter Patienten. In nahezu jedem deutschsprachigen Boulevardblatt in regelmäßigen Abständen zur "letzten Hoffnung" für eigentlich Hoffnungslose hochgejubelt, wird er des Massenandrangs kaum noch Herr. Niemanden will er abweisen, jedem helfen - doch angesichts mehrerer hundert Problemfälle täglich bleibt bei jedem einzelnen nur noch selten Gelegenheit, so "ganzheitlich" zu nehandeln, wie ihm erklärtermaßen vorschwebt. "Ich kann eine kranke Leber nicht isoliert heilen", so sagte er mir einmal. "Unser Körper ist eine Einheit. Deshalb muß ich mich um den ganzen Menschen kümmern, mit Geist, Leib und Seele. Erst dann wird das betroffene Organ wieder gesund." Oft findet er hinter scheinbar rein "physischen" Leiden "den Aufschrei einer gequälten Seele". Doch darauf einzugehen, erfordert mehr Zeit und Geduld, als ein chronisch überfülltes Wartezimmer mit nörgelnden Patienten zuläßt. Und so erhielt ich in letzter Zeit bitterböse Klagen von zahlreichen Kranken, die über die "Massenabfertigung" bei C entsetzt waren, teilweise auch über seine überzogenen Honorarforderungen. "Wie ein Schwamm saugte ich Presseberichte über diesen begnadeten Mann auf, wie ein Wunder erschienen sie mir", schrieb mir Frau E. L. aus Bretzfeld bei Heilbronn. "Und welcher Mensch, der gesund werden möchte, greift nicht nach diesem Wunder?" Gemeinsam mit einer Freundin quartierte sie sich am 6. Oktober 1991 in C´s eigenem "Kurheim" ein. Anderntags erschienen die beiden Damen, "erwartungsvoll", frühmorgens zur Anmeldung in der Praxis, bekamen eine Nummer zugeteilt - und warteten bis 17 Uhr. Als C sie endlich empfing, "begrüßte er mich nicht, fragte nicht, sondern las lediglich die Angaben in der Karteikarte. Dann gab er mir eine Spritze in die rechte und linke Hüfte. Daraufhin konnte ich gehen. Meine

Begleiterin mußte C auf ihre Beschwerden ansprechen, sonst wäre sie lediglich mit der gleichen Spritze behandelt worden ... Wer Heilung sucht", schreibt die Patientin weiter, "kann sich aber nur öffnen, wenn uneingeschränktes Vertrauen zwischen ihm und dem Arzt bzw. Heiler besteht, und dazu gehört einfach ein Händedruck, ein Gespräch - sei es auch noch so kurz - und ein Blickkontakt." Abends, gegen 20.30 Uhr, erschien C dann im Kurheim und legte den beiden Frauen die Hände auf, "ungefähr 25 Sekunden lang". Weil die nächsten vier Tage ähnlich verliefen, reiste E. L. vorzeitig ab, entrüstet über eine Abschlußrechnung von 640 DM für viermal zwei solcher "Behandlungen". Ebenso erboste sie, daß ihr in C´s Praxis ein Medikament für 15 DM anzudrehen versucht wurde; in der Apotheke erhielt sie es für 6,50 DM. Als sie sich bei C´s Sprechstundenhilfe über solchen Wucher beschwerte, soll sie unwirsch abgefertigt worden sein: "Wenn Sie ein Mineralwasser im Wirtshaus bestellen, zahlen Sie ja schließlich auch mehr als beim Getränkehändler."

Noch harscher mit C ins Gericht geht eine 35jährige Heilpraktikerin aus München, die wegen multipler Sklerose an den Rollstuhl gefesselt ist. Neun Stunden mußte sie in einem unbeheizten Wartesaal ausharren. Als sie endlich an die Reihe kam, habe "keinerlei Anamnese" stattgefunden. Fragen seien, wie bei "allen hundert anderen Patienten", mit mysteriösen Spritzen beantwortet worden, "in totaler Unkenntnis, was man in Genick und Gesäß injiziert bekommt". Erst dann legte C die Hände auf. "Mit einem Satz: Außer Spesen nichts gewesen." Eine Mannheimer Patientin von C., die ebenfalls "nutzlos viel Geld ausgegeben" haben will, redete sich bei mir telefonisch ihren Frust von der Seele: "Da findet eine Fließbandabfertigung statt, so was ist unvorstellbar. Wenn man Glück hat, kommt man zwei Minuten dran." Und auch eine Hausfrau aus Moosbrunn im Odenwald, die seit Jahren unter massiven Angstzuständen litt, klagte mir ihr Leid: C´s "Therapie" habe im wesentlichen darin bestanden, ihr ein geheimnisvolles "Serum" zu injizieren. "Wissen Sie, was Ihnen da gespritzt wurde?" fragte ich. "Nein, C sagte, die Zusammensetzung sei streng geheim, er beziehe es aus China." Die Bitte der Kranken, ihr dieses Serum künftig zuzusenden, wies C schroff ab: Wenn sie gesund werden wolle, müsse sie schon in seine Praxis kommen.

Ein findiger Reporter, als Patient getarnt, entwand C mehrere gefüllte Spritzen, um sie in einem chemischen Labor analysieren zu lassen. Sie enthielten teils Koffein, teils Kortison - ein durchaus sonderbares Allzwecktherapeutikum.

Atemlos hatten mir Patienten wiederholt von C´s sagenhaften "elektrischen Händen" berichtet: "Kaum legte er mir die Hand auf", so hörte ich immer wieder, "da durchfuhr es mich wie ein Stromschlag." Schmählich entzaubert wurde dieses Phänomen erst, als ein unzufriedener Mitarbeiter C´s insgeheim die Schuhe seines Chefs mitgehen ließ: Clogs, an denen seltsam hohe Absätze und dicke Holzsohlen auffielen. Als sie auseinandergenommen wurden, kam ein kleiner Stromgenerator zum Vorschein, der sich durch einen Schalter mit der großen Zehe betätigen ließ. Wegen Betrugs vor Gericht gestellt, erklärte C, er führe auf diese Weise lediglich eine "elektrophysiologische Behandlung durch", woraufhin er in einer umstrittenen Entscheidung freigesprochen wurde.

Vermeintlichen "Stars" nicht ohne weiteres nachzulaufen, ist das Mindeste, was Hilfesuchende aus solchen Episoden lernen sollten. Wo die Sonne der Kultur niedrig steht, werfen auch Zwerge lange Schatten. Massenmedien, die Heilern zu Wundertätern hochjubeln, sind äußerst fragwürdige Orientierungshilfen. Die Gründe, aus denen unter Tausenden von Heilern ein ganz bestimmter Schlagzeilen und Sendezeiten bekommt, lassen die Macher fast immer im Dunkeln. Mit nachweislich überdurchschnittlichen Leistungen können sie schon deswegen nichts zu tun haben, weil bisher niemand, und schon gar kein Journalist, "den Durchschnitt" überschaut und geprüft hat. Dagegen verbirgt sich hinter manchem "Wunder"bericht ein abgekartetes, für alle Beteiligten lukratives Geschäft. Ich weiß von Heilern, die Werbe- und PR-Agenturen einspannen, um in großen Medien präsent zu sein - bis hin zu "Kopfprämien" pro derart vermitteltem Patienten; oder sich mit ihnen auf großzügige Provisionen einigen, wenn sie eifrig Werbung für selbstproduzierte "Heilvideos" fragwürdiger Qualität machen. Von einem prominenten Handaufleger heißt es, er habe mehrere Redakteure und freie Journalisten jahrelang "geschmiert". Auf den Deal mit ihm sollen sich unter anderem der Chefredakteur, ein Redakteur sowie ein Fotograf von zwei der größten deutschen Wochenmagazine mit Millionenauflage eingelassen haben, wie mir eine ihrer ehemaligen Verlagskolleginnen anvertraute. "In unserer Redaktion", so berichtete sie mir, "war es zuletzt ein offenes Geheimnis, daß das Trio wöchentlich zum Wohnort des Heilers fuhr, um mit ihm dort neue Werbestrategien abzusprechen - und einen Sack voll Geld entgegenzunehmen." In betreffenden Magazinen erschienen daraufhin laufend Titelgeschichten, Serien und sogar ein "Sonderheft", das "dem größten Wunderheiler Europas" gewidmet war. "Und die Rechnung ging auf", erklärte mir die Informantin:

"Busseweise kamen Schwerkranke aus Deutschland angereist, der Monatsumsatz des Heilers dürfte sechsstellig gewesen sein." Als die Verlagsleitung die Häufung von Lobeshymnen stutzig machte, wurden der Chefredakteur und der Fotograf entlassen; "seither setzen sie ihre PR in anderen Funktionen fort".

Aber auch der umgekehrte Fall kommt anscheinend vor. Einem Geistheiler aus Hessen bot 1994 ein anonymer Anrufer aus der Redaktion eines Szenemagazins "einen vorteilhaften Artikel" an, falls ihm das 5000 DM wert sei. Entrüstet lehnte der Geistheiler ab. Kurz darauf erschien in derselben Fachzeitschrift ein vernichtender Verriß dieses Heilers. "Ich übergab die Sache meinem Anwalt, der eine Gegendarstellung verlangte - ohne Erfolg."

Ich erwähne solche Merkwürdigkeiten nicht, um das Vertrauen von Kranken in erwiesenermaßen fähige Heiler zu untergraben - sondern um überzogene Erwartungen zurechtzurücken. Wer als Bürger spätestens seit der CDU-Spendenaffäre damit rechnen muß, daß die Angesehensten und Mächtigsten unseres Landes systematisch schwarze Kassen am offiziellen Rechenwerk ihrer Partei vorbei unterhalten, sollte auch auf *Ent*-Täuschungen gefaßt sein, wenn er mit Heiler-Prominenz zu tun bekommt. Glaubhaft gelogen, getäuscht, geheuchelt wird in der Eso-Szene nicht zwangsläufig weniger als in der hohen Politik - im Nebel "spiritueller" Gesinnung fällt es mitunter sogar noch leichter.

Keine Frage, auch ein Heiler-"Star" kann rechtschaffen sein und sich größte Mühe geben. Ein Patientenandrang jedoch, der eine ganze Klinik füllen würde, läßt ein auch nur halbwegs ganzheitliches Vorgehen, im Einklang mit Grundvoraussetzungen geistigen Heilens, nicht mehr zu. Ein pausenlos geforderter, chronisch gestresster Heiler kann einem Patienten kaum noch das Gefühl vermitteln, verstanden, ernstgenommen und engagiert betreut zu werden; vor allem kann er ihn schwerlich dazu motivieren, zu seiner eigenen Heilung beizutragen. Geistheilung schließt aber die geistige Weckung von Selbstheilungskräften ein. Ein paar Sekunden Handauflegen haben dazu nicht einmal bei Jesus Christus immer ausgereicht.

Wer es jedem recht machen will, tut am Ende womöglich für alle zuwenig. In den Personen von A, B und C wiederholt sich ein Drama, das viele Heiler dieses Jahrhunderts durchlebten: Von Massenmedien zur Hoffnung für Millionen hochgejubelt, verschleißen sie sich unter dem Druck überirdischer Erwartungen - und irdischer Versuchungen. Für die kranken Mitakteure ist dieses Trauerspiel ein Lehrstück: Sie suchten, allzu blauäugig, den Star weit weg - und übersahen dabei womöglich den namenlosen, unverbrauchten Geistheiler von nebenan, der bisher noch keinem Reporter auffiel.

22
Handauflegen undsoweiter
Welche Form geistigen Heilens ist die beste?

Bis vor wenigen Jahrzehnten hatten vermeintlich Austherapierte, wenn sie in Deutschland auf die Suche nach Geistheilern gingen, im wesentlichen nur die Wahl zwischen christlichen Handauflegern und Gesundbetern, "Magnetiseuren" und Besprechern. Auf der Esoterikwelle hat sich dieses Repertoire inflationär vervielfacht. Unter den rund 50 Heilern beispielsweise, die 1998/99 am "Fernheil-Test" teilnahmen, setzen 19 "Reiki" ein, 8 "Chakra-Therapie", jeweils 4 Radionik und "Prana-Heilen nach Master Choa Kok Sui", 2 "Therapeutic Touch".[1] Mittlerweile tummeln sich mehrere hundert Varianten auf dem Markt, und mit jedem Heiler, der sich mit einer "Fortentwicklung" unter exotischem Namen profilieren will, kommt eine weitere hinzu. Die meisten Hilfesuchenden verwirrt das zutiefst. Sie wollen wissen: Welche Form geistigen Heilens ist die beste?

Für jede Spielart treten herausragende Heiler ein, jeder werden spektakuläre Erfolge nachgesagt, auf jede schwören anscheinend Abertausende von zufriedenen Patienten. Wie für Psychotherapien, so gilt auch für geistiges Heilen: Nicht das *Wie*, die eingesetzte Technik, scheint für das Ergebnis ausschlaggebend, sondern eine von Vertrauen, liebevoller Zuwendung und Anteilnahme geprägte Beziehung, die Heiler und Behandelte zueinander aufbauen. Einer der prominentesten Heiler Amerikas, Jack Schwarz, brachte dies auf den Punkt: «Der gemeinsame Nenner aller Heilmethoden ist unbedingte Liebe - eine Liebe, welche die Einmaligkeit jedes individuellen Klienten achtet und ihn ermutigt, für sein Wohlergehen Verantwortung zu übernehmen. Die eingesetzte Technik ist in Wahrheit nur die Form, in welcher der Heiler bedingungslose Liebe übertragen kann.»[2]

Die weitgehende Beliebigkeit geistiger Heiltechniken zeigt sich sogar bei jener Methode, die diesem Prinzip auf den ersten Blick besonders kraß zuwiderläuft, nämlich beim Handauflegen. Weil fast alle Geistheiler damit arbeiten, scheint es wesentlicher, unverzichtbarer Bestandteil dessen, was sie tun. Der Anschein einer essentiellen Verbindung spiegelt sich selbst in unserer Sprache wider: Wie soll ein Heiler anders be*hand*eln können als mit der Hand? Manche Autoren gebrauchen «Handauflegen» sogar synonym mit «Lenkung heilender Energien»[3].

Seit den Anfängen der Magnetopathie sind immer wieder Theorien vorgeschlagen worden, die die herausragende Rolle der Hand beim Heilen zu untermauern versuchten. Mesmer meinte, aus den Fingerspitzen trete ein «magnetisches Fluidum» aus.[4] Fernöstlich inspirierte Heiler von heute glauben an besondere Chakras und andere Energiezonen in den Händen, die an der «Energieübertragung» entscheidend beteiligt sein sollen.[5] Andere Heiler halten eher intuitiv, aus Erfahrung, ihre Hände als «die ausführenden Instrumente» für vorrangig.[6]

Jedes Instrument hat eine optimale Verwendung: eine, die das angestrebte Ziel am einfachsten, schnellsten und effektivsten erreicht. Wie Hände richtig einzusetzen sind, ist zwischen verschiedenen Heilerschulen indes heftig umstritten - und allein schon diese Vielfalt sollte stutzig machen. So bestehen beträchtliche Meinungsunterschiede darüber,

- welchen Abstand die Hand von der Körperoberfläche des Patienten haben muß. Manche Heiler berühren die Haut leicht. Andere halten ihre Hände bloß wenige Millimeter entfernt, so daß der Behandelte noch die Körperwärme seines Therapeuten spüren kann. Wieder andere achten auf 5 bis 10 Zentimeter Abstand, je nachdem, wo sie den äußeren Rand der «Aura» bzw. des «Ätherleibs» ansiedeln. Qi-Gong-Meister behandeln hin und wieder sogar aus einer Entfernung von einem halben Meter und mehr;

- ob die Hand ruhen muß. Manche «heilenden Hände» verharren regungslos über einer bestimmten Stelle. Andere sind in beinahe ständiger Bewegung, und das in recht unterschiedlicher Weise: Gesten des "Abstreichens" oder "Ausleitens", des "Herausziehens" oder "Ausschüttelns" kommen vor, aber auch kreisende Bewegungen oder ein langsames Wandern von Punkt zu Punkt;

- welche Hand einzusetzen ist. Manche Heiler benutzen beide Hände, andere bloß die rechte oder linke;

- wo die Hand aufzulegen ist. Während manche Heiler sich auf den Kopf oder die Schultern konzentrieren, legen andere ihre Hände auf die Stelle der Beschwerde (zum Beispiel ein schmerzendes Körperteil), über den Ort des vermuteten Krankheitsherds, über bestimmte «Energiezentren» oder nacheinander auf jeden Teil des Körpers;

- wie lange das Auflegen dauern soll. Manche «Behandlungen» beschränken sich auf ein kurzes Berühren, andere beanspruchen bis zu einer Stunde.

Noch kein Geistheiler kam bislang auf die Idee, seine Hände nacheinander über alle 1600 verschiedenen Akupunkturpunkte des menschlichen Körpers zu halten; oder den Handrücken aufzulegen, statt die Innenfläche; oder mit seinen Fingern Dreh- oder Zickzackbewegungen zu vollführen. (In den Vereinigten Staaten sorgt derzeit ein «magisches Winken» für Furore, bei dem der Therapeut mit seinen Fingern vor den Augen des Patienten rasch hin- und herfährt. 2,5 Millionen Amerikaner sollen sich jeden Monat auf diese Weise behandeln lassen, zu Preisen von 30 bis 100 Dollar pro Sitzung. Helfen soll diese Prozedur unter anderem gegen Bettnässen, nächtliches Zähneknirschen, Süchte, Ängste, Depressionen und Minderwertigkeitskomplexe, Wechseljahresbeschwerden, Eßstörungen und Impotenz.[7]) Jede beliebige Geste *könnte* heilen. Hätte ihr Anwender eine esoterische Theorie darüber und das rechte Selbstvertrauen, so bezweifle ich, daß er schlechtere Ergebnisse erzielen würde als konventionelle Handaufleger.

Nicht einmal die überragende Bedeutung der Hand versteht sich von selbst. In den siebziger Jahren sorgte ein Geistheiler mit einer sonderbaren "Fußbehandlung" für Aufsehen: Seine Klienten hatten sich auf den Bauch zu legen, während er mit nackten Füßen - und einem Gewicht von fast 80 Kilo - ihren Rücken durchknetete.[8] «Bei vielen geistigen Behandlungen», so erklärte er mir, "stellte ich verblüfft fest, daß meine aufgelegten Hände kalt blieben, während meine Fußsohlen glühend heiß wurden. Daraus schloß ich, daß die Heilenergie stärker von meinen Füßen abgestrahlt wird. Das Ergebnis gab mir recht.»[9] Nur aus juristischen Gründen, nicht aber wegen mangelnder Erfolge ist er inzwischen davon abgekommen.

Im Alten Testament symbolisiert die Hand Gottes übermenschliche Macht und Kraft - und diese christliche Tradition wirkt fort, wenn wir der Hand als Heilinstrument weitaus mehr zutrauen als allen übrigen Gliedmaßen. Vor einem anderen kulturellen Hintergrund wären Mund-, Nase-, Ohr- oder gar Gesäßauflegen ebenso denkbar, und deren Heileffekte fielen voraussichtlich nicht erheblich schwächer aus. Vermutlich fungiert die Hand im Heilungsprozeß unter anderem als *Fetisch* besonderer Art: Sie wirkt auch deswegen, weil der Patient ihr mehr als jedem anderen Körperteil zutraut, Heilenergien abzustrahlen.[10] Für den Heiler spielt die Geste der aufgelegten Hand möglicherweise die Rolle eines *Induktors*[11]. Die feste Überzeugung, ausgerechnet auf diese Weise heilen zu können, mag tatsächlich paranormale Heilkräfte freisetzen, die andernfalls verschüttet blieben.

Anmerkungen

1 Harald Wiesendanger: *Heilen ohne Grenzen - ‚Fernbehandeln auf dem Prüfstand,* Schönbrunn 1999, S. 32.

2 Zit. nach Steven Fahrion u.a., "EEG Amplitude, Brain Mapping, and Synchrony in and between a Bioenergy Practicioner and Client During Healing", *Subtle Energies* 3/1992, S. 19-52, dort S. 20.

3 Ric Weinman: *Deine Hände heilen*, Basel 1990, S. 6.

4 Siehe H. Wiesendanger: *Das große Buch vom geistigen Heilen*, Lea-Verlag: Schönbrunn 2000, Kap. 1, Abschnitt "Magnetisches Heilen".

5 ebda., Kap. 1, Abschnitt "Chakra-Therapie". Rosalyn Bruyere: *Chakras - Räder des Lichts*, Essen 1990, S. 97 ff.

6 Ursula Kress: *Heilende Hände*, Hennef 1986, S. 28.

7 *Der Spiegel* 20 / 16.5.1994, S. 232-235: "Dunkle Gedanken".

8 *Frau* 16/15.8.1977, S. 31

9 Persönliche Mitteilung vom 8.4.1994.

10 Zu Fetischen siehe mein *Großes Buch vom geistigen Heilen*, a.a.O., Kap. 1, Abschnitt 9.

11 Zum Begriff des "Induktors" siehe mein *Großes Buch vom geistigen Heilen*, Kap. II, Abschnitt 2, "Sonderfall Psychometrie".

23
Heilen auf Distanz
Sind "Fernbehandlungen" möglich?

Sie wuchern aus der Schwann-Scheide: jener Zellhülle, welche die nahe der Hautoberfläche gelegenen Nervenfasern röhrenförmig umgibt. Krebsexperten sprechen von "Neurofibromen": eigentlich gutartigen Tumoren, die allerdings zu heftigen Schmerzen und schweren neurologischen Ausfällen führen können, je nachdem, an welchen Stellen und wie tief infiltrierend sie wachsen. Und befallen können sie den ganzen Körper: Auf der Haut tauchen sie oft als milchkaffeefarbige Flecken auf, in der Netzhaut des Auges als Knötchen. Manchmal sind muttermalartige Gebilde, die stielförmig aus der Haut herauswachsen, erste sichtbare Alarmzeichen; oft sehen die Tumoren zunächst auch harmlosen Sommersprossen oder Leberflecken zum Verwechseln ähnlich. Nach ihrem Entdecker, dem Königsberger Pathologen Friedrich von Recklinghausen (1833-1910), heißt ihr gehäuftes Auftreten "Recklinghausen-Krankheit". (In neueren Lehrbüchern ist von "generalisierter Neurofibromatose" die Rede.)

Tanja S. leidet daran. Seit zehn Jahren, mittlerweile in fortgeschrittenem Stadium. Bei der 26jährigen Frau aus dem nordhessischen Neukirchen wurden die Neurofibrome 1990 entdeckt, nachdem sie immer schlechter hörte. Inzwischen haben die Tumore, von denen mehrere im Kopf sitzen - unter anderem an beiden Hörnerven, am Hirnstamm und am Kleinhirnbrückenwinkel -, zu schwersten Symptomen geführt: Seit November 1994 ist Tanja völlig taub. Seit Sommer 1997 fällt ihr das Gehen mit dem linken Bein zunehmend schwerer, weil sich der Fuß kaum noch beugen läßt. Hinzu kommen immer stärkere Gleichgewichtsstörungen. Ihr rechtes Auge ist geschwollen, bei rapide fortschreitender Sehschwäche. Immer öfter zittert die linke Hand, wenn sie Gegenstände zu heben versucht. Inzwischen ist die gelernte Zahnarzthelferin "Erwerbsunfähigkeitsrentnerin", weitgehend angewiesen auf die ständige liebevolle Fürsorge ihrer verzweifelten Eltern. Schulmedizinern scheint ihr Fall hoffnungslos. Eine Operation wäre zu gefährlich, eine Chemotherapie gilt als aussichtslos, für eine Bestrahlung sind die Tumore bereits zu groß - und immer neue bilden sich.

Doch Tanja gibt sich nicht auf. Anfang 1998 erfährt sie aus der Presse von einem großangelegten "Fernheil-Test", den ich anläßlich des Vierten "Weltkongresses für Geistiges Heilen" in Basel organisiert und geleitet habe.[1] Die Fragen, denen der Test nachgehen soll, faszinieren sie:

- Ist Fernheilen überhaupt eine empfehlenswerte Alternative zu anderen Formen geistigen Heilens, bei denen der Patient anwesend sein muß? Wirkt es gleich gut, weniger oder gar besser als etwa das Handauflegen?

- Was erreicht Fernheilen speziell bei chronisch Kranken, die aus schulmedizinischer Sicht seit längerem als "behandlungsresistent", ja "austherapiert" gelten? In welchem Maße, in welchen Hinsichten nützt es diesem Patientenkreis? Wie wahrscheinlich sind Fortschritte?

- Gehen diese Fortschritte über die psychische Ebene hinaus? Erfassen sie auch die körperliche Symptomatik und die zugrundeliegenden organischen Ursachen?

- Wie stabil sind sie? Halten sie im allgemeinen an - oder kommt es auf kurz oder lang zu Rückfällen, wie bei rein suggestiv erzielten Therapieerfolgen zu erwarten wäre?

Kurz entschlossen bewirbt sich Tanja S. als Versuchsperson, reicht medizinische Unterlagen ein - und wird eine von zunächst 120 aus 281 Mitbewerbern[2], die zur Teilnahme eingeladen werden, weil sie alle vorgegebenen Anforderungskriterien erfüllen. Verlangt wurde: Das betreffende Leiden muß seit mindestens zwölf Monaten bestehen; es muß sich als belegbar resistent gegen medizinische Behandlungsversuche erwiesen haben; seine Diagnose sollte durch möglichst aktuelle Befundberichte von Ärzten oder Kliniken abgesichert sein.[3]

In der ersten Testphase[4] wurden sechzig Schwerkranke wie Tanja fünf Monate lang fernbehandelt. Sechzig weitere bildeten, zum Vergleich, eine Kontrollgruppe: Sie blieben im Versuchszeitraum geistig unbehandelt.[5]

Vor Beginn und nach Abschluß des Tests begutachtete ein Team von neun Ärzten, Heilpraktikern und Psychologen Zustand und Entwicklung der vorliegenden Krankheitsbilder innerhalb der Behandlungsgruppe, beschrieb und quantifizierte sie auf vorbereiteten Protokollbögen, unter anderem mittels 19 Schätzskalen, die sich auf verschiedene Dimensionen des Krankheitsgeschehens bezogen. Zu beiden Anlässen füllten alle Versuchspersonen, auch in der Kontrollgruppe, den "SF-36" aus: ein standardisiertes, in der Medizinforschung bewährtes Erhebungsmittel des amerikanischen "Medical Health Trust", dessen elf Items verschiedene Aspekte der Befindlichkeit erheben; darüber hinaus kamen weitere zwei Fragebögen zum Einsatz, die eigens für den Test entwickelt worden waren. Jeder Patient schrieb zudem alle sieben Tage ein "Wochenprotokoll" zu vorgegebenen Fragen: Glaubte er, die Fernbehandlung diesmal zu spüren? Zu welchen Zeitpunkten? Welcher Art, wie stark waren diese Empfindungen? Haben sich die Beschwerden verbessert oder verschlechtert, oder blieben sie unverändert?[6]

Zwischen 5 und 75 Jahre alt waren die Patienten, die fernbehandelt werden sollten - das Durchschnittsalter lag bei knapp 44 Jahren. Zur Stichprobe zählten sieben Kinder unter 13 Jahren; jeder vierte Patient war über 56 Jahre alt.

Die Krankheitsbilder innerhalb der Stichprobe waren denkbar heterogen. Weitaus am häufigsten vertreten waren Erkrankungen des Nervensystems und der Sinnesorgane (29,2 Prozent), wobei lediglich Migräne (sechsmal), Tinnitus (fünfmal) und Enzephalomyelitis (Entzündung von Gehirn und Rückenmark, ebenfalls fünfmal) etwas häufiger vorkamen. Es folgten Krankheiten des Skeletts, der Muskeln und des Bindegewebes (24,2 Prozent); innerhalb dieser Gruppe überwogen verschiedene Rückenleiden (Dorsopathien), rheumatische Erkrankungen sowie die primär-chronische Polyarthritis.

Insgesamt 124 diagnostizierte Leiden brachten die 60 Patienten der Behandlungsgruppe mit (7) - im Durchschnitt 2,07 pro Versuchsperson. Am häufigsten waren Einzeldiagnosen (50,8 Prozent), aber auch zwei (24,2 Prozent), drei (8,3 Prozent), vier (9,2 Prozent) und mehr Diagnosen kamen vor; den Rekord hielt eine Versuchsperson mit neun. Im Schnitt leiden die Patienten seit 11,2 Jahren an ihrer Krankheit - jeder Zweite über acht Jahre.

Aus ärztlicher Sicht galten sie allesamt als "behandlungsresistent", die meisten schon als "austherapiert". Zwar befanden sich vier fünf Patienten bei Testbeginn in ärztlicher Behandlung (79,2 Prozent). Doch das waren sie im Durchschnitt bereits seit über zehn Jahren (10,4), ohne entscheidende Hilfe zu finden. Elf Ärzte (Mittelwert: 11,19) hat jeder Beteiligte bereits konsultiert (8), drei Klinikaufenthalte hinter sich (Mittelwert: 2,79). Aus ärztlicher Sicht war ihr Fall reichlich hoffnungslos: Auf die Frage "Was sagte der Arzt zu Ihrem Leiden?" antwortete nicht einmal jeder Zweite: "Er hielt es für vollständig heilbar" (1,8 Prozent), und nur bei weiteren 8,9 Prozent meinte der Arzt, es werde sich bessern. 12,5 Prozent wurden ärztlicherseits getröstet, das Leiden werde sich zumindest nicht verschlimmern. Dagegen wurden 17,9 Prozent eine Verschlechterung vorausgesagt - und 58,9 Prozent hörten die niederschmetternde Prognose, "es sei unheilbar, da stoße die Schulmedizin an Grenzen".[9]

Aus den 60 Patienten der Behandlungsgruppe wurden drei Teilgruppen gebildet, im Hinblick auf die drei verbreitetsten Varianten des Fernheilens:

- 20 Mitglieder der *Kontaktgruppe* wurden fünf Monate lang von dem aus Griechenland stammenden Geistheiler Christos Drossinakis fernbehandelt (er hatte den Test ursprünglich angeregt). Ihn lernten sie bei Versuchsbeginn persönlich kennen, von da an konnten sie ihn gelegentlich aufsuchen oder telefonisch um Rat fragen.[10]

- Zehn weitere Versuchspersonen bildeten die *Amulettgruppe*: Sie erhielten ein Objekt, das Drossinakis vermeintlich mit "Energie" aufgeladen hatte. Seither trugen sie es am Körper, nachts legten sie es unter ihr Kopfkissen. (Auch ihnen stand frei, den Heiler zwischendurch persönlich zu konsultieren.)

- Eine *Anonyme Gruppe* von 30 Patienten wurde unterdessen von den übrigen 49 Heilern betreut. Diesen lag nichts weiter vor als ein Foto der Betreffenden. Name, Adresse, Diagnose waren den Heilern unbekannt, und es kam zu keinerlei persönlichen Kontakten. Um jeden Patienten der "anonymen Gruppe" kümmerten sich fünf bis sechs Fernheiler.

"Anonyme" und "Kontaktgruppe" wurden zweigeteilt: Während jeweils die eine Hälfte der Patienten völlig im ungewissen darüber blieb, zu welchen Terminen ihre Fernheiler mit ihnen arbeiteten, erfuhr die andere Hälfte, daß sie an zwei Abenden pro Woche fernbehandelt würde: dienstags zwischen 19 und 21 Uhr, freitags zwischen 20 und 22

Uhr; somit hatten sie die Möglichkeit, sich innerlich darauf einzustellen, Ablenkungen zu vermeiden, sich zu entspannen und das vermeintliche Geschehen zu visualisieren. Auf Protokollbögen notierten sie, ob und in welcher Stunde innerhalb dieser zweistündigen Zeitkorridore sie den Eindruck hatten, aus der Ferne "spirituell" betreut zu werden. (Die Heiler hielten sich, ohne Wissen der Patienten, an ein vorgegebenes Zeitschema, das vorsah, daß sie ihre Bemühungen auf eine der beiden möglichen Stunden beschränkten.) Stimmen diese Angaben überzufällig häufig mit den Therapieaufzeichnungen der Fernheiler überein, was auf einen paranormalen Kontakt hindeuten könnte? Fördert es die Heilwirkung, wenn ein Patient weiß, wann er "fernbehandelt" wird - oder ist dieses Wissen unerheblich?

Um die Schwerkranken kümmerten sich unentgeltlich, zwanzig Wochen lang, 50 Geistheiler aus sieben europäischen Ländern. Im Mittel 47 Jahre alt (der jüngste ist 26, der älteste 64), sind sie durchschnittlich seit knapp neun Jahren heilerisch tätig, davon 35 Prozent hauptberuflich, 29 Prozent nebenberuflich, jeder Vierte nur gelegentlich. Der Großteil von ihnen, über 70 Prozent, praktiziert Fernheilen neben anderen geistigen Heilweisen wie Handauflegen, Gebetsheilen und Reiki, 15 Prozent nur in Ausnahmefällen; lediglich drei geben an, ausschließlich auf Distanz zu arbeiten. Eine Fernbehandlung dauert bei ihnen im Durchschnitt knapp 23 Minuten, wobei die Angaben zwischen fünf Minuten und zwei Stunden schwanken.

Wie gehen sie dabei vor? Eindeutig überwiegen religiöse und "energetische" Rituale: 20 Heiler führten ausdrücklich Gebet und Fürbitte an; 20 weitere nannten vielerlei Weisen, mit heilsamen "Energien" umzugehen, die sie "senden", "fließen lassen", "übertragen", "kanalisieren", "ausgleichen". Elf gaben an, Hilfsmittel einzusetzen: darunter Reiki-Symbole und Mantras, radionische Geräte, Farbfolien und Bergkristalle. Fünf Heiler rufen körperlose "geistige Führer" an, so etwa "aufgestiegene Meister".

Vor Beginn des Tests meinten 70 Prozent von ihnen, Fernheilen sei gleich wirksam wie andere geistige Heilweisen. Denn das Übertragen von "spiritueller Energie", so erklärten wörtlich oder sinngemäß 15 der 50 Heiler, sei schließlich "nicht an Raum und Zeit gebunden", die Entfernung spiele daher keine Rolle. Sechs weitere Heiler befanden, daß "Gottes Kraft immer gleich wirkt", oder betonten, letztlich sei es beim Fern- ebenso wie beim Kontaktbehandeln der Klient selbst, der sich heile - entscheidend sei "die Bereitschaft, Heilenergie zu empfangen", aus welchem Abstand auch immer.

Nur 17 Prozent hielten das Behandeln auf Distanz von vornherein für uneffektiver. In ihren Augen ist der persönliche Kontakt sehr wichtig, weil hierbei eher "positive Potentiale geöffnet", die notwendige "Bewußtseinsänderung" in Gang gesetzt und "die Lebens- und Abwehrkräfte des Patienten gestärkt" werden könnten. Auch sei es möglich, auf die oft heftigen Reaktionen von Behandelten unmittelbar einzugehen, sie verstehen zu helfen und dadurch aufzufangen. Mehrfach betont wurde die Bedeutung von Berührung, Gespräch und Zuhören, die allein schon heilsam wirken könnten. Einzelne Heiler zogen die unmittelbare Begegnung auch deswegen vor, weil dabei "die Aura eher erspürt" werden könne und "der energetische Austausch", die "Bioresonanz" besser sei.

Immerhin 13 Prozent der beteiligten Heiler schätzten die Wirksamkeit des Fernheilens sogar höher ein. Denn die Patienten, so argumentierten sie, könnten dabei in ihrer gewohnten Umgebung bleiben, die Unbequemlichkeit der An- und Abreise entfalle. Auch gebe es keine "Ablenkung" durch die äußeren Umstände der Sitzungen, oder durch unwesentliche Eindrücke und Empfindungen, Sympathien und Aversionen, die beide zwangsläufig ineinander auslösen würden, sobald sie sich gegenübersäßen. Ebenso entfielen "störende persönliche Konflikte oder Machtspiele zwischen Patient und Heiler" - die Beteiligten könnten sich ganz auf ihre Begegnung auf geistiger Ebene konzentrieren.

Läßt sich die Zuversicht der Fernheiler wissenschaftlich untermauern - und klären helfen, worüber sie uneins sind? Immerhin 85 Prozent der beteiligten Fernheiler fanden den Test - den "bislang aufwendigsten seiner Art in Europa" (Fachzeitschrift *Bio*) - "wertvoll", weitere 13 Prozent beurteilten ihn, mit Einschränkungen, als "im großen und ganzen gut". Lediglich ein Heiler bemängelte, es seien immer noch zu wenige Versuchspersonen beteiligt, weshalb der Test "wertlos" sei. Grundsätzlich erachten 89 Prozent Forschungsprojekte dieser Art als "notwendig"; ein einziger Heiler, obgleich er mitmachte, hält sie eigentlich für "überflüssig".

Die statistische Auswertung des gewaltigen Datenbergs, der sich bis Testende auftürmte (darunter allein 1200 Wochenprotokolle der Fernbehandelten), läßt Trends erkennen, die das Fernheilen allgemein kennzeichnen - und manches gängige Vorurteil ins Wanken bringen.

Fernheilung wirkt - seltener und schwächer zwar, als überschweng-

liche Esoteriker in Aussicht stellen, aber erheblich häufiger und tiefgreifender, als Skeptiker für möglich halten. Bei Testende ging es den Behandelten alles in allem statistisch signifikant besser als der Kontrollgruppe - und dies nach allen eingesetzten Meßverfahren, sowohl gemäß der Selbsteinschätzung der Patienten als auch im Urteil der begutachtenden Ärzte. Diese ausgeprägte Differenz ist um so bemerkenswerter, als in der Kontrollgruppe schon deshalb Besserungen zu erwarten waren, weil sie Aussicht auf baldige Geistheilung hatte, sobald die erste Testphase abgeschlossen sein würde; dies allein könnte zu einer Stimmungsaufhellung geführt haben, die sich psychosomatisch günstig ausgewirkt haben mag.

Die Behandelten erfahren in der Regel einen beträchtlichen Zugewinn an Lebensqualität. Sie spüren "mehr Zuversicht, Lebensfreude und Kraft", "mehr Interesse und Motivation", mehr innere Ruhe, Ausgeglichenheit und gehobene Stimmung; Ängste und Depressionen klangen ab. Nur wer selbst jahrzehntelang von zunehmenden Beschwerden eingeschränkt, entstellt und gequält wurde, kann wirklich ermessen, wieviel derartige Veränderungen der psychischen Befindlichkeit wiegen.

Die beobachteten Fortschritte blieben keineswegs bloß auf die psychische Befindlichkeit und allgemeine Lebensqualität beschränkt. Auch die körperliche Symptomatik verbesserte sich vielfach erheblich, wie nicht nur den Selbsteinschätzungen der Patienten zu entnehmen war, sondern auch den ärztlichen Bewertungen. Dabei wäre es schon bemerkenswert genug, wenn auch nur bei einem einzigen der 60 Versuchspersonen eine Wende zum besseren eingetreten wäre - in Anbetracht der gravierenden, teilweise seit Jahrzehnten unaufhaltsam fortschreitenden Leiden, gegen die alle ärztliche Kunst machtlos gewesen war. Bei einer 56jährigen Hausfrau aus Straubing ist ein seit 19 Jahren offenes Bein (neurogenes *Ulcus cruris*) nahezu vollständig verheilt; zum ersten Mal seit 14 Jahren kann sie wieder ohne Krücken gehen. In zwei Fällen wurden arthritisch verkrümmte und steife Gelenke wieder biegsamer, gingen Schwellungen zurück. Eine ausgeprägte Schuppenflechte (Psoriasis) verschwand buchstäblich über Nacht. Ein 52jähriger Diplom-Ingenieur, der wegen schwerster Niereninsuffizienz seit 1978 auf die Dialyse angewiesen ist, konnte wieder ein paar Tropfen Urin lassen - "zum ersten Mal nach zwanzig Jahren". Bluthochdruck normalisierte sich, überhöhter Augendruck ließ nach; ein Kropf am Hals, infolge einer vergrößerten Schilddrüse (Struma Grad II), bildete sich zurück, Neurodermitis sowie ein hartnäckiges Ekzem an der Hand klangen ab. Ständige Osteoporose-

Beschwerden ließen erheblich nach. In zwei Fällen konnten Medikamente gegen Asthma und Herzbeschwerden schon stark reduziert oder ganz abgesetzt werden. Lichtblicke gibt es selbst in dem besonders schweren Fall der Corinna S.: Das heute 13jährige Mädchen aus Wörth leidet an infantiler Cerebralparese - alle vier Extremitäten sind aufgrund eines Gehirnschadens gelähmt -, in Verbindung mit einer Hirnatrophie (Schrumpfung). Wie Eltern und Großeltern berichten, sei das Mädchen "viel aufgeschlossener, vitaler und fröhlicher" geworden; es "redet mehr, die Aussprache ist besser geworden".

Besonders hilfreich scheint Fernheilen bei chronischen Schmerzzuständen aller Art, wie die Mehrzahl der betroffenen Testpersonen berichtet. Eine 62jährige pensionierte Sekretärin aus Riehen, Schweiz, wurde seit über 20 Jahren einmal wöchentlich von Migräneanfällen geplagt. "Die dauerten oft 12 bis 14 Stunden. Ich mußte dann im Bett bleiben und das Zimmer abdunkeln." Seit Testbeginn treten die Schmerzattacken nur noch alle 14 Tage auf. Auch bei einer 47jährigen Österreicherin aus Vöslau haben Kopfschmerzen, die 30 Jahre lang unvermindert anhielten, inzwischen so stark nachgelassen, daß Medikamente überflüssig wurden: "Emotional bin ich oben." In zwei weiteren Fällen sind rheumatisch bedingte Schmerzen nahezu verschwunden. Bei einem 51jährigen Vermögensberater aus Weissach klangen, erstmals seit acht Jahren, schmerzhafte Beschwerden der rechten Wade ab, derentwegen er einen Kompressionsstrumpf tragen mußte. Bei einer 62jährigen Hausfrau aus Nordhessen sind chronische Krämpfe im Magen-Darm-Bereich nach eigenen Angaben "weg". Eine 56jährige Astrologin aus Seeshaupt, die seit zehn Jahren von einer Fibromyalgie[11] geplagt wird - mit chronischen Schmerzen in Muskulatur, Bindegewebe und Knochen -, konnte plötzlich wieder "20 km Fahrrad fahren, ohne nennenswerte Schmerzen. Das ist für mich außergewöhnlich."

Zu Euphorie gibt die Studie gleichwohl keinen Anlaß. Nur drei Versuchspersonen, also gerade mal fünf Prozent der Stichprobe, wurden bis Testende vollständig beschwerdefrei, was angesichts der Schwere und Dauer der vorliegenden Leiden auch kaum anders zu erwarten war. Schon gar nicht haben sich schlagartige Spontanremissionen ereignet. Auch bei jenen Testpersonen, die verblüffende Besserungen berichten, beschränken sich die Fortschritte in der Regel auf einen begrenzten Ausschnitt der vorliegenden Symptome - andere halten bisher unvermindert an. Manche nennenswerte Besserung setzte erst nach mehreren Monaten ein, auf andere folgten ernüchternde Rückfälle. Auch

Fernheiler sind keine Wundertäter mit Erfolgsgarantie. Rund jeder dritte Beteiligte hat keinerlei nennenswerte Linderung erfahren - darunter ein 57jähriger Journalist aus Quierscheid, den sein Tinnitus seit fünf Jahren schier zum Wahnsinn treibt. Bei einer 32jährigen Schweizerin aus Dornach breitet sich eine Schuppenflechte (Psoriasis), die seit sieben Jahren für Ekzeme an Knien, Waden und Füßen sorgt, ungebremst weiter aus, obgleich "ich mehr Energie habe, seit ich beim Test mitmache". Eher schlechter geht es inzwischen auch der seit acht Jahren an Multipler Sklerose leidenden Sekretärin aus Bielefeld: Am 6. Juli 1998, auf dem Fußweg zu ihrer Neurologin, brach sie während eines akuten Schubs zusammen, der Gangbild, Gleichgewicht und Sehkraft gleichermaßen beeinträchtigte; noch am gleichen Tag wurde sie ins Krankenhaus eingewiesen und auf ein Interferon-Präparat gesetzt. In einem weiteren Fall, einer 24jährigen Studentin mit seit 12 Jahren andauerndem Asthma bronchiale, kam es wochenlang sogar zu dramatischen Verschlimmerungen, die Kortisonspritzen erforderten. Fernheilen, zumal bei chronischen Erkrankungen, erfordert Geduld.

Weil alle beteiligten Patienten von vornherein wußten, ob sie fernbehandelt werden oder nicht - also nicht "verblindet" wurden -, verbieten sich enthusiastische Rückschlüsse auf die Ursache der beobachteten gesundheitlichen Fortschritte. Insbesondere "beweist" die Studie nicht einseitig die außerordentlichen Fähigkeiten der Fernheiler, oder gar die Wirkung einer mysteriösen heilenden "Energie". Was der Test feststellte, sind Effekte einer hochkomplexen Gesamtsituation, an der Überzeugungen und andere psychische Faktoren der Patienten, die wissenschaftlichen Rahmenbedingungen des Tests und die einbezogenen Ärzte ebenso mitwirkten wie die Bemühungen der Fernheiler. Dies schmälert aber nicht die Bedeutung der Befunde, wie der Psychologe Dr. Harald Walach betont, Privatdozent an der Universität Freiburg (er betreute die Diplomarbeit über den Test): Woher die Effekte rühren, "ist von einem pragmatischen Standpunkt aus unerheblich. Wichtig ist zu wissen, ob diese Form der Behandlung bei den Patienten, die sich dafür interessieren, etwas bewirkt. Dies tut sie ohne Zweifel" - die gemessenen Veränderungen sind "in allen Skalen deutlich und signifikant".

Auf der Suche nach psychologischen Einflußgrößen zeigten statistische Varianzanalysen des Datenmaterials: Für den Behandlungserfolg ist es weitgehend unerheblich, welche Ansichten ein Patient über die Wirkungsweise geistigen Heilens hat; wie umfangreiche Vorerfahrungen mit alternativen Heilverfahren und speziell mit geistigem Heilen er mitbringt. Dagegen erwiesen sich zwei Faktoren als bedeutsam (sie allein klärten 22 Prozent der Datenvarianz auf):

- die Erfolgserwartung: Je höher die Chance auf Heilung zu Beginn des Tests eingeschätzt wurde, desto positiver fällt das Behandlungsergebnis aus.
- die Zuschreibung von Krankheitsursachen ("Kausalattribution"): Fernheilen ist um so erfolgreicher, je weniger der Behandelte die Einflüsse anderer Personen - falsche Erziehung, böse Wünsche, Rücksichtslosigkeit, Gemeinheiten usw. - für die Entstehung der Krankheit verantwortlich macht.

Alle drei untersuchten Weisen des Fernheilens - anonym, mit Kontakt, mittels Amulett - führten zu signifikanten Besserungen; offensichtlich nützt einem Schwerkranken jede von ihnen deutlich mehr als bloßes Warten.

Welche Art des Fernheilens wirkt am besten, welche weniger? Es wurden Unterschiede sichtbar: Kontakt- und Amulettgruppe, in denen es zu persönlichen Begegnungen zwischen Patienten und Heilern kam, schnitten auf den meisten eingesetzten Skalen besser ab als die anonym Behandelten.

Außergewöhnliche Empfindungen - wie Kribbeln, Wärme oder Kälte, "Durchströmtwerden" - berichteten die meisten Fernbehandelten. (Auf ihren Protokollbögen beantworteten sie Woche für Woche aufs neue die Frage: "Hatten Sie diesmal den Eindruck, die Fernbehandlung - bzw. die Wirkung des Amuletts - zu spüren?") Doch scheinen solche Eindrücke für den Therapieerfolg im allgemeinen prognostisch unerheblich: Manche Versuchspersonen berichteten ausgeprägte "Fernheilgefühle", machten aber keinerlei Fortschritte - andere spürten nichts, erfuhren jedoch deutliche Besserungen. (Siehe auch Kap. 9.)

Ebenso zweitrangig scheint, ob ein Patient *weiß*, wann er fernbehandelt wird - entgegen der unter Heilern verbreiteten Auffassung, eine "Fernbehandlung" bewirke erheblich mehr, wenn sich ein Patient zu vorab vereinbarten Terminen entspanne, bewußt auf den "Energiefluß" einstelle und ihn durch geeignete Vorstellungsbilder fördere. Von den Versuchspersonen der "Kontakt-" und der "anonymen" Gruppe kannte, wie erwähnt, jeder zweite die ungefähren Zeitpunkte, zu denen Fernheiler mit ihnen arbeiteten (jeweils dienstags und freitags, innerhalb eines zweistündigen Zeitkorridors); die übrigen bleiben darüber im ungewissen, sie durften jederzeit fernbehandelt werden. Zwar traten

"Fernheilempfindungen" deutlich häufiger auf, wenn der ungefähre Behandlungszeitpunkt bekannt war. Eine erheblich höhere Besserungsquote bei den "Informierten" war freilich nicht festzustellen. Eher zeigt der Trend in die umgekehrte Richtung: Sechs von zehn "Unwissenden", gegenüber vier von zehn "Informierten", ging es bis Testende deutlich besser.

In Dreiviertel der Fälle blieben die erreichten Besserungen stabil - ein Indiz dafür, daß sie nicht bloß suggestiv erzeugt worden sind. Allerdings kam es mehrfach, nach ermutigenden Anfangserfolgen, wieder zu Rückschlägen, oft ausgelöst durch unglückliche äußere Umstände: Eine 73jährige Rentnerin, die wegen fortgeschrittener Atrophie (Rückbildung) des Kleinhirns seit sieben Jahren an den Rollstuhl gefesselt ist, hatte sich unmittelbar nach dem ersten Behandlungstermin, mit einem strahlenden Lächeln im Gesicht, aufgerichtet und war zwei Minuten lang auf beiden Beinen gestanden. Ihre erheblichen Symptome - Gleichgewichts- und Sprachstörungen, Muskelschwäche, allgemein verlangsamtes Denken - schienen allmählich nachzulassen. Doch dann, gegen Ende des ersten Testmonats, zog sie sich eine schwere Lungenentzündung zu, der im Juli 1998 eine zweite folgte. Im Krankenhaus wurde sie deswegen mit hochdosierten Antibiotika behandelt - "seither ging es rapide bergab", berichtet ihr Ehemann. - Der neunjährige Marco, bei dem kurz nach der Geburt ein Louis-Bar-Syndrom[12] festgestellt worden war, leidet an fortschreitenden Störungen der Bewegungskoordination. "Eine Zeitlang hatte Marco mehr Kraft und konnte deutlicher sprechen", fiel den Eltern auf. "Im Moment ist er aber wieder sehr schwach." Bei der 56jährigen Anne S. aus Seeshaupt hatte eine Fibromyalgie, die chronische Schmerzen in Muskulatur, Bindegewebe und Knochen verursachte, zunächst ebenso deutlich nachgelassen wie arthrosebedingte Beschwerden: Schon nach der ersten Testwoche hatte die Patientin "20 km Fahrrad fahren" können, "ohne nennenswerte Schmerzen. Das war für mich außergewöhnlich." An Fernheiltagen spürte sie "mehr Lebensfreude und Kraft". Doch im August zog sie sich eine Hepatitis zu, die alle Anfangserfolge znichte machte. - Bei der 63jährigen Maria K. hatten heftige Schmerzzustände, bedingt durch ein HWS-(Halswirbelsäulen-)Syndrom, ein Karpaltunnelsyndrom (durch Druck auf den linken Mittelarmnerv) und eine Insertionstendopathie (Entzündung der Sehnen bzw. Sehnenscheiden) in der linken Hüfte, ab der dritten Testwoche erheblich nachgelassen. Doch Anfang Juni mußte sie sich zwei Operationen unterziehen (Spinalkanalstenose, Bandscheiben) - seither leidet sie wieder unter "extrem starken Schmerzen, die mit hochdosierten Medikamenten nur teilweise gemildert werden können", notierte sie niedergeschlagen Ende Juli 1998.

Auch Fernheilen, nicht anders als eine ärztliche Therapie, erfordert Geduld, zumal bei chronischen Leiden. In jedem dritten Fall, bei dem sich die körperliche Symptomatik deutlich verbessert hat, zeichneten sich bei Halbzeit, nach 10 von 20 Wochen, noch keinerlei Fortschritte ab. Erst in der zweiten Hälfte stellten sie sich ein: so etwa bei einer seit zehn Jahren bestehenden Colitis ulcerosa (chronische Dickdarmentzündung) mit schmerzhaften Krämpfen und wässrigem Durchfall, einem Gallensteinleiden (Cholelithiasis), einer ausgeprägten Schuppenflechte, Tinnitus, Pfeiffer´schem Drüsenfieber und einer aus medizinisch ungeklärter Ursache schmerzhaft geschwollenen Wade. In Dreiviertel aller Fälle setzen deutliche Verbesserungen des Krankheitsbilds allerdings bereits innerhalb der ersten zehn Wochen ein.

Anfangserfolge dürfen nicht überbewertet werden. Vier weitere Versuchspersonen hatten bei Halbzeit des Tests, nach 10 von 20 Wochen, eine erfreuliche Zwischenbilanz ziehen können: der 69jährige Rentner Kurt R. aus Gummersbach etwa, der unter anderem seit fünf Jahren an einer "cerebralen Systemdegeneration mit vorherrschender cerebellärer (Kleinhirn-)Symptomatik litt; deswegen war sein Körper ständig leicht verkrampft, ihn belasteten unsicherer Gang, Schwindel, verwaschene Aussprache, eine zunehmend unleserliche Handschrift und nachlassendes Orientierungsvermögen. Während der beiden ersten Testmonate konnte er seine "Wochenprotokolle" regelmäßig mit Erfolgsmeldungen füllen: "Ich kann wieder allein auf der Straße gehen und besser Treppen steigen, einige Schritte ohne fremde Hilfe tun. Mein Gang ist gleichmäßiger geworden." Außerdem berichtete er "mehr Interesse", "Motivation" und Lebensfreude. Von alledem blieb bis Testende nicht mehr viel übrig: Mehrmals pro Woche wurde ihm stark schwindlig, jedesmal stürzte er schwer; inzwischen ist er wieder "stark depressiv". - Bei der 34jährigen kaufmännischen Angestellten Inge Ro., der seit ihrer Kindheit ein ICE-Syndrom mit stark erhöhtem Augendruck und um 40 bis 50 Prozent verringerter Sehkraft zu schaffen macht, hatten Messungen ab dem zweiten Testmonat zunächst deutlich bessere Werte ergeben; doch inzwischen fielen sie weiter in die Nähe des Niveaus vor Testbeginn. In all diesen Fällen liegt der Verdacht nahe, eine Mischung aus anfänglicher Euphorie, Placeboreaktion und Autosuggestion habe Symptome zeitweilig zurückgedrängt, bis schließlich wieder die grausame Realität des schweren Krankheitsbilds die Oberhand gewann.

Mit "Erstverschlimmerungen", wie sie aus der Homöopathie bekannt sind, muß offenbar auch beim Fernheilen gerechnet werden.

Mehrere Versuchspersonen beunruhigte zeitweilig eine plötzliche, heftige Zunahme von Beschwerden, kaum daß der Test begonnen hatte. Erst nachdem sie wieder abgeklungen waren, stellten sich Besserungen ein.

"Je länger, desto wirksamer" ist eine Regel, die so pauschal beim "Fernheilen" offensichtlich ebensowenig gilt, wie sie auf ärztliche Maßnahmen oder Psychotherapien zutrifft. Die deutlich besseren Erfolge in der "Kontaktgruppe" wurden von einem Fernheiler erzielt, der mit rund fünf Minuten Behandlungsdauer mit zu den "schnellsten" gehörte; für die "Energieübertragungen", die er bei vereinzelten persönlichen Kontakten in einem Wachtrancezustand mittels Handauflegen vornahm, benötigte er gar nur drei bis fünf Minuten. Und auch innerhalb der "anonymen" Gruppe traten die spärlichen Fortschritte keineswegs bei jenen Versuchspersonen auf, um die sich Fernheiler besonders ausdauernd kümmerten. Andererseits ragten die Therapieeffekte derjenigen drei Heiler, die pro Sitzung 60 bis 120 Minuten "Energiearbeit" auf sich nahmen, nicht gerade heraus.

Ebensowenig gilt: "Je mehr, desto besser". Wenn nicht nur ein Fernheiler, sondern gleich mehrere mit einem Patienten arbeiten - sollte da nicht Eindrucksvolleres herauskommen als bei Einzelbemühungen? Überlegungen dieser Art veranlassen Fernheiler mitunter, sich zu "Heilkreisen" zusammenzuschließen. Aber "Heilenergien" addieren sich offenbar nicht einfach - ansonsten hätten die weitaus beeindruckendsten Fortschritte in der "anonymen Gruppe" auftreten müssen, in der sich um jede Versuchsperson gleich ein halbes Dutzend Heiler bemühte. Das Gegenteil trat jedoch ein: Ein einziger erfahrener Heiler wie Christos Drossinakis, der Fernheilen mit persönlichen Kontakten verbindet, erreichte im Test eine eher noch leicht höhere Erfolgsquote als ganze Heilerteams, die Hilfesuchenden bloß "Energien vermitteln".

War bei den festgestellten Besserungen bloß starker Glaube am Werk, nicht aber eine mysteriöse Heilenergie? Wie schon betont: Daß beim "Fernheilen" mehr als nur psychische Faktoren beteiligt sind, kann die Studie nicht ausschließen. Schließlich war in ihrem Rahmen allen Beteiligten von Anfang an klar, daß Heilbemühungen auf sie zielen; insofern bleibt offen, inwieweit beobachtete Fortschritte auf Fremd- und Autosuggestion beruhen. Aber:

1. Das "Placebo-Argument", von schulmedizinischen Hardlinern gebetsmühlenhaft wiederholt, ist ein untauglicher Versuch, sich im psychologistischen Kurzschluß jede echte Auseinandersetzung mit dem Mysterium des "Fernbehandelns" zu ersparen.[13] *Daß* eine als "esote-

risch" belächelte Therapie wirkt, läßt sich unabhängig davon, *warum* sie wirkt, untersuchen, konstatieren - und nutzen. Geistiges Heilen in den untersuchten Varianten, so stimmt Harald Walach zu, "ist eine effektive Maßnahme zur Verbesserung der Lebensqualität chronisch kranker Patienten. Die beobachteten Effekte sind nicht nur signifikant, sondern auch klinisch bedeutsam und durchaus ernstzunehmend."

2. Um Placebo-Wirkungen auszuschließen, ist eine "Verblindung" der Versuchspersonen erforderlich. Dazu müssen Kontrollgruppen von Patienten gebildet werden müssen, die (a) fernbehandelt werden, ohne es zu wissen, oder (b) fälschlich im Glauben gelassen werden, sie würden fernbehandelt. Ob es mit Schwerkranken auch unter solchen Bedingungen unerwartet rasch und weitreichend bergauf geht, wäre aus rein wissenschaftlicher Sicht gewiß eine spannende Frage. Gegen ein entsprechendes Vorgehen sprechen allerdings ethische Bedenken: Jemanden ohne sein Wissen einer therapeutischen Maßnahme auszusetzen - wenn auch nur auf einer rein ‚spirituellen' Ebene -, greift in sein Selbstbestimmungsrecht ein. Und jemandem monatelang eine möglicherweise hilfreiche Therapie vorzuenthalten, obwohl man ihm weismacht, sie finde statt, ist vielleicht gute Wissenschaft, im Grunde aber arglistige Täuschung, ein übles Spiel mit der Hoffnung von Hilfesuchenden.

3. **Daß Fernheilen wirkt, zeigt sich auch im "Doppelblindversuch", bei dem kein Beteiligter weiß, wer fernbehandelt wird und wer nicht.** Die bislang überzeugendste und zugleich aufwendigste Studie dieser Art veröffentlichte der amerikanische Arzt Dr. Randolph Byrd 1988.[14] Aus 393 koronar Herzkranken, die stationär in einem Krankenhaus von San Francisco behandelt wurden, ließ er nach einem Zufallsverfahren 192 auswählen, für die christliche Gebetsheiler in ganz Amerika fortan zehn Monate lang täglich beteten. Die Studie war "doppelblind" angelegt: Weder die Patienten, noch Byrd selbst, noch sonstige beteiligte Ärzte und Wissenschaftler, konnten wissen, welche Patienten "ferngeheilt" wurden und welche nicht. Auch waren beide Gruppen, die Fernbehandelten und die Kontrollgruppe, hinsichtlich wichtiger Faktoren wie Altersverteilung, organischer Befund, Beschwerden und medizinische Versorgung vergleichbar zusammengesetzt. Um so mehr verblüfft Dr. Byrds Testbilanz: Bei denjenigen Herzkranken, für die gebetet wurde, traten im allgemeinen deutlich weniger Komplikationen auf. Sie mußten auffällig seltener künstlich beatmet werden (0 zu 12), benötigten seltener Antibiotika (3 zu 16) und Diuretika, harntreibende Mittel (5 zu 15). Die Herz-Lungen-Tätigkeit setzte in weniger Fällen kurzzeitig aus

(3 zu 14), und auch pulmonare Ödeme, also Wasseransammlungen in der Lunge, kamen seltener vor (6 zu 18).

Dreizehn Jahre später knüpfte eine ähnlich angelegte Doppelblindstudie an Byrds Pioniertat an; ihre Präsentation im Herbst 1998 bei der 71. Jahrestagung der American Heart Association in Dallas, Texas, sorgte in der Fachwelt für beträchtliches Aufsehen.[15] Ein neunköpfiges Medizinerteam unter Leitung des Kardiologen Professor Mitchell W. Krucoff teilte 150 Angina-pectoris-Patienten, im Durchschnitt 64 Jahre alt, nach dem Zufallsprinzip in fünf Gruppen auf: Für die erste wurde gebetet; die zweite erlernte und praktizierte Entspannungsübungen; die dritte erhielt eine "Berührungstherapie", die eine besonders liebevolle, körperbetonte Pflege einschloß - Krankenpfleger hielten dabei öfters die Hände der Patienten und streichelten sie. Eine vierte Gruppe arbeitete mit Imaginationen, bildhaften Vorstellungen. Die restlichen dreißig Patienten wurden der Kontrollgruppe zugelost, die lediglich nach schulmedizinischem Standard versorgt wurde. Weder die behandelnden Ärzte noch das Pflegepersonal noch die Patienten wußten, ob und für wen gebetet wurde. Um festzustellen, wie sich die jeweilige Therapieform auswirkte, wurden bei allen Versuchspersonen regelmäßig Blutdruck und Herzschlag gemessen, ein EKG (Echokardiogramm) sowie eine Angiographie vorgenommen: eine Röntgenaufnahme von Gefäßen, in die zuvor ein Kontrastmittel gespritzt wurde. Außerdem protokollierte das Pflegepersonal fortlaufend alle gesundheitlich bedeutsamen Ereignisse. Wie sich herausstellte, nützten sämtliche eingesetzten Zusatztherapien signifikant. Am meisten aber half offenbar die christliche Fürbitte: In Krucoffs Gebetsgruppe traten nur halb so viele Ischämien auf - "Blutleere" in Organteilen, infolge verminderter Blutzufuhr - wie in der Kontrollgruppe. Bei 6,7 Prozent der Patienten in der Kontrollgruppe kam es zu Komplikationen - in der Gebetsgruppe hingegen in keinem einzigen Fall; deren subjektives Wohlbefinden war am Ende zudem erheblich besser. Was wirkte hier? "Nennen Sie es spirituelle Energie, nennen Sie es göttlich", sagte Krucoff. "Ich weiß es nicht."

Selbst bei Aids, der gefürchteten Immunschwäche, zeigte geistiges "Fernheilen" auch schon im Doppelblindversuch meßbare Wirkungen. Mediziner der Universität von Kalifornien in San Francisco stellten sie 1988 bei 40 HIV-Infizierten in fortgeschrittenen Stadien fest, die sechs Monate lang ohne ihr Wissen fernbehandelt wurden. Verglichen mit einer Kontrollgruppe benötigten sie deutlich weniger Medikamente und ärztliche Maßnahmen, Infektionen und andere typische Begleiterkrankungen traten seltener und weniger ausgeprägt auf.[16]

4. Um "energetische" Anteile geistigen Heilens zu isolieren, bieten sich darüber hinaus Experimente mit nichtmenschlichen Versuchsobjekten an, die von vornherein nicht im Verdacht stehen, für Placebos anfällig zu sein. Laborversuche unter Bedingungen, die Placeboreaktionen ausschließen, deuten jedenfalls darauf hin, daß am "Fernheilen" tatsächlich ein mysteriöser, physikalisch noch ungeklärter Faktor beteiligt sein muß, den die Heiler selbst als "göttliche Kraft" oder "kosmische Energie" umschreiben:

- Schon 1972 entdeckte der amerikanische Biochemiker Dr. Robert Miller in einer Versuchsreihe am Physikalischen Institut des Agnes-Scott-College in Atlanta: Pflanzen sprießen bis zu siebenmal schneller, sobald ein Fernheiler dafür betet. Er stellte bei Gräsern einen plötzlichen Wachstumsschub fest - von derselben Stunde an, als sich die namhafte Gesundbeterin Olga Worrall, vom 950 Kilometer entfernten Baltimore aus, darauf konzentrierte: Statt durchschnittlich 0,15 sprossen sie nun 1,3 Millimeter pro Stunde in die Höhe.[17]

- Die mittlere Überlebensrate von isolierten Tumorzellen änderte sich zeitweilig um 200 bis 1200 Prozent, als sich der britische Heiler Matthew Manning darauf konzentrierte - selbst wenn er sich in einem anderen, elektrisch abgeschirmten Raum aufhielt.[18]

- In einer Serie von 16 Fernheiltests scheint es einer Gruppe von sieben Heilern gelungen zu sein, aus zwanzig Kilometern Entfernung Pilzkulturen zu beeinflussen, von denen ihnen nur Fotos vorlagen: Wuchsen die Kulturen normalerweise um 0,65 Millimeter pro Stunde, so schrumpften sie im Testzeitraum stündlich um 1,96 Millimeter.[19]

- Auch im Tierversuch zeigten sich sonderbare Effekte: Fernbehandelte Ratten scheinen eher vor einem Befall durch Blutparasiten *Babesia Rodhani* geschützt - sie erzeugen Malaria -, fernbehandelte Hamster eher vor Amyloidose, einer Stoffwechselstörung.[20]

Den Forschungsstand zum Fernheilen stelle ich an anderer Stelle ausführlich vor.[19]

Gleichwohl überschätzten vier von fünf am "Fernheil-Test" beteiligten Heilern, was sie zustandebringen: Anderen geistigen Heilweisen, bei denen Therapeut und Klient einander persönlich begegnen, ist das "Fernbehandeln" deutlich unterlegen. Während die Erfolgsquote im Test bei durchschnittlich 40 Prozent liegt - und beim "reinen", anonymen Fernheilen auf 30 Prozent sinkt, während sie beim Fernheilen in Verbindung mit gelegentlichen persönlichen Kontakten auf 50 Prozent steigt -, beträgt sie bei geistigem Heilen generell deutlich über 60 Prozent. Darauf deutet jedenfalls ein Dutzend Umfragen aus Deutschland, der Schweiz und den Niederlanden hin, die seit den fünfziger Jahren annähernd 7000 Patienten von über hundert Geistheilern erfaßt haben. Nach Abschluß einer üblichen "Geistheilung", mit durchschnittlich fünf bis zehn Terminen[21], erklären rund zwei Drittel, ihre Beschwerden hätten deutlich nachgelassen; 5 bis 10 Prozent fühlen sich sogar "völlig geheilt" - was keine einzige Versuchsperson des Fernheil-Tests von sich behauptet.[22] (Siehe Kap. 1, "Die Statistik des Wunders".)

Was ist Hilfesuchenden zu raten? Sollten sich chronisch Kranke, für die Ärzte nichts mehr oder zuwenig tun können, auf eine Fernbehandlung einlassen?

Mein "Fernheil-Test" scheint dafür beste Gründe zu liefern. Denn folgt aus ihm nicht, daß selbst bei scheinbar "therapieresistenten" Leiden die Chance, auf diese geheimnisvolle Weise zumindest eine deutliche Linderung zu erfahren, im allgemeinen bei Eins zu Drei liegt - und bei gewissen Varianten des Fernheilens sogar auf Eins zu Zwei steigt? Eine 50prozentige Hoffnung für die vermeintlich Hoffnungslosen: muß da nicht jeder Betroffene umgehend zugreifen, ohne zu zaudern?

Vor übereilten Fehlschlüssen dieser Art können Patienten gar nicht eindringlich genug gewarnt werden. Selbst wenn irgendein Fernheiler einmal irgendwo auf der Welt unter medizinisch-wissenschaftlicher Aufsicht ein paar Kranken anscheinend half, so war allein *er* es, zu *jenem* Zeitpunkt, bei *diesen* speziellen Versuchspersonen, unter *jenen* besonderen Umständen. Kein noch so erfolgreich verlaufener Test rechtfertigt die Zuversicht, daß jeder andere Fernheiler bei beliebigen anderen Patienten jederzeit und überall auch nur annähernd so viel zustande bringt - oder auch nur derselbe getestete Fernheiler bei anderen Anlässen. Außerdem haben Fernheiler in wissenschaftlichen Überprüfungen im allgemeinen öfter versagt als überzeugt.[23]

In der Esoterikszene stehen wissenschaftliche Untersuchungen pauschal und meist ungeprüft im Verdacht, für künstlich unterkühlte Rahmenbedingungen zu sorgen, unter denen sich Psi-Phänomene kaum je oder gar nicht manifestieren. Beim "Fernheil-Test", wie bei manch anderer Studie mit bemerkenswert positiven Befunden, war es aber eher umgekehrt: Vielerlei Faktoren, mit denen in der Praxis nicht zu rechnen ist, könnten den bemerkenswerten Ausgang begünstigt haben:

- Die Mitwirkung mehrerer offenkundig aufgeschlossener, das

Phänomen ernstnehmender Ärzte, darunter Doppeldoktoren und Privatdozenten, trug mit Sicherheit ganz erheblich dazu bei, Vorbehalte der Patienten abzubauen, Ängste zu lindern und Zuversicht zu stärken. Ebenso dürfte die Vorinformation gewirkt haben, daß mehrere Universitäten und Forschungsinstitute an der Studie mitwirken. Der Normalfall stellt sich immer noch anders dar: Hier fühlt sich der Patient in der Regel genötigt, den Gang zum Heiler vor seinem Arzt zu verheimlichen, aus berechtigter Furcht, seiner Neigung für faulen Zauber wegen mit ironischen Seitenhieben eingedeckt zu werden.

- Auch die Betreuung der Patienten durch Versuchsleiter war von vornherein darauf angelegt, Zutrauen zu schaffen. Welcher Schwerkranke wird schon, ehe er einen Heiler aufsucht, von mehreren Wissenschaftlern einführend mit therapeutischen Möglichkeiten vertraut gemacht, bestärkt und auf Wunsch therapiebegleitend individuell beraten?

- Zweimal, bei "Halbzeit" der 20wöchigen Behandlungshase und nochmals drei Wochen vor Abschluß, erhielten alle beteiligten Testpersonen Rückmeldung darüber, inwieweit das Fernbehandeln bis dahin der Versuchsgruppe insgesamt und in ausgewählten Fällen geholfen hatte. Solch positives Feedback mag insbesondere die bis dahin Enttäuschten darin bestärkt haben, nicht voreilig aufzugeben, und aufgekommene Zweifel wieder zurückgedrängt haben, die gewöhnlich dazu führen, Fernbehandlungen abzubrechen.

- Die besten Ergebnisse erzielte mit Christos Drossinakis ein Heiler, der außergewöhnlich erfahren und allem Anschein nach auch sonst überdurchschnittlich erfolgreich ist. Die wenigsten seiner Kollegen können freilich zwei Jahrzehnte Berufserfahrung, Bestnoten in mehreren weiteren medizinischen Tests und eine Klientel vorweisen, in der sich selbst Ärzte finden. Obendrein war er hochmotiviert, Wissenschaftlern unter Beweis zu stellen, was er kann; entsprechend große Mühe gab er sich bis zum letzten der knapp 140 Tage der ersten Testphase - wohingegen in der Praxis oft nicht nur die Patienten, sondern auch Heiler mitunter recht bald die Lust verlieren, wenn sich Fortschritte nicht im erhofften Tempo einstellen. Was Drossinakis zum Testerfolg beitrug, ist in all diesen Hinsichten alles andere als typisch.

All diese Einschränkungen ändern allerdings nichts an dem erfreulichen Hauptbefund des Tests: Fernheilen *kann* Schwerstkranken helfen - nicht nur in psychischer Hinsicht, sondern auch bei der Linderung der körperlichen Symptomatik und ihrer organischen Ursachen. Und ist für

Betroffene nicht zweitrangig, ob die Chance darauf bei fünfzig Prozent liegt oder "bloß" bei fünf? Wer sich von der Medizin bereits aufgegeben wähnt, wäre töricht, nicht nach jedem Strohhalm zu greifen - zumal wenn feststeht, daß dieser Halm nicht in jedem Fall reißt. Im übrigen ist Fernheilen frei von schädlichen Nebenwirkungen, verträgt sich mit jeglicher sonstigen therapeutischen Maßnahme, und fast immer verbessert es zumindest das Allgemeinbefinden und die seelische Verfassung beträchtlich. Insofern können Hilfesuchende nur gewinnen, wenn sie sich darauf einlassen.

Bei genauerem Hinsehen stützt der "Fernheil-Test" allerdings weniger ein spezielles Plädoyer für das Fernheilen als vielmehr für geistige Heilweisen allgemein. Hilfesuchende sollten nicht aus dem Auge verlieren, daß das "reine" Fernheilen, der anonyme, auf bloße "Energieübertragung" beschränkte Behandlungsversuch, im Test eher mäßig abgeschnitten hat - jedenfalls im Vergleich zu anderen Vorgehensweisen, die einen persönlichen Kontakt zwischen Heiler und Patient einschließen. Als Betroffener würde ich daraus die Konsequenz ziehen, mich grundsätzlich nur auf solche Fernheiler einzulassen, die ich kennenlernen, wiederholt treffen oder zumindest telefonisch hin und wieder zu Rate ziehen kann - auf Heiler, die bereit sind, mich individuell und nicht ausschließlich auf Distanz zu betreuen. Mehr noch: Ich würde Kontaktheilen, wann immer möglich, den Vorzug geben. **Fernbehandeln ist immer nur die zweitbeste Lösung.** In Erwägung ziehen Patienten sie besser nur ausnahmsweise: falls der Heiler ihrer Wahl sie nicht aufsuchen kann, sie selbst bettlägrig oder aus anderen Gründen immobil sind. Lieber überdenken sie nochmals selbstkritisch ihre Wahl. Manch unbekannter Handaufleger aus der Nachbarschaft, der sich notfalls für Dutzende von stundenlangen Hausbesuchen aufopferungsvoll Zeit nimmt, kann unter Umständen erheblich mehr ausrichten als ein berühmter Fernheiler, der weit weg Hunderten von Hilfesuchenden hin und wieder "Energien" zuleitet. Sollte ich selbst jemals an eine Fernbehandlung denken: Ich würde keinen Heiler beauftragen, von dessen therapeutischen und charakterlichen Eigenschaften ich mich nicht zuvor schon in mehreren Privatsitzungen überzeugen konnte.

Nichtskönner seien leicht zu entlarven, so versuchen die meisten Heiler verunsicherte Patienten zu beruhigen; denn ob, wann und wie lange jemand wirklich mit Erfolg fernbehandelt werde, könne der Betreffende regelrecht *spüren*. Doch das stimmt nicht immer, wie dieser Test zeigt: Demnach bemerkt höchstens jeder zweite Patient ab und zu irgendwelche außergewöhnlichen Empfindungen, Gefühle oder andere innere Episoden, während ein Heilversuch auf Distanz stattfindet. Und selbst wenn sie wiederholt derart synchron mit Intentionen des Fernheilers auftreten sollten, daß Zufall unwahrscheinlich wird, so deuten solche Übereinstimmungen allenfalls auf eine zeitweise telepathische Verbindung hin. Doch von Telepathie zur Tele*therapie* ist es dann immer noch ein weiter Schritt. (Siehe Kap. 9.)

Dringend abraten würde ich dagegen von sämtlichen Varianten des "Fernheilens", bei denen Medien den persönlichen Kontakt nicht bloß ergänzen, sondern ersetzen: seien es Videofilme oder Tonkassetten, Fotos oder Drucksachen wie angeblich "aufgeladene" Visitenkarten von Heilern. Der einzig gesicherte Effekt solcher Heilungsofferten besteht in der Bewegung der Umsatzkonten der Hersteller.[24]

Alle sonstigen Empfehlungen und Warnungen, die Hilfesuchenden ans Herz gelegt werden müssen, gelten nicht speziell für das Fernbehandeln, sondern für geistiges Heilen allgemein. (Siehe dazu das Kapitel "Kurz und bündig".)

Doch zumindest Tanja S. ist überglücklich, sich auf das Fernheilen eingelassen zu haben und beim Test dabei gewesen zu sein. Nicht nur kann sie seit dem dritten Testmonat wieder "ein wenig besser sehen"; seit dem vierten Monat, dank verbessertem Gleichgewichtssinn, sogar schon wieder alleine spazierengehen; seit dem fünften Monat wieder erste Geräusche wahrnehmen, wie ein Hörtest ergab. Von Anfang an "ging es seelisch wieder aufwärts", berichtet die Krebskranke. "Die gesamte Woche über ist so, als ob ich ständig von irgendwoher Energie bekomme. Ich habe kein einziges Mal negativ über meine Krankheit und Zukunft sinniert, hatte so richtig Schwung im Denken und Fühlen" und "bin wieder voller Optimismus. Das ist ein ganz tolles Gefühl, und das war schon lange nicht mehr so. Heute weiß ich sicher: Ich werde leben."

Augenfällige Veränderungen an ihrem Körper bestärken sie darin. Ab der siebten Testwoche begann ein besonders ausgeprägtes Neurofibrom am linken Unterarm, zehn Zentimeter lang und äußerst druckschmerzempfindlich, zusehends zu schrumpfen. Vom vierten Testmonat an war es vollständig verschwunden.[25] "Aus schulmedizinischer Sicht ist eine solche spontane Rückbildung, ohne daß eine anerkannte Therapie stattfand, eigentlich ein Ding der Unmöglichkeit", kommentiert ein Chirurg eines Frankfurter Krankenhauses.

Anmerkungen

1 Den "Fernheil-Test" stelle ich vor in *Heilen ohne Grenzen. "Fernbehandeln" auf dem Prüfstand: Dokumentation eines wissenschaftlichen Tests mit 55 Geistheilern und 290 Schwerkranken*, Schönbrunn 1999. Am Psychologischen Institut der Universität Freiburg im Breisgau ist eine Diplomarbeit darüber entstanden: Katja Reuter: *Der Einfluß psychologischer Variablen auf den Therapieerfolg bei chronisch Kranken. Eine Untersuchung aus dem Bereich der Komplementärmedizin*, Diplom-Arbeit, Albert-Ludwigs-Universität Freiburg i. Br. 1999. Eine Zusammenfassung der wichtigsten statistischen Daten geben Harald Walach/Katja Reuter, "Die Wirksamkeit geistigen Fernheilens bei chronisch Kranken - Ergebnisbericht" (44 S.), Freiburg i.Br., November 1998.

2 Nach dem offiziellen Einsendeschluß Mitte April 1998 erhöhte sich die Zahl der Bewerbungen bis Jahresende noch auf 396.

3 Zu den weiteren Einschlußkriterien zählten: die Bereitschaft des Patienten, auf eigene Kosten zu den Anfangs- und Abschlußuntersuchungen anzureisen sowie wöchentlich Protokolle zu führen; außerdem das Einverständnis zu Filmaufnahmen und anonymisierten Falldarstellungen. Von vornherein ausgeschlossen wurden Bewerber mit psychiatrischen Erkrankungen (weil damit eine eingeschränkte Realitätsauffassung einhergehen könnte, die Beurteilungen des eigenen Gesundheitszustandes fragwürdig macht; oder auch mangelnde Zuverlässigkeit, was die Einhaltung der Testbedingungen betrifft); und Bewerber in akut lebensbedrohlichem Zustand (wegen des Risikos, daß die betreffenden Versuchspersonen vorzeitig ausscheiden bzw. drastische ärztliche Maßnahmen erforderlich werden, die eine Effekteinschätzung des Fernheilens fragwürdig machen).

4 Anfang November 1998 lief eine zweite Testphase an, wiederum 20 Wochen lang, bis Ende März 1999. Beteiligt sind diesmal 170 Patienten und 25 Heiler. Dabei soll eine Reihe von Fragen geklärt werden, welche die erste Testphase offenließ:

- Was wird aus der "Kontrollgruppe" der ersten Testphase, wenn nunmehr auch sie fernbehandelt wird?

- Wären die Heiler, welche die "anonyme Gruppe" betreuten, erfolgreicher gewesen, wenn auch ihnen Patientenkontakte ermöglicht worden wären? (Dazu erhalten 135 Patienten nun Adressen von Fernheilern, mit der Freiheit, sich mit ihnen in Verbindung zu setzen.)

- Wirkt ein Amulett auch, wenn es ohne jeglichen Kontakt zum Hersteller verwendet wird? (Dazu erhielten 20 Patienten eine "aufgeladene" Folie per Post, zusammen mit einer Gebrauchsanweisung; sie stammt von einem praktizierenden Arzt und Heiler aus Norddeutschland, der anonym bleibt.)

- Bleiben die durch Fernheilen erzielten Erfolge stabil? (Dazu wurden 15 Patienten, die schon an der ersten Testphase teilgenommen hatten, weitere fünf Monate betreut.)

Die Auswertung war bei Redaktionsschluß dieses Buches noch nicht abgeschlossen, sie wird in einer Neuauflage der Dokumentation *Heilen ohne Grenzen*, a.a.O., veröffentlicht werden.

5 Die Gruppenzuteilung erfolgte "randomisiert", ein Computer im Psychologischen Institut der Universität Freiburg besorgte sie per Zufallsverfahren. Kontroll- und Behandlungsgruppe stimmten in ihren wesentlichen soziodemographischen

und psychologischen Merkmalen weitgehend überein, so daß die Vergleichbarkeit gewährleistet war. Dabei wurde die Kontroll- als Wartegruppe konzipiert: Allen ihr Zugelosten wurde versprochen, daß nach Testende auch ihnen Fernheiler vermittelt würden.

6 Die eingesetzten Instrumente der Datenerhebung werden vorgestellt in H. Wiesendanger: *Heilen ohne Grenzen*, a.a.O., Kap. 4.

7 So viele Diagnosen notierte das Ärzteteam bei der Erstbefragung; in den eingereichten medizinischen Unterlagen der Versuchspersonen sowie den Fragebögen, sie sie vorweg ausfüllten, fand ich zusammengerechnet sogar 142 Diagnosen. Achtzehn von diesen berücksichtigte das Ärzteteam nicht, weil sie nach seiner Einschätzung entweder nicht mehr aktuell oder unverifizierbar waren.

8 Klammert man einen statistischen "Ausreißer" aus, der angab, schon bei "über 200" Ärzten gewesen zu sein, sinkt dieser Mittelwert auf allerdings immer noch beträchtliche 6,65.

9 Der alles in allem desolate Gesundheitszustand der beteiligten Patienten spiegelte sich sowohl in ihren Selbsteinschätzungen als auch in den ärztlichen Beurteilungen wieder. Auf zehn- bis elfstufigen Schätzskalen stuften die Versuchspersonen durchschnittlich ein:

- die Stärke ihrer Beschwerden mit 7,78 (1 = kaum merklich, 10 = unerträglich)
- ihr momentanes Befinden mit 3,86 (1 = sehr schlecht, 10 = sehr gut)
- ihre Beeinträchtigung im Alltag mit 8,75 (0 = gar nicht, 10 = außerordentlich)
- das Ausmaß, in dem ärztliche Maßnahmen etwas ausrichteten, mit 2,74 (0 = überhaupt nicht, 10 = ausgezeichnet)
- das Ausmaß, in dem ihnen Medikamente halfen, mit 3,33 (0 = überhaupt nicht, 10 = ausgezeichnet).

Entsprechend niederschmetternd fielen die ärztlichen Einschätzungen anläßlich der Eingangsuntersuchung aus. Ebenfalls auf zehnstufigen Ratingskalen bewerteten die beteiligten Mediziner im Schnitt

- das Ausmaß der Beschwerden mit 6,82 (1 = kaum, 10 = sehr stark)
- den Ausprägungsgrad des Krankheitsbilds mit 6,88 (1 = kaum, 10 = sehr stark)
- das physische Allgemeinbefinden mit 5,63 (1 = sehr schlecht, 10 = sehr gut)
- das psychische Allgemeinbefinden mit 5,45 (1 = sehr schlecht, 10 = sehr gut)

Die Aussicht, im Testzeitraum Fortschritte zu machen, erschien den beteiligten Ärzten demgemäß, zumindest aus schulmedizinischer Sicht, alles andere als rosig: Auf einer bipolaren Skala von - 5 ("wird sehr viel schlechter") bis +5 ("wird sehr viel besser") lag die durchschnittliche Prognose bei -0,11.

Davon unbeeindruckt ließen sich die Patienten aufgeschlossen, zuversichtlich und vertrauensvoll auf den Fernheilversuch ein. (Auf drei jeweils fünfstufigen Schätzskalen ergab sich: in der Dimension "skeptisch" (1) - "aufgeschlossen" (5) ein Mittelwert von 4,35; in der Dimension "ängstlich" (1) - "zuversichtlich" (5) ein Mittelwert von 4,51; in der Dimension "mißtrauisch" (1) - "vertrauensvoll" (5) ein Mittelwert von 4,36.) Bei ihren Ansichten über die Wirksamkeit geistigen Heilens überwog vorsichtige Zustimmung. Die Versuchspersonen waren gebeten worden, zu mehreren diesbezüglichen Behauptungen mit einem Skalenwert zwischen -5 ("das verneine ich entschieden) über 0 ("dazu habe ich (noch) keine Meinung") bis +5 ("davon bin ich fest überzeugt") ihre Ablehnung oder Zustimmung zu beziffern. Dabei wurden beurteilt: "Geistiges Heilen kann grundsätzlich jedem Leiden beikommen" mit dem Mittelwert +1,95; "Geistiges Heilen wirkt auch auf Distanz" mit +2,78.

10 Im Durchschnitt telefonierten die Patienten im Testzeitraum fünfmal mit ihrem Heiler (Mittelwert: 4,85) und suchten ihn viermal auf (Mittelwert: 4,07); allerdings sahen sieben Versuchspersonen ihren Heiler überhaupt nicht.

1. Bei einer Fibromyalgie treten chronische, generalisierte Schmerzen in Muskulatur, Bindegewebe und Knochen auf, mit typischen, über den Körper verteilten Druckschmerzpunkten.

12 Das erbliche "Louis-Bar-Syndrom" (so benannt nach der französischen Ärztin Denise Louis-Bar), auch *Ataxia teleangiectatica*, ist unter anderem gekennzeichnet durch fortschreitende Koordinationsstörungen, Polyneuropathien (Nervenschädigungen, die zu Lähmungen und Sensibilitätsstörungen führen) und Immundefekten.

13 Näheres dazu im Kapitel 9, "Bloß ein Placebo?".

14 Randolph C. Byrd, "Positive Therapeutic Effects of Intercessory Prayer in a Coronary Care Population", *Southern Medical Journal* 81/1988, S. 826-829.

15 M. W . Krucoff / S. W. Crater / C. L. Green u.a.: *Integrative Therapies in Interventional Patients with Unstable Angina: Monitoring and Actualisation of Noetic Training (MANTRA) - A Pilot Study.*

16 Fred Sicher / Elisabeth Targ u.a., "A Randomized Double-Blind Study of the Effect of Distant Healing in a Population With Advanced AIDS", *Western Journal of Medicine*/WJM 169/1998, S. 356-363.)

17 Robert N. Miller, "The positive effect of prayer on plants", *Psychic* 3/1972, S. 24-25.

18 W. Braud / G. Davis / R. Wood, "Experiments with Matthew Manning", *Journal of the Society for Psychical Research* 50/1979, S. 199-223.

19 William H. Tedder / Melissa L. Monty, "Exploration of Long Distance PK: A Conceptual Replication of the Influence on a Biological System, *Research in Parapsychology 1980*, hrsg. v. W. Roll, Metuchen 1981, S. 90-93.

20 F. W. Snel / P. van der Sijde, "The Effect of Retro-Active Distance Healing on Babesia Rodhani (Rodent Malaria) in Rats", *European Journal of Parapsychology* 8/1990-91, S. 123-130; F. W. Snel / P. R. Hol, "Psychokinesis Experiments in Casein Induced Amyloidosis of the Hamster", *European Journal of Parapsychology* 5/1983, S. 51-76.

21 Siehe Harald Wiesendanger: *Das große Buch vom geistigen Heilen - Möglichkeiten, Grenzen, Gefahren*, Lea-Verlag: Schönbrunn 2000, S. 377.

22 Wiesendanger, a.a.O., S. 261 ff.

23 Beispiele dafür stellt Daniel Benor zusammen in *Healing Research*, Bd. 1, München 1992, S. 206 f., 244.

24 Näheres dazu in meinem *Großen Buch vom Geistigen Heilen*, a.a.O., S. 67-70.

25 "Zwei Tage vor Weihnachten 1998", so berichtet Tanja S., "entdeckte ich, daß ein Knötchen an meinem linken Oberarm kleiner geworden war - das war für mich natürlich ein ganz besonderes Geschenk." (Brief vom 7.1.1999 an den Versuchsleiter.)

24
Mit "Heilkraft" aufgeladen

Geheimnisvolles Amulett: Läßt sich Heilenergie in Objekten speichern und übertragen?

Es hätte ein goldglänzendes Kreuz sein können. Oder eine Brosche mit einer exotischen Kräutermixtur. Oder ein reich verziertes Medaillon, vielleicht mit bedeutungsschwangeren Planetensymbolen, Pentagrammen, Lebensbäumen, Runen. Jedenfalls irgendetwas, dem glaubensbereite Laien schon aufgrund seines Erscheinungsbildes zutrauen könnten, Wundersames auszurichten.

Dem Amulett jedoch, das im "Fernheil-Test" zum Einsatz kam[1], fehlte jeglicher Anschein des Magisch-Geheimnisvollen. Es handelte sich um nichts weiter als ein auf Telefonkartengröße gefalteter Zettel, mit Tesafilm verklebt. Wer das Papier öffnete, fand darin eine lose Ansammlung von Steinchen, Pflanzensamen und kleinen Splittern von Zweigen. Und dieses Objekt soll heilen können? Zumindest für den Geistheiler Christos Drossinakis aus Frankfurt am Main, der es seit Jahrzehnten in seiner Praxis einsetzt, besteht daran kein Zweifel: Er lade es, in einem "Wachtrancezustand", mit "heilender Energie" auf, die es speichere und an den jeweiligen Träger abgebe. Andere Heiler setzen als Medien der Fernbehandlung Stofflappen und Stanniolkugeln, Wattebäusche und Kristalle, Wasser und Schmuckstücke ein.

Was sie so zuversichtlich an Hilfesuchende verteilen, sind im weitesten Sinne *Fetische*, wie sie von Schamanen und Medizinmännern in sogenannten primitiven Kulturen seit eh und je eingesetzt werden. Unter einem Fetisch verstehe ich einen eigentlich "leblosen" Gegenstand, der drei Bedingungen erfüllt:

a) Er ist imstande, eine physikalisch unbekannte Kraft - oder Information - aufzunehmen und zu speichern, die er nicht von Natur aus hat (wie etwa das Uran seine Radioaktivität): sei es einen "Geist" oder eine unpersönliche Energieform. (Im Gegensatz dazu betrachten Esoteriker die energetischen Eigenschaften, die Edelsteinen, Kristallen oder Pyramiden zugeschrieben werden, als natürliche Besonderheiten dieser Objekte, die sie aufgrund ihrer inneren Struktur oder ihrer Form aufweisen.)

b) Damit diese Kraft bzw. Information in den Gegenstand hineingelangt, bedarf es einer dazu befähigten Person. Durch Berührung, Willensakte oder magische Rituale "leitet" sie "Energie" ein.

c) Das Objekt vermag diese Kraft bzw. Information weiterzugeben. Bei Heilfetischen zeichnet sich die übertragene Energie dadurch aus, daß sie Genesungsprozesse in medizinisch unerklärlicher Weise beschleunigt, sobald ein Kranker mit ihnen in Kontakt gerät.

Mit dogmatischen Abwehrreflexen, solcherlei Magie kurzerhand als abergläubischen Humbug abzutun, sollte gerade das christliche Abendland tunlichst zurückhaltend sein. Denn seine Glaubenstradition wurde jahrtausendelang von einem Reliquienkult geprägt, der eben diese Überzeugung - Objekte eignen sich als Speichermedien und Transmitter von Heilenergien - zu einem Massenphänomen werden ließ.[2]

Hat dieser Glaube einen rationalen Kern? Ist die Wirkungsweise von Amuletten eine Anomalie, die aufgeschlossene Ärzte und Wissenschaftler herausfordern müßte? Oder stehen "energiegeladene" Heilfetische im Prinzip auf einer Stufe mit vierblättrigem Klee und Hufeisen: allenfalls geeignet als Induktoren von Placeboreaktionen?

Die erste ernstzunehmende wissenschaftliche Studie aus Deutschland, die Fetischen auf den Grund zu gehen versuchte - und das eher beiläufig, im Rahmen eines umfassenderen Forschungsprojekts -, liegt schon über vier Jahrzehnte zurück. Dabei befaßte sie sich mit einem einzigen Fetisch, "energetisiert" von einem einzigen Heiler, in Anwendung auf eine unrepräsentative Stichprobe. Die Vorgeschichte: Im Herbst 1954 hatte sich einer der populärsten Geistheiler jener Zeit, der bereits erwähnte Volkswirt Dr. Kurt Trampler aus München, hilfesuchend an das von Hans Bender geleitete "Institut für Grenzgebiete der Psychologie und Psychohygiene" gewandt. Nachdem er seit 1952 angeblich dreißig- bis vierzigtausend Kranke unbefugt behandelt haben soll, war von der Staatsanwaltschaft München ein Strafverfahren gegen ihn angestrengt worden. Daraufhin war Trampler, wegen Verstoßes gegen das "Heilpraktikergesetz", in erster Instanz zu drei Monaten Gefängnis mit Bewährung sowie zu einer hohen Geldstrafe verurteilt worden. Gegen dieses Urteil hatte er Berufung eingelegt: Er bestand auf einem wissenschaftlichen Gutachten, das die Justiz dazu bewegen sollte, ihn an den Früchten seiner Arbeit zu messen. Ein solches Gutachten erhoffte er sich von den Freiburger Parapsychologen - und bekam es, wenngleich es ihm juristisch nichts nützte. Für ihre Dissertation studierte die Aachener Psychologin Ingeborg Strauch 1955 mehrere Heilmethoden Tramplers: neben Handauflegen und Fernbehandlungen auch eine sonderbare Art von Heilfetisch, den Trampler von Bruno Gröning übernommen hatte.[3] Er übergab seinen Patienten häufig Folien aus Stanniol, die er vorher in seinen Händen gehalten und "durchströmt" hatte, wie er den Vorgang des "Aufladens" nannte. Diese Folien sollten zu Hause auf die erkrankten Körperteile gelegt, unter dem Kopfkissen ausgebreitet oder auch ständig auf der bloßen Haut getragen werden. Für die medizinische Aufnahme und Kontrolle von Strauchs Patientengut hatte der Direktor der Medizinischen Poliklinik der Universität Freiburg, Professor H. Sarre, zwei ärztliche Mitarbeiter abgestellt.

Während des halbjährigen Testzeitraums, vom Januar bis Juli 1955, wendeten 228 Patienten die Folien an. Von ihnen berichteten 62, also mehr als ein Viertel, diese Prozedur hätte ihre Beschwerden gelindert; die übrigen 166 bemerkten keine Besserung. Immerhin schien die Folienbehandlung alles in allem erfolgreicher als Tramplers herkömmliche "Fernheilungen", die er zu bestimmten, zuvor abgesprochenen Uhrzeiten vornahm. Dies, so Strauch, könne allerdings "durch die direkte Berührung mit dem Körper zu erklären sein, die eine engere Verbindung zur Krankheit herstellt". Die sonderbaren Empfindungen, die jeder zweite Anwender erlebte und auf die "Heilenergie" zurückführte - vor allem Wärmegefühle -, seien im übrigen "beim Auflegen von Stanniolfolie auf die Haut, physiologisch gesehen, ganz natürlich".[4] Andererseits traten in Einzelfällen Empfindungen auf, welche "die üblichen Wärmesensationen beim Auflegen einer einfachen Stanniolfolie überstiegen und zu einer Linderung der Schmerzen führten"; dies sei "ein wesentlich tiefgreifenderer Vorgang", der Beachtung verdiene.[5] Leider mangelt es der Strauch-Studie an Angaben über ärztlich festgestellte objektive Veränderungen der Krankheitsbilder, die über das zu erwartende Maß deutlich hinausgingen, ebenso wie über begleitende andere therapeutische Maßnahmen. Das macht sie weitgehend wertlos.

Wenn Stanniolfolien und andere Heilfetische Wirkungen entfalten, die ihnen aufgrund ihrer bekannten physikalischen Eigenschaften niemand zugetraut hätte, so spielt starker Glaube an solche Kräfte unzweifelhaft eine gewichtige Rolle. Falls und solange ein Kranker davon überzeugt ist, irgendein an sich toter Gegenstand habe eine "übernatürliche" Kraft aufgesogen und strahle sie ab, wird seine Psyche mit großer Wahrscheinlichkeit dafür sorgen, daß entsprechende Selbstheilungsprozesse in seinem Körper in Gang kommen, es sei denn, die biologischen Reparaturmechanismen sind schon zu stark beeinträchtigt. Dieser Glaube wirkt oft selbst dann unvermindert heilsam, wenn er nachweislich irrig ist: bei Pseudo-Reliquien. "Würden die Knochen irgendeines Skeletts", so gab der italienische Philosoph Pietro Pompanazzi schon vor fünf Jahrhunderten zu bedenken, "insgeheim gegen die sterblichen Überreste eines Heiligen vertauscht, so würden sie einem Kranken nichtsdestoweniger nützen, vorausgesetzt nur, er wäre davon überzeugt, daß es sich um echte Reliquien handelt".[6]

Daß in einer rein psychosomatischen Theorie allerdings schon die ganze Wahrheit liegt, die es über Fetische zu enthüllen gibt, bezweifle ich aus mehreren Gründen. Sie stützen sich auf beachtenswerte, übereinstimmende Beobachtungen von glaubwürdigen Heilern, Patienten und medizinischen Beobachtern, zum Teil auch auf wissenschaftliche Experimente:

1. Sogar kranke Säuglinge und Kleinkinder sind schon genesen, kaum daß sie mit Fetischen in Berührung kamen.

2. Selbst Menschen, die von der Anwendung eines Fetischs nicht das geringste ahnten, haben plötzlich unerwartete Besserungen erlebt. "Mit Autosuggestion", so betont der ungarische Heiler Oskar Estebany, "können meine energetisierten Papierstücke nichts zu tun haben. Manche Kranken erholten sich auf wundersame Weise, ohne zu wissen, daß ihnen ein Papier von mir unter ihr Kopfkissen geschmuggelt wurde."[7]

3. Auf Fetische sprechen auch Tiere an, wie der kanadische Biologe Bernard Grad von der Universität Montreal in zahlreichen Experimenten mit Estebany belegen konnte. In einem typischen Versuch erzeugte Grad bei 37 Mäusen zunächst einen künstlichen Kropf. Dazu setzte er sie auf eine jodarme Diät. Zusätzlich mischte er ihnen eine chemische Substanz namens Thiouracil ins Trinkwasser, die den Jodstoffwechsel der Schilddrüse hemmt. Dann wurden die Mäuse, in Viereroder Fünfergruppen, dreieinhalb Wochen lang jeweils von Montag bis Samstag eine Stunde lang morgens und abends in mehrere Versuchskäfige gesperrt. In jedem zweiten Käfig lagen zehn Gramm Wolle, die

Estebany zuvor "mit Heilenergie aufgeladen" hatte, indem er sie eine Viertelstunde lang in seinen Händen hielt. Bei denjenigen Mäusen, die in Kontakt mit dem Fetisch kamen, entwickelte sich der Kropf deutlich langsamer.[8]

4. Auch Pflanzen reagieren auf Heilfetische. Grad schädigte Gerstesamen, indem er sie mit einer einprozentigen Salzlösung übergoß; dadurch verlangsamt sich ihr Wachstum in der Regel beträchtlich. Der Hälfte der Samen wurde dieser chemische Schock allerdings erst zugefügt, nachdem Estebany den Becher mit der Salzlösung minutenlang in seinen Händen gehalten hatte. Die damit behandelten Samen keimten und wuchsen deutlich schneller, ihr Chlorophyllanteil lag auffallend höher als in der Vergleichsprobe - und das nicht nur in einem einzigen Test, sondern bei drei Wiederholungen.[9]

5. Selbst Zellen und isolierte Zellbestandteile verändern sich unter der Einwirkung von Fetischen manchmal auf ungeklärte Weise. So "erholten" sich Trypsin-Enzyme im Reagenzglas, deren Aktivität sich infolge ultravioletter Bestrahlung um 68 bis 70 Prozent verringert hatte, überraschend schnell, wenn Estebanys "Heilwasser" in ihre Nähe kam; dieser Effekt fiel ebenso stark aus, wenn Estebany seine Hände zum Reagenzglas hinführte.[10] Dem amerikanischen Gynäkologen und Geistheiler Dr. Leonard Laskow gelang es, Wasserproben durch bloße Konzentration derart zu beeinflussen, daß sie die durchschnittliche Wachstumsrate von Krebszellen um über ein Viertel verringerten.[11]

Hinzu kommen indirekte Anhaltspunkte. *Würden* Heilfetische allein über den Glauben der Patienten wirken, so müßte es einerlei sein, wie diese Fetische zuvor, ohne Wissen der Patienten, "energetisiert" wurden: beispielsweise wie lange sich der Heiler dafür Zeit nahm. Doch zumindest für Oskar Estebanys Fetische schien es eine optimale "Ladedauer" zu geben: Von ihm vorbehandelte Wasserproben oder Baumwolltücher regten die Aktivität des Enzyms Trypsin genau dann am stärksten an, wenn er das Material siebzig Minuten lang in Händen hielt. Sobald er sich dafür weniger oder mehr Zeit nahm, schwächte sich der Effekt meßbar ab.[12]

Um einen Heilfetisch mit rein "geistigen" Mitteln zu erzeugen, muß vermutlich seine innere Struktur psychokinetisch verändert werden. Daß zumindest einige Geistheiler zu solchen Leistungen imstande sind, haben sie in zahlreichen parapsychologischen Experimenten unter Beweis gestellt: Willentlich beeinflußten sie physikalisch-chemische Eigenschaften von Wasser, Kristallen und anderem anorganischem Material.[13] (Zuverlässig gelingt dies freilich nicht einmal den besten, wie ich erlebte, als ich im Herbst 1994 die zwei bekannten Heiler Geoffrey Boltwood und Dr. Jerzy Rejmer auf versiegelte Graphitplättchen einwirken ließ, die am Physikalischen Institut für Angewandte Physik der Universität Hamburg anschließend unter dem Rastertunnelmikroskop auf atomare Strukturveränderungen hin untersucht wurden: Das Ergebnis war gleich Null.[14]

Allerdings würde es nicht genügen, die Struktur eines Gegenstandes bloß irgendwie zu verändern - die Veränderung müßte spezifisch sein. Mit anderen Worten: Auf bestimmte Intentionen eines Heilers hin müßte ein Gegenstand mit einzigartigen Strukturveränderungen reagieren, die bei keiner andersartigen Intention entstehen. Nur so könnte er einen Effekt auslösen, der dem vorgesehenen Behandlungsziel entspricht. Damit etwa Drossinakis´ steinig-pflanzliche Anordnung zu einem Heilamulett wird, reicht es nicht aus, daß ihre Mikrophysik auf Drossinakis´ Heilabsicht zwar reagiert, aber jeweils anders, jeweils diffus, und immer nur vorübergehend. Der mikrophysikalische Umbau muß so geordnet und präzise erfolgen, daß er daraus hochspezifische Informationsträger macht. Sind solche "informativen Imprägnierungen", wie ich sie nennen möchte, überhaupt möglich? Eines der am gründlichsten untersuchten Psi-Phänomene deutet darauf hin: die sogenannte Psychometrie. Manche Hellseher sind imstande, verblüffend genaue Angaben über Fremde zu machen, denen sie nie zuvor begegnet sind - einfach indem sie einen persönlichen Gegenstand von ihnen, einen "Induktor", in die Hand nehmen und regelrecht "abgreifen". Einer naheliegenden Erklärung zufolge (es gibt weitere) sind die Informationen, die in ihren außersinnlichen Wahrnehmungen dabei aufsteigen, in irgendeiner Form im Induktor "gespeichert", liegen in abrufbaren Mustern bereit.

Der rätselhafte Weg, auf dem Heilfetische wie etwa "energetisierte" Steinchen und Samen ihren Zweck erfüllen, ähnelt möglicherweise dem, auf welchem ein homöopathisches Mittel wirkt. Bei den stärksten Homöopathika, den "Hochpotenzen", ist die Wirksubstanz so weit verdünnt worden, daß in der Lösung rein rechnerisch kein einziges Molekül von ihr mehr vorkommen kann. Wenn die verabreichte Lösung trotzdem therapeutisch wirkt - und das tut sie mitunter selbst im wissenschaftlichen Doppelblindversuch -, so kann sie dies offenbar dadurch, daß die Lösung als ganze während des Verdünnungsvorgangs auf typische Weise von der Wirksubstanz verändert wurde: möglicherweise dadurch, daß energetische Schwingungsmuster auf sie übertragen wurden. Dasselbe könnten Geistheiler bewirken. Im Nutzen der

Homöopathie sehe ich eines der stärksten Argumente dafür, daß es sich lohnt, Amulette ernster zu nehmen.

Im übrigen liegen seit kurzem auch direkte Anhaltspunkte dafür vor. Sollte ein Amulett bloß über den Glauben seiner Anwender wirken können, dann müßte es unerheblich sein, in welcher Absicht ein Geistheiler irgendein Material "auflädt". Kürzliche Experimente am Forschungslaboratorium für Quantenbiologie in Palo Alto, Kalifornien, deuten überraschenderweise aber in eine andere Richtung: Sie zeigen nicht nur, daß ein Heiler durch bloße Konzentration die Spektraleigenschaften von Wasser verändern kann. (Die Testperson war der zuvor genannte Dr. Leonard Laskow. Mittels eines Absorptionsspektroskops wurde gemessen, welche Wellenlängen das Wasser vor und nach der rein geistigen Behandlung "verschluckte".) Je nachdem, in welcher Absicht Laskow dies tat, traten deutlich unterscheidbare biologische Wirkungen auf. Dazu wurden Tumorzellen in Gewebekulturen gezüchtet, denen destilliertes Wasser aus versiegelten Plastikfläschchen beigegeben wurde. Einen Teil dieser Fläschchen hatte Laskow zuvor "aufgeladen". Um Auswirkungen auf das Tumorwachstum objektiv zu messen, wurden die Krebszellen mit radioaktivem Thymidin markiert; ihre Gesamtzahl berechnete nach 24 Stunden ein Hämocytometer. Die Ergebnisse verblüfften: Die Tumorzellen schienen nicht nur auf Laskows "Heilwasser" erheblich stärker zu reagieren als auf unbehandeltes destilliertes Wasser - sie sprachen auch auf die jeweiligen Vorstellungen und Zielbilder, mit denen Laskow sich im Geiste beschäftigt hatte, auffallend unterschiedlich an. Den stärksten Effekt erzielte Laskow mit der Absicht, "die ursprüngliche Ordnung und Harmonie der Zellen wiederherzustellen": Sie verringerte das durchschnittliche Tumorwachstum um 28 Prozent. Die Vorstellung, die Zellen würden sich "in Nichts auflösen" ("dematerialisieren"), hatte einen 27prozentigen statistischen Effekt, die Vorstellung "unbedingter Liebe zu allem Geschaffenen" einen 21prozentigen. "Unsere Ergebnisse", so faßt Projektleiter Glen Rein zusammen, "deuten darauf hin, daß Wasser tatsächlich imstande ist, diejenige Information zu speichern und auf Tumorzellen zu übertragen, die mit verschiedenen Bewußtseinsinhalten einhergeht."[15]

Forschungen dieser Art liefern uns zunehmend triftigere Gründe, in Amuletten und anderen Heilfetischen mehr zu sehen als bloße Placebos. Rein psychologische Ansätze mögen einen Großteil von Fetischheilungen befriedigend erklären - aber sie werden nicht allen gerecht. Zumindest in manchen Fällen spielt anscheinend ein paranormaler Faktor mit. Dies legt die Vermutung nahe, daß er häufig auch an weniger offensichtlichen Fällen beteiligt ist. Ob dieser Faktor von den Heilern selbst allerdings richtig identifiziert wird, steht auf einem anderen Blatt. Ein Fetisch könnte so wirken, wie sie annehmen: Irgendwie speichert er Heilintentionen, um sie dann an kranke Körper weiterzugeben. Aber auch andere Wege sind denkbar: Vielleicht öffnet ein Fetisch im Bewußtsein des Patienten einen Kanal, über den er vom Heiler unmittelbar Energie bezieht. Vom Fetisch selbst bräuchte dazu nicht unbedingt Energie auszugehen; das bloße Bewußtsein um seine Funktion könnte ausreichen. (Entsprechend könnte die Rolle des Induktors bei "psychometrischen" Leistungen darin bestehen, telepathische Kontakte zwischen einem Hellseher und einer entfernten Person zu erleichtern, dem der Induktor gehört.) Oder ein Fetisch verbindet beide, den Heiler ebenso wie den Patienten, mit einer höheren Energiequelle, aus der einer wie der andere schöpft. (Auch eine geweihte Hostie weist vermutlich keine "Eigenstrahlung" auf; allerdings bringt sie, nach christlicher Überzeugung, Priester wie Gläubige in unmittelbare Beziehung zu Gott.)

Wie Amulette wirken, ist zumindest Gerda K. aus Straubing einerlei. Im Rahmen des "Fernheil-Tests" hatte die 56jährige Hausfrau, die seit 19 Jahren an einem "offenen Bein" litt (neurogenes *Ulcus cruris*), fünf Monate lang Drossinakis´ Amulett bei sich getragen. Kaum hatte sie mit der Anwendung begonnen, da begann die Wunde zuzuheilen. Ebenso begeistert ist Ilse S., 75jährige Rentnerin aus Frankfurt, der seit 25 Jahren eine fortschreitende Polyarthritis zu schaffen machte: "Dieses Amulett hat mich binnen zwei Monaten vollständig schmerzfrei gemacht, und die Gelenke wurden beweglicher." Ihre Medikamente konnte sie ganz absetzen.[16]

Anmerkungen

1 Siehe das vorherige Kapitel 23, "Heilen auf Distanz".

2 Den christlichen Reliquienkult als Sonderfall von Fetischglaube diskutiere ich im *Großen Buch vom geistigen Heilen - Möglichkeiten, Grenzen, Gefahren*, Bern, München, 2. Aufl. 1995, S. 173 ff.

3 Ingeborg Strauch: *Zur Frage der "geistigen Heilung"*, Dissertation, Freiburg i. Br. 1958.

4 a.a.O., S. 98 f.

5 a.a.O., S. 99 f.

6 Zit. nach George B. Cutten: *Three Thousand Years of Mental Healing*, New York 1911, S. 5 f.

7 Daniel Benor: *Healing Research*, Vol. 1, München 1991, S. 38.

8 Bernard Grad, "Some Biological Effects of the 'Laying-on of Hands': A Review of Experiments with Animals and Plants", *Journal of the American Society for Psychical Research* 59/1965, S. 95-127.

9 Bernard Grad, "A Telekinetic Effect on Plant Growth", Teil 1 und 2, *International Journal of Parapsychology* 5/1963, S. 117-133, sowie 6/1964, S. 473-498. Weitere erfolgreiche Experimente zur Heilwirkung von "energetisiertem" Wasser auf Pflanzen beschreiben F. Loehr: *The Power of Prayer on Plants*, New York 1959, und Robert Miller, "The Positive Effect of Prayer on Plants", Psychic 3/1972, S. 24 f. Keinerlei Effekte fanden andererseits F. W. Knowles, "Some Investigations into Psychic Healing", *Journal of the American Society for Psychical Research* 48/1954, S. 21-26, und S. B. Harary: *A Pilot Study of the Effects of Psychically Treated Saline Solution on the Growth of Seedlings*, unveröffentl. Manuskript, Psychical Research Foundation 1973.

10 Benor, a.a.O., S. 39

11 Glen Rein: *Quantum Biology: Healing with Subtle Energy*, Palo Alto 1992.

12 Benor, a.a.O., S. 38.

13 Mehr dazu in H. Wiesendanger: *Das große Buch vom geistigen Heilen*, a.a.O., Kap. IV, S. 288 ff.

14 Die Untersuchung nahm mein Bruder, der Physiker Prof. Dr. Roland Wiesendanger, am Zentrum für Mikrostrukturforschung der Universität Hamburg vor: In seinem Gutachten vom 20. Oktober 1994 stellte er "keine signifikante Abweichung von bekanntem Gitterparameter" fest.

15 Rein, a.a.O.

16 Beide Fälle schildere ich in *Heilen ohne Grenzen - Fernbehandeln auf dem Prüfstand*, Schönbrunn 1999, S. 108f.

25
Faszinierend fremd

Von Schamanen, Psychochirurgen und anderen exotischen Helfern: Sind Heilweisen aus fremden Kulturkreisen empfehlenswert?

Mit einer lebensgefährlichen Blutvergiftung lag der bekannte Fernsehschauspieler Günter Strack im Sommer 1996 auf der Intensivstation der Münchner Universitätsklinik. Die Erreger - Darmbakterien (Enterokokken), die ins Blut gelangt waren - erwiesen sich als resistent gegen alle üblichen Antibiotika. Strack mußte ein Beatmungsschlauch in die Lunge gelegt werden. Dazu wurde er vorher in ein künstliches Koma versetzt. Aus diesem erwachte er nicht mehr.

Schon vier Wochen war er bewußtlos. In ihrer Verzweiflung schaltete Stracks Frau einen in Frankreich lebenden Weisen aus Burkina Faso (dem ehemaligen Obervolta in Westafrika) ein, von dem ihr ein Schauspielerkollege vorgeschwärmt hatte: Titioulo Elie Hien. Er ist Schamane: ein Heiler, der sich willentlich in einen außergewöhnlichen, ekstatischen Bewußtseinszustand versetzen kann, in dem er anscheinend Kontakt zur Welt der Geister und Götter aufnimmt, mit welchen im Bund er übernatürliches Wissen und Macht erlangen will. ("Saman" nennen die Tungusen Sibiriens "einen, der erregt, bewegt ist", womit sie das äußerlich Sichtbare der schamanischen Ekstase meinen.)[1]

Der schwarze Hoffnungsträger kam sofort. Als er an Stracks Krankenbett trat, "sah ich, daß seine Seele den Körper bereits verlassen hatte. Ich habe sie aus dem Jenseits zurückgeholt." Wie machte er das? "Ich sprach mit ihr. Ich überredete und überzeugte sie, wieder in den Körper zurückzukommen." Den Rückweg "ebnete" er ihr, indem er "ein weißes, reines Tuch in heißes Wasser tauchte. Dann legte ich es auf Hand- und Fußgelenke, Fußsohlen und Bauchnabel. Der Bauchnabel ist ein Energiezentrum, ein Eingangstor für die Seele." Eine knappe Viertelstunde dauerte das Heilritual. Kurz darauf kam Strack wieder zu sich - und die Intensivstation staunte ungläubig.

Mit dem monatelangen Medienrummel um "Papa Elies" mutmaßliche Wundertat erreichte die Schamanismus-Welle, die seit den frühen achtziger Jahren durch die esoterische Heilerszene schwappt, einen vorläufigen Höhepunkt. Ethnologen und Anthropologen wurden plötzlich zu gefragten Studiogästen von Talkshows: Was, so wollte die Fernsehnation wissen, können unsere Ärzte von fremden Kulturen lernen? Unterschätzt unsere Medizin ihr vermeintlich "primitives", oft über mehrere Jahrhunderte angesammeltes Heilwissen? Und immer häufiger füllten mir entsprechende Patientenanfragen den Briefkasten: Was ich denn davon halten würde?

Wäre ich ärztlicherseits aufgegeben, wie Günther Strack, so würde ich mich bestimmt einem Geistheiler anvertrauen. Aber nicht einem wie "Papa Elie".

Nein, ich bezweifle nicht, daß Schamanen wie Hien bisweilen selbst in scheinbar hoffnungslosen Fällen helfen können. Die ethnologische und anthropologische Fachliteratur ist voll von eindrucksvollen Schilderungen ihrer Heilkräfte, und inzwischen sprechen auch Labortests dafür.[2]

Trotzdem würde ich mich auf "Papa Elie" nicht einlassen. Wieso? Zum einen würde ich Massenabfertigung befürchten. "Täglich kommen mindestens fünfzig Kranke zu Hien", erklärte seine Assistentin stolz in der Tagespresse. Selbst wenn "Papa Elie" täglich zehn Stunden ununterbrochen durcharbeiten würde, so entfielen auf jeden Hilfesuchenden durchschnittlich zwölf Minuten (bei Strack waren es "zehn bis fünfzehn Minuten") - und das wäre mir entschieden zuwenig. Für einen einzigen Termin dieser Art 200 DM berappen zu müssen, halte ich für eine Zumutung - auch wenn, wie Hien treuherzig versichert, seine Einnahmen fast ausschließlich humanitären Projekten in seinem Heimatland Burkina Faso zugutekommen sollen. Auch hierzulande gibt es Armut; und für einen der über eine Million Obdachlosen, fünf Millionen Arbeitslosen und Abermillionen von Sozialhilfeempfängern allein in Deutschland wäre schon bei fünfzig Mark pro Termin die Schmerzgrenze weit überschritten. Zudem wäre mir Paris zu weit. Chronisch Kranke brauchen intensive Betreuung über einen längeren Zeitraum hinweg - mit einem einmaligen Besuch irgendwo weit weg ist es kaum je getan.

Und was mich eher abstößt, ist die Hybris des "Herrn über Leben und Tod", die Hien, absichtlich oder ungeschickterweise, im Fall Strack um sich verbreitet. "Er war eigentlich schon tot", ließ er sich zitieren, "aber weil er ein wertvoller Mensch ist, habe ich ihn aus dem Jenseits zurückgeholt." Geistiges Heilen hat Grenzen, die möglicherweise eine höhere Macht zieht; wer Todkranken in Aussicht stellt, er könne, gottgleich, jedem Schicksal ein Schnippchen schlagen, nährt gefährliche Illusionen.

Außerdem hätte ich vier grundsätzliche Bedenken. Erstens: Viele schamanische Praktiken verstärken leider dieselbe Illusion, die auch die westliche Schulmedizin in unsere Köpfe eingepflanzt hat: daß nämlich Krankheit etwas sei, was andere einem "wegnehmen" können, sei es nun durch eine Pille oder Spritze, einen Ochsenschwanzfetisch oder Räucherwerk; daß Krankheit ein Fremdkörper sei, der gar nicht zu mir gehört und aus mir entfernt werden kann - sei es durch das Operationsbesteck des Chirurgen oder ein schamanisches "Heraussaugen". Nein, ich bin es, der erkrankt. Für meine Genesung muß ich selbst etwas tun, aktiv mitwirken, an mir selbst arbeiten, die Bedingungen verändern, unter denen sich mein Leiden entwickelte; nur dann habe ich eine Chance, wirklich geheilt zu werden - und nicht bloß oberflächlich kuriert und zeitweilig symptomfrei. Als Zaubermittel gegen Kopfschmerzen beispielsweise empfahl Hien in einem Boulevardbatt: Betroffenen Männern reiße man "am Hinterkopf mit einem kräftigen Ruck drei Haare aus" - bei Frauen müssen es vier Haare sein -, wobei "der Behandelnde die Luft anhalten muß, damit die Kraft richtig übertragen werden kann". Falls sich Kopfweh bei mir häuft, kann ich demnach entweder bald meine Glatze polieren - oder ich beginne mich darauf zu besinnen, wie ich die inneren und äußeren Umstände ändere, die mir fortwährend Kopfzerbrechen bereiten.

Zweitens stört mich die Illusion des "Wegzauberns" - so als könnte jegliches Leiden im Nu verschwinden, sobald ein Heiler sich an die Arbeit macht. Aber Geistheiler sind keine "Wunderheiler"; gerade bei chronischen Leiden sind 20 bis 30 Sitzungen über mehrere Monate hinweg eher die Regel.

Mit dem fremdartigen Weltbild hinter der schamanischen Praxis hätte ich ebenfalls Probleme - nicht, weil ich Spiritismus (den Glauben an eine Geisterwelt), Animismus (alles in der Natur ist beseelt) und Magie für völlig abwegig halte, sondern weil sie mir in den meisten schamanischen Kulturen entschieden zu weit gehen. Ich mag nicht mit Dutzenden von namentlich bekannten Göttern und Dämonen, mit Hundertschaften von Naturgeistern und Ahnenseelen rechnen - das unterscheidet mich jedenfalls von einem Schwerkranken in Westafrika. Falls mich beispielsweise Hämorrhoiden plagen, will ich dahinter nicht das Rachewerk meines toten Urgroßvaters vermuten, der mir grollt, weil ich sein geliebtes Gartenhäuschen verscherbelt habe.

Speziell bei einem schweren psychischen Leiden ist Zögern angebracht, ehe man zum Schamanen geht. Der unreflektierte Geisterglaube hinter der schamanischen Praxis kann bestehende Psychosen schlimmstenfalls noch verstärken. Es gibt eben auch Wahnvorstellungen, die von unbewußten Konflikten oder krankhaften hirnphysiologischen Veränderungen herrühren - und in solchen Fällen liegen andere Behandlungsweisen näher.

Noch größere Probleme als mit Schamanen aus der dritten Welt hätte ich allerdings mit ihren immer zahlreicher werdenden einheimischen Nachahmern. Ihr Diplom als "Schamane" haben die meisten, für teures Geld, in mehrtägigen Instant-Kursen ergattert; prächtig verdient haben ihre Ausbilder an der Illusion, mit ein bißchen Schwitzhütte, Hirsch- und Sonnentänzen, Trommelwirbel und Mummenschanz ließe sich im Schnelldurchlauf "reinziehen", wozu Eingeborene eine manchmal jahrzehntelange Schule voller Entbehrungen und harter Prüfungen durchlaufen müssen. So werde die Spiritualität der Ursprungskultur "korrumpiert", klagt etwa ein Sprecher der Lakota-Indianer: "Sie wird aus ihrem Zusammenhang gerissen und den Weißen häppchenweise als etwas serviert, was sie noch so nebenbei konsumieren können, um sich besser zu fühlen. Unsere Religion verkommt darin zu einer Art spiritueller Erholungslandschaft."[3]

Ob das westliche Neo-Schamanentum die ursprüngliche schamanische Kultur letztlich ausverkauft oder nicht, mag einem Kranken einerlei sein - Hauptsache, ihm wird geholfen. Aber ob er Hilfe findet, wird um so fraglicher, je vorbehaltloser er sie bei bleichgesichtigen Großstadtschamanen sucht, die den kulturellen Wurzeln ihrer vorgeblichen Fähigkeiten kaum weniger entfremdet sind als karnevalistische Winnetous der Welt der Apachen.

Ähnliche Vorbehalte sind bei allen sonstigen "exotischen" Heilweisen angebracht, die in den letzten Jahren und Jahrzehnten aus fernen Kulturkreisen importiert und "verwestlicht" worden sind, um in Kursquickies zu horrenden Gebühren an angehende esoterische Existenzgründer weitergereicht zu werden. Wer von diesen in der Szene immer modischeren Behandlungsformen das fremdländische Fachvokabular, das augenfällige Drumherum und viel Geheimniskrämerei um "Symbole" und "Einweihungen" subtrahiert, findet im Kern traditionelles Handauflegen in verschiedenen Spielarten und theoretischen Überbauten.

- das *Qi Gong*, in der traditionellen chinesischen Medizin die Kunst, den Fluß der Lebensenergie Qi bewußt zu lenken. Über faszinierende therapeutische Anwendungen liegt eine Fülle wissenschaftlicher Studien aus Fernost vor - allerdings ausnahmslos mit jahrzehntelang ausgebildeten und erfahrenen Qi-Gong-Meistern aus China als Versuchspersonen. Nachahmer hierzulande, die unter Hinweis darauf auf Kundenfang gehen, schmücken sich mit fremden Federn.[4]

- das *Prana-Heilen*, ein von dem philippinischen Ingenieur, Geschäftsmann und Heiler Choa Kok Sui in den letzten zwei Jahrzehnten entwickeltes und über sein "Institute for Inner Studies" in Manila mittels Lizenzen und Diplomen weltweit geschäftstüchtig vermarktetes System, das jegliche Krankheit auf mangelhaftes Prana zurückführt. Wie das Qi der Chinesen, so bezeichnet Prana eine allgegenwärtige Lebensenergie, die unser "feinstofflicher" (auch "bioplasmatischer") Körper aus Luft, Licht, Erde und Nahrung aufnimmt. Solange es ungehindert in uns fließen kann, bleiben wir gesund; wir erkranken, wenn es zu anhaltendem "Pranamangel" oder "Pranastau" kommt. Durch Abtasten der Aura ("Scanning") soll der Prana-Heiler solche Defizite diagnostizieren können. Dann "reinigt" er die Aura örtlich und allgemein ("Sweeping"), wobei eine Schale mit einem Liter Salzwasser sozusagen als "energetischer Müllschlucker" fungiert, in die hinein "schmutzige" Energie entsorgt wird. Schließlich wird "sauberes" Prana übertragen und "stabilisiert".

- das *Huna-Heilen* ("huna" ist das polynesische Wort für "Geheimnis"), eine von den Medizinmännern Hawaiis, den Kahunas, entwickelte Heilweise; sie soll von Mitgliedern der Essener-Sekte (ihr gehörte auch Jesus von Nazareth an) inspiriert worden sein, die es im ersten nachchristlichen Jahrhundert nach Polynesien zog. (Der amerikanische Ethnologe Max F. Long, der dort jahrelang Feldforschung betrieb, beschrieb die Huna-Magie als erster 1917 in einem Bestseller. Die frappanten Ähnlichkeiten zwischen Huna-Lehre und Essener-Weisheit stellte der englische Forscher Sir George Trevelyan um 1980 fest.) Grundlegend ist hier ein Persönlichkeitsmodell, das den Menschen als Trinität, "Dreiheit", auffaßt: mit einem "Hohen Selbst" (dem Göttlichen in uns, vergleichbar einem "Schutzengel"), einem "Mittleren Selbst" (dem wahrnehmenden, denkenden Ich) und einem "Unteren Selbst" (das Unterbewußtsein, Träger aller Emotionen und Erinnerungen). Alle drei Teile sind über eine "feinstoffliche" Verbindung, die Aka-Schnur, miteinander verbunden, über die sie die Lebenskraft *Mana* austauschen. Krankheit entsteht, wenn dieser Mana-Fluß gestört ist - etwa durch Geistwesen, die Mana "absaugen" (dann muß der Huna-Heiler es exorzieren) oder dadurch, daß zuwenig Mana zum "Hohen Selbst" fließt, das letztlich über Gesundheit, Krankheit oder Tod entscheidet. (Dann "sendet" ihm der Huna-Heiler ein mit Mana aufgeladenes geheimes "Symbol".) Demselben Zweck dienen weitere Maßnahmen wie die "Kala-Reinigung", eine geistige Übung zur Verbesserung des Charakters und zur Befreiung von belastenden Gewohnheiten, und spezielle Atemübungen, welche die Aufnahmefähigkeit für Mana erhöhen sollen.

- allen voran *Reiki*, der unangefochtene Kassenschlager unter den esoterischen Ostasien-Importen. (Hinweis auf "Großes Buch".) Der japanische Theologe Dr. Mikao Usui soll sie Ende des vorigen Jahrhunderts in alten tibetischen Schriften wiederentdeckt und durch visionär geschaute "Symbole" noch wirkungsmächtiger gemacht haben. (Reiki bedeutet "allumfassende, alles durchdringende Lebenskraft". Mit "ki" ist jene Vitalenergie gemeint, die traditionelle chinesische Mediziner als "Qi" bezeichnen.) Mindestens 100.000 Deutsche, nach manchen Schätzungen sogar schon über eine halbe Million, haben sich diese mittlerweile in mehrere verfeindete Schulen aufgesplitterte Lehre des Aufnehmens und "Gebens" von Ki an jeden, der es braucht, in einem mehrteiligen Kurssystem angeeignet, in den meisten Fällen allerdings nur für den Hausgebrauch, nicht zu professionellen Zwecken. Wie im westlichen Neo-Schamanismus, so wird auch hier mit der trügerischen Illusion Kasse gemacht, zum "Meister" könne man es bringen, indem man einem paragraphenweise reglementierten Ausbildungsweg durchläuft, der typisch westlichen Bildungseinrichtungen abgeschaut wirkt: mit einem formal, zeitlich und inhaltlich vorstrukturierten Lehrgang, der über mehrere Stufen zum Zeugnis führt.[5]

Jeglicher angebliche Qualitätsvorsprung dieser Therapierichtungen gegenüber dem christlichen Handauflegen oder anderen traditionellen Heilweisen unseres Kulturkreises ist, wenngleich werbestrategisch wirkungsvoll, mehr als fragwürdig. Solange experimentelle Belege dafür ausstehen, tun Patienten gut daran, ihnen mit gehöriger Skepsis zu begegnen.

Doch wie steht es mit der *Psychochirurgie* (auch "Logurgie"): jenen spektakulären Operationen, mit denen philippinische und brasilianische Heiler seit den siebziger Jahren weltweit für Aufsehen sorgen?[6] Daß dabei Rätselhaftes, wissenschaftlich Unaufgeklärtes geschieht, ist schwerlich zu bestreiten: Da gelingen medizinischen Laien bisweilen mit unsterilisiertem Besteck, meist in Trance, massive Eingriffe in den menschlichen Körper, bei denen kaum Blut fließt, sich offene Wunden unfaßbar rasch schließen und verheilen, auch sonst keinerlei Komplikationen auftreten - und Operierte, obgleich bei vollem Bewußtsein, fast nie Schmerzen empfinden. Daß dieses sonderbare Geschehen freilich höhere Heilungsquoten produziert, bleibt zweifelhaft.

Anmerkungen

1 Den Schamanismus erörtere ich in meinem *Großen Buch vom geistigen Heilen - Möglichkeiten, Grenzen, Gefahren*, Lea-Verlag: Schönbrunn 2000, S. 164-172.

2 a.a.O., S. 169

3 Zit. nach René Bardet, "Der Weg der Medizin sollte still sein", *Esotera* 4/1990, S. 88-92, dort S. 92.

4 Näheres zu Qi Gong in meinem *Großen Buch vom geistigen Heilen*, a.a.O., S. 33 ff. Einen hervorragenden Überblick bietet Thomas Heise: *Qigong in der VR China: Entwicklung, Theorie und Praxis*, Berlin 1999.

5 Meine Kritik an Reiki führe ich aus im *Großen Buch vom geistigen Heilen*, a.a.O., S. 43 ff.

6 Die Psychochirurgie stelle ich vor im *Großen Buch vom geistigen Heilen*, a.a.O., S. 123 ff. ("Geist-Chirurgie: Wenn das Jenseits operiert")

26
Einzeln oder gemeinsam?
Zum Für und Wider von Heilgruppen

Morbus Crohn - eine Darmkrankheit als Martyrium: grauenvolle Krämpfe im Unterleib, ständiger Durchfall, tastbare Knoten im Bauch, Fieberschübe, starker Gewichtsverlust, Fisteln und ödematöse Schwellungen im Analbereich. Die 54jährige Petra Sebert[1] aus Meschede litt daran. Sechzehn Jahre lang. Dreimal wurden ihr Teile des Duckdarms herausoperiert. Heute ist sie geheilt, wie ihre Ärzte bestätigen.

Seinen Ausgang nahm das "Wunder" vor zehn Jahren, als sich Petra Sebert von einer Freundin in eine "Gröning-Gemeinschaft" mitnehmen ließ: eine von über 500 im "Bruno-Gröning-Freundeskreis" organisierten örtlichen Heilgruppen, bei deren regelmäßigen Zusammenkünften "der göttliche Heilstrom aufgenommen" wird, getreu der Lehre Bruno Grönings (1906-1959), des gefeiertsten, aber auch angefeindetsten Geistheilers der fünfziger Jahre. "Die spinnen ja", dachte sie anfangs. Denn "die sitzen einfach andächtig da, oft stundenlang, und lassen ein zusammengeknülltes Stück Stanniolpapier reihum gehen", einen "Verstärker für himmlische Strahlung", wie ihn Gröning einst Anhängern mitgab. Ihre Hände liegen auf dem Schoß, die Innenflächen nach oben gedreht - empfangsbereit, als wollten sie Sterntaler auffangen. Damit der Heilstrom ungehindert fließen kann, darf niemand Arme oder Beine verschränken. Mit geschlossenen Augen warten sie. Zwischendurch zucken manche plötzlich zusammen, als ginge ein Stromstoß durch sie hindurch. "Ich war äußerst skeptisch", gibt Petra Sebert zu. "Allerdings spürte ich so ein merkwürdiges Kribbeln am ganzen Körper. Am nächsten Tag hatte ich keinen Durchfall mehr - zum erstenmal seit sechzehn Jahren. Vier Monate später konnte ich sämtliche Medikamente absetzen. Bis heute."

Tausende solcher Heilungen hat die "medizinisch-wissenschaftliche Fachgruppe" des Gröning-Freundeskreises - ihr gehören inzwischen mehrere hundert ärztliche Gutachter verschiedenster Fachrichtungen an - unter Leitung des Hamburger Mediziners Matthias Kamp seit 1986 vorbildlich dokumentiert, für jeden Skeptiker ohne weiteres zugänglich.

Die meisten Patienten, die sich auf geistiges Heilen einlassen möchten, denken zunächst an Einzelbehandlungen. Doch belegen verblüffende Genesungen wie die von Petra Sebert nicht, daß in Gruppen ein mindestens ebenso hohes Heilungspotential steckt, wenn nicht gar ein größeres? Unter Deutschlands Geistheilern führt mindestens jeder Zwanzigste, so schätze ich aufgrund eigener Umfragen, Patienten regelmäßig in Heilgruppen zusammen. Lassen sich Krankheiten womöglich gemeinsam eher besiegen als allein?

Ursprünglich war alles Heilen Gruppenheilen: Während der magischen Riten, die ein Schamane an Kranken vollzog, war die Anwesenheit der Stammesgemeinschaft Pflicht; und die Gesänge, Trommelschläge und Tänze, mit denen sie sein wundersames Tun begleitete, entschieden mit über den Behandlungserfolg, desgleichen ihre ekstatische Hingabe. In der dritten Welt überwiegt diese Form geistigen Heilens bis heute: im Kimbanguismus Zentralafrikas, im haitianischen Voodoo oder bei den Candomblés, Macumbas und Umbandas Brasiliens ebenso wie in christlichen Missionskirchen und Pfingstgemeinden.

Auch die ersten Christen vertrauten darauf, getreu der Botschaft ihres Herrn. "Wenn zwei von euch auf der Erde gemeinsam um irgend etwas bitten, wird es ihnen von meinem Vater im Himmel gegeben werden", hatte Jesus Christus gelehrt (Matthäus 18, 19-20). "Denn wo zwei oder drei in meinem Namen zusammenkommen, da bin ich selbst in ihrer Mitte." Gruppenheilungen waren im frühen Christentum fester Bestandteil des Gottesdienstes. Ihr Erfolg sollte eindrücklich Zeugnis ablegen für die Gegenwart des himmlischen Vaters und die grenzenlose Kraft unbedingten Glaubens. Daran knüpfte zu Beginn unseres Jahrhunderts die Pfingstbewegung an, die heute weltweit über 150 Millionen Mitglieder zählen soll. Auch die mächtige Bewegung der "Charismatischen Erneuerung", die innerhalb der traditionellen Kirchen Anfang der sechziger Jahre entstand, hat Krankenheilungen in Gegenwart von

Gläubigen wieder zu einem Schwerpunkt der Gemeindearbeit gemacht. Regelmäßige "Heilgottesdienste" finden inzwischen auch in zahlreichen deutschen Kirchen statt. In ihrem Rahmen soll es immer wieder zu dramatischen Heilungen kommen.[2] Die wortgewaltigen Leitfiguren dieser Bewegung, allen voran der kalifornische Pastor John Wimber, füllen mit spektakulären "Massenheilungen" ganze Stadthallen, Konzertsäle und Sportstadien.[3] Wachsenden Zulauf haben auch christliche "Gebetsheilkreise", die regelmäßig in Privatwohnungen zusammenkommen, um für an- oder abwesende Kranke Gottes Hilfe zu erbitten; allein im deutschsprachigen Raum bestehen inzwischen mehrere tausend.

Mit dem Versprechen, selbst scheinbar auswegloses Leid in gemeinsamer Glaubensanstrengung zu besiegen, wird auch außerhalb der Kirchen zugkräftig geworben. Gruppenheilung bieten die meisten religiös-esoterischen Sekten an. Uriella, selbsternanntes "Sprachrohr Gottes", lockt damit Leidende zu "Fiat Lux"; Gabriele Wittek, die "Prophetin der Jetztzeit", ködert damit Mitglieder für ihr "Universelles Leben". Dem "Bruno-Gröning-Freundeskreis" hat dieselbe verlockende Aussicht weltweit inzwischen rund 40.000 Mitglieder zugetrieben, davon zwei Drittel im deutschsprachigen Raum. Unter den 500.000 Westdeutschen, die nach einer Studie des Zürcher Sozialpsychologen Gerhard Schmittchen außerkirchlichen Religionsgemeinschaften angehören, bilden Patienten eine beachtliche Minderheit.

Daß ihre Hoffnungen stets enttäuscht werden, wird ernsthaft niemand unterstellen. Gruppenheilung wirkt, keine Frage. Bloß: Wie wirkt sie?

Die meisten Anbieter, und nahezu sämtliche beteiligten Patienten, betonen ausschließlich den esoterisch-religiösen Aspekt: die gemeinsame Aufnahme, Verstärkung und Weitergabe von "kosmischen" Energien. Ein kürzlich erschienener "Leitfaden" definiert Gruppenheilung geradezu als jene Form der Heilung, "bei der die Kraft gleichzeitig durch mehrere Menschen ‚gechannelt' wird".[4] Übersehen wird dabei, daß Heilgruppen, wie jegliche Zusammenkunft von Menschen, immer auch soziale Ereignisse schaffen, die alle Beteiligten psychisch beeinflussen. Sie können Verständnis, Wärme und Nähe bieten; Mut machen; unfreiwillige Zurückgezogenheit, quälende Einsamkeit beenden; aufmerksame Gesprächspartner und mitfühlende Leidensgefährten vermitteln, manchmal auch echte Freunde und bewundernswerte Vorbilder für die Bewältigung der eigenen Krankheit; neue Ziele und Wege aufzeigen; den Glauben daran wecken und bestärken, daß das vermeintlich Unabwendbare am Ende doch zu besiegen sei; Chancen eröffnen, sich gegenseitig zu stützen, Krisen gemeinsam durchzustehen. Könnten allein solche Hilfestellungen bisweilen nicht ausreichen, um unerwartete Selbstheilungsprozesse in Gang zu setzen? Nach meinem Eindruck beruht der unbestreitbare Erfolg von Heilgruppen im allgemeinen nur zu einem geringen Teil auf "höheren" Einflüssen. Den Ausschlag geben in der Regel durchaus diesseitige Faktoren: nämlich seelische Veränderungen.

Trotzdem darf ein "energetischer" Faktor nicht pauschal in Abrede gestellt werden. Wissenschaftlich überzeugend zeigt er sich vor allem dann, wenn der Patient, auf den die Gruppe ihre Heilintention richtet, an ihrer Zusammenkunft weder teilnimmt noch davon überhaupt weiß. Placebo-Effekte, Suggestion und Autosuggestion scheiden dann als Erklärung aus. Allein Mediziner des Gröning-Freundeskreises haben Dutzende solcher Fälle geprüft, für überzeugend befunden und sauber dokumentiert.[5] Gestützt werden solche Einzelbeobachtungen inzwischen durch etliche experimentelle "Blind"-Tests über Effekte von Heilgruppen, unter bei leukämiekranken Kindern[6], Patienten mit rheumatoider Arthritis[7] und koronar Herzkranken[8].

In über einem Jahrhundert parapsychologischer Forschung hat sich zudem eine Fülle von beachtlichen Hinweisen darauf angehäuft, daß aufgeschlossene, hochmotivierte Menschen erst im Rahmen von Gruppen zu paranormalen Leistungen fähig sind, die sie allein schwerlich zustandebringen könnten: zum Beispiel psychokinetische Leistungen im Rahmen von Séancen, die Gläser rücken und Tische schweben, Türen schlagen und Deckenlampen schwingen lassen; oder Spukvorfälle, in denen sich die angestauten Spannungen einer ganzen Familie entladen. Eine kollektive Psi-Leistung besonderer Art könnte auch für ein bis heute ungeklärtes Phänomen verantwortlich sein, das sich seit dem Jahre 305 nahezu regelmäßig an drei bestimmten Tagen des Jahres in der Kathedrale von Neapel wiederholt: Vor den Augen Abertausender von Gläubigen verflüssigt sich dann das in einem Glasbehälter aufbewahrte getrocknete Blut des heiligen Januarius. Warum vollzieht sich dieses berühmte "Blutwunder" immer nur vor einer großen Menschenmenge, nie in Gegenwart eines einzelnen? Die Gründe dafür könnten die gleichen sein, aus denen Gruppenheilungen auch dann noch wirken, nachdem geistige Einzelbehandlungen versagt haben. Die gemeinsame erwartungsvolle, zuversichtliche Anspannung und Konzentration einer Heilgruppe mag ein "affektives Feld" aufbauen[9], das paranormale Effekte vielfältiger Art begünstigt - therapeutische nicht ausgeschlossen.

Weil sowohl Leiter als auch Mitglieder von Heilgruppen sich ganz auf diese "energetischen" Aspekte konzentrieren, vertun sie häufig allerdings wertvolle therapeutische Chancen, die ihr Beisammensein eröffnen könnte. Nach meiner Überzeugung könnten Gruppenheilversuche den meisten Beteiligten noch erheblich rascher, tiefgreifender und nachhaltiger helfen, wenn sie pschologisch bewußter und geschickter geleitet würden. Dabei könnten sie von einem reichen Erfahrungsschatz profitieren, den Psychotherapeuten seit den fünfziger Jahren angesammelt haben, als sich Gruppentherapie neben der bis dahin übermächtigen Psychoanalyse als eigenständige Behandlungsform durchzusetzen begann. Von der Teilnahme an solchen Gruppen profitieren Patienten im allgemeinen um so mehr,

- je demokratischer sie geführt werden (bestenfalls steuert sich die Gruppe weitgehend selbst, der Leiter moderiert nur);
- je konsequenter sie auf Veränderungen von Einstellungen und Verhaltensweisen aus sind;
- je leichter sie es ihren Mitgliedern machen, Gefühle auszudrücken;
- je offener Konflikte angesprochen und ausgetragen werden, die innerhalb der Gruppe entstehen.

Manchen Leitern von Heilgruppen gelingt dies intuitiv; doch viele andere, so befürchte ich aus eigener Erfahrung, hätten eine psychotherapeutische Grundausbildung dringend nötig - oder den Beistand eines erfahrenen Psychologen.

Ehe Kranke erwägen, ob sie sich einem Heilkreis anschließen sollen, interessiert sie vor allem eines: **Sind Gruppensitzungen "besser" als Einzelbehandlungen? Helfen sie eher als beispielsweise das Handauflegen?**

Derart allgemein gefaßt, ist diese Frage unbeantwortbar, und dies nicht bloß deswegen, weil aussagekräftige wissenschaftliche Vergleichsstudien vorerst fehlen. In welchem Maße ein Patient von einer Heilgruppe profitiert, hängt von zahlreichen Faktoren ab, deren wichtigster er selbst ist: Am hilfreichsten ist sie dann, wenn sein Leiden starke psychische Anteile aufweist, bei denen soziale Defizite mitspielen: etwa bei bestimmten Ängsten und Komplexen oder manchen Formen der Depression. Wer andererseits zu große innere Widerstände dagegen verspürt, seine Sorgen und Nöte vor einer Versammlung von Fremden auszubreiten, tut mit Sicherheit besser daran, die Intimität einer privaten Einzelbehandlung vorzuziehen.

Davon abgesehen eignet sich nicht jede Heilgruppe gleich gut dazu, einen Patienten psychisch zu stützen: insbesondere solche nicht, die sich ziemlich sprachlos auf die Aufnahme von "Energien" beschränken. Ebensowenig hilfreich sind Gruppen, deren Leiter ihre eigenen Fähigkeiten (und Neurosen) allzusehr in den Vordergrund stellen und den lebendigen Fluß von Gedanken, Gefühlen und Empfindungen abschneiden, sobald er an ihnen vorbeizulaufen droht.

Auch die zweite häufig gestellte Frage: **"Welche Arten von Heilgruppen sind die besten?"** läßt sich nicht befriedigend beantworten. Sind Gebetsheilkreise effektiver als Gruppen, die "channeln", gemeinsam meditieren oder mit Visualisierungen arbeiten? Vergleichsstudien hierüber stehen aus.

Eindringlich warne ich Kranke allerdings davor, sich auf Gruppenheilungen im Rahmen von Sekten einzulassen. Der psychische Preis dafür ist meist zu hoch - und wegen der Vielzahl offener, undogmatischer Heilgruppen, die sich längst in jeder größeren Stadt formiert haben, zudem eine unnötige Investition. Alternativen, die Patienten alle Freiheiten der Teilnahme und des Wegbleibens lassen, gibt es genügend.[10]

Aber auch wenn Sie sich für Einzelbehandlungen entschieden haben, sollten Sie es nicht unterlassen, Anschluß zu suchen. Denn geistigen Beistand finden Sie nicht erst bei Geistheilern, sondern auch in Therapiegruppen unter Leitung eines einfühlsamen Psychologen - oder in Selbsthilfegruppen von Menschen, die dasselbe Leiden quält wie Sie. Allein in Westdeutschland existierten schon 1989 etwa 45.000 Selbsthilfegruppen, in denen kostenlos über eine halbe Million Menschen organisiert waren. (Auskunft gibt die Nationale Kontakt- und Informationsstelle zur Anregung und Unterstützung von Selbsthilfegruppen, Albrecht-Achilles-Straße 65, 10709 Berlin.) Falls in der Nähe Ihres Wohnorts noch keine solche Gruppe besteht: Warum gründen Sie nicht selber eine? (Wertvolle Anregungen dafür finden Sie in dem Ratgeber von Winfried Kösters: *Vom Ich zum Wir. Selbsthilfegruppen finden, gründen, führen*, Trias Verlag 1992.) Eine Kontaktanzeige in Ihrer Lokalzeitung oder einem Anzeigenblatt genügt als erster Schritt. Sie würden staunen, auf welch große Resonanz Sie mit einer solchen Initiative stießen.

Dabei geht es weniger darum, esoterische Heilzirkel zu bilden, in denen mysteriöse Energien mit vereinter Kraft für eine Wende zum Besseren sorgen sollen. Im Vordergrund steht psychische Stützung. Langjährige Krankheiten - zumal solche, die mit starken Schmerzen verbunden sind, entstellen oder die Beweglichkeit erheblich einschränken - lassen soziale Kontakte häufig abreißen; Betroffene vereinsamen oft, reagieren verbittert und deprimiert darauf. Und falls ein Leiden scheinbar unaufhaltsam zum nahen Tod führt, wie Aids oder metastasierter Krebs, stürzt es Kranke in dieser Isolation erst recht in Angst und Verzweiflung, Hilf- und Hoffnungslosigkeit. Wer kann besser verstehen und nachempfinden, was es heißt, mit einer solchen Belastung zu leben, als andere Betroffene? Oft erst innerhalb solcher Kreise trifft ein Kranker auf Mitmenschen, die aufmerksam und geduldig zuhören, von Herzen Anteil nehmen und den rechten Trost spenden. Dabei wird er in einen vertraulichen Erfahrungsaustausch einbezogen, der wertvolle Hinweise auf wenig bekannte Maßnahmen und Medikamente, auf erfolgreiche Ärzte und Fachkliniken, auf Heilpraktiker und Heiler bieten kann. Er findet Ablenkung und Zerstreuung in gemeinsamen Unternehmungen. Er trifft auf Vorbilder: Menschen, die trotz schwersten Leids nicht resignieren, mit ihren Beeinträchtigungen bewundernswert fertig werden und ihnen ein trotziges "Na und?" entgegensetzen. Wer sich selbst bisher nur als hilflos erlebte, erfährt in solchen Kreisen, wie sehr er anderen helfen kann: durch die richtigen Worte, durch einen guten Rat, durch eine liebevolle Geste. Der bloße Umstand, daß ein schwerkrankes Gruppenmitglied gegen alle ärztlichen Prognosen noch einigermaßen erträglich lebt, macht anderen Mut. Hier wird man angenommen, gebraucht und geschätzt. Falls ein Geistheiler Ihnen tatsächlich hilft, dann gewiß nicht nur durch kosmische Energieblitze aus seinen Fingerspitzen, sondern auch in der Rolle als intuitiver Psychotherapeut - mit ähnlichen Mitteln also, wie sie Ihnen auch Selbsthilfegruppen anzubieten hätten.

Doch ist geteiltes Leid nicht oft auch doppeltes Leid? Müssen etwa Aids- oder Krebskranke nicht erst recht verzweifeln, wenn sie miterleben, wie ein vertrautes, liebgewonnenes Mitglied ihrer Gruppe stirbt - und damit alle Hoffnungen letztlich Lügen straft? Sich mit dem Tod auseinanderzusetzen, wird den Betroffenen ohnehin nicht erspart bleiben. Dies gemeinsam mit anderen zu tun, fällt erfahrungsgemäß leichter als in trostloser, stummer Einsamkeit. Eine neue Einstellung zum Sterben (und einem möglichen Leben danach) finden; den Tod und seine Schrecken enttabuisieren, indem er zur Sprache gebracht wird; am Beispiel anderer erfahren, wie man in Würde und ohne Verbitterung sterben kann, im Frieden mit sich selbst: auch das sind wichtige Lektionen, die Selbsthilfegruppen vermitteln können.

Belastet das fortgesetzte Reden über Krankheit, Schmerz und Tod nicht eher, statt zu erleichtern? Das hängt vom Patienten ab. Für manche Schwerstkranke sind Gesprächsgruppen in der Tat Gift: Sie leben besser und unbeschwerter, indem sie ihr Kranksein verdrängen und möglichst so weiterleben, als wüßten sie nichts von dem Damoklesschwert, das über ihnen hängt. Allerdings müssen sich Selbsthilfegruppen keineswegs darin erschöpfen, unentwegt über Symptome, Ängste und fehlgeschlagene Behandlungen zu lamentieren, nach Ursachen, Gründen und tieferem Sinn des Leidens zu bohren. Wem dies zuwider ist, der sollte auf die Gemeinschaft von gleichermaßen Betroffenen trotzdem nicht verzichten - sondern mit ihnen gemeinsam eine Gruppe aufbauen, die seiner persönlichen Art eher entspricht, mit seinem Schicksal umzugehen.

Zyniker belächeln Selbsthilfegruppen manchmal als "Seelenmassage-Clubs", in denen bloß Selbstmitleid kultiviert, zum kollektiven Selbstbetrug über die wahre Lage angestiftet und gegenseitig Wunden geleckt werden, die ohnehin nie verheilen. Vorurteile dieser Art halten viele Kranke davon ab, solche Gemeinschaften zu suchen. "Was ich loswerden will, ist meine Krankheit", sagen sie, "und solange ich sie habe, klingt jeder Trost für mich wie Hohn." Dabei verkennen sie, daß psychische Stützung, wie sie gute Selbsthilfegruppen zu bieten haben, auch therapeutisch wirken kann: Sie beeinflußt das Leiden selbst.

Eindrucksvoll belegt sind diese Wirkungen sogar bei einer der gefürchtetsten, tödlichsten Krankheiten: bei Krebs. Der amerikanische Arzt David Spiegel, Professor für Psychiatrie an der Universität Stanford in Kalifornien, verfolgte zehn Jahre lang, bis 1989, das Schicksal von 86 Frauen mit fortgeschrittenem Brustkrebs, der bereits bösartige Tochtergeschwulste gebildet hatte. Im ersten Jahr kam die Hälfte von ihnen, zusätzlich zu herkömmlichen medizinischen Maßnahmen, zu wöchentlichen Treffen zusammen. Dabei besprachen sie miteinander ihre Krankheitserfahrungen, Alltagsprobleme und Ängste. Gegen Schmerzen und Nebenwirkungen von Strahlen- und Chemotherapie nahmen sie an einem Entspannungsprogramm teil, und der drohenden sozialen Isolation wurde durch intensiven persönlichen Austausch auch außerhalb der regelmäßigen Zusammenkünfte begegnet. So entwickelte sich die Gruppe allmählich zu einem Ort der Vertrautheit und Geborgenheit, wo Gefühle offen zum Ausdruck gebracht werden konnten. Die andere Hälfte der Patientinnen ließ sich ausschließlich medizinisch versorgen. Zehn Jahre später waren von den 86 nur noch drei am Leben - allesamt Teilnehmer jener Therapiegruppe. Ihre durchschnittliche Überlebensdauer lag um fast anderthalb Jahre höher. Auch litten sie weniger ausgeprägt an Schmerzen und Depressionen.[11]

In einer anderen wegweisenden Studie verglich der Heidelberger Psychosomatiker Ronald Grossarth-Maticzek an drei Gruppen von

Frauen mit fortgeschrittenem Brustkrebs, wie Psychotherapie und Chemotherapie wirken. Dabei erhöhte sich die mittlere Lebenserwartung bei Chemotherapie allein von elf auf vierzehn Monate, bei Psychotherapie allein auf fünfzehn Monate und bei einer Kombination beider Verfahren auf 28 Monate.[12]

So viel kann psychische Stützung ausrichten. Deshalb sollten Sie nicht darauf verzichten, auch wenn Sie sich auf "geistiges Heilen" einlassen. Das eine schließt das andere nicht aus, sondern ergänzt sich sinnvoll.

Anmerkungen

1 ein Pseudonym

2 Mehr dazu in H. Wiesendanger: *Geistiges Heilen für eine neue Zeit - Vom "Wunderheilen" zur ganzheitlichen Medizin*, Kösel-Verlag: München 1999, Kap. "In Gottes Hand".

3 Anschaulich beschreibt solche Auftritte der Journalist Kurt Allgeier in *Die Wunderheiler*, Zürich 1990, S. 165-197.

4 Alan Young: *Das ist Geistheilung*, Freiburg i.Br. 1993, S. 59.

5 Zahlreiche solcher Fälle werden geschildert in Harald Wiesendanger: *Bruno Gröning - ein Ausweg für Kranke*, Hennef 1994, S. 16 ff.; Matthias Kamp: *Heilung auf geistigem Wege durch die Lehre Bruno Grönings*, Mönchengladbach 1998.

6 Platon Collip, "The Efficavy of Prayer: A Triple Blind Study", *Medical Times* 97/1969, S. 201-204.

7 C. R. B. Joyce / R. M. C. Welldon, "The Objective Efficacy of Prayer: A Double-blind Clinical Trial", *Journal of Chronic Disease* 18/1965, S. 367-377.

8 Randolph Byrd: "Positive Therapeutic Effects of Intercessory Prayer in a Coronary Care Population", *Southern Medical Journal* 81/1988, S. 826-829.

9 Ein von dem großen deutschen Parapsychologen Hans Bender geprägter Begriff.

10 Inwiefern sich die meisten Gröning-Gemeinschaften in dieser Hinsicht wohltuend von Sekten abheben, mit denen sie öfters in einen Topf geworfen werden, erläutere ich in *Bruno Gröning - ein Ausweg für Kranke*, Hennef 1994, S. III-XIII.

11 David Spiegel, "Effect of Psychological Treatment on Survival of Patients with Metastatic Breast Cancer", *The Lancet*, Oktober 1989. Eine Anfang 1992 abgeschlossene Fünfjahresstudie mit 38 Melanom-Patienten am Neuropsychiatrischen Institut in Los Angeles bestätigt im wesentlichen Spiegels Ergebnisse:

Fawzy I. Fawzy, "Psychological Help Improves Cancer Survival Rates", *Brain, Mind & Common Sense* 17/1992, S. 1.

12 R. Grossarth-Maticzek / H. J. Eysenck / H. Wetter / R. Frentzel-Beyme, "The Heidelberg Prospective Intervention Study", *(Proceedings of the) First International Symposium on Primary Prevention of Cancer*, New York 1987.

27
Wie mit Röntgenaugen

Können Geistheiler außersinnlich Krankheiten erkennen?

Was sich vom 4. bis 30. Juni 1990 im Militärkrankenhaus der bulgarischen Donaustadt Rousse zutrug, läßt Mediziner, die daran beteiligt waren, bis heute ins Schwärmen geraten. Unter ständiger Aufsicht einer vierköpfigen Ärztekommission sollte die bulgarische Geistheilerin Krassimira Dimowa zeigen, was sie kann. Dabei hatte sie nicht nur mehreren Dutzend chronisch Kranken die Hände aufzulegen - geprüft wurden auch ihre angeblichen diagnostischen Fähigkeiten.

Dazu wurden ihr fünf Patienten vorgeführt, denen nicht im geringsten anzusehen war, woran sie litten. Die ärztlichen Diagnosen, die der Heilerin natürlich verschwiegen wurden, lauteten: Tumor an beiden Eierstöcken; Spondylitis tuberculosa (die häufigste Form der Skelett-Tuberkulose, bei der Entzündungen in allen Abschnitten der Wirbelsäule auftreten können); ein retriperitonealer, d.h. hinter dem Bauchfell gelegener Tumor; eine bösartige Geschwulst am Blinddarm, mit Metastasen an der Leber; knotige Verhärtungen in der linken Brust.

Bei jedem Patienten glitten Dimowas Hände zunächst wie suchend um den ganzen Körper herum; die Bewegungen stockten, sobald die Heilerin fündig geworden schien. In allen fünf Fällen verblüffte sie die Ärztekommission: Was sie erspürte, deckte sich ausnahmslos mit dem pathologischen Befund. Auch wenn "die Heilerin ihre Diagnosen nicht präzise formulierte", so "lokalisierte sie doch die betroffenen Bereiche, gab deren Grenzen und Größen an, beschrieb den Grad der Bös- oder Gutartigkeit", wie die Klinik in ihrem Aschlußbericht hervorhebt. Auch war Frau Dimowa imstande, zwischen "lokalen (örtlich eingrenzbaren) Erkrankungen und allgemeinen Erkrankungen mit lokalem Ausdruck zu unterscheiden."[1]

Wie die Bulgarin, so "behandeln" viele Geistheiler nicht nur - sie meinen auch außersinnlich zu erkennen, was Hilfesuchenden fehlt. Parapsychologen sprechen von *Psi-Diagnostik*: einem anscheinenden Wissen über Krankheiten - sei es über ihre Art, ihre Ursache oder ihren Verlauf -, das offenbar paranormalen Ursprungs ist, weil es weder aus unmittelbaren Beobachtungen von körperlichen Merkmalen, Verhaltensweisen und Äußerungen eines Patienten gewonnen noch aus Vorkenntnissen über ihn und bekannte medizinische Gesetzmäßigkeiten erschlossen worden sein kann. Am verbreitetsten sind dabei[2]

- *Aurafühlen*, das Erspüren eines oder mehrerer "Energiekörper", die den physischen Leib durchdringen und erhalten. Mit bloßen Händen werden deren Unregelmäßigkeiten erspürt - z.B. abnorme Wärme oder "Dichte" in bestimmten Bereichen - und daraus auf Krankheiten geschlossen;

- *Aurasehen*, visuelle Eindrücke eines oder mehrerer leuchtender Hüllen um den Körper, mit bedeutsamen Unterschieden in der Farbe, Ausdehnung und Geschlossenheit;

- *"Röntgenblick"*, das hellsichtige "Durchleuchten" des Körpers wie mit Röntgenaugen, das einzelne Organe, ihre Strukturen und Funktionsweisen erkennbar machen soll;

- *Empathie ("Mitfühlen")*: Manche Heiler spüren die Beschwerden ihrer Klienten buchstäblich am eigenen Leib;

- *Symbolische Visionen*: Vorstellungsbilder tauchen auf, die ein Leiden symbolisch darstellen, z.B. ein Nervenleiden als zerrissene Drähte;

- *Radiästhesie* ("Strahlenfühligkeit"): Mittels Pendel, Rute oder anderen Hilfsmitteln werden "Störfelder" geortet, die von kranken Organen ausgehen;

- *Mediumismus*: Jenseitige "Geistwesen" benutzen den Heiler anscheinend als Werkzeug, um durch ihn ihre überlegenen medizinischen Kenntnisse und Fähigkeiten in den Dienst an Kranken zu stellen;

- *Psychometrie*: In Abwesenheit von Hilfesuchenden genügt manchen Heilern irgendein persönlicher Gegenstand (z.B. ein Foto, eine Haarlocke, eine Handschrift), aus dem sie "lesen".

Nahezu jeder Geistheiler läßt irgendwann im Laufe der Behandlung durchblicken, daß er auf die eine oder andere Weise außersinnlich erfaßt, was dem Patienten fehlt. Das läßt viele Patienten hoffen, deren Leidensursachen von Ärzten entweder gar nicht, widersprüchlich oder offenbar falsch diagnostiziert worden sind, wie fehlgeschlagene Therapien vermuten lassen. Und je stärker Verzweifelte hoffen, desto leichter verlieren sie die nötige kritische Distanz. Um so größer ist die Enttäuschung, wenn die hohen Erwartungen nicht erfüllt werden - um so größer auch die Gefahr, durch diese Erwartungen irregeleitet zu werden. **Wer als Patient Psi-Diagnosen sucht - oder von Geistheilern unaufgefordert damit konfrontiert wird -, muß sich über deren Grenzen im klaren sein, um keinen Schaden zu nehmen**[3]:

1. Zwischen Psi-Diagnostikern bestehen beträchtliche Qualitätsunterschiede. In wissenschaftlichen Tests erzielten einzelne herausragende Könner zwar Trefferquoten bis zu 85 Prozent; doch die meisten blieben im Bereich der Zufallswahrscheinlichkeit richtigen Ratens.

2. Selbst die Allerbesten können irren - und liegen in Einzelfällen haarsträubend daneben.

3. Wie jedes außersinnliche Wahrnehmungsvermögen, so unterliegt auch die Psi-Diagnostik einem unberechenbaren Auf und Ab. Publik werden immer nur Leistungen, die in optimaler seelischer und geistiger Verfassung erzielt worden sind; aber auch Hellseher haben, wie alle Berufsgruppen, gute und schlechte Tage.

4. Psi-Diagnosen fallen fast immer zu allgemein, vage und mehrdeutig aus, um brauchbar zu sein, d. h. eine gezielte Suche nach Krankheitsursachen und darauf abgestimmte therapeutische Maßnahmen zu ermöglichen. Dies rührt zum Teil daher, daß die erhaltenen Eindrücke selbst verschwommen oder symbolisch verschlüsselt sind, zum Teil auch daher, daß es Hellsichtigen im allgemeinen an dem nötigen medizinischen Wissen mangelt, sie richtig zu interpretieren.

5. Oft nennen Psi-Diagnostiker eine derartige Vielzahl von angeblich vorliegenden Krankheiten, daß irgendeine daraus mit großer Wahrscheinlichkeit zutreffen wird.

6. Viele Psi-Diagnosen wirken als *self-fulfilling prophecies*, als Prophezeiungen, die sich selbst erfüllen. Konfrontiert mit vermeintlichen "Enthüllungen" über versteckte Leiden oder die wahren Ursachen offensichtlicher Beschwerden, achten Patienten anschließend in der Regel besonders aufmerksam auf entsprechende Anzeichen; viele begin-

nen sie geradezu ängstlich zu erwarten. So kann eine übersinnlich festgestellte "Magenschwäche" dann leicht zu passenden Symptomen führen, auch wenn zum Zeitpunkt der Diagnose noch keine Rede von derlei Beschwerden sein konnte.

7. Die Übereinstimmung verschiedener Psi-Diagnostiker bei ein und demselben Patienten ist weit davon entfernt, hundertprozentig zu sein. (Daß dies auch für Ärzte gilt, ist für Klienten ein schwacher Trost.)

8. Oft irren sich Psi-Diagnostiker in der Zeit. Wie kann ein Seher Vergangenheit, Gegenwart und Zukunft verwechseln, während er im übrigen recht behält? Außersinnliche Eindrücke, wie alle geistigen Bilder, sind "zeitneutral": Ein und derselbe Bewußtseinsinhalt kann eine Erinnerung, eine Wahrnehmung oder eine Erwartung sein. Dies auseinanderzuhalten, fällt Sensitiven selbst dann schwer, wenn ihre Angaben im übrigen zutreffen. Dadurch sorgen sie bei Klienten oftmals für erhebliche Verwirrung. Auch über- oder unterschätzen sie Zeiträume häufig.

9. Oft scheinen Psi-Diagnostiker *telepathisch* aufzunehmen, was ihre Klienten oder deren Bezugspersonen an Ahnungen, Befürchtungen und Vorstellungen mitbringen, und verwechseln sie mit eigenen hellsichtigen Erkenntnissen. Auch daraus können gravierende Diagnosefehler entstehen.

Welche Schlüsse hat ein Patient daraus zu ziehen? Sollte er, angesichts der zahlreichen Fehlerquellen und Gefahren, lieber gar nicht erst danach fragen, worauf ein Geistheiler sein Leiden zurückführt - oder weghören, nicht weiter ernst nehmen, was ihm darüber vorgetragen wird? Aber auch der Heiler selbst gerät in eine Zwickmühle: Soll er seine Klienten darüber aufklären, was er über ihr Leiden außersinnlich zu erkennen meint - und sie dadurch vielleicht unnötig ängstigen? Oder soll er verschweigen, was er sicher zu wissen glaubt - und somit eine frühzeitige, möglicherweise sogar lebenswichtige Warnung unterlassen, zu der er moralisch verpflichtet wäre?

Auch wenn Psi-Diagnosen von Unfehlbarkeit weit entfernt sind, Richtiges und Falsches meist unentwirrbar vermischt ist, können sie doch zumindest wichtige Fingerzeige, erste Anhaltspunkte liefern. Statt sie ohne weiteres für bare Münze zu nehmen, sollte sie der Patient schleunigst ärztlich überprüfen lassen. Nur so läßt sich ihr Gefahrenpotential entschärfen.

Aber wie verhält man sich bei Psi-Diagnosen, deren Überprüfung unmöglich ist? Das hängt von der Art des Befundes ab. Die meisten

Geistheiler beschränken sich auf den Bereich des "Energetischen": Sie treffen Aussagen über den Zustand Ihrer Aura ("Im Magenbereich ist sie dunkler und schwächer") oder über Ströme und Gleichgewichte Ihrer Lebensenergie ("Der X-Meridian ist blockiert", "Ihr Y-Chakra arbeitet nicht richtig"). Diese angeblichen energetischen Störungen haben sich entweder bereits körperlich ausgedrückt - dann müßten sie, sofern sie keine Hirngespinste sind, über kurz oder lang auch von einem gewissenhaften Schulmediziner feststellbar sein. Oder sie beschränken sich bisher nur aufs Unkörperliche - dann disponieren sie allenfalls zu entsprechenden Erkrankungen, müssen aber nicht und niemals manifest werden. Denn zu den zentralen Annahmen der energetischen Medizin gehört es, daß jene inneren Prozesse, die über Gesundheit oder Krankheit entscheiden, nicht autonom ablafen, sondern durch eine geeignete Geisteshaltung und psychische Verfassung nahezu grenzenlos steuerbar sind: etwa durch größere innere Ruhe und Gelassenheit, durch bewußteres, tieferes und ruhigeres Atmen, durch freiere, unverkrampftere Körperhaltung und Bewegung, durch den Abbau von Ängsten, Aggressionen und Konflikten, durch positives Denken und bestärkende Autosuggestionen. Sich darum zu bemühen, ist in jedem Fall empfehlenswert - gleichgültig, ob die energetische Diagnose zutrifft oder nicht.

Wie verhalten Sie sich, falls Ihnen ein Psi-Diagnostiker, vorgeblich "außersinnlich", eine lebensbedrohliche Erkrankung "ansieht" und den nahen Tod prophezeit? Von ihm sollten Sie sich unverzüglich verabschieden. Denn er verstößt verantwortungslos gegen eine ethische Grundforderung an seriöse Heilbemühungen: Patienten darf keine Angst gemacht werden - denn diese Angst kann jene Katastrophe, auf die sich bezieht, überhaupt erst herbeiführen. Wer hypochondrisch einen Tumor in seinem Körper vermutet, wird ihn mit großer Wahrscheinlichkeit irgendwann auch einmal bekommen - vermittelt über neuroimmunologische Prozesse, die seine Psyche unter anhaltendem Angststreß in Gang setzt und chronisch aufrechterhält.

Diese Vorbehalte gelten für alle genannten Arten von Psi-Diagnostik gleichermaßen. Denn bisher fehlen jegliche wissenschaftlichen Anhaltspunkte dafür, daß irgendeine dieser Methoden den übrigen überlegen ist. In jedem Bereich lassen sich eine Handvoll herausragende Könner, eine Menge Mittelmaß und allzu viele Versager finden. Nicht die Methode entscheidet - sondern die paranormale Begabung, die kritische Selbstkontrolle und das Verantwortungsbewußtsein derer, die sie anwenden. (Ein Ehrenkodex, den ich im Sommer 1994 für eine Dachorganisation von Heilerverbänden entworfen habe, verpflichtet Heiler darauf, "nicht den Eindruck zu erwecken, als könne er Krankheiten zuverlässig und präzise erkennen. Hinweise dürfen nur in allgemeiner Frageform gegeben werden, z.B. 'Haben Sie sich schon ärztlich untersuchen lassen?'.") Von daher ist es zweitrangig, ob Sie sich von einem "wandelnden Röntgengerät" durchleuchten, von einem Aura-Fühligen abgreifen oder ein Pendel ihren Körper entlangschwingen lassen. Wertvolle Hinweise können Sie von jeder Vorgehensweise erwarten, ebenso wie Sie bei jeder auf Enttäuschungen gefaßt sein müssen. Und sollten Sie je in Versuchung geraten, außersinnliche Enthüllungen allzu schnell für bare Münze zu nehmen: Denken Sie an ein elfjähriges Mädchen namens Emily Rosa - und bewahren Sie sich etwas von ihrer kindlichen Neugier.

Die kleine Amerikanerin aus Loveland, Colorado, dachte sich Anfang 1998 eine simple Versuchsanordnung aus, um die "Aurafühligkeit" von Heilern zu testen. In ein Tuch, das als Sichtblende diente, schnitt sie zwei Löcher, durch die ein Heiler seine Arme streckte. Ein Münzwurf entschied, über welche ausgestreckte Hand Emily jeweils eine eigene hielt. Bei 280 Versuchen war auf den Spürsinn von 21 getesteten Heilern im Schnitt lediglich zu 44 Prozent Verlaß - noch unterhalb der Wahrscheinlichkeit, durch bloßes Raten richtig zu liegen.[4]

Anmerkungen

1 Zitiert nach Krassimira Dimowa, "Mein Weg zur Heilerin", *Grenzgebiete der Wissenschaft* 4/1991, S. 311-333.

2 Die folgenden und weitere Methoden der Psi-Diagnostik werden ausführlich vorgestellt in Harald Wiesendanger: *Das große Buch vom geistigen Heilen - Möglichkeiten, Grenzen, Gefahren*, Lea-Verlag: Schönbrunn 2000, S. 200ff.

3 Die folgenden Einschränkungen begründe ich eingehend in meinem *Großen Buch vom geistigen Heilen*, a.a.O., S. 228ff.

4 *Der Spiegel* 16/1998, *taz* 4./5.7.1998

28

Wenn der "Professor" Hand anlegt

Über Titelsucht und andere Eitelkeiten

Manche Titel werden ersessen, andere erstanden. Auf etliche Heiler, die als "Doktoren" oder gar "Professoren" Eindruck schinden, trifft letzteres zu.

Besonderen Eifer, in dieser Hinsicht ein klägliches Vorbild abzugeben, legt seit längerem ein heilender "Professor" aus Berlin an den Tag, in dessen imposanter Autobiographie auch ein "Vorschlag für den alternativen Nobelpreis" auftaucht. Einen Lehrstuhl hat der auf Betitelung als "Prof. Dr." sorgsam Bedachte derzeit nirgendwo inne, "und niemand außer ihm weiß, ob sich seine angeblichen 'Professuren' nicht bloß auf den einen oder anderen Vortrag in angemieteten Räumlichkeiten irgendwelcher Hochschulen beschränkten", zweifelt ein früherer Vertrauter und Mitarbeiter. Ebenso sah dies ein deutsches Gericht, das ihm die Titelführung mittlerweile untersagte. Dazu paßt eine bezeichnende Episode: Bei einer Zusammenkunft am Rande eines Kongresses eröffnete mir der Heiler "im Vertrauen", man habe versucht, ihn von seinem bisherigen Wohnsitz "wegzulocken, mit dem Angebot einer Professur in Heidelberg". Peinlicherweise saß der angebliche Anbieter mit am Tisch: ein bekannter deutscher Arzt für Allgemeinmedizin und Naturheilverfahren. Er hatte den Heiler lediglich zu einem Vortrag im Rahmen einer von ihm organisierten öffentlichen Vorlesungsreihe nach Heidel berg eingeladen.

Ein echter "Dr. med.", ein promovierter Mediziner, ist er dagegen in der Tat, ebenso wie ein rundes Dutzend andere Ärzte in Deutschland, die geistiges Heilen schon in ihre Praxen und Kliniken einbeziehen. Etwa hundert weitere Heiler, so schätze ich aus eigenen Umfragen, tragen (zurecht) Doktorentitel anderer Fachbereiche, sind wahrhaftige "Magister" oder können echte Hochschuldiplome vorweisen, vorwiegend in Psychologie. Aber auch davon sollten Hilfesuchende ihre Entscheidung, welchem Heiler sie sich anvertrauen sollten, nicht vorrangig abhängig machen. Kein akademischer Titel bürgt dafür, daß sein Träger irgendwelche zusätzlichen Qualifikationen als Geistheiler besitzt, die ihn über die handauflegende Putzfrau, den gesundbetenden Taxifahrer, die reiki-praktizierende Verkäuferin erheben. Akademiker, auch die echten, sind nicht zwangsläufig die besseren Heiler. Aufhorchen lassen sollte Hilfesuchende allenfalls ein abgeschlossenes Medizin- oder, bei seelischen Problemen, Psychologie-Studium - nur dann darf man sich als "Diplom-Psychologe" bezeichnen - mit anerkannter psychotherapeutischer Zusatzausbildung: Sie sprechen im allgemeinen für eine Vorbildung (der hoffentlich auch berufliche Erfahrung folgte), welche bei der Anamnese, bei der diagnostischen Einschätzung, der Auswahl und Anwendung geeigneter Therapien vorteilhaft ist.

Für Patienten ist es im allgemeinen unmöglich, die Echtheit von Titeln zu überprüfen. Deshalb sollten sie im Zweifelsfall lieber, vorsichtshalber, von Hochstapelei ausgehen, vor allem dann, wenn mit akademischen Graden nicht nur zurückhaltend der Briefbogen bedruckt, sondern auf goldenen Türschildern und Hochglanzvisitenkarten geprotzt wird. Gerade gegenüber allzu naiven Hilfesuchenden, die dazu neigen, vor heilenden Akademikern in Ehrfurcht zu erstarren (und damit so manches Geschäftskalkül aufgehen lassen), kann nicht nachdrücklich genug betont werden: "Geistheilung" ist kein Lehrfach an irgendwelchen Universitäten, die darüber Studiengänge anbietet, Prüfungen abnimmt und Titel vergibt. Es gibt keinen zurecht promovierten oder sonstwie akademisch geadelten "Doktor Heiler". Darum scheren sich die Hintermänner des florierenden Titelhandels freilich wenig. Für fünf- bis sechsstellige Summen beschaffen sie beliebige akademische Grade von finanzschwachen Hochschulen, die in irgendwelchen Bananenrepubliken oder einfach in Liechtensteiner Briefkästen ihren Sitz haben - und hierzulande allesamt ein Fall für die Staatsanwaltschaft sind, weil sie zu Unrecht geführt werden.

Religionsfreiheit zählt in Deutschland zu den in der Verfassung an oberer Stelle verbrieften Grundrechten - deshalb präsentieren sich immer mehr Geistheiler gerne als Geistliche, um Scherereien mit dem "Heilpraktikergesetz" vorzubeugen. Dieses Schutzbedürfnis befriedigen manche Heilerverbände liebend gerne, zumal solches Zuvorkommen für Mitgliederzuwachs sorgt: Eine "Gemeinschaft der Heilenden Hände" etwa, 1968 von einem deutschstämmigen ehemaligen Fernfahrer gegründet und von Australien aus an straffen Zügeln geführt, vergeistlicht Neuankömmlinge im Schnellwaschgang zu "Reverends". Ebenfalls im Angebot hat die "Gemeinschaft" "Doktor"würden, vom "Präsidenten", natürlich selbst ein "Rev. Dr.", großzügig beurkundet nach Einreichung einer kleineren schriftlichen Arbeit. Am Vorstandstisch einer Dachorganisation für Heilerverbände, der er angehört, kann der Gemeinschaftsleiter gelegentlich einen Heilerkollegen begrüßen, der sich von einem katholisch-freikirchlichen "Orden von Port Royal" kürzlich gar zum "Bischof" weihen ließ. Sinnigerweise tragen beide einen "Ehrenkodex" mit, der Geistheilern ausdrücklich untersagt, irreführende Titel zu tragen. (Auf Heilerverbände als Titelhändler komme ich im Kap. 32 zurück.)

Geradezu inflationär vervielfacht haben sich in den letzten zwei Jahrzehnten sogenannte "Meister", dem boomenden Reiki entsprungen: einer fernöstlichen Heilweise, die der japanische Gelehrte Mikao Usui Ende des vorigen Jahrhunderts in alten tibetischen Schriften wiederentdeckt haben soll. Mindestens 100.000 Deutsche, nach manchen Schätzungen bis zu 500.000 sollen es bereits praktizieren, wenn auch meist nur für den Hausgebrauch. Von herkömmlichen geistigen Heilmethoden wie dem Handauflegen unterscheidet sich Reiki (wörtlich "der rechte Gebrauch der allumfassenden, alles durchdringenden Lebenskraft") hauptsächlich durch ein hohes Maß an Verschulung. Sogenannte "Einstimmungen" oder "Einweihungen" führen Anwärter in mehreren, aufeinander aufbauenden Lernstufen zum "Ersten" bis hinauf zum "Dritten Grad". Dabei werden sie mit Symbolen und Mantras vertraut gemacht, die Usui einst auf einem heiligen Berg, gegen Ende einer dreiwöchigen Fastenmeditation, visionär geschaut haben will. Diese sollen den Heiler ebenso wie seine Patienten "auf eine höhere Schwingungsebene heben" und Chakras besonders rasch und leicht "öffnen" können, was Heilungen wahrscheinlicher machen und beschleunigen soll. Um diese "Einweihungen" betreiben Reiki-Anwender eine wohlbedachte Geheimniskrämerei: Um ihrer teilhaftig zu werden, müssen Kurse bei diplomierten Reiki-Lehrern gebucht werden, die bis zu

"Meister"-Ehren 20.000 DM kosten können; inzwischen werden sie allerdings schon zu dreistelligen Dumpingpreisen in Blitz-Initiationen an workshoppende Sinnsucher verscherbelt. Dank eines Schneeballsystems, das kapitalistischen Marketing-Konzepten abgeschaut wirkt, nehmen Reiki-Lehrer ein Vielfaches der Summen ein, die sie selbst in ihre Ausbildung investieren mußten - und potenzieren gleichzeitig mit jeder neuen Generation von Schülern die Masse der Reiki-Praktikanten. Anfang der achtziger Jahre gab es in Europa nur eine einzige Reiki-Meisterin; die erste in Deutschland wurde 1983 "geweiht" - heute sollen es hierzulande bereits über 500 sein. Aber was für eine "Meisterschaft" liegt da vor? Selbst Insider, allen voran der bekannte Reiki-Meister und Sachbuchautor Walter Lübeck, räumen einen rapiden Qualitätsverfall in Ausbildung und Therapie ein: "Auch der unkritischste Zeitgenosse kommt ins Grübeln, wenn sein Nachbar, der weder beruflich noch privat sein Leben auf die Reihe kriegt und soviel Ahnung von esoterischem Gedankengut hat wie eine Katze vom Eierlegen, plötzlich im Wochenendkurs-Schnellverfahren zu einer esoterischen (Schein)Heiligkeit mit dem Titel 'Reiki-Meister' befördert wird. Das stinkt genauso wie der im Sonderangebot eingekaufte Doktorhut."[1]

Kurzum: Wann immer Eure Merkwürden, Eure Hohlheit demonstrativ Titel und Zertifikate jeglicher Art zur Schau stellt, sollten Hilfesuchende höllisch auf der Hut sein. Fast immer verrät er dabei keinerlei gesteigerte Kompetenz, dafür aber eine mühelose Selbstaufblasbarkeit. Wirklich fähige Heiler haben dergleichen nicht nötig. "Einen Namen hat man, wenn man keinen Wert mehr auf einen Titel legt."[2]

Anmerkungen

1 Walter Lübeck, "Zankapfel Reiki", *Connection* 2/1994, S. 23.

2 Sigmund Graff, *Im Baum der Erkenntnis*.

29

Chakra-Massage auf Busenhöhe

Sexueller Mißbrauch: Wehret den Anfängen!

Die Frauenstimme, die am 12. März 1999 spätabends aus meinem Telefonhörer drang, klang seltsam matt. Immer wieder verhaspelte sie sich, geriet ins Stocken, setzte von neuem an. "Wie kann ich ihm das Handwerk legen?" fragte sie. "Ihm": damit war ein Geistheiler aus Nordhessen gemeint, dem sich die 30jährige Frau zwei Jahre zuvor anvertraut hatte. "Ich war damals seelisch total am Ende", berichtete mir Anneliese K. "Die Scheidung lief, ein Unterhaltsprozeß stand bevor. Meine Kinder wollten nicht mehr zur Schule."

An der Seriosität des Heilers hatte Anneliese K. keinerlei Zweifel. "Gleich nach der Begrüßung wies er mich darauf hin, er sei Mitglied eines Heilerverbands, zog seinen Mitgliedsausweis aus der Jackentasche und führte mich zu einer gerahmten Urkunde an der Wand, die mit 'Ehrenkodex' überschrieben war. Ich war beeindruckt." Dann kam er sogleich zur Sache. "Die Wurzeln Ihrer Probleme liegen in Ihrer Vergangenheit", enthüllte der Heiler. "Wir machen mit Ihnen jetzt eine Rückführung."

"Nun 'führte' er mich 'zurück'", fährt die Telefonstimme fort. "In meine Jugend. Meine frühe Kindheit. Zu meiner Geburt." Dazu sollte sich Anneliese K. vollständig entkleiden; schon führte der Heiler sie in seine Sauna und begann sich wie selbstverständlich auszuziehen. Sie war fassungslos. "Kommt ein Säugling nicht nackt zur Welt?", fragte er.

“Im übrigen arbeiten Geistheiler mit ihren Klienten immer nackt”, machte er ihr weis. “Wußten Sie das nicht?” Nach wenigen Minuten war die ‘Rückführung’ am Ziel: “Sie sind ein Säugling”, sagte er. “Was tut ein Säugling? Er saugt. Tun Sie´s. Saugen Sie!” Es kam zum Oralsex.

Zwang er Anneliese K. mit körperlicher Gewalt dazu? “Nein, nicht eigentlich”, erklärt das Opfer verschämt. “Aber er hat alles so logisch erklärt. In jenem Moment leuchtete mir alles ein, ich konnte nicht anders. Heute hätte ich ihm vielleicht eine ‘runtergehauen und das Weite gesucht. Aber damals war ich in einer psychischen Extremsituation, die mich schlicht wehrlos machte.”

"Kaum hatte er mich in sein Behandlungszimmer geführt", berichtete mir einen Monat später die 31jährige Neurodermitis-Patientin Regina G. aus Köln über ihren allerersten Termin beim Geistheiler, "da bat er mich, meine Bluse auszuziehen. ‚Wieso das denn?', fragte ich ihn verblüfft. ‚Ich dachte, Ihre ‚spirituelle Energie' durchdringt mühelos selbst meterdicke Mauern und Stahlbarrieren. Wieso dann nicht auch so ein Textil?"

Aber der Heiler war schlagfertig. "Ja, schon", habe er zurückgegeben. “Aber ob meine Energie bei Ihnen ankommt, hängt davon ab, ob Sie dafür überhaupt offen sind. Und Ihr Bedürfnis, sich vor mir zu verhüllen - und das sehe ich ganz deutlich in Ihrer Aura -, dieses Bedürfnis ist ein offensichtliches Zeichen Ihrer Abwehrhaltung gegen die göttliche Kraft, die ich Ihnen vermitteln kann. Nehmen Sie es als symbolischen Akt: Indem Sie Ihre Kleidung öffnen, werden Sie offen für meine heilenden Energien."

Nein, Energieströme wollte Regina G. keinesfalls am freien Fluß hindern. Und so tat sie zögernd, wie ihr geheißen wurde. Kaum war sie so weit, da legte der Heiler, mit zudringlichem Druck, seine schweißfeuchte rechte Hand zwischen ihre beiden Brüste. "Ich dachte, beim Handauflegen ist Körperkontakt überflüssig", protestierte sie zaghaft. "Arbeiten Heiler denn nicht aus ein paar Zentimetern Abstand von der Haut?" - "So bin ich früher vorgegangen", sei prompt die Antwort gekommen. "Inzwischen habe ich aber die Erfahrung gemacht, daß meine Hand um so mehr in Ihrem Energiefeld bewirken kann, je tiefer sie in es eindringt." - "Aha", bemühte sich die Patientin mit einem gequälten Lächeln, die groteske Situation zu entschärfen, die offenkundig nur ihr peinlich war. "Aber wieso sind Sie jetzt im Brustbereich tätig? Meine Neurodermitis habe ich doch im Gesicht!" Doch damit war sie endgültig in die Falle getappt. "Gute Frau", gab der Heiler indigniert zurück, "machen Sie sich erst mal mit dem Wesen der Chakras und

Meridiane vertraut! Wissen Sie überhaupt, wie Energien in Ihrem Körper fließen? Wo sie am ehesten eindringen - und bis wohin sie dann wirken?" Und während er ihr noch einen Literaturhinweis ans Herz legte, glitt seine rechte Hand bereits seitwärts, während seine linke, die schon längst auf ihrem Oberschenkel lag, zielsicher nach oben glitt.

Regina G. verabschiedete sich mit einer schallenden Ohrfeige. Die 120 Mark, die Sie für diese Sitzung Vorkasse leisten mußte, war sie los - im Gegensatz zu ihrer Neurodermitis - und um eine Erfahrung reicher.

Wie typisch solche Erfahrungen sind, kann vorerst niemand mit Bestimmtheit sagen, weil Repräsentativbefragungen unter Heilern und ihren Patienten speziell zu diesem heiklen Punkt nicht nur fehlen, sondern vermutlich an mangelnder Offenheit und Scham scheitern würden. Unter den mehreren tausend Briefen und Anrufen von Heilerpatienten, die mich in den letzten zehn Jahren erreichten, waren gerade vier solcher Fälle; stets waren Frauen unter Vierzig die Leidtragenden. Andererseits muß von einer beträchtlichen Dunkelziffer ausgegangen werden. Nicht von ungefähr verlangt der größte Heilerverband Großbritanniens, die *National Federation of Spiritual Healing* (NFSH) in seinem *code of conduct* (Ehrenkodex), von praktizierenden Geistheilern, ihre Klienten grundsätzlich nur in angezogenem Zustand zu behandeln. Er wird wissen, warum.

Auch wenn sich die Heilerszene selbst ein besonderes, "göttlicher Spiritualität" verpflichtetes Berufsethos bescheinigt, dürfte sexueller Mißbrauch hier kaum seltener vorkommen als in anderen therapeutischen Berufen. Die Ideologie der "allumfassenden Liebe", die bei geistigem Heilen vielfach als "Lektion" von Krankheit zu lernen ist, ist im Gegenteil leicht dafür zu mißbrauchen, Zudringlichkeiten zu rechtfertigen. Ein notorisches, empirisch schon vielfach untersuchtes Problem stellt sexueller Mißbrauch in der Psychotherapie dar. "Die Kur muß in Abstinenz durchgeführt werden", forderte schon Sigmund Freud von Psychoanalytikern. Das Gebot, darin Enthaltsamkeit zu üben, hat der Berufsverband Deutscher Psychologen (BDP) seinen über 15.000 Mitgliedern sogar ausdrücklich in die Berufsordnung geschrieben: "Der heilkundlich tätige Psychologe darf keine persönliche Bindung zu seinen Patienten eingehen", insbesondere seien "sexuelle Beziehungen zu Patienten unzulässig".

Eine beachtliche Minderheit hält der Versuchung freilich nicht immer stand. Eine Meta-Analyse empirischer Untersuchungen der letzten Jahre zum Problem des sexuellen Mißbrauchs in therapeutischen Beziehungen, durchgeführt von dem Schweizer Psychiater Franz Moggi[1], hat ergeben: Mindestens jeder Zwanzigste, möglicherweise sogar 45 Prozent aller Therapeuten sind mit Hilfesuchenden schon mindestens einmal intim geworden. (Die niedrigsten Quoten ergaben sich, wenn die Therapeuten selbst mündlich oder schriftlich befragt wurden; weitaus schockierendere Zahlen kamen zum Vorschein, sobald Patientenstichproben interviewt oder Auskünfte von Folgetherapeuten eingeholt wurden, wieviele ihrer Klienten zum Vorgänger sexuelle Kontakte hatten.) Das Durchschnittsalter der "Täter" liegt demnach bei vierzig Jahren, das der "Opfer" um die dreißig. Nur ein Drittel der "Verführten" bricht die Therapie nach der ersten Zudringlichkeit bereits ab, 58 Prozent steigen innerhalb des folgenden Vierteljahrs aus. Nicht etwa Anfänger sind es überwiegend, die handanlegend emotionale Abhängigkeiten ausnutzen, sondern langjährig Berufserfahrene.

Daß Ärzte für sexuelle Versuchungen nicht minder anfällig sind wie Psychotherapeuten, belegt eine niederländische Studie von Medizinern der Universität Utrecht.[2] Sie befragten anonym 595 Gynäkologen, eine vermeintlich besonders "gefährdete" Gruppe also, und zum Vergleich 380 Hals-Nasen-Ohren-Ärzte. (Immerhin drei Viertel der Angeschriebenen füllten den Fragebogen vollständig aus.) In beiden Ärztegruppen räumten, unter dem Mantel der zugesicherten Vertraulichkeit, über achtzig Prozent der Befragten ein, sie hätten sich schon einmal von einem Patienten sexuell angezogen gefühlt - und knapp jeder Zehnte gab zu, der Versuchung nicht immer widerstanden zu haben.[3] Bei einer Umfrage des Hamburger Arztes und Psychoanalytikers Horst Flachsmeier bei 31 Berufskollegen fanden 18,6 Prozent "sexuelle Kontakte mit Patienten vorstellbar"; auf die umgekehrte Frage, ob zu ihnen schon Patientinnen gekommen wären, die mit früheren Ärzten sexuelle Beziehungen gehabt hätten, antworteten bestürzende 26 der 31 Befragten mit "ja".[4] Englischen und amerikanischen Erhebungen zufolge hatten 18 Prozent der Gynäkologen und Geburtshelfer, 13 Prozent der Allgemeinärzte und zwölf Prozent der Internisten schon mindestens einmal Sex mit Patienten.[5]

Besonders anfällig scheinen Therapeuten in persönlichen Lebenskrisen, wie Moggis Studie belegt. Jeder dritte ist ein "Wiederholungstäter". Die meisten, so Moggi, neigen dazu, ihren Ausrutscher zu rationalisieren und zu bagatellisieren, sei es als Kavaliersdelikt, als "nützliche" therapeutische Intervention oder als "wertvolle korrigierende Erfahrung".

Damit verkennen und verdrängen sie, was sie anrichten. Denn in ihren

Auswirkungen ähnelt Sex während der Therapie durchaus den Langzeitfolgen sexueller Kindesmißhandlungen. Zu den am häufigsten festgestellten Störungen rechnet die Berner Studie: Depression, Trauer, Schuld- und Schamgefühle; Selbstentwertung und autodestruktives Verhalten bis hin zum Selbstmord; psychosomatische Beschwerden, Eß- und Schlafstörungen; Beeinträchtigungen zwischenmenschlicher Beziehungen, Unfähigkeit zu anderweitigen sexuellen Kontakten, selbst wenn der Verstand sie bejaht.

Die Prävention muß in der Ausbildung ansetzen: Das Thema Sex darf nicht länger tabuisiert, es sollte in die Berufsvorbereitung integriert wer-

Sexuelle Kontakte in der Psychotherapie: US-amerikanische und deutsche Untersuchungen

Autoren, Jahr	Berufsgruppen	Anzahl Fragebögen	Rücklauf in %	Therapeuten mit sexuellem Kontakt %	Therapeutinnen mit sexuellem Kontakt %
Holroyd (1977)[6]	Psychologen	1000	70	**12,1**	**2,6**
Pope (1986)[7]	Psychologen	1000	59	**9,4**	**2,5**
Pope (1987)[8]	Psychologen	1000	46	**3,6**	**0,4**
Borys (1989)[9]	Psychologen Psychiater Sozialarbeiter	4800	57	**0.9**	**0,2**
Stake (1991)[10]	Psychologen	1041	31	**2,9 - 8,2***	**0,9 - 5,4***
Germaine (1996)[11]	Suchtberater	2000	47	**0,5**	
Arnold (1991)[12]	Verhaltenstherapeuten	300	48	**2,2**	
Reschke (1996)[13]	Klinische Psychologen	210	44	**3,4**	
Vogt (1998)[14]	Klinische Psychologen	3000	41	"offensiv": **0,2 - 0,7** "unterschwellig": **12 - 50**	"offensiv": **0,1 - 0,8** "unterschwellig": **5 - 26**

* Sexuelle Kontakte ohne "Küssen" (erste Zahl), mit "Küssen" (zweite Zahl)

den - in die Lehranalyse ebenso wie ins Medizinstudium und ins Geistheilerseminar. Außerdem sollten Therapeuten bereit sein, momentane Lebenskrisen in Selbsterfahrung aufzuarbeiten - unter Supervision einfühlsamer Standeskollegen -, statt sie an Abhängigen auszuleben. Zur Abschreckung müßten Vergehen streng geahndet werden: durch Entzug der Zulassung und eine Anzeige. Dies setzt freilich eine berufsständische Organisation voraus, die gerade in der Heilerszene noch in den Kinderschuhen steckt. Und selbst wenn es eine solche Einrichtung gäbe, wäre die Gefahr sexueller Nötigung von Hilfesuchenden wohl nie vollständig zu bannen - allein schon wegen der Beweisnot, die noch dadurch vergrößert wird, daß gelegentlich auch Klienten gegenüber ihren Heilern zudringlich werden.[15] Selbst unter Mitgliedern des "Berufsverbands Deutscher Psychologen", der auf seine weitentwickelte Standesgerichtsbarkeit stolz ist, fand eine anonyme Umfrage kürzlich erschreckend weit verbreiteten Mißbrauch.[16] Dabei erfaßte die Studie, an der sich 1242 klinische Psychologen beteiligten, neben "offensivem" Sexualverhalten (Kuß auf den Mund, Zungenkuß, Streicheln und Entblößen der Sexualregion, Onanieren sowie oraler, analer und genitaler Verkehr) auch "unterschwelliges": Jeder zweite männliche Therapeut gibt an, mit seinen Klientinnen zu flirten (Therapeutinnen: 26 Prozent); 55 Prozent ziehen diese "mit den Augen" aus; 21 Prozent machen sexuelle Komplimente, 12 Prozent geben unanständige Witze von sich.[17] Daß Geistheiler dagegen gefeit sind, bezweifle ich.

Die Rechtspraxis erlaubt eine Strafverfolgung bisher bloß in Ausnahmefällen. In Deutschland, anders als in den Niederlanden oder den USA, verbietet vorerst kein Gesetz Intimitäten auf der Behandlungscouch. Und Paragraph 179 des Strafgesetzbuches, der "außereheliche sexuelle Handlungen an Widerstandsunfähigen" verbietet, ist bisher fast nur auf die stationäre Betreuung in psychiatrischen Anstalten angewandt worden. Wie bei Vergewaltigungsopfern, so liegt die Beweislast auch hier bei den betroffenen Frauen; diese haben vor Gericht nachzuweisen, daß sie sich nicht wehren konnten. Laut Gesetz kann das allerdings nur bei einer "krankhaften seelischen Störung", bei "Schwachsinn" oder einer "schweren anderen seelischen Abartigkeit" vorkommen. Als "empörend" wird diese Rechtslage von der Kommission für Verstöße der Psychiatrie gegen Menschenrechte empfunden: "Um ihre Widerstandsunfähigkeit zu beweisen, müssen sich Betroffene nachträglich für verrückt erklären lassen - auch wenn sie nur wegen einer Depression in Behandlung waren", erklärt eine Kommissionssprecherin. Und oft drehen sich die Klägerinnen vor Gericht dadurch selbst einen Strick: Denn wer derart "gestört" ist, daß er einen zudringlichen Therapeuten nicht mit dem gebotenen Nachdruck abweisen kann - ist der nicht erst recht gestört genug, sich die Intimität womöglich bloß zurechtzuphantasieren? Ein Opfer nachträglich als neurotisch hinzustellen, fällt beschuldigten Therapeuten gewöhnlich nicht allzu schwer.

Sinnvoller, und aussichtsreicher, als Paragraphenreiterei könnte es sein, innerhalb von Berufsverbänden unabhängige Beratungsstellen für Therapeuten und Patienten zu schaffen. Zwei Drittel der anonym befragten Ärzte fanden sexuelle Gefühle innerhalb der therapeutischen Beziehung im übrigen durchaus "akzeptabel": Statt sie zu verleugnen, müßten angehende Therapeuten lernen, mit ihnen als "normal" umzugehen, ohne sie an Hilfesuchenden triebhaft abzureagieren, umkränzt mit rhetorischen Girlanden. Nur wer im Patienten ein bloßes Objekt sehe, sei imstande, ihn grundsätzlich als sexuelles Neutrum zu behandeln, das keinen Anlaß zu Gefühlen gibt, so die Studie.

Ähnlich sah es schon Freud: Erotisierende Übertragungen und Gegenübertragungen entstünden während der Therapie häufig; statt sie zu unterdrücken, seien sie psychoanalytisch auszudeuten - allerdings niemals auszuleben.

Doch nicht einmal Freuds einstiger Lieblingsschüler Carl Gustav Jung nahm es mit der "Abstinenzregel" immer genau: Er ließ sich auf eine Affäre mit seiner Patientin Sabina Spielrain ein. Als Freud davon erfuhr, bekannte er Jung: "Ich selbst bin zwar nicht ganz so hereingefallen, aber ich war einige Male sehr nahe daran."

Wie "nahe daran" ein Geistheiler Ihrer Wahl auch immer sein mag: Halten Sie es mit ihm wie Regina G. - bloß mit noch ein wenig mehr Geistesgegenwart und Entschiedenheit.[18] Die Bluse kann zubleiben.

Anmerkungen

1 Das belegt eine Studie des Schweizer Arztes Franz Moggi von der Psychiatrischen Universitätsklinik Bern (*Nervenarzt* 63/1992), aus der die folgenden Zahlen stammen.

2 *British Medical Journal* 304/1992.

3 Bei einer anderen Untersuchung der Deutschen Gesellschaft für Verhaltensmedizin gaben 8,6 Prozent der Therapeuten an, mit Klienten intim zu werden. Die Universität Hamburg befragte, anonym, 300 Verhaltenstherapeuten: Zwölf Prozent finden nichts dabei, ihre Patientin auf die Wange zu küssen, knapp 60 Prozent meinen, sie würden einer Patientin sagen, daß sie sehr attraktiv sei. Nur 1,4 Prozent gaben zu, bereits Verkehr mit einer Patientin gehabt zu haben.

4 Nach Karl Heinz Reger, "Sex in der Praxis: Ein Tabu wird zunehmend gebrochen", *Rhein-Neckar Zeitung* Nr. 80, 4.4.1992, S. 33.

5 a.a.O.

6 J. C. Holroyd/A. M. Brodsky, "Psychologists´ attitudes and practices regarding erotic and nonerotic physical contact with patients", *American Psychologist* 32/1977, S. 843-849.

7 K. S. Pope/P. Keith-Spiegel/B. G. Tabachnik, "Sexual Attraction to Clients. The Human Therapist and the (Sometimes) Inhuman Training System", *American Psychologist* 41/1986, S. 147-158.

8 K. S. Pope/B. G. Tabachnik/P. Keith-Spiegel, "Ethics of Practice. The Beliefs and Behaviors of Psychologists as Therapists", American Psychologist 42/1987, S. 993-1006.

9 D. S. Borys/K. S. Pope, "Dual relationships between therapist and client: A national study of psychologists, psychiatrists and social workers", *Professional Psychology: Research and Practice* 20/1989, S. 283-293.

10 J. E. Stake/J. Oliver, "Sexual contact and touching between therapist and client: A survey of psychologists´ attitudes and behavior", *Professional Psychology: Research and Practice* 22/1991, S. 297-307.

11 J. S. Germaine, "Dual relationships at certified alcohol and drug counselors: A national study of ethical beliefs and behaviors", *Alcoholism Treatment Quarterly* 14/1996, S. 29-44.

12 E. Arnold/A. Retsch, "Liebe, Sexualität, Erotik zwischen Therapeutinnen und Klientinnen", *Verhaltenstherapie und psychosoziale Praxis* 3/1991, S. 273-288.

13 K. Reschke/U. Kranich, "Sexuelle Gefühle und Phantasien in der Psychotherapie - Eine anonyme Fragebogenerhebung bei sächsischen PsychotherapeutInnen", *Verhaltenstherapie und psychosoziale Praxis* 28/1996, S. 251-271.

14 I. Vogt/E. Arnold/U. Sonntag: *Epidemiologische Studie zu Körperkontakten und sexuellen Kontakten im Psychotherapeutischen Setting. Abschlußbericht für die Deutsche Forschungsgemeinschaft,* Frankfurt/M. (unveröffentlicht). Zusammenfassend berichten die drei Autorinnen darüber in "Körperkontakte und sexuelle Kontakte im psychotherapeutischen Setting", *Report Psychologie* 10/1999, S. 754-763.

15 Derartige Episoden berichtete mir etwa der Berliner Arzt Manfred Engel über Patientinnen des Heilers Aron Dolgoy, den er seit Jahren mitarbeiten läßt.

16 a.a.O. (*Report Psychologie*)

17 a.a.O., S. 756 ff.

18 Ein hilfreiches Handbuch für Täter wie Opfer von intimen Zudringlichkeiten in Heilbeziehungen schrieb die Sozialpsychologin Claudia Heyne: *Tatort Couch. Mißbrauch in der Therapie - Ursachen, Fakten, Folgen und Möglichkeiten der Verarbeitung*, Kreuz Verlag 1991.

30 Vorsicht, Scharlatan!

Was einen empfehlenswerten Heiler auszeichnet

Woran erkennen Sie einen guten Heiler? Jedenfalls *nicht*

- an der Häufigkeit, mit der er für Schlagzeilen sorgt. (Einige der besten arbeiten bis heute unbeachtet, in aller Stille und zurückgezogen; viele mäßig Begabte werden hochgejubelt. Darüber, wen Massenmedien eines Berichts für wert erachten, entscheiden durchweg andere Gesichtspunkte als erwiesene Leistung, wie sich im Kapitel 21 zeigte.)

- an der Zahl seiner Patienten. (Sensationsberichte in den Massenmedien, die ihn willkürlich bevorzugten, könnten gerade ihm scharenweise Kundschaft zugetrieben haben. Siehe ebenfalls Kap. 21.)

- an seinem Charisma. (Nicht jeder, der eine Aura von Allmacht ausstrahlt, tut dies aufgrund erwiesener Erfolge. Von Selbstüberschätzung, Eitelkeit und Arroganz sind auch Geistheiler nicht immer frei.)

- an seinen Versprechen. (Viele Geistheiler überschätzen maßlos, was sie können. Siehe Kap. 2.)

- an seiner esoterischen Bildung. (Die beschlagensten Theoretiker, die jedes Chakra beim Namen zu nennen und den Verlauf jedes Meridians auf den Millimeter genau zu bestimmen wissen, sind nicht unbedingt die besten Praktiker - ebensowenig wie Diätetikexperten am besten kochen oder Musikprofessoren generell am besten komponieren können. Siehe Kap. 18.)

- an der Höhe seiner Honorare. (Das Teuerste ist nicht immer das Beste, wie wir auf anderen Gebieten der freien Marktwirtschaft tagtäglich erleben. Siehe Kap. 17.)

- an seinen akademischen Graden. (Daß ein Geistheiler seinem Namen beispielsweise die Bezeichnung «Professor» oder «Dr. med.» voranstellt, weist ihn noch lange nicht als überdurchschnittlich guten Heiler aus. Siehe Kap. 28.)

Der Steckbrief des Scharlatans	**Was einen seriösen Geistheiler auszeichnet**
Am wichtigsten:	
● Er verspricht Ihnen rasche, vollständige Heilung.	● Er weist Sie darauf hin, daß er Heilung keinesfalls garantieren kann.
● Er prophezeit Ihnen eine schwere Erkrankung oder gar den Tod, falls Sie seine Behandlung abbrechen oder nebenher anderweitig Hilfe suchen. *Ausschließlich* ihm sollen Sie vertrauen.	● Er mahnt Sie, Ihre Hoffnung nicht allein auf ihn zu setzen. Was er für Sie tun kann, versteht er als *Ergänzung* zu ärztlichen Maßnahmen.
● Er setzt Sie unter Druck, laufende ärztliche Behandlungen zu beenden, verordnete Medikamente abzusetzen.	● Er rät Ihnen, das Urteil von Ärzten einzuholen, um sich ein klareres Bild über Folgen und Risiken eines Therapieabbruchs zu verschaffen.
● Er stellt Ihnen unüberprüfbare, scheinbar "hellsichtige" Diagnosen.	● Soweit er intuitiv zu wissen glaubt, was ihnen fehlt, hält er Sie dazu an, sich ärztlich untersuchen zu lassen.
● Auch wenn nach mehreren Wochen noch keinerlei Fortschritte erkennbar sind, bedrängt er Sie, sich von ihm weiterbehandeln zu lassen.	● Er schlägt von sich aus vor, die Behandlung zu beenden, sobald er merkt, daß er nichts oder zuwenig ausrichten kann.

Der Scharlatan	Der seriöse Heiler
● Er vermittelt Ihnen den Eindruck, daß es allein von *seinen* Heilkräften abhängt, ob Sie genesen.	● Er vermittelt Ihnen den Eindruck, daß letztlich *Sie selbst* es sind, der Sie heilt; dazu könne er allenfalls Anstöße geben.
● Er überrumpelt Sie mit Honorarforderungen, von denen vor der Behandlung nie die Rede war.	● Über die Höhe seines Honorars bzw. eine angemessene Spende einigt er sich mit Ihnen vor der ersten Sitzung.
● Er protzt mit Bezeichnungen wie "(Para-)Psychologe", ohne ein Universitätsstudium vorweisen zu können, mit dubiosem Professor- oder Doktortitel, mit fragwürdigen "Diplomen", "Zulassungen" und "Anerkennungen" durch irgendwelche Vereine oder Institute.	● Das Urteil über seine Befähigung, Ihnen zu helfen, überläßt er Ihnen.
● Er strahlt Kälte aus.	● Er strahlt Liebe aus.
● Er wird sexuell zudringlich.	● Sexuelle Zudringlichkeiten, und sei es auch nur mit Worten, sind für ihn tabu.
● Er äußert sich pauschal abfällig über die Schulmedizin.	● Er sieht sich als Partner der Ärzteschaft, der medizinische Maßnahmen ergänzen und unterstützen will, und nicht als Konkurrent.

Der Scharlatan	Der seriöse Heiler
Ferner bezeichnend ist:	
● Er verweigert ihnen Angaben über seinen beruflichen Werdegang.	● Er schildert Ihnen offen und bereitwillig, wie er zu geistigem Heilen kam.
● Er liebt esoterischen Fachjargon.	● Er erklärt Ihnen in einfachen Worten, wie Geistheilung möglich ist, auch für Sie.
● Ob Sie bereits bei einem Arzt waren, interessiert ihn nicht.	● Er erkundigt sich danach, ob Sie in ärztlicher Behandlung waren und es gegenwärtig noch sind.
● Sie näher kennenzulernen, hält er für überflüssig. Was Sie mitgemacht haben, wie es Ihnen zur Zeit geht - all das berührt ihn augenscheinlich nicht.	● Einfühlsam und geduldig erkundigt er sich nach Ihrem Lebensweg, Ihren momentanen Lebensumständen, Ihren Arbeitsbedingungen und privaten Beziehungen - auf der Suche nach möglichen Mitursachen Ihres Leidens, die zu beseitigen mehr erfordert als nur "Heilenergien".
● Sie werden bei ihm zum passiven Zuschauer der Behandlung, der über sich ergehen lassen muß, was er wort- und teilnahmslos mit Ihnen tut.	● Sie werden aktiv in die Behandlung einbezogen. Denn "der Heiler" sind letztlich Sie selbst: Ihre Einstellung, Ihre Mitwirkung entscheidet darüber, ob Ihnen geholfen werden kann.
● Er konzentriert sich auf Ihr Symptom.	● Er konzentriert sich auf *Sie*.

Der Scharlatan	Der seriöse Heiler
● Er gibt Ihnen keine Gelegenheit, ihn näher kennenzulernen und Vertrauen zu schöpfen, ehe Sie sich von ihm behandeln lassen. Eine Erläuterung, wie er Sie behandeln will, bleibt er Ihnen schuldig. Für Ihre Fragen hat er keine Zeit.	● Ihrer Bitte nach einem Vorgespräch/einer Probesitzung (zu einem deutlich reduzierten Honorar) kommt er nach. Dabei erläutert er Ihnen ausführlich, wie die Behandlung ablaufen wird, und nimmt sich Zeit für Ihre Fragen.
● Er bedrängt Sie, mit der Behandlung sofort zu beginnen, auch wenn sie keine akuten Beschwerden haben.	● Er läßt Ihnen Bedenkzeit. Gegebenenfalls ermutigt er Sie, weitere Ärzte zu konsultieren und sich nach sonstigen Therapiemöglichkeiten zu erkundigen, von denen Sie bislang vielleicht noch nichts oder zuwenig wissen. (Siehe Kap. 11.)
● Er verabreicht Ihnen Heilmittel, ohne Arzt oder Heilpraktiker zu sein.	● Medikamente zu verschreiben, überläßt er Fachleuten, die dafür medizinisch ausgebildet von Gesetz wegen befugt sind.
● Er fordert feste Honorare, unabhängig von seinem Zeitaufwand.	● Sein Honorar richtet sich nur nach der aufgewendeten Zeit. (Üblich ist ein Betrag pro Stunde bzw. pro Sitzung.)
● Bei seinen Honorarforderungen nimmt er keinerlei Rücksicht auf Ihre finanzielle Lage.	● Er ist bereit, Sie gegen ein niedrigeres Honorar oder gratis zu behandeln, falls Sie sich seine Hilfe andernfalls nicht leisten können.
● Ihre Bitte, Barzahlungen zu quittieren, fertigt er unwirsch ab.	● Auf Wunsch bestätigt er Ihnen gezahlte Geldbeträge.

31
Lieber zum "geprüften" Heiler?

Vom Etikettenschwindel mit "Diplomen", "Anerkennungen" und "Zulassungen"

Am Mittwoch, dem 16. Dezember 1998, bestätigt das Fernsehmagazin "Stern-TV" wieder einmal die übelsten Vorurteile, die über Geistheiler im Umlauf sind. Unter dem Titel "*Das Geschäft mit den Todkranken - mit versteckter Kamera getestet. Die skrupellosen Methoden der Wunderheiler!*" präsentiert Moderator Günther Jauch, was Heidrun Zilgraf, bayerische Landesvorsitzende der "Frauenselbsthilfe nach Krebs", soeben Haarsträubendes in der Szene erlebt hat. Sie berichtet über Kontakte mit mehreren Heilern, die ihr Hilfe anboten, nachdem sie folgendes Inserat aufgegeben hatte: "Ich bin schwer krebskrank, wie die Ärzte sagen. Jetzt wollen sie mit Bestrahlungen usw. beginnen. Ich will mich aber nicht von der gesamten Medizinmaschine überrollen lassen. Wer kann mir helfen, auf alternative Weise gesund zu werden?" (Tatsächlich hatte Frau Zilgraf vor 15 Jahren Brustkrebs, ist seither aber ohne Befund.)

Mit versteckter Kamera besucht Heidrun Zilgraf unter anderem eine verbandsmäßig "Anerkannte Heilerin". Zum Termin soll sie ein Paßfoto mitbringen; darauf meint die Heilerin zu erkennen, wo der Krebs sitzt. O-Ton "Stern-TV":

Heilerin (beginnt am Foto zu "arbeiten"): "Das haben Sie vielleicht gemerkt. Ich halte hier die Hand drauf und das fliegt mir jetzt zu von beiden Seiten."

Zilgraf: "Sie setzte sich dann hin und fuhr mit ihren Händen drüber und nahm dann den Kontakt auf, obwohl ich ja vor ihr saß. Sie brauchte mein Foto gar nicht und erzählte dann hinterher, daß sie aufgrund des Fotos eine Ferndiagnose mit mir durchführen würde.

Heilerin: "Bei Darmkrebs zum Beispiel braucht man zusätzlich keinen Arzt. Wenn jemand sagt, ich gehe mal hin, gut. Wichtig aber sind die Ernährung und meine Behandlung."

Hintergrundmoderation: "Die Heilerin beginnt mit ihrer Arbeit, und sofort macht sie einen Fehler! Sie vermutet den Tumor in der linken Brust und will ihn heilen. Was sie nicht weiß: Heidrun Zingraf wurde dort schon vor Jahren operiert. Die Quittung für eine Stunde bei der von einem Verband geprüften Heilerin, die vollkommen daneben lag, 150 DM." (Der "Ehrenkodex" ihres Verbands erlaubt maximal 120 DM pro Stunde.)

Über den Orientierungswert, den "Prüfungen" und "Anerkennungen" von Geistheilern durch Heilerverbände haben, hat Günther Jauch damit schon beinahe alles gesagt.

Das Prüfungsunwesen und, damit verbunden, die Idee des "Diplom-Heilers" entspringt einem Modetrend, der in der Schweiz und neuerdings auch in Deutschland um sich greift. Es sind gar nicht so sehr die Heiler selbst, die ihn vorantreiben, sondern Heilerverbände, die so tun, als verträten sie dabei deren eigentliche Interessen - auch wenn darüber nie eine demokratische Abstimmung stattgefunden hat.

Die Argumente dafür klingen zwar beim ersten Hinhören ganz plausibel: Bislang kann sich ja jeder "Heiler" nennen, der sich dazu berufen fühlt. Anscheinend fehlt eine Instanz, die nach objektiven Maßstäben feststellt, ob die angeblichen Fähigkeiten auch wirklich vorhanden sind, und die Spreu vom Weizen trennt. Durch entsprechende Prüfungen, so heißt es, würde das Ansehen des Heilerstandes erheblich wachsen, seine Integration ins Gesundheitswesen wesentlich erleichtert. Denn für die breite Öffentlichkeit, aber auch für kooperationswillige Ärzte und andere anerkannte Heilberufe, für Krankenkassen und Gesundheitsbehörden würde endlich transparent, was dazu gehört, ein guter Heiler zu sein. Und gelten bestandene Prüfungen und entsprechende Zeugnisse heutzutage denn nicht in beinahe jedem Beruf als selbstverständlich? Auch Lehrer und Erzieher, Hebammen und Masseure dürfen inzwischen ja nicht mehr nach eigenem Berufungsgefühl drauflospraktizieren, wie noch vor gar nicht allzu langer Zeit. Hat die Verschulung ihrer Ausbildung denn nicht die Qualität ihrer Arbeit gesteigert, ihr Ansehen erhöht? Ist es dem Gesetzgeber, der die "Volksgesundheit" vor Gefahren schützen will, dadurch denn nicht entscheidend erleichtert worden, diese Berufe anzuerkennen?

Derart motiviert, richten Heilerverbände neuerdings mit beträchtlichem Aufwand an Zeit, Geld und Personal Prüfungsverfahren ein, installieren entsprechende "Kommissionen", bestellen Geistheiler zum Test ein - und drohen ihnen mit dem Ausschluß oder zumindest mit keiner weiteren Vermittlung an Hilfesuchende, sofern sie sich dieser Prozedur nicht unterwerfen.

Eifrig wird da ein Irrweg eingeschlagen, auf dem die Heilerbewegung voll gegen die Wand fährt, und zwar aus mehreren Gründen.

Zunächst: Was soll eigentlich geprüft werden? Wie würden Sie einen Heiler examinieren, wenn Sie zu einer Prüfungskommission gehören würden?

Abfragen könnten Sie ihn beispielsweise medizinisches Wissen. Doch ebensogut könnten sie einen Sänger über die Physiologie des Hörnervs prüfen wollen. Benötigt er das überhaupt? Der Vorteil, so rang ein Verbandsfunktionär in einem kürzlichen Interview nach einer Rechtfertigung, liege darin, daß "ein Arzt vom (medizinisch vorgebildeten) Heiler ganz gezielte Behandlungen verlangen kann, weil sich der geprüfte Heiler in der Anatomie ausreichend auskennt und die Organe auch findet, die der Arzt bezeichnet."[1] Mit derart unausgegorenen Vorstellungen schießen Heilerverbände gleich drei Eigentore aufs mal:

- Zum einen "zielen" Heiler gerade nicht auf bestimmte Körperteile, sondern auf die ganze Person, und auch dies nicht in erster Linie auf der physischen Ebene, auf der sich die Schulmedizin versucht, sondern auf einer "energetischen" und spirituellen. (Siehe S. 14 ff.) Wie sonst könnte ein Heiler, der seine Hände stereotyp über den Brustkorb hält, nicht nur gegen Herz- und Lungenkrankheiten etwas ausrichten, sondern auch gegen Darmkrebs, Tinnitus und offenes Bein?

- *Würde* "gezielt", so fände eine *spezifische*, symptomabhängige Therapie statt - und fiele dadurch unter eben jenes Heilpraktikergesetz, vor dem Heilerverbände ihre Mitglieder gerade in Schutz zu nehmen versuchen. Mit Anatomieprüfungen und sonstigen medizinischen Tests gießen Heilerverbände letztlich nur Wasser auf die Mühlen von Staatsanwälten, Richtern und Gesundheitspolitikern, die Geistheiler eh schon im Verdacht haben, sich laientherapeutisch als Ersatzdoktoren aufzuspielen. Diagnoseabhängige, d. h. auf das jeweilige Krankheitsbild abgestimmte Maßnahmen werten Strafrichter in Heilerprozessen als untrügliches Indiz dafür, daß eine *Therapie* im medizinischen Sinne stattfindet.

- Zum dritten lädt man, wider Willen, Kritiker zu der naheliegenden Frage ein, wieso derartige Prüfungen nicht besser gleich, wie bei angehenden Heilpraktikern, bei den zuständigen Gesundheitsämtern durchgeführt werden, anstatt sie ohnehin unter Befangenheitsverdacht stehenden Vereinskommissaren zu überlassen, von denen selber kaum einer einen medizinischen Studienabschluß vorweisen kann. Wenn schon Anatomieprüfungen, dann lieber gleich richtig als bloß ein bißchen. Oder man zieht, der Verbandslogik folgend, medizinisch unvorgebildete Heiler besser gleich ganz aus dem Verkehr - und bringt Ärzten das Heilen bei, denn sie verstehen auf alle Fälle erheblich mehr von Anatomie.

Was würden Sie sonst prüfen wollen? Sie könnten feststellen wollen, ob der Kandidat die einschlägigen Sanitätsgesetze sowie den Ehrenkodex seines Verbandes kennt, und das sollten Sie auch. Aber die paar Paragraphen hat man auch bei mäßigem IQ innerhalb einer Stunde so gut auswendig gelernt, daß man sie stotterfrei aufsagen kann; und anschließend mit Unschuldsmiene treuherzig hinzuzufügen, daß man nie, wirklich nie dagegen verstoßen werde, das schafft auch der ärgste Schlawiner.

In dieser Klemme kämen Sie vielleicht auf die Idee, einem Prüfungskandidaten eine *Bewährungsfrist* zu setzen - sagen wir, von einem Jahr; in diesem Zeitraum dürfte nichts Unehrenhaftes über ihn bekannt werden. Das Dumme daran ist nur: So eine Frist übersteht zwar der brave Könner, aber auch der brave Dilettant - und der Könner auch nur, sofern er nicht Opfer von Neid und Denunziation wird.

Was Sie ferner abfragen könnten, sind bestimmte Heil*techniken* - z.B. wie und wohin man seine Hände beim Heilen zu halten hat, in welchem Abstand, wie lange und in welcher Abfolge - sowie den theoretischen Hintergrund dieses Vorgehens. Wobei es hier schon heikel wird, weil die meisten Heiler eben nicht in so verschulten Traditionen arbeiten wie etwa im Reiki, im Qi Gong, beim Prana-Heilen oder Therapeutic Touch, sondern eher intuitiv vorgehen - und das keineswegs erfolgloser. "An ihren Früchten sollt ihr sie erkennen" - und nicht an ihrem Gartenwerkzeug, ihrem botanischen Expertenwissen, ihrer Sä- und

Erntetechnik. Zum Vergleich: Wie prüfen Sie, ob einer fliegen kann? Sie könnten fragen: Weiß er Bescheid über Gravitation, Auftrieb, Luftwiderstand und Aerodynamik, die optimale Stellung und Bewegung von Flügeln? Ist er frei von Höhenangst? Würden Vögel ihn in ihren Schwarm aufnehmen? Aber selbst wenn jeglicher Zweifel daran ausgeräumt wäre, bliebe immer noch einer übrig: Kann er uns einen Flug vorführen?

Also werden Sie als Prüfungskommissar vor allem *eines* herauszufinden haben: Kann der Heiler wirklich *heilen*? Das heißt: Gelingen ihm echte therapeutische Effekte, die über eine zeitweilige Symptomlinderung hinausgehen? Um das herauszufinden, bräuchten Sie als Prüfungskommissar allerdings jede Menge Sitzfleisch, meist für mehrere Monate, wenn nicht Jahre. Denn der Prozeß des Heilwerdens schließt hochkomplexe, meist langwierige Veränderungen von Einstellungen, Überzeugungen, Werthaltungen, Motiven, Gewohnheiten und anderen Persönlichkeitszügen ein, die überdies von Beschwerdefreiheit begleitet sein können, aber nicht müssen. Abgesehen davon könnte jeder beobachtete Effekt auch suggestiv erzeugt worden sein, so daß Sie sich nie sicher sein könnten, ob Sie da gerade einen echten Heiler examiniert haben - oder einen, der aus Kranken geschickt Placebo-Reaktionen herauskitzeln kann.

Sie könnten vielleicht fordern, daß der Prüfling von fünf - oder besser gleich von fünfzig - zufriedenen Klienten Dankesbriefe und sonstige Zeugnise einreicht. Aber das schafft auch der schlimmste Spitzbube ohne sonderliche Mühe, sobald er auch nur ein paar Monate praktiziert hat. Sähen Sie ab von der Gefahr von Gefälligkeitsbriefen oder gar gekauften Lobhudeleien und würden allen Beteiligten Ehrlichkeit unterstellen, so könnten Sie solchen Attesten wohl entnehmen, in welchem Maße sich mancher Hilfesuchende besser fühlt, nachdem er sich in die Obhut Ihres Prüfungskandidaten begab - jedoch nicht, ob es für dieses Gefühl auch medizinische Gründe gibt: ob mit dem Zuwachs an Wohlbefinden, subjektiver Beschwerdereduktion und Lebensqualität auch eine Verbesserung des Befunds einherging.

Sollten Sie sich dann zusätzlich vielleicht ärztliche Gutachten vorlegen lassen - über den Zustand der fünf bis fünfzig Patienten vor und nach der Geistheilung? Doch leider könnten Sie solchen Unterlagen allenfalls entnehmen, daß *während* der Geistheilung eine Besserung eintrat; sie beweisen nicht, daß die Besserung *aufgrund* der Geistheilung zustandekam, denn gleichzeitig können eine Vielzahl anderer Faktoren wirksam gewesen sein. Nicht einmal eine überraschend starke und rasche Besserung wäre ein zuverlässiger Maßstab. Denn wie Sie in der Fachliteratur über "Spontanremissionen" nachschlagen können, kommt es zu Genesungen beinahe jeden erdenklichen Ausmaßes manchmal ohne den geringsten erkennbaren äußeren Anlaß, insbesondere auch ohne Einwirkung eines Geistheilers.

Davon abgesehen: Wieviel besagen fünf Fälle schon über die therapeutischen Fähigkeiten eines Heilers insgesamt? Sind es fünf von 20 behandelten Fällen? Oder von 100? Oder gar 500 und mehr? (Manch fleißiger Vollzeitheiler bringt es in einem einzigen Jahr auf tausend Klienten und mehr.) Wenn ein Bäcker von hundert Brötchen nur fünf eßbare abliefert: darf er dann als guter Bäcker gelten? Die fünf geforderten Fälle sollten doch *repräsentativ* sein. Um das sicherzustellen, müßten Sie die behandelten Patienten in ihrer Gesamtheit kennen und den Krankheitsverlauf jedes einzelnen unter die Lupe nehmen. Soviel Mühe macht sich, allein schon wegen des gewaltigen Aufwands der Datenerhebung, bisher kein einziges existierendes Prüfungsverfahren für Geistheiler.

Was könnten Sie sonst noch prüfen? Einen guten Geistheiler zeichnen, über die erzielten Verbesserungen von Krankheitsbildern hinaus, anscheinend vor allem zwei Fähigkeiten aus:

(a) Er kann seinen Patienten irgendwie etwas vermitteln, was er "Heilkraft" oder "heilende Energie" nennt;

(b) Er geht auf eine besondere Weise mit seinen Patienten um: nämlich fürsorglich, aufmerksam, liebevoll, mit dem Ziel, nicht nur Symptome zu beseitigen, sondern im wahrsten Sinne des Wortes zu *heilen* - nämlich *ganz* zu machen, eine gestörte Einheit von Körper, Geist und Seele wiederherzustellen und inneres Wachstum zu diesem Ziel anzuregen.

Aber beide Aspekte sind nicht prüfbar, zumindest nicht mit den heute verfügbaren Methoden, und schon gar nicht mit den sonderbaren Mitteln, die Heilerverbände in ihren Prüfungen einsetzen.

Wie mißt denn eine Prüfungskommission, ob und wieviel "Heilenergie" ein Kandidat vermitteln kann? Weil es vorerst keine Meßgeräte dafür gibt, bleibt es letztlich den intuitiven Eindrücken der Prüfer überlassen; die sind fehlbar, Zweifel an ihnen unentscheidbar. Wer prüft eigentlich die Prüfer? Daß ein Heiler, oder auch eine Versuchsperson, Heilenergien immer und überall intuitiv spürt, ist schlicht ein Märchen, ähnlich dem, daß alle Wahrsager stets Wahres sagen.

Und selbst wenn es eines Tages einen physikalischen "Detektor für Heilkräfte" gäbe, würde er eben nur *energetische* Vorgänge erfassen. Was soll so ein Ding? Wenn Jesus Christus heute unter uns wäre: Sollte ihm das Heiler-Diplom verweigert werden, falls der Zeiger eines Meßgeräts bei ihm nicht ausschlägt? Geistiges Heilen ist nicht bloß energetisches Heilen, sozusagen eine übersinnliche Strahlentherapie. Es ist weitaus mehr: nämlich eine besondere, von Glaube, Liebe und ganzheitlicher Zuwendung geprägte Form, in der Personen in einer therapeutischen Beziehung miteinander umgehen. (Siehe S. 14 ff.) Aber auch *diese* Aspekte sind nicht zuverlässig testbar - jedenfalls nicht mit den Meßverfahren, die uns die differentielle Psychologie bis heute anbieten kann, und schon gar nicht mit persönlichem Gutdünken und "gesundem Menschenverstand", die in Heilerprüfungen gegenwärtig den Ausschlag geben. Auf diesem Niveau über die Qualität von Heilern zu richten, halte ich schlicht für anmaßend. So mancher Verbandsfunktionär hat zwar größte Mühe, sein eigenes Leben auf die Reihe zu kriegen - traut sich aber bedenkenlos zu, in sogenannten "Persönlichkeitsprüfungen" angehende Heiler daraufhin zu durchleuchten, ob sie "spirituelle Lebenszusammenhänge" und "karmische Hintergründe" zu durchschauen vermögen. Bedenken Sie dabei ruhig auch, daß sich Prüfungskommissare von Heilerverbänden anscheinend auch nicht seltener scheiden lassen als der Normalbürger. Das läßt vermuten, daß es die Betreffenden trotz jahrelangen engsten Kontakts nicht einmal fertiggebracht haben, die Persönlichkeit ihrer eigenen Lebenspartner (und vielleicht auch nicht ihre eigene) einigermaßen zuverlässig einzuschätzen - sich aber zutrauen, über die Persönlichkeit eines angehenden Heilers in einem halbstündigen Prüfungsgespräch zu befinden. Absurder geht es nicht.

ET-geprüft in Außermenschlichkeit

Aus all diesen Gründen verfehlen Heilerprüfungen den Hauptzweck, dessentwegen sie überhaupt veranstaltet werden: nämlich Heilern ein Gütesiegel zu verschaffen, an dem auch skeptische Außenstehende ablesen können, ob sie es mit einem fähigen Heiler zu tun haben. Wenn Gesundheitspolitiker, Krankenkassenvertreter und Ärztekammern wüßten, nach welchen Maßstäben Heilerverbände Zeugnisse vergeben - sie hätten dafür nur ein mitleidiges Lächeln übrig. Gerade für Außenstehende hat das Problem "Wie identifiziert man einen richtigen Heiler?" viel gemeinsam mit dem Problem "Wie identifiziert man einen inkarnierten Außerirdischen?" Als Besucher von Esoterikmessen haben

Sie vielleicht schon Bekanntschaft mit einer Sekte aus Norddeutschland gemacht, die dort eifrig um Anhänger wirbt. Ihre Mitglieder halten sich für Außerirdische vom fernen Sternbild Alpha Centauri, die hier in menschliche Körper geschlüpft sind. Wir wollen diesen Leuten ja gerne glauben, daß sie einander intuitiv wiedererkennen, wo immer sie sich begegnen - aber wie überzeugen sie unsereins davon, daß sie anders sind als wir? Solange das unklar ist, bleibt ein Gütesiegel wie "XY-geprüft in geistigem Heilen" qualitativ nicht weit entfernt vom Gütesiegel "ET-geprüft in Außermenschlichkeit".

Wieviel wichtige Institutionen im Gesundheitswesen von derartigen Zertifikaten halten, hat sich gerade in der Schweiz gezeigt. Die beiden größten Heilerverbände dort, der "Schweizerischer Verband für natürliches Heilen" (SVNH) und die "Naturärzte-Vereinigung Schweiz" (NVS), mühen sich seit Jahren, Geistheiler zu motivieren, sich ihren Prüfungsritualen zu unterziehen und "Diplome" zu erwerben. Geködert wurde mit der Aussicht, derart Examinierte, und nur sie, hätten Aussicht, daß Krankenkassen eines Tages ihre Behandlungskosten übernehmen würden. Doch die Rechnung ging nicht auf: Denn die fünf größten Schweizer Krankenkassen nahmen 1999 das Heft selber in die Hand und schlossen sich zu einer "Interessengemeinschaft Qualitätssicherung in der Komplementärmedizin" zusammen; diese beauftragte eine Privatfirma, ein "Erfahrungsmedizinisches Register" (EMR) einzurichten. Wer künftig als Alternativtherapeut noch mit einer dieser Kassen seine Leistungen abrechnen will, muß sich in das EMR aufnehmen lassen. Wieso denken die Krankenkassen gar nicht daran, sich nach den Gütesiegeln der Heilerverbände zu richten? Weil sie "mit ihrer viel zu laschen Prüfung keine Gewähr" bieten, wird die EMR-Leiterin in einer Fachzeitschrift zitiert. "Darum hätten die Kassen vor zwei Jahren begonnen, sich nach einer neuen Zulassungsinstanz umzusehen".[3] Eben.

Soviel zur Prüfbarkeit von geistigen Heilfähigkeiten. Es gibt aber noch weitere Bedenken:

- Die Möglichkeit von "Prüfungen", verbunden mit einzuheimsenden Titeln und Urkunden, zieht überdurchschnittlich viele Heiler an, die (a) sich und anderen etwas beweisen müssen; die (b) auf Werbeeffekte spekulieren. Belohnt werden Titelsüchtige, Profilneurotiker und Marketingstrategen.

- Selbst wenn Prüfungen in regelmäßigen Abständen wiederholt würden, bleiben sie Momentaufnahmen. Sie garantieren nicht, daß der Absolvent seine Fähigkeiten auch künftig behält und weiterhin verantwortungsvoll einsetzt.

- Fragwürdige Prüfungen schaffen eine fragwürdige Zwei-Klassen-Gesellschaft von "Diplomierten" und Minderwertigen. Sie diskriminieren Heiler, die sich aus ehrenwerten Gründen dem Prüfungszwang widersetzen - und werfen sie in einen Topf mit Nichtskönnern und Scharlatanen, die sich wohlweislich jedem Kontrollzwang von vornherein entziehen.

- Geistheiler verstehen sich doch als Werkzeuge einer höheren Macht, als Diener Gottes; insofern stehen sie einem Priester im Grunde viel näher als einem Arzt. In erster Linie therapieren sie nicht spezielle Krankheiten, sondern betreuen Kranke in einem religiösen Kontext; ihr Heilen ist Ausdruck gelebten Glaubens. Wenn ein Heiler die Hände auflegt und dabei ein Gebet spricht, so praktiziert er einen Ritus, der in unserem Kulturkreis eine jahrtausendelange christliche Tradition hat. Deshalb sind Prüfungen, die Heiler auf eine Stufe mit anderen Berufen im Gesundheitswesen zwingen sollen, ungefähr so angebracht wie Qualitätstests von Weihwasser und priesterlichen Fürbitten. Das bedeutet aber auch: Das Recht auf Heilen folgt aus dem Recht auf *Religionsfreiheit*, das in den Verfassungen fast aller westlicher Staaten zu den grundlegendsten Menschenrechten gezählt wird - und all das viele Geld, das Heilerverbände für die Einrichtung eines Prüfungswesens verpulvern, wäre deshalb sinnvoller in Musterprozesse investiert, die dieses Grundrecht auch für geistig Heilende endlich einklagen, notfalls durch alle Instanzen.[2]

Aus diesen und weiteren Gründen gerät das Projekt "Diplom-Heiler" zum Kasperletheater, das dem Ansehen geistigen Heilens auf die Dauer eher schadet als nützt. Das sollten Heiler nicht einfach hinnehmen, sondern sich dagegen wehren. Die Prüfungsrituale, denen sie sich vor Verbandskommissionen unterziehen müssen, sehen in erster Linie nach einer Arbeitsbeschaffungsmaßnahme für unausgelastete Vereinsfunktionäre aus, und zwar einer, die obendrein noch uneingestandene Machtbedürfnisse befriedigt: denn jemanden zu prüfen, schließt immer auch ein, Macht über ihn auszuüben.

Doch wenn nicht durch Prüfungen - wie sonst könnte unschlüssigen, verunsicherten Patienten denn geholfen werden, an Heiler zu geraten, die Vertrauen verdienen? Ich bin für eingehende Aufklärung zweierlei Inhalts: zum einen durch möglichst viele konkrete Informationen über möglichst viele Heiler - ihre Biographie, ihre Arbeitsweise, ihre Vorbildung, Dauer und Kosten von Behandlungen usw. (Eben dazu dient ein kommentiertes Adressenverzeichnis von mehreren hundert Geistheilern im deutschsprachigen Raum, das ich seit 1992 herausgebe und laufend aktualisiere, beruhend auf wiederholten Erhebungen mittels eines 25teiligen Fragebogens. Näheres im Anhang.) Zum anderen durch ausgewogene allgemeine Informationen über Möglichkeiten, Grenzen und Risiken, soweit sich darüber pauschal etwas Brauch- und Verantwortbares aussagen läßt. (Dazu dienen Bücher wie das vorliegende.)

Natürlich ist etwas verführerisch Plausibles an der Überlegung: "Wir brauchen schleunigst den geprüften Diplom-Heiler - denn wo kämen wir denn hin, wenn jeder nach eigenem Gutdünken drauflostherapieren dürfte?" Aber könnten wir nicht ebensogut argumentieren: "Wir brauchen schleunigst den geprüften *Diplom-Touristen* - denn wo kämen wir denn hin, wenn Hinz und Kunz ins Ausland verreisen, unsere wertvollen Devisen verschleudern und sich dort womöglich so aufführen dürfte, daß sich unser Land für ihn schämen muß?" Und brauchen wir nicht ebenso dringend endlich die geprüften *Diplom-Eltern* - denn wo kämen wir denn hin, wenn jeder, bloß weil er biologisch zeugungsfähig ist, so einfach mir nichts dir nichts Kinder in die Welt setzen kann, die er dann womöglich mißhandelt, vernachlässigt oder sonstwie auf Dauer seelisch kaputtmacht?

In der Testmanie von Heilerverbänden spiegelt sich letztlich der bürokratische Krämergeist unserer westlichen Zivilisation, in der alles Unbehagen auslöst, was nicht zu messen ist - und die den Geist, der heilt, am liebsten ebenso regulieren würde wie die maximal zulässige Schnitthöhe von Gartenhecken, die höchstens erträgliche Körperlänge von Stewardessen oder den erlaubten Krümmungswinkel von Importbananen. Aber nicht alles, was zählt, läßt sich zählen - schon gar nicht etwas, was nach Auffassung der meisten, die es praktizieren, sich in einer religiösen Sphäre bewegt und mit der Nähe zu Gott zu tun hat.

Der vielbeschworene "Verbraucherschutz", um den es bei der ganzen Prüferei angeblich geht, kommt reichlich heuchlerisch daher. Auch deshalb hat die Behauptung "Lizenzen schützen den Verbraucher" ihren festen Platz im *Lexikon der populären Irrtümer - 500 kapitale Mißverständnisse, Vorurteile und Denkfehler von Abendrot bis Zeppelin.*[4] "Die Schranken vor allen möglichen Berufen", so merken die Autoren Walter Krämer und Götz Trenkler an, "ob Prüfungen, Diplome, Erlaubnisscheine und Lizenzen, werden seit jeher genauso monoton wie falsch mit dem Schutz des Publikums begründet. Wenn etwa der Zentralverband der Fußpfleger Deutschlands auf strenge Gesetze für die

Berfsausübung der Fußpfleger drängt, so offiziell, um uns vor unqualifizierten Fußpflegern zu schützen, und weil es ,beschämend (sei), daß man in diesem Land mit einer miesen Ausbildung am menschlichen Körper arbeiten darf' ... Von Frisören über Immobilienmakler und Taxifahrer bis zu Rechtsanwälten und Schornsteinfegern: wenn es darum geht, das Publikum vor Scharlatanen und Nichtskönnern zu schützen, kennen unsere Standesfunktionäre keine Gnade ... Wie aber die Indizien zeigen, ist dieser Schutz des Kunden immer nur vorgeschoben; in Wahrheit geht es einzig und allein um die Interessen der etablierten Anbieter ... Es sind immer die Anbieter selber, nie die Kunden, die Lizenzen und Berufsbarrieren fordern, und damit ist auch klar, wen diese Schutzmaßnahmen wirklich schützen: selten das allgemeine Publikum, immer aber die, die diese Forderung erheben." Auch Milton Friedman, Nobelpreisträger für Ökonomie, fiel auf, daß "die offizielle Rechtfertigung immer die gleiche ist, nämlich den Konsumenten zu schützen. Die wahren Motive werden aber durch die Lobbies deutlich, die ... für Zulassungsbeschränkungen kämpfen. Denn diese Lobbyisten sind unweigerlich Vertreter der jeweiligen Anbietergruppe selbst ... Natürlich wissen Klempner besser als andere, vor was ihre Kunden zu schützen sind. Trotzdem fällt es nocht leicht, nur altruistische Motive in den Bestrebungen dieser Berufsgruppe zu sehen, zu bestimmen, wer ein Klempner sein darf und wer nicht."[5] Auch dieser Fisch stinkt vom Kopf her.

Kurzum: Jedem Hilfesuchenden kann ich nur dringend davon abraten, sich von vorgezeigten "Diplomen" und "Anerkennungen" blenden zu lassen. Andernfalls läuft er Gefahr, er auf Etikettenschwindel hereinzufallen. Denn gerade dasjenige, was geistiges Heilen wesentlich auszeichnet, entzieht sich der Prüfbarkeit - zumindest mit jenen Mitteln, die Verbandsfunktionären zur Verfügung stehen, wenn sie sich zu Prüfern von eigenen Gnaden aufblähen.

Anmerkungen

1 *Esotera* 7/99, S. 82 f.

2 Die Rechtslage von Geistheilern in Deutschland erörtere ich ausführlich in meiner Anthologie *Geistiges Heilen für eine neue Zeit - Vom "Wunderheilen" zur ganzheitlichen Medizin*, Kösel-Verlag: München 1999, Kap. "Wer heilt, will Recht".

3 Martin Frischknecht, "Aus für Doktor Chrüsimüsi", *Spuren* 53/1999, S. 44-45.

4 Walter Krämer / Götz Trenkler: *Lexikon der populären Irrtümer - 500 kapitale Mißverständnisse, Vorurteile und Denkfehler von Abendrot bis Zeppelin.* Frankfurt/Main 1996, S. 201.

5 Milton Friedman: *Capitalism and freedom,* Chicago 1982 (ib. Kap. "Occupational licensure"); siehe auch Walter Krämer: *Wir kurieren uns zu Tode,* Frankfurt/Main 1982 (b. Kap. "Geschlossene Gesellschaft").

32

Vereinsmeier auf dem Vormarsch

Sind Verbandsmitglieder die besseren Heiler?

Wenn Geistheiler in Faltblättern, Broschüren und Inseraten an die große Glocke hängen, was sie zu bieten haben, verweisen sie immer häufiger darauf, daß sie irgendeinem Verein angehören. Was sind solche Zugehörigkeiten wirklich wert? Sollten Patienten darauf achten - ähnlich wie es für Wohnungssuchende ratsam sein mag, sich eher an Makler zu wenden, die den Zusatz "RDM" im Firmenschild führen? Sollten Hilfesuchende zuallererst bei den Geschäftsstellen von Heilerverbänden anfragen, welche praktizierenden Mitglieder empfehlenswert sind?

In drei Dutzend Vereinen in Deutschland, der Schweiz und Österreich haben sich etwa 2000 haupt- und nebenberufliche Geistheiler organisiert. Das ist nicht einmal jeder Fünfte, gemessen an einer vermuteten Gesamtzahl von mittlerweile über 10.000. Erste Wahl wäre diese Minderheit dann, wenn ihre Verbände irgendwelche nachvollziehbaren Qualitätsgarantien übernähmen. Sind sie dazu imstande?

Nur ein geringer Teil von ihnen stellt an Heiler überhaupt irgendwelche Aufnahmebedingungen und Anforderungen, die über die regelmäßige Zahlung von Mitgliedsbeiträgen hinausgehen. Vereinzelt liegen nicht einmal Satzungen vor, geschweige denn Eintragungen ins Vereinsregister. Im Verein zu sein, bedeutet auch für Geistheiler zumeist, hin und wieder Rundbriefe des Vorstands zu erhalten und an gelegentlichen

Treffen teilzunehmen. Bei manchen Vereinen handelt es sich zudem um getarnte Wirtschaftsbetriebe, die aus steuerlichen Gründen auf Gemeinnützigkeit aus sind - ein Werbeargument, das Marktvorteile bringt -, tatsächlich aber als Werkzeuge von Geschäftsinteressen dienen: Eifrig werben sie für Schriften, Kurse, Beratungen und andere käufliche Dienstleistungen.

Einige wenige Vereine bemühen sich auf zweierlei Weise, Qualität sicherzustellen:

- Vereinzelt unterziehen sie ihre Heiler, nach eigenem Gutdünken, einmaligen "Prüfungen" vor einer eigens eingesetzten "Kommission" - ein Unterfangen, auf dessen Fragwürdigkeit ich bereits im vorherigen Kapitel eingegangen bin.

- Zum anderen verpflichten sie Heiler auf einen "Ehrenkodex", der beim Beitritt förmlich "anzuerkennen" ist. Typische ethische Verhaltensregeln solcher Kodices lauten etwa, daß keine Diagnosen gestellt, keine ärztlichen Maßnahmen verhindert, keine Honorare oberhalb einer gewissen Stundensatzes kassiert werden dürfen.

Zwischen Reeperbahn und Stasi

Doch leider widersprechen die diversen Kodices einander in wichtigen Punkten. Was der eine Verein schon als unanständig anprangert, läßt der andere ohne weiteres durchgehen. Doch Moral, so sollte man meinen, ist unteilbar. Welcher Verein ist ihr näher?

Ein "Ehrenkodex" ohne Mittel, ihn durchzusetzen, taugt ungefähr soviel wie päpstliche Keuschheitsgebote auf der Reeperbahn. Kein einziger Verband verfügt bisher über wirksame Kontrollinstanzen, welche sicherstellen, daß ihre Heiler den Kodex nicht nur unterschreiben, sondern tagtäglich einhalten. Zwar sind mancherorts inzwischen "Ethik-Kommissionen" und ähnlich vertrauenserweckend titulierte Einrichtungen installiert worden. Von freiwilligen Laienhelfern nach Feierabend betrieben, werden sie allerdings stets erst auf massive Beschwerden von Patienten hin aktiv, können aber nicht vorbeugend für Schutz sorgen. Der wäre am ehesten durch häufige stichprobenartige Kontrollen vor Ort, in den Praxen aller heilenden Vereinsmitglieder, sicherzustellen - am besten, um nicht auf Inszenierungen hereinzufallen, durch verdeckte Ermittler, die sich als Hilfesuchende ausgeben. Zu einer überzeugenden Standesgerichtsbarkeit müßte ferner gehören, daß ein des Kodexverstoßes beschuldigter Heiler vor eine Schiedsstelle zitiert wird, in der er mit dem Geschädigten und möglichst noch weiteren Zeugen konfrontiert wird. Für solche Maßnahmen freilich reichen Geld und Personal der bestehenden Heilerverbände nicht annähernd. Beschwerden von Patienten nachzugehen, erschöpft sich zumeist darin, dem Beschuldigten einen Brief zu schreiben ("... und erwarten wir Ihre Stellungnahme"). Streitet der Heiler ab, so steht Wort gegen Wort - *in dubio pro reo*, die "Unschuldsvermutung" muß, bis zum Beweis des Gegenteils, auch für ihn gelten. Und ihn zu "überführen", ist fast immer unmöglich, weil Zeugen fehlen: einerlei, ob es um sexuelle Belästigung oder eine unquittierte Barzahlung, um eine Anstiftung zum Absetzen eines Medikaments, eine verantwortungslose Diagnosestellung, eine Heilungsgarantie oder Drohungen mit schwarzer Magie geht.

Zu solchen praktischen Problemen kommen grundsätzliche. Um einen "Ehrenkodex" durchzusetzen, muß eine "Ethik-Kommission" verbandsintern mit weitreichenden Befugnissen ausgestattet werden; es bedarf eines funktionierenden Kommunikationsnetzes, in dem ihr jedwede Verstöße zuverlässig zugetragen werden, und eines Katalogs abgestufter, möglichst abschreckender Strafen, die unbotmäßigen Heilern wirklich weh tun. *Je weniger* Macht eine "Ethik-Kommission" hat, je weniger sie mit Informationen über Fehltritte versorgt wird, je weniger Sanktionsmöglichkeiten sie erhält, desto mehr gerät ihr Kodex zur Farce. Doch *je mehr* sie von alledem bekommt, desto mehr droht Heilern eine Vereins-Stasi, die von Bespitzelungen und Denunziationen, Gerüchten und übler Nachrede lebt - und in ihrem Bemühen, den Rechtsstaat mit vorauseilendem Gehorsam zu beeindrucken ("Für den Patientenschutz, den ihr gesetzlich sicherstellen wollt, können wir schon selber sorgen"), den Heilern letztendlich mehr Gängelung, mehr Bevormundung, mehr Einschüchterung, mehr Schikanen beschert, als die repressivsten Staatsorgane es je zuwege brächten. So mancher Funktionärsmerkwürden, der in den Fußstapfen von Harry Edwards mühelos ein Vollbad nehmen könnte, entdeckt als inquisitorischer Tugendwächter die Lust an der Macht. Und Macht ist geil, das verbirgt er nur mühsam. Als Hüter des Kodex ist er es, der vorschreibt und abmahnt, lobt und straft, ausschließt und anprangert. Hervorstechendes Merkmal im Amt ist dann ein psycho-pneumatologisches: die Fähigkeit zur mühelosen Selbstaufblasbarkeit, in Verbindung mit einem moralischen Absolutismus, bei der sensibleren Heilern zurecht mulmig wird.

Das Dilemma hierbei ist unausweichlich: Entweder Heilerverbände mühen sich, den Rechtsstaat in der Jagd auf vermeintliche "schwarze Schafe" noch zu überbieten - dann fragen sich Heiler zurecht, ob sie außerhalb eines solchen Verbands nicht besser dran sind als in ihm; oder

Heilerverbände verfahren laxer - dann bleibt stets der Eindruck, für Patientenschutz sorge der Rechtsstaat mit seinen Mitteln am Ende doch besser.

Im Sinne irgendwelcher Vereinsstatuten und Praxisauflagen moralisch "sauber" zu sein, sagt im übrigen noch lange nichts über therapeutisch Befähigung aus. Ein Heiler mag sämtliche zehn bis zwanzig Punkte seines "Ehrenkodex" peinlichst genau einhalten - und dennoch bei seinen Klienten wenig zustandebringen, was der Rede wert ist. Umgekehrt scheren sich manche Heiler nicht um Paragraphenwerke irgendwelcher Verbände - und leisten trotzdem Hervorragendes.

Eine Hand wäscht die andere

Sich einem Verein anzuschließen, mag für einen Heiler ehrenwerte Gründe haben: das politische Bewußtsein etwa, daß man gemeinsam stärker ist; das Bedürfnis nach Begegnungen mit seinesgleichen. Doch in zunehmender Zahl laufen den Vereinen Heiler zu, die wirtschaftliches Kalkül treibt: An die Berufsbezeichnung einen Titel wie "Mitglied in X" anhängen zu dürfen, verspricht Kundschaft. "Das Vereinswesen ist die Festung der Mittelmäßigkeit", lästerte der deutsche Maler Anselm Feuerbach (1829-1880) einst überspitzt. In einer Hinsicht hat er recht: **Anfänger und Mittelmäßige haben Vereinswerbung nötiger als herausragende Heiler.**

Anderweitige Illusionen verflüchtigten sich bei mir im Laufe von vier Jahren, während derer ich am Aufbau eines solchen Vereins arbeitete. (Es handelte sich um eine Dachorganisation bestehender Heilerinitiativen, sah allerdings auch Mitgliedschaften von Einzelpersonen vor.) Solange rein idealistische Zielsetzungen im Vordergrund standen - gründliche Erforschung von Bedingungen und Wirkungen geistigen Heilens, saubere Dokumentation von Therapieerfolgen, Aufklärung der Öffentlichkeit, mehr Moral in der Szene, verfassungsmäßige Freiheitsrechte auch für geistig Heilende -, erntete das Projekt zwar wohlwollendes Schulterklopfen von allen Seiten. Doch beitreten, um von da an pünktlich dreistellige Jahresbeiträge berappen zu müssen, wollten anfangs nur enttäuschend wenige Heiler, obgleich es doch um Anliegen ging, die allesamt in ihrem ureigensten Interesse stehen müßten. Das änderte sich erst, als der Verein seinen Mitgliedern allerlei Dienstleistungen anzubieten begann, die sich auszahlten: einen "Info-Dienst" etwa, der einen beigetretenen Heiler an anfragende Hilfesuchende weitervermittelte - unabhängig von seinen Fähigkeiten, allein aufgrund des Umstands, daß er den richtigen Mitgliedsausweis besitzt. (Schon zwei

Sitzungen mit einem derart vermittelten Klienten erbringen den gesamten Jahresbeitrag.) Ein rentables Geschäft für Heiler in juristischen Nöten - und das sind, ohne staatliche Lizenz zum Therapieren, neun von zehn - versprach auch eine kostenlose, zeitlich unbegrenzte "Rechtsberatung" durch zwei Juristen: Für einen einzigen Termin bei einem Anwalt fällt leicht schon das Zwei- bis Dreifache des Jahresbeitrags an. Erst recht jeden Pfennig wert sind für Heiler mit mäßigem Geschäftsgang hochtrabende Etiketten wie "X-geprüft", "Y-anerkannt" oder "ausbildungsberechtigt nach den Richtlinien von Z", mit denen immer mehr Heilervereine großzügig ihre praktizierenden Mitglieder bedenken; entsprechende "Urkunden", "Diplome", "Bescheinigungen" und anderweitig bedrucktes Papier schinden mächtig Eindruck bei verunsicherten Kunden, die sich davon eine Qualitätsgarantie versprechen, ohne den Etikettenschwindel zu hinterfragen. (Siehe dazu Kap. 31.) Nicht von ungefähr erleben seit längerem diejenigen Heilervereine den stärksten Mitgliederzuwachs, die den emsigsten Titelhandel betreiben. Die "Naturärzte-Vereinigung der Schweiz"/NVS etwa dümpelte noch vor wenigen Jahren bei gerade mal 60 Mitgliedern. Bis 1999 wuchs sie auf 3.300 Mitglieder an, unter ihnen 2000 Therapeuten. Den entscheidenden Schub verschaffte die Einführung einer sogenannten "A-Mitgliedschaft", die jährlich 360 Franken kostet, zuzüglich einer Einmalzahlung von gut 1000 Franken Prüfungs- und Aufnahmegebühr. "Tatsächlich", so merkt der Fachjournalist Martin Frischknecht treffend an, sei die NVS nicht deswegen derart angewachsen, "weil die Therapeuten über Nacht ihre Liebe zu den hehren Zielen einiger Appenzeller Naturärzte entdeckt haben. Wirtschaftliche Gründe haben für den Beitritt gesprochen."[1]

Eine Hand wäscht die andere: Bei Heilern, die es nötig haben, beleben e.V.-beurkundete "Anerkennungen" jedweder Art willkommenerweise ein flaues Geschäft, während sich die Kassenwarte der Vereine ins Fäustchen lachen - und sich die Vorständler bei den mancherlei Spesen, die sie sich fürs "Ehrenamt" genehmigen, schon mal ein wenig großzügiger bedienen dürfen. Für alle Beteiligten, die das Spiel mitspielen, erweist sich die Lizenziererei als vortreffliche Geschäftsidee. Verbandsfunktionäre schlagen mit ihr gleich zwei Fliegen auf einen Streich:

- Sie legen Köder mit maximalem Duftradius für Heiler aus, die Titel jeglichen Protzgrades nötig haben, um in ihrer Praxis ums Däumchendrehen herumzukommen - insbesondere für Anfänger, die auf dem zunehmend engeren alternativen Therapiemarkt erst noch ins Geschäft kommen müssen, und Minderbegabte, die sich nicht darauf verlassen können, daß allein schon Weiterempfehlungen durch zufriedene Kundschaft ihnen die Sprechstunde füllt. (Allen herausragenden Heiler beschert bloße Mundpropaganda schon mehr Arbeit, als sie bewältigen können.)

- Sie befriedigen ein öffentliche Interesse, insbesondere der Wunsch von Hilfesuchenden nach "Gütesiegeln" - und spekulieren darauf, daß niemand nachfragt, welcher Güte das Siegel wirklich ist. (Vergleichbares Schindluder treibt die Lebensmittelbranche mit der Bezeichnung "Öko" oder "Bio".)

Die Durchseuchung der "spirituellen" Heilerbewegung mit reichlich unspirituellen Begierden nach Geld und Geltung droht ihr mehr und mehr ein Vereinswesen mit einem hyperkapitalistischen System von Leistung und Gegenleistung zu bescheren, in dem alle Beteiligten voneinander profitieren - eine scheinheilige, esoterisch bemäntelte Verschwörung auf Kosten der für dumm verkauften Hilfesuchenden.

Wieviel "Anerkennung" etwa verdient jene handauflegende Kurpfuscherin, die sich bei "Stern-TV" im Herbst 1999 damit brüstete, "Anerkannte Heilerin des Verbands XY" zu sein? (Siehe Kap. 31.) Wer in den Richtlinien von XY blättert, der stutzt zunächst über eine Klausel, die jedem heilenden Mitglied, das bis zum 1. Januar 1998 beigetreten ist und seither pünktlich seine Beiträge zahlt, den hochtrabenden Titel zufallen läßt. Jedem später Beigetretenen fällt die "Anerkennung" zu, wenn er "eine Ausbildung oder Prüfung durchlaufen hat, die den Richtlinien (des Verbands) entspricht". (Was formelle "Ausbildungen" und "Heilerprüfungen" und formelle "Ausbildungen" wert sind, erläuterte ich in Kap. 31.) Wer keinen entsprechenden Nachweis beibringe, der erhalte eine "Anerkennung", wenn er von zwei Verbandsmitgliedern "aus persönlicher Überzeugung" schriftlich empfohlen wird oder ein "Prüfungsgespräch" absolviert - und "drei unterschriebene Bestätigungen von erfolgreich behandelten Menschen ... vorlegt". (Zum Wert von "Empfehlungen", "Heilungsbestätigungen" und "Prüfungsgesprächen" siehe ebenfalls das Kap. 31.) Doch was ist mit jenen, die bereits *vor* dem 1. Januar 1998 zu XY oder einem der ihm angeschlossenen Mitgliedsverbände gefunden haben? Sie "gelten ohne Einhaltung dieses Beschlusses als anerkannt", wie eine "Übergangsregelung" festlegt. (Tatsächlich existiert der betreffende Verband aber schon seit Anfang 1995, seine Mitgliedsverbände teilweise schon seit den sechziger und siebziger Jahren.) Das bedeutet: Der hochtrabende Titel fällt den solcherart Gebauchpinselten automatisch und ohne jegliche Vorbedingung zu - vermutlich aus berechtigter Sorge, andernfalls könnten zuviele

Beitragszahler das Weite suchen.

Die absurde Konsequenz daraus ist, daß in diesem Verein bis weit ins nächste Jahrtausend hinein eben jene Heiler in der Mehrheit sein werden, die sich um ohnehin windige Anerkennungsprozeduren jedweder Art nicht zu scheren brauchen. So gerät die "Anerkennung" zur Lachnummer, das vermeintliche Gütesiegel klebt auf einer Mogelpackung. Der Gnade der späten Geburt folgt hier die Gnade des frühen Beitritts auf dem Fuße. So ähnlich könnte ein Swinger-Club verfahren, der ein mißtrauisches Gesundheitsamt mit der treuherzigen Versicherung beruhigen will, sein Etablissement betrete garantiert niemand mit einer Geschlechtskrankheit - aber im Kleingedruckten versteckt, daß Aidstests erst für diejenigen obligatorisch sind, die ab dem dritten Jahr seit Eröffnung mitbumsen. "So ein Etikettenschwindel ist einfach nur lächerlich - und für das Ansehen des geistigen Heilens letztlich verheerend", schrieb mir ein Vereinsmitglied über die Gründe seines Austritts. "Das wäre ungefähr so, als brächte mein Supermarkt am Eingang ein Schild mit dem Hinweis an: ‚Für all unser Obst und Gemüse geben wir Ihnen eine Frischegarantie. Das gilt allerdings nicht für Ware, die nach dem 1. Januar bei uns angeliefert wurde." Gottlob verfault altes Grünzeug - bei Geistheilern indes fallen Geruchs- und Geschmackstests schwerer.

Nicht minder Schindluder treiben Heilerverbände neuerdings mit "Lehrbefugnissen" - an Mitglieder verteilte Lizenzen, zur "Ausbildung" in geistigem Heilen formell befugt zu sein. Da tauchen im esoterischen Anzeigenmarkt immer häufiger Ein-Personen-"Institute" auf, die vollmundig als "XY-anerkannte Ausbildungseinrichtung für geistiges Heilen" oder dergleichen daherkommen - in der wirtschaftlich immer angespannteren esoterischen Workshop- und Seminarszene ein werbeträchtiger und daher hochwillkommener Marketingvorteil gegenüber Mitkonkurrenten um Teilnehmer. (Näheres zum Heilen als "Studium" in Kap. 34.)

Nicht nur aus diesen Gründen macht eine Vielzahl fähiger, seriöser Heiler um Vereine tunlichst einen weiten Bogen. Etlichen graut, nachvollziehbarerweise, vor bürokratischem Kleinkram jeglicher Art, mit Sitzungsterminen, Tagesordnungen, Grundsatzpapieren, Ausschußberichten, Resolutionen, Geschäftsordnungsdebatten und Abstimmungsprozeduren, mit Statuten und Paragraphen - überhaupt vor jeglicher Reglementierung ihrer Tätigkeit, wie vor jedem Involviertwerden in vereinstypische Fraktionsbildungen und Flügelkämpfe, in Vetternwirtschaft, Mauschelei und Intrigenspiele beim Verteilen von Posten und Zuschüssen. Sie denken und handeln als Individualisten, und ihre Unabhängigkeit ist ihnen heilig. Dafür nehmen sie schlimmstenfalls auch in Kauf, von Vereinsvertretern moralisch abqualifiziert zu werden, da sie sich, verdächtigerweise, deren "Kodex" nicht förmlich unterwerfen.

Nächstenliebe, Aufrichtigkeit und andere christliche Tugenden haben die Amtskirchen keineswegs für sich gepachtet, und Glauben leben kann man auch außerhalb von ihnen. Ebensowenig hat irgendein Heilerverein ein Monopol auf die Ethik des Heilens. Moralisch integre Persönlichkeiten habe ich außerhalb des organisierten Heilerwesens jedenfalls nicht seltener angetroffen als innerhalb.

Im Laufe eines Jahrzehnts inmitten der "Szene" habe ich mir von mehreren hundert Heilern einen persönlichen Eindruck machen können. Wieviele, denen ich notfalls eines Tages einen schwerkranken Verwandten oder mich selbst anvertrauen würde, gehören einem Verein an? Gerade mal drei.

Ob Presse, Fernsehen oder Vereine: Wenn es ums Heilen geht, eignet sich keine Einrichtung als verläßliche Informationsquelle, die Hilfesuchenden die Mühsal eigener Suche ersparen könnte. Wählen und entscheiden müssen sie am Ende selbst. Das können sie, solange sie auch im Leid nicht aufhören, mündige Bürger zu sein.

Anmerkung

1 Martin Frischknecht, "Aus für Doktor Chrüsimüsi", *Spuren* 53/1999, S. 44-45.

33
Liquor im Hypothalamus
Benötigen Geistheiler medizinisches Wissen?

Befindet sich der Bildungsort des Liquors im Hypothalamus, im Hypophysenvorderlappen, in der mittleren Hirnhaut oder in den Adergeflechten der Hirnventrikel?" Auf Fragen wie diese, zitiert aus dem Aufgabenkatalog einer Heilpraktikerprüfung, müssen deutsche Geistheiler gefaßt sein, wenn sie beim zuständigen Gesundheitsamt die staatliche Lizenz zur Behandlung von Kranken erwerben wollen. Denn ohne ausreichende medizinische Kenntnisse, so befürchtet der Gesetzgeber, würden Nichtärzte zur "Gefahr für die Volksgesundheit".

Auch unter Heilern gehen die Meinungen darüber, ob und wieviel ärztliches Wissen sie nötig haben, weit auseinander. Zweifellos kann es auch ihnen nicht schaden zu wissen, wo beispielsweise Nieren, Leber und Milz im Körper ihrer Patienten ihren Sitz haben, wie diese Organe arbeiten und welche Symptome darauf hindeuten, daß ihre Funktion gestört ist. Aber ist es *erforderlich*? Macht es sie zu besseren Heilern? Brauchen sie es, um notfalls Schaden von ihren Klienten abzuwenden?

Ungefähr jedem zwanzigsten deutschen Geistheiler gelang es bisher, den Heilpraktikerschein zu erwerben - und zumindest von dieser Minderheit ist auf solche Fragen zumeist ein klares Ja zu vernehmen. Die einen argumentieren mit gesundheitlichen Risiken: Ein Patient, der mit einer ansteckenden Krankheit daherkommt, muß zum Arzt geschickt werden - was aber voraussetzt, die Anzeichen zu erkennen, an denen sie sich verrät. Bei Asthmatikern, Diabetikern, Infarktgefährdeten, Epileptikern und anderen Risikogruppen können lebensbedrohliche

Krisen auftreten - in solchen Fällen müsse ein Heiler wissen, daß er sofort den Notarzt zu rufen hat, und selbst Erste Hilfe leisten können. Die anderen argumentieren mit therapeutischer Effizienz: Nach ihrer Überzeugung leistet ein Geistheiler um so mehr, je klarere Vorstellungen er davon hat, wohin im Körper er "Energien" leitet. Wer eine Nierenfunktionsstörung behandelt, sollte seine Hand nicht dorthin legen, wo die Leber sitzt, so heißt es. Aus solchen Erwägungen heraus schließen die Lehrinhalte vieler Heilerschulen anatomische und physiologische Grundkenntnisse ein, und manche Heilerverbände sind dazu übergegangen, in ihre "Prüfungen" von Mitgliedern auch einen medizinischen Fragenkatalog einzubeziehen.[1]

Beide Arten von Argumenten wollen den meisten Heilern allerdings nicht einleuchten - zurecht. Nach ihren Erfahrungen spielt es überhaupt keine Rolle, "wohin" sie Energie fließen lassen - diese sucht sich, wie von einer höheren Intelligenz gesteuert, anscheinend von selbst die Bereiche des Körpers aus, in denen sie am dringendsten benötigt wird. Geistiges Heilen, so betonen sie, dürfe nicht mit Psychokinese verwechselt werden, dem sogenannten "Uri-Geller-Effekt"; Heiler sind keine Löffelverbieger besonderer Art - allenfalls ändern sie, um im Bild zu bleiben, die energetischen Verhältnisse im gesamten Besteckkasten, mit schwer vorhersehbaren Folgen, auf die sie nur mittelbar Einfluß haben. Ein Geistheiler behandelt zum Beispiel eine Virusinfektion nicht, indem er mit magischen Strahlen auf Krankheitserreger zielt - sondern indem er die Selbstheilungskräfte des Infizierten insgesamt stärkt.

Und ist gesundheitlichen Risiken nicht ausreichend vorgebeugt, wenn Heiler sich nicht als Ersatzdoktoren gebärden - sondern Hilfesuchende in jedem Fall dazu anhalten, sich in ärztliche Behandlung zu begeben bzw. darin zu bleiben? In Lebensgefahr geraten können Hochrisikopatienten schließlich nicht nur in Heilerpraxen, sondern auch im Restaurant, auf dem Spazierweg, in der Straßenbahn. Warum sollte ein Handaufleger mehr über Notfallmedizin wissen müssen als ein Kellner, Spaziergänger oder Tramschaffner? Im übrigen stehen die meisten Heiler, ihrem Selbstverständnis als Werkzeuge einer göttlichen Kraft gemäß, Priestern weitaus näher als Ärzten.[2] Und sollte einem Pfarrer zugemutet werden, erst die Heilpraktikerprüfung abzulegen, ehe er für kranke Gemeindemitglieder, die auf seinen Beistand hoffen, die Hände zum Gebet falten darf?

Anmerkungen

1 Näheres zu diesem Unfug im Kapitel 31: "Lieber zum ‚geprüften' Heiler?"

2 Siehe dazu die einleitende Begriffsklärung ("Geistiges Heilen - was ist das eigentlich?") sowie Kap. 43 und 45.

34

Wem die Götter Flügel schenken

Inwieweit geistiges Heilen erlernbar ist

Gehen und sprechen lernen kann jeder. Fliegen lernen kann nur, wem die Götter Flügel verleihen, wie Hermes, dem Boten, in der griechischen Heldensage. Ähnelt Heilenlernen eher dem einen oder dem anderen?

Soviel steht fest: "Die" typische Heilerkarriere gibt es nicht. Wer sich in der Szene umsieht, statt Wesenseinsichten apriori herbeizuräsonieren, erfährt von denkbar unterschiedlichen Entwicklungswegen:

- Die Fähigkeiten mancher Heiler scheinen regelrecht in der Familie zu liegen, sie wurden über Generationen weitergegeben
- Manchmal traten sie spontan schon in früher Kindheit auf, hin und wieder auch
- nach Unfällen oder anderen lebensgefährlichen Situationen, oft verbunden mit einem Nahtodeserlebnis;
- nach schwerer Krankheit;
- nach tiefen persönlichen Krisen;
- nach einem physischen Zusammenbruch;
- durch zufälliges Ausprobieren (meist an kranken Angehörigen, Freunden, Bekannten, Arbeitskollegen; manchmal auch an Tieren)
- durch Hinweise von anderen (Heilern, Medien, Hellsichtigen)

- durch ein "Erleuchtungserlebnis" (Vision, innere Stimme);
- durch Selbststudium;
- durch eine Ausbildung.

Familiäre Vorbelastung, zufälliges Ausprobieren, Visionen, lebensbedohliche Situationen - all das und mehr kann am Beginn einer Heilerkarriere stehen. Wie zahlreiche Heilerbiographien nahelegen, ist geistiges Heilen aber zumindest eine Fähigkeit, die sich *auch* lehren und erlernen läßt - und eben nicht nur eine göttliche Gabe, die wenigen Auserwählten schicksalshaft und unergründlich zuteil wird. Nicht einmal jeder zehnte Heiler bestreitet dies; 35 Prozent halten eine Ausbildung für "notwendig", weitere 46 Prozent zumindest für "wünschenswert"[1], also jedenfalls für *möglich*.

Die Idee des Heilenlernens ist keineswegs eine Erfindung der Esoterikbewegung. Schon vor vier- bis sechstausend Jahren lebte sie in den ägyptischen Mysterienschulen; dort weihten Priester wenige sorgsam ausgewählte Schüler in ihr geheimes Wissen ein, u.a. in die rituelle Vertreibung von Dämonen, den mutmaßlichen Verursachern aller Krankheiten, durch magische Beschwörungsformeln und Amulette. Und zu allen Zeiten gab es in jedem Stamm, in jeder Nation einige wenige Männer, die das überlieferte Wissen bewahrten - Schamanen, Medizinmänner, Zauberdoktoren, Priester; sie erkoren gewöhnlich ein oder zwei Nachfolger aus, denen sie durch jahrelange, oft sogar jahrzehntelange Unterweisung und Übung ihre Heilkunst vermittelten. Auch Jesus von Nazareth - der als Handaufleger, Gesundbeter und Exorzist möglicherweise der größte Geistheiler aller Zeiten war - unterwies Anhänger jahrelang, ehe er ihnen "die Vollmacht gab, die unreinen Geister auszutreiben und alle Krankheiten und Leiden zu heilen" (Matthäus 10, 1). Seine erste "Klasse" bestand aus zwölf Schülern, den "Aposteln", und später "berief" er 72 weitere (Lukas 10, 1; 10, 9); in beiden Fällen war sah "Lehrplan" sehr ähnlich aus, wie das Neue Testament vermuten läßt.

Nein, die Idee des Heilenlernens kam nicht erst auf der sogenannten "Esoterikwelle" auf. Allerdings hat sie erst auf dieser Welle fünf Züge angenommen, die in früheren Jahrhunderten undenkbar waren:

1. Verschulung. Das Heilenlernen wird zunehmend verschult, eingezwängt in ein oft mehrstufiges Kurssystem mit starren, verhältnismäßig kurzen Ausbildungszeiten, mit vorgegebenen Lehrplänen und Studienmaterialien, teilweise sogar mit Tests vor Prüfungskommissionen und mit Diplomen - passend zu einer Kultur, die bis aufs Kinderkriegen und

-großziehen beinahe schon jeden Lebensbereich mit Qualifikations- und Benotungseinrichtungen überzogen hat.

Früher hingegen stand die ganz persönliche Beziehung zwischen dem Lehrer und einem oder nur ganz wenigen Schülern im Vordergrund. Was auf welche Weise und wie lange zu lernen war, hing vom Gutdünken, der Persönlichkeit, der individuellen Erfahrung des Lehrers und dem überlieferten Wissen seiner Vorfahren ab; der Schüler lernte, indem er seinen Lehrer oft jahrelang begleitete, bei der Arbeit beobachtete und ihm solange unter dessen Aufsicht nacheiferte, bis er es ihm einigermaßen gleichtun konnte.

2. Demokratisierung. Das Heilenlernen ist Allgemeingut geworden: In jedem von uns stecke ein Heiler, so wird uns heute versichert.[2] *Wir alle* können angeblich heilen, mit etwas Anstrengung, Offenheit und Geduld im Prinzip ebenso, wie wir schwimmen, singen oder Chinesisch lernen können - sofern wir es uns bloß zutrauen. Jeder kann, jeder darf, jeder sollte sich entsprechend schulen lassen.

Früher war dies unvorstellbar, und noch heute würde ein Schamane aus der Dritten Welt fassungslos den Kopf schütteln, wenn er von Umfrageergebnissen aus Westeuropa hören würde, denen zufolge sich dort drei Prozent aller Erwachsenen selber Heilkräfte zutrauen.[3] Das wären, auf absolute Bevölkerungszahlen hochgerechnet, immerhin rund fünf Millionen Menschen im deutschsprachigen Raum.

3. Kommerzialisierung. Das Heilenlernen ist ein Geschäft geworden: Die Fähigkeit scheint käuflich, wie beinahe alles andere in unserer kapitalistischen Kultur. So erleben wir seit den siebziger Jahren eine galoppierende Inflation von sogenannten "Meistern", die sich ihre Titel für vier- bis fünfstellige Summen eingekauft haben - und die Investition nun wieder reinholen, indem sie ihrerseits zu emsigen Titelhändlern werden.

4. Beschleunigung. Das Heilenlernen ist beschleunigt worden: Im Nu scheint es beherrschbar zu sein. Passend zu einer Kultur des Fast Food und des Instant-Genusses gibt es immer mehr Instant-Heiler, die sich trauen, Kranken Hoffnung zu machen, kaum daß sie bei ein, zwei Wochenend-Intensivkursen ihre wahre Berufung entdeckt zu haben meinen.

Für welche Lehrangebote auch immer Sie auf Esoterikmessen oder in der Fachpresse Werbezettel bzw. Inserate finden - mindestens eines dieser Merkmale weisen sie fast alle auf, mit wenigen rühmlichen Ausnahmen.

5. Vervielfachung. Ferner fällt auf, daß das Heilenlernen eine äußerst heterogene Angelegenheit geworden ist; die Angebote haben inflationär zugenommen. Früher herrschte in allen Kulturkreisen eine bestimmte Art und Weise vor, wie die Fähigkeit zu heilen von Generation zu Generation weitergegeben wurde; heute dagegen finden wir eine kaum überschaubare Vielfalt von Heilerschulen unterschiedlichster Herkunft vor, die neben- und teilweise gegeneinander werben. Und diese verworrene Situation wirft bei jedem, der das Heilen lernen will, Fragen über Fragen auf.

Kritischen Beobachtern dieses immer chaotischeren Markttreibens ist es ein dringendes Bedürfnis, die Spreu vom Weizen zu trennen. Ebenso empfinden alle, die das Heilen lernen wollen. Auf welches Angebot sollen sie sich einlassen? Welches ist das beste? Reiki vielleicht? Oder Qi Gong? Mediumistisches Heilen? Schamanismus? Prana- oder Huna-Heilen? Womöglich Radionik? Oder vielleicht doch lieber das traditionelle Handauflegen? Und welche der zahlreichen Schulungsmöglichkeiten innerhalb dieser verschiedenen Heiltraditionen ist am empfehlenswertesten?

Aber wie antworten wir darauf? Wie sorgen wir für Klarheit? **Dazu bräuchten wir zuallererst allgemein anerkannte Maßstäbe, an denen wir die verschiedenen Lehrangebote vergleichen und bewerten können.**

Solche Maßstäbe zu entwickeln, ist alles andere als leicht. Zu klären hätten wir unter anderem: Wie lange sollte eine Heilerausbildung mindestens dauern? Sollte sie auch medizinisches Wissen vermitteln: z.B. über Anatomie und Physiologie des menschlichen Körpers? Sollte sie neben therapeutischen auch diagnostische Fähigkeiten schulen? Muß sie neben bestimmten Techniken auch ein bestimmtes Weltbild vermitteln? Was sonst sollte ein Lehrplan mindestens beinhalten? Welche Anforderungen muß ein Schüler erfüllen? Und welche der Ausbilder? Doch jede Heilerschule wird darauf anders antworten. Es fehlt an Konsens, und es wird ihn nie geben können, weil die dahinterstehenden Denkweisen zu sehr voneinander abweichen.

Wäre es sinnvoller, die Frage so zu stellen: Was zeichnet einen guten Heiler aus? Was sollte er wissen und können?

Wären wir uns darin einig, dann könnten wir die verschiedenen Ausbildungen daraufhin untersuchen, ob sie geeignet sind, diese nötigen Kenntnisse und Fähigkeiten zu vermitteln.

Hier ist ein Grundkonsens schon eher in Sicht. Von den meisten

Heilerschulen werden wir hören:

- Ein Heiler sollte ein einigermaßen zuverlässiger "Kanal" für heilende Energien sein; dazu muß er sich kontrolliert in einen Bewußtseinszustand versetzen können, in dem er solche Energien leichter aufnehmen und fließen lassen kann.
- Er sollte imstande sein, energetische Ungleichgewichte und Blockaden bei Hilfesuchenden zu erspüren.
- Er sollte Liebe und Demut mitbringen.
- Er sollte Klienten mit Geduld, Aufmerksamkeit und Verständnis begegnen.
- Er sollte darauf aus sein, nicht nur Symptome zum Verschwinden zu bringen, sondern eine gestörte Ganzheit wiederherzustellen, Seele, Geist und Körper wieder in Einklang miteinander zu bringen. Mit anderen Worten: Der Heiler sollte heilen können, nicht bloß kurieren.
- Er sollte Patienten verstehen lassen, warum sie krank wurden - ihnen Sinn geben.
- Er sollte sie aktiv in die Behandlung einbeziehen - denn letztlich ist jede Heilung Selbstheilung, die nur gemeinsam mit einem mitdenkenden, mitfühlenden, motivierten Patienten gelingen kann, nicht an ihm vorbei.

Gut und schön - **aber wie stellt man fest, ob ein angehender Heiler all dies gelernt hat und es nun beherrscht? Wie nur? Dazu muß man ihn prüfen.**

Dieser Ansatz scheint vielversprechend. Warum testen wir nicht einfach alle Absolventen bestehender Heilerschulen - und lesen dann am Vergleich der Prüfungsergebnisse ab, welche Ausbildungen die besten sind?

Doch auch diese Vorgehensweise führt leider rasch in Sackgassen, wie sich im Kapitel 31 ("Lieber zum ‚geprüften' Heiler?") herausgestellt hat: "Prüfungen" in geistigem Heilen bleiben vorerst ein müßiges Unterfangen, das mehr Probleme aufwirft, als es löst.

Daß die Lernergebnisse letztlich nicht objektivierbar sind, heißt freilich nicht, daß Heilerausbildungen wertlos wären. Im Gegenteil: Sie können

- Menschen aus sozialer Isolation herausholen, ihnen Gemeinschaftserlebnisse verschaffen, ihnen Vorbilder vermitteln und sie ermutigen, zu ihrer mutmaßlichen Begabung zu stehen;

- vor dem "Helfersyndrom" schützen, d.h. dafür sorgen, daß ein Heiler in der oft verzehrenden therapeutischen Situation mit seinen Kräften haushält und nicht "ausbrennt";

- Einstellungen und Werthaltungen fördern, die es Heilern erleichtern, ihre Patienten als Ganzes anzunehmen und sie zu aktiver Mitarbeit motivieren.

- Techniken vermitteln, wie man sich rascher, tiefer und kontrollierter in Bewußtseinszustände versetzt, die das Auftreten paranormaler Fähigkeiten erwiesenermaßen begünstigen.

Eine Heilerausbildung, die zumindest soviel erreicht, verdient bereits Anerkennung. Doch das ändert nichts am entscheidenden Manko: Ob die Ausbildungsziele erreicht werden, ist vorerst nicht objektiv feststellbar.

Und weil die Fähigkeit zu heilen im Grunde nicht zu testen ist - zumindest mit den bisher verfügbaren und eingesetzten Mitteln -, können wir vorerst leider auch nicht sagen, welche Ausbildungen die besseren Heiler hervorbringen. Ja, wir können noch nicht einmal entscheiden, ob ausgebildete Heiler besser sind als unausgebildete. Jedenfalls finden wir herausragende Heiler nicht selten unter sogenannten "Naturtalenten", denen ihre Fähigkeit wie aus heiterem Himmel "zufiel" und die sie seither eher intuitiv anwenden, als irgendwelchen esoterischen Methodenlehren und Theorien zu folgen. (Nach einem Jahrzehnt innigster Berührung mit der "Szene" muß ich jedenfalls einräumen: Unter den Heilern, die ich notfalls selbst aufsuchen oder an die ich kranke Angehörige und engste Freunde weiterempfehlen würde, ist kein einziger, der Kurse nötig hatte, um zu seiner Berufung zu finden.)

Daraus droht die ernüchternde Konsequenz: Heilen gelernt hat einer, wenn er meint, er könne es, und genügend andere findet, die ihm das abnehmen. Und das Versprechen: "Auch du kannst Heiler werden" klingt arg nach: "Auch du kannst Opernsänger werden." Erhielten wir alle eine intensive Gesangsausbildung, so würde sich ein "Ave Maria" auch aus unserer Kehle vielleicht so passabel anhören, daß es manchem Nachbarn eine Gänsehaut über den Rücken jagt; die Pavarottis jedoch blieben nach wie vor dünn gesät.

Viele Heiler - vor allem jene, die sich mit der Ausbildung von Nachwuchs große Mühe geben - sind da ganz anderer Meinung. Aber eben darin liegt die Krux der ganzen Debatte ums Heilenlernen: Weil objektive Maßstäbe fehlen, bewegen wir uns notgedrungen auf der Ebene des Mutmaßens, des Schöpfens aus persönlichen Erfahrungsschätzen - und damit in einem Bereich, in dem Kontroversen letztlich unentscheidbar bleiben. Das belebt zwar die Diskussion, droht sie aber von vornherein unergiebig zu machen. Zumindest in den Augen derer, die nur mit Antworten zufrieden sind. Doch manchmal führt es ja schon weiter zu wissen, welches die richtigen Fragen sind.

Anmerkungen

1 Nach Markus Binder/Barbara Wolf-Braun: *Geistheilung in Deutschland*, Freiburg 1997, Sonderdruck (36seitige Kurzfassung von Forschungsberichten, die inzwischen zum Teil in der *Zeitschrift für Grenzgebiete der Psychologie und Psychohygiene* veröffentlicht worden sind). Siehe *Der Heiler* 1/1996, S. 33.

2 Populäre "Lehrbücher" über geistiges Heilen stimmen darin unisono überein. "Wer den Wunsch hat, Hilfsbedürftigen beizustehen, dessen Heilungspotential kann entwickelt werden. Dies ist um so sicherer, wenn der Wunsch zu einem tiefen Sehnen wird, Schmerz wegzunehmen und Leid zu lindern." (Harry Edwards, *Wege zur Geistheilung*, 1963) - "Jeder, der den ernsthaften Wunsch und echtes Interesse besitzt, kann seinen Geist und seine Hände zum Heilen gebrauchen. Die einzige Voraussetzung ist Interesse und Einfühlungsvermögen." (Keith Sherwood, *Die Kunst des spirituellen Heilens*, 1984) - "Egal, ob Sie sich mit Esoterik auskennen oder an Gott glauben - Sie können in jedem Fall lernen, wie man die heilenden Kräfte richtig lenkt." (Ric Weinman, *Deine Hände heilen*, 1988) - "Wir alle sind Heiler - jeder besitzt diese angeborene Fähigkeit... Es handelt sich also nur um eine Frage der Zeit und Energie, die Sie zu deren Entfaltung gewillt sind einzusetzen." (Eileen Herzberg, *Praktisches Handbuch der Geistheilung*, 1989) - "Auch Sie können heilen. Jeder Mensch kann auf diese Weise helfen, vorausgesetzt, der angehende Heiler erfüllt die folgenden vier Bedingungen: 1. Sie müssen von dem starken Wunsch erfüllt sein, Kranke zu heilen... 2. Sie müssen wirkliches Mitgefühl für Kranke und Leidende empfinden... 3. Sie müssen an einen göttlichen Schöpfer glauben, für den alles möglich ist... 4. Sie müssen sich als Kanal für die Kraft Gottes öffnen..." (Alan Young, *Das ist Geistheilung*, 1981).

3 Wickert-Institute, Juni 1991. Befragt wurden 1795 Westdeutsche.

35

Monsieur 190 Volt und andere wandelnde Heilstrahler

Was sagen angebliche Messungen von "Heilkräften" wirklich aus?

An Spannung herrschte in seiner Praxis kein Mangel - in doppelter Hinsicht. Um den "Doktor mit den elektrischen Händen" höchstpersönlich zu erleben, pilgerten seit 1979 weit über 50.000 Kranke nach Hall bei Innsbruck. Täglich drängten sich bis zu hundert Patienten in den chronisch überfüllten Wartezimmern des Dr. med. XY, eines ausgebildeten Facharzts für Psychiatrie und Neurologie. Stundenlang harrten sie geduldig jenes magischen Augenblicks, in dem der promovierte "Wunderheiler von Tirol" endlich Hand an sie legte.

Was dann geschehen würde, hatten sie in unzähligen Presseberichten und Esoterikbüchern nachlesen können: "XY führt seine Hände zu einer bestimmten Körperstelle, so als suche er den genauen Punkt, an dem er ansetzen muß", so schilderte etwa der renommierte britische Autor Guy Leon Playfair eigene Eindrücke.[1] "Dann streckt er unvermittelt einen Finger aus. Plötzlich ist ein scharfes Knistern zu hören. Die Patienten reagieren unmittelbar darauf: 'Es kam mir so vor, als hätte mich ein Blitz getroffen', 'es durchfuhr mich wie ein Stromschlag', 'es war, als hätte mich ein Elektrokabel gestreift', sagen sie." Walteten hier nicht "schier unheimliche Kräfte"?[2]

Was er mit dieser Power an "Psychokinese"-Effekten zustandebringt, führte der Doktor mehrfach im Fernsehen vor: Wenn er einen Finger in die Nähe einer im Aschenbecher liegenden Zigarette brachte, konnte er sie hin- und herrollen und rotieren lassen, ohne sie zu berühren. Eine Neonröhre begann zu glimmen, sobald er sie anfaßte, obwohl sie nachweislich nicht an einen Stromkreis angeschlossen war.

Der Besucher aus England war sprachlos: "Ich wußte schon, daß der menschliche Organismus leichte elektrische Ladungen tragen kann. Aber wie sollen, willentlich gesteuert, mehrmals hintereinander Stromstöße derartiger Stärke von ihm ausgehen? Da scheidet jede natürliche Erklärung aus", war sich der Playfair sicher. XY gab ihm recht: Es müsse wohl "so etwas wie ein 'bioelektrisches Feld' geben, das Energie von einem gesunden auf einen kranken Körper übertragen und diesen strukturell verändern kann".

Was es mit den phänomenalen Stromstößen aus bloßen Händen tatsächlich auf sich hatte, brachte schließlich ein unzufriedener Angestellter ans Licht, mit dem sich XY überworfen hatte. An seinem letzten Arbeitstag riß er sich des Doktors rechten Schuh unter den Nagel - und brachte ihn in einen Betrugsprozeß ein. Auf Röntgenbildern gab der Schuh, ein Clog mit seltsam hohem Absatz und dicker Holzsohle, sein Geheimnis preis: Die Stromstöße erzeugte der "Wunderheiler" mit einer darin untergebrachten Vorrichtung aus Akkumulatoren und elektrischen Schaltkreisen, die er durch einen Tastschalter mit der großen Zehe betätigen konnte.

Diese Apparatur, so machte XY dem Gericht zunächst weis, benutze er zur Selbstbehandlung seiner Schweißfüße. Und da er rechts mehr schwitze, sei der Schaltkreis nur in den rechten Schuh eingebaut worden. Im weiteren Verfahrensverlauf wartete er, auf ein Gutachten gestützt, sicherheitshalber noch mit einer zweiten Version auf: Der Schuh diene als Mittel zur "elektrophysiologischen Behandlung" von Patienten. Die Therapiewirkung sei dadurch verstärkt worden, daß die Kranken über die wahre Herkunft der Ströme nicht Bescheid wußten. Damit erreichte XY einen umstrittenen Freispruch.[3]

Also alles fauler Zauber, wenn Heiler "Kräfte" verströmen? Der XY-Skandal, von Skeptikern weidlich ausgeschlachtet, verführt leicht zu solchen voreiligen Schlüssen. Doch geistiges Heilen geht tatsächlich oft mit physikalischen Phänomenen einher, die zwar gemessen, aber nicht erklärt werden können. Wer daran zweifelt, sollte beispielsweise einmal in der Menninger-Klinik in Topeka, US-Bundesstaat Kansas, vorbeischauen, dem amerikanischen Mekka der psychosomatischen Medizin. Dort forscht der Physiker und Psychologe Dr. Elmer Green, als Begründer der "Biofeedback"-Methode zu Weltruhm gelangt, seit 1990 rätselhaften elektromagnetischen Veränderungen nach, die geistiges Heilen begleiten. Eigens dafür wurde in der Menninger-Klinik ein zehn Quadratmeter großer Testraum eingerichtet, dessen Decke und zwei gegenüberliegende Wände mit spiegelglatt polierten und elektrisch isolierten Kupferplatten ausgelegt sind. (Auf diese Idee wurde Green schon 1940 gebracht, als er in der Unibibliothek auf ein Buch über fernöstliche Meditationstechniken stieß, in denen ein "Kupferraum" empfohlen wurde. In vielen Mönchsklöstern Tibets werden die jungen *Chelas*, Studierende, in eine solche Zelle geführt, um dort meditativ in einen Zustand absoluter geistiger Klarheit zu versinken.) Der Fußboden ist ebenfalls elektrisch isoliert, desgleichen zwei Stühle in der Zimmermitte, auf denen jeweils ein Heiler und ein Patient Platz nehmen, ohne einander zu berühren oder sich zu bewegen. Elektrometer messen feinste elektrostatische Veränderungen. In einem Zeitraum von fünf Jahren testete Green hier, in zwei Testreihen, vierzehn Heiler. Manche erreichten elektrostatische Veränderungen von 60 bis 190 Volt - in ihrem Körper und gleichzeitig in der Umgebung. Eine Kontrollgruppe, zusammengestellt aus Klinikpersonal und Laien, kam dagegen nie über zwei bis vier Volt hinaus.[4]

Wie können Menschen derart hohe Ladungen erzeugen, und dazu noch willentlich? "Wir haben über die Jahre Hunderte von Personen untersucht", sagt Green, "und bei niemandem, außer bei Heilern, solche Werte gemessen. Keine 'normale' Person kam auch nur in die Nähe solcher Werte."[5]

Szenenwechsel. Neuss, Internationales Institut für Biophysik. In einem Laborraum steckt eine Heilerin ihre rechte Hand in einen enganliegenden, schwarzen Gummihandschuh, der bis zur Schulter reicht. Der Handschuh füllt eine Meßkammer aus, die mit einer sonderbaren Apparatur verdrahtet ist: einem sogenannten "Restlichtverstärker". Sein Erfinder, der deutsche Physiker Fritz-Albert Popp, fängt damit "Biophotonen" ein: ein geheimnisvolles Licht, das von allem Lebendigen ausgeht - so schwach wie das Licht einer Kerzenflamme aus zwanzig Kilometern Entfernung. Zu den faszinierenden Eigenschaften dieser Biophotonen gehört ihre Kohärenz: Das "Lebenslicht" strahlt nicht diffus, wie bei einer Glühbirne, sondern ist gebündelt wie das Licht eines Laserstrahls - alle Photonen schwingen im Gleichtakt. Ein solches Licht eignet sich dazu, Informationen zu übertragen. Genau darin sieht Popp die wichtigste Funktion von Biophotonen: Durch sie kommuniziert alles Leben miteinander, von einzelnen Zellen bis zu ganzen Organismen.

Was der "Restlichtverstärker" mißt, macht ein zugeschalteter Monitor sichtbar. Die Heilerin konzentriert sich. "Jetzt sende ich Licht", sagt sie zwischendurch. Und immer dann leuchten auf dem Bildschirm Lichtpunkte auf, die sich zu farbigen Wolken verdichten. In den Pausen dazwischen bleibt er dunkel.

Das Institutspersonal ist verblüfft: Nie zuvor waren Testpersonen imstande gewesen, die Biophotonenabstrahlung ihrer Hände willentlich zu verändern. Dabei war die Lichtintensität etwa dreimal höher als beim einfachen Hineinhalten der Hand. Weil Popp zunächst mit einem Meßfehler rechnet, wird das Experiment wiederholt: Das Ergebnis bleibt dasselbe. (Über Messungen an drei Geistheilern, die ich Popp im März 1999 vornehmen ließ, berichte ich in *Heilen ohne Grenzen*.[6])

Erneuter Szenenwechsel: Stuttgart, Institut für Kommunikation und Gehirnforschung. Eine rote Mütze übergestülpt, macht es sich eine Patientin in einem Büroraum des Stuttgarter "Instituts für Kommunikation und Gehirnforschung" bequem. Bei ihrer sonderbaren Kopfbedeckung handelt es sich um eine EEG-Meßkappe: Auf ihr kleben über ein Dutzend Elektroden, welche ihre Hirnwellen abgreifen. Die elektrischen Aktivitäten, die sie an ausgewählten Punkten der Schädeldecke registrieren[7] - nicht an der Großhirnrinde, wie in der Schulmedizin, sondern über dem limbischen System -, leiten Kabel einem Computer zu. Dieser zerlegt die Wellen, in denen sich viele Einzelschwingungen aufsummieren, über spezielle mathematische Formeln ("Fast-Fourier-Transformation") in ihre einzelnen Schwingungsanteile.[8] Das Ergebnis macht online ein Monitor graphisch sichtbar, getrennt für linke und rechte Hirnhälfte: allerdings nicht, wie bei der herkömmlichen elektroenzephalographischen (EEG-)Methode, durch unilineare gezackte Kurven. Es tauchen dreidimensionale Landschaften auf, mit vielerlei unterschiedlich hohen Bergen, Ebenen und Tälern - eine regelrechte "Landkarte" der Gehirnaktivität.

Die Patientin weiß nicht, daß gleich eine Geistheilerin mit ihr arbeiten wird - von Göttingen aus, über 300 Kilometer entfernt. Doch von derselben Sekunde an, in dem die "Fernbehandlung" beginnt, verändern sich die EEG-Muster auf dem Monitor abrupt - "in typischer Weise", wie der

Institutsleiter, der Physiker und Psychologe Dr. Günther Haffelder in zahlreichen Testreihen herausgefunden hat: Unter anderem nimmt im Bereich der Delta-Wellen (bis 3 Hertz = Schwingungen pro Sekunde) die Gehirnaktivität sprunghaft zu. Solche Wellen treten gewöhnlich nie im Wachzustand auf, sondern kennzeichnen traumlose Schlafphasen, aber auch Trancezustände. Warum kommen sie ausgerechnet jetzt vor? Und weshalb verschwinden sie abrupt im selben Augenblick, als die Fernheilung endet, wiederum ohne Wissen der Patientin? "Wir haben herausgefunden", so Haffelder, "daß Delta-Wellen verstärkt bei Personenpaaren auftreten, die sich einander verbunden fühlen: bei Liebenden zum Beispiel. Irgendwie scheinen ihre Gehirne miteinander zu kommunizieren", selbst wenn sie weit voneinander getrennt sind. Anscheinend übertrug die Heilerin Informationen, die ohne Zeitverlust über eine beliebige Entfernung hinweg zielgenau ankamen - aber mit welchem Träger, auf welchem Weg?

Die "EEG-Spektralanalyse", die Haffelder in nunmehr 18jähriger Forschungsarbeit stetig weiterentwickelt und vefeinert hat, belegt eindrucksvoll: Die bloße Intention des Heilers, seine bewußte, konzentrierte Absicht zu helfen, kann unmittelbar in der physischen Welt, im Gehirn von ahnungslosen Fernbehandelten, meßbare Spuren hinterlassen - auch wenn vorerst rätselhaft bleibt, wie sie zustandekommen. Also lässt sich geistiges Heilen schwerlich als reine Placebo-Therapie abtun. Die Aktivitätsveränderungen im Delta Bereich sind derart typisch, daß Haffelder seiner EEG-Spektralanalyse zutraut, ziemlich zuverlässig "festzustellen, ob jemand die Fähigkeit zum Heilen hat oder nicht".

Und Haffelder gewann weitere atemberaubende Erkenntnisse, teilweise im Anschluß an amerikanische[9] und japanische[10] Wissenschaftler, die geistigem Heilen mit herkömmlicher Elektroenzephalographie (EEG) bereits seit den siebziger Jahren nachforschen:

- Patienten scheinen das Hirnwellenmuster ihrer Geistheiler regelrecht zu übernehmen: Zuerst beim Heiler, dann beim Behandelten treten vermehrt Alpha- und Deltawellen auf. Es kommt zu einer *Synchronisation* - beide liegen buchstäblich "auf derselben Wellenlänge".

- Im Verlauf der Behandlung werden bei beiden, Heiler wie Patient, die gleichen Gehirnregionen aktiviert: Ihre Hirntätigkeiten gleichen sich einander an.

Dabei bilden Elektrovoltaik, Biophotonenmessung und Elektroenzephalographie nur drei von immer zahlreicheren Forschungsbereichen, in denen nach meßbaren Spuren von "Heilkraft" gefahndet wird. Andere Wissenschaftler stellten fest:

- Während Geistheiler behandeln, verändert sich ihre Körpertemperatur, insbesondere an den Händen und am Kopf. Im Blut tritt ein plötzlicher Kalium- und Natriummangel auf.[11]

- An einer millimeterkleinen Stelle auf den Händen von Heilern treten rätselhafte elektrophysiologische Unterschiede zur umgebenden Haut auf: nämlich exakt über dem Akupunkturpunkt PC8 in der Mitte der Handfläche.[12]

- Im Bereich von Chakras und Meridianen, in der traditionellen chinesischen Medizin die Umschlagszentren und Leitbahnen der "Lebensenergie" Qi, lassen sich sowohl bei Heilern als auch bei Behandelten sonderbare, aufeinander abgestimmte elektrophysiologische Veränderungen feststellen, solange die Behandlung andauert.[13]

- Bei geistig Behandelten verändern sich abrupt der elektrische Hautwiderstand, Atemrhythmus, Herzschlag sowie die Wärmeabstrahlung genau jener Organe, auf die sich ein Heiler konzentriert. Dieses Phänomen tritt auch dann auf, wenn der Patient gar nicht weiß, daß ein Geistheiler mit ihm arbeitet, also im sogenannten "Blindtest".[14]

- Der russische Elektronik-Ingenieur Semjon Kirlian entwickelte in den Jahren 1939 bis 1958 die "Elektrofotografie im Hochfrequenzfeld", kurz "Kirlian-Technik": Wird organisches Material - sei es ein Blatt oder eine Fingerspitze - über einer fotografischen Platte einem hochfrequenten elektrischen Feld ausgesetzt, so zeigt sich auf dem entwickelten Film um das Objekt herum ein sonderbarer Strahlenkranz, eine "Korona". Größe, Form und anderen Eigenschaften dieser Aura erlauben Rückschlüsse auf den Gesundheitszustand und andere Merkmale des Fotografierten. Geistheiler fielen im Kirlian-Test durch besondere Fingerauren auf: Unter anderem waren sie größer und dichter als bei "normalen" Versuchspersonen. An zwei Weiterentwicklungen der Kirlian-Fotografie, der "Energetischen Terminalpunkt-Diagnose" (E-T-D) des Heilpraktikers Peter Mandel in Bruchsal sowie der "Hochfrequenz-Sofortbild-Fotografie" (HFS) von Hans-Christian Seidl, Unterschleißheim, konnte ich verblüffende Effekte von Handauflegen und Fernbehandeln beobachten.[15]

- Der ungarische Physiker Dr. György Egely hat ein weiteres Gerät entwickelt, mit dem sich die menschliche "Bioenergie" anscheinend objektiv messen läßt. In der kompaßähnlichen Vorrichtung, nicht größer als ein Radiowecker, beginnt sich ein nahezu reibungsfrei aufgehängtes Rädchen zu drehen, wenn man sich mit der Hand nähert. Die 72

Randzacken des Rädchens durchlaufen dabei eine Lichtschranke. Diese gibt die Drehgeschwindigkeit an Leuhtdioden weiter. Die Umdrehungsfrequenz wird dann in einen "Vitalitätsquotienten" umgerechnet, der optisch und akustisch angezeigt wird. In mehreren Testreihen konnte Egely nachweisen, daß sein "Wheel" auf emotionale und kognitive Veränderungen überaus empfindlich reagiert. So dreht sich das Rädchen bei Meditationen und anderen geistigen Übungen, bei Situationen mit stark positiv besetzten Gefühlen, bei der Annäherung einer weiteren Person oder bei bestimmten Körperhaltungen auffallend schneller: "Jedermann kann hiermit energetische Phänomene produzieren, beobachten und messen", erklärt ein habilitierter Mediziner einer süddeutschen Universität, dessen Forschungsgruppe das "Wheel" eingehend testete. "Herkömmliche physikalische Ursachen des Effekts - wie geomagnetische Einflüsse, Wärme- und sonstige Abstrahlungen des menschlichen Körpers - konnten wir ausschließen. Höchst bemerkenswert." Eigene Testreihen von Egely deuten darauf hin, daß sein "Wheel" dem Willen von Geistheilern besonders stark gehorcht: Manche von ihnen scheinen imstande, die Drehrichtung des Rädchens nach Belieben umzukehren, die Drehzahl zu erhöhen oder zu senken.

Die beeindruckende, stetig weiter anschwellende Flut derartiger Meßdaten nährt in der Heilerszene euphorische Hoffnungen: **Läßt sich auf diesem Wege nicht "beweisen", daß geistige Heilkraft eine reale physikalische Größe ist - und eben nicht nur auf Suggestionen und Placebo-Effekten beruht?** Vor allem: Könnten auf diesem Wege nicht endlich objektiv die "echten" Heiler identifiziert, die Scharlatane entlarvt werden? Würde damit nicht ein dringend nötiger Beitrag zum Verbraucherschutz geleistet? Hilfesuchende bräuchten sich endlich nicht mehr auf Gerüchte, Schlagzeilen und eigene Intuitionen zu verlassen - künftig würde ein Blick auf Meßprotokolle und Institutsgutachten genügen, um herauszufinden, welcher Heiler wirklich "etwas kann".

Gegen diese geballte Ladung überschwenglicher Zuversicht fällt es den beteiligten Forschern selbst schwer, sich noch Gehör zu verschaffen, um die Erwartungen zu dämpfen. Beinahe unisono betonen sie: Was hier gemessen wird, sind lediglich physikalische Begleiterscheinungen von Heilkraft - sozusagen der Rauch über dem Feuer -, aber nicht die Heilkraft selbst. "Ich warne vor der Vereinfachung", stellt Elmer Green klar, "daß die Elektrizität, die wir messen, schlicht mit der Heilkraft gleichgesetzt wird." Wie der Donner den Blitz begleite, aber nicht verursache, "so ist auch die Elektrizität nicht das, was heilt, sondern etwas, das im Körper des Heilers als Begleiterscheinung passiert".[16]

Von solchen Vorbehalten lassen sich Heiler nicht abhalten - zumindest jene nicht, die bei Messungen auffällige Werte produziert haben. Das französische Chanson hatte seinen "Monsieur 100.000 Volt" - der Heilerbewegung hierzulande ist bereits ein "Monsieur 190 Volt" entstiegen, der sich gegenüber Journalisten gerne mit der elektromagnetischen Strahlkraft seiner Hände brüstet, seit ihm Greens Versuchsreihen zu Ohren gekommen sind. Ein italienischer Kollege, gleichfalls begnadeter Selbstdarsteller, verschickt Broschüren, die ihn mit einer EEG-Meßkappe auf dem Kopf zeigen, sowie einem mit Stempel und Unterschrift beglaubigten Institutsgutachten über seine außergewöhnlichen Hirnwellensynchronisationen. Andere Heiler bekleben die Wände ihrer Praxen mit imposanten Kirlian-Fotos ihrer Fingerkuppen. Alles, was nach "objektivem Beweis" eigener Heilkraft aussieht, sammeln und präsentieren sie als Trophäen, wie andere Kollegen dubiose Doktorentitel von Postfach-Unis irgendwelcher Bananenrepubliken: "Ich produziere das stärkste Magnetfeld", "Meine Hände strahlen x-mal mehr Biophotonen ab als andere", "Ich habe die schönste Hemisphärensynchronisation hingekriegt" undsoweiter.

Und das, so steht zu befürchten, ist erst der Anfang - und läßt ahnen, was auf uns zukommt. Noch ist die Zahl der verfügbaren Meßgeräte spärlich, ihr Einsatz meist teuer, die beteiligten Institute zurückhaltend, in Sorge um ihren Ruf. Doch auch auf dem Esoterikmarkt reguliert, auf lange Sicht, die Nachfrage das Angebot mit unesoterischer Unerbittlichkeit: "Heiler"-Messungen aller Art werden sprunghaft zunehmen, sobald geschäftstüchtigen Geistheilern in größerer Zahl bewußt wird, welch unschlagbar zugkräftiges Werbeargument entsprechende Meßgutachten darstellen - und sobald die beteiligten, durchweg kapitalschwachen Institute merken, daß sich mit "Heilerzertifikaten" eine lukrative neue Einkommensquelle auftun könnte. Es droht eine "Hitparade" der Geistheiler, mit wandelnden "Superstrahlern" auf Spitzenplätzen, sortiert nach Voltzahlen und Biophotonenemissionen, nach EEG-Frequenzen, Kirlian-Anomalien und Egely-Quotienten, allmonatlich veröffentlicht im esoterischen Blätterwald - und allzu ernst genommen von Hilfesuchenden, die nach Entscheidungshilfen suchen, wem sie sich anvertrauen sollen.

Ihnen kann vorerst nur dringend geraten werden, solche Messungen nicht ernster zu nehmen, als es die beteiligten Wissenschaftler selbst tun. Zu berücksichtigen gilt es drei grundsätzliche Bedenken.

Erstens: Die bisherigen Messungen haben physikalische Phänomene erfaßt, die bei manchen Heilern manchmal mit Behandlungsbemühungen zu *korrelieren*, einherzugehen scheinen - aber sie sind aber nicht *identisch* mit der "Heilkraft", die daran mutmaßlich beteiligt ist. Denn diese Heilkraft weist Eigenschaften auf, die keinem bekannten physikalischen Prinzip folgen: etwa die zielgenaue "Übertragung" über beliebige Entfernungen hinweg, durch alle mechanischen Barrieren hindurch, ohne die geringste Abschwächung - ein besonderes Merkmal erfolgreichen "Fernbehandelns".

Zweitens: Produziert ein Heiler im Test *keine* auffälligen Meßergebnisse dieser Art, folgt daraus mitnichten zwingend, daß er nicht heilen kann. Vielleicht heilt er nur auf andere Weise, mit Energien anderer Art. (Manche Heiler "magnetisieren", andere "besprechen", wieder andere vermitteln "Prana" oder "Qi", öffnen "Chakren", dienen "Geistführern" oder arbeiten telepathisch.) Und womöglich liegt der Schlüssel zum physikalischen Verständnis des Heilvorgangs überhaupt nicht in "Energien", sondern in ausgetauschten Informationen.

Drittens: Geistiges Heilen schließt weitaus *mehr* ein als eine "energetische" Einwirkung. Es ist nicht damit getan, Patienten irgendwelche "Heilströme" zu vermitteln, ihr "Biofeld" zu ändern, ein nicht wahrnehmbares "Licht" an sie abzustrahlen oder sonstige Kraftmeiereien im Unsichtbaren zu bewerkstelligen. Solche eher technischen Manipulationen könnte man eines Tages vielleicht sogar künstlich reproduzieren - und dann womöglich auf die Idee kommen, Patienten mit entsprechenden Apparaturen alleine zu lassen, weil diese angeblich leisten, was die "Essenz" geistigen Heilens ausmacht.

Was spräche dagegen? Auf diese Weise würde geistiges Heilen am Ende pervertiert zu einem Kurieren von Symptomen mittels innovativer Technik - und damit zu einer Karikatur eben jener seelenlosen Apparatemedizin, von der es sich bislang abhebt. Geistheilungen, zumindest solche mit Langzeitwirkung, vollziehen sich in innigen sozialen Beziehungen mit einer besonderen Psychodynamik, die von den suggestiven und anderen kommunikativen Fähigkeiten des Heilers, seiner Aufmerksamkeit und Geduld, seiner Weisheit und Zuwendung ebenso mitbestimmt wird wie von der Offenheit, Kooperation und Glaubensbereitschaft des Patienten. In jedem guten Heiler steckt auch ein fähiger intuitiver Psychotherapeut. **Geistiges Heilen ist keine paranormale "Strahlentherapie", sondern eine Form ganzheitlichen Umgangs mit Personen, die physisch und psychisch aus dem Gleichgewicht geraten sind. Wer nur die physikalisch meßbaren Aspekte beachtet, übersieht leicht, was Geistheilung wesentlich ausmacht: Liebe, persönliches**

Wachstum und Transformation.

An der Achtsamkeit dafür mangelt es oft gerade in den Praxen jener Heiler, die, zumindest nach meßtechnischem Maßstab, herausragend befähigt zu sein scheinen. Einer von ihnen, in Boulevardblättchen vielfach gefeiert als "Messias mit magnetischen Händen", wird von ehemaligen Mitarbeitern charakterisiert als "selbst heilungsbedürftig": Ihm gehe es "gar nicht darum, anderen zu helfen. Keine Spur von Menschlichkeit." Mit seinesgleichen nie zu tun zu bekommen, kann man Hilfesuchenden nur wünschen - 190 Volt hin oder her.

Anmerkungen

1 Guy Leon Playfair, "Austria´s Medical Shocker", *Fate* 41/1988, S. 42-48; ders.: "The spark of hope", *Guardian* 6. April 1988, S. 23.

2 *Bunte* vom 11.4.1985.

3 W. Rabl/M. Blumenthaler, "Vermeintlich übernatürliche Heilkräfte aus präpariertem Schuh", *Archiv für Kriminologie* 192/1993, S. 111.

4 Elmer Green u.a., "Anomalous Electrostatic Phenomena in Exceptional Subjects", *Subtle Energies* 2/1991, S. 69-93.

5 zit. nach Dagny Kerner/Imre Kerner: *Heilen*, Köln 1997, S. 80.

6 Harald Wiesendanger: *Heilen ohne Grenzen - "Fernbehandeln" auf dem Prüfstand*, Schönbrunn 1999, Kap. 18 ("Inneres Licht aus bloßen Händen"), S. 236-243).

7 Haffelder fand über dem limbischen System zahlreiche Meßpunkte, die weniger artefaktanfällig sind als die in der Schulmedizin bevorzugten.

8 Die "Fourier-Transformation", mit der Haffelder die gemessenen komplexen Schwingungen wieder auseinanderrechnen und in ihre Bestandteile zerlegen kann, geht zurück auf den französischen Mathematiker und Physiker Joseph Fourier (1768-1830).

9 Steven L. Fahrion/Mietek Wirkus/Patricia Pooley, "EEG Amplitude, Brain Mapping and Synchrony in and between a Bioenergy Practicioner and Client during Healing", *Subtle Energies* 3/1992, S. 19.

10 Hisanobu Sugano/Seiya Uchida/Itsuo Kuramoto, "A New Approach to the Studies of Subtle Energies", *Subtle Energies* 5/1994, S. 143.

11 Siehe Christine Mittelbach, "Der Kraft des Heilens auf der Spur", *Esotera* 8/1993, S. 66-71, dort S. 71.

12 U. Engelhardt, "Therapeutische Anwendungsmöglichkeiten des Qigong", *Erfahrungsheilkunde* 1/1991, S. 5-8, dort S. 6.

13 Siehe Hiroshi Motoyama, "Physiologische Messungen und neue Instrumentierung", in George Meek (Hrsg.): *Heiler und der Heil-Prozeß,* München 1980, S. 173-182; Harald Wiesendanger, "Physikalisch meßbare Meridiane - ein Japaner stellt sein Gerät vor", *Ärzte Zeitung* 52/18.3.1992, S. 31.

14 Hiroshi Motoyama: *The Non-Physical in the Correlation between Mind and Body*, Tokio 1972.

15 Darüber berichte ich in *Heilen ohne Grenzen - "Fernbehandeln" auf dem Prüfstand*, Schönbrunn 1999, Kap. 13 ("Strahlend im Hochfrequenzfeld") und Kap. 14 ("Energetische Fingerabdrücke").

16 zit. bei Kerner/Kerner: *Heilen*, a.a.O., S. 80.

36

Das Märchen vom "Beweismangel"

Forschung bestätigt: Geistiges Heilen hilft

Bis heute hält sich hartnäckig das Gerücht, geistigem Heilen mangele es an "Beweisen". Wer es verbreitet, leidet schlicht an einer Bildungslücke - er weiß nicht, wovon er spricht.

Wenn insbesondere westliche Schulmediziner bis heute behaupten, es fehle jeglicher wissenschaftlich ernstzunehmende Anhaltspunkt, so haben sie nur insofern recht: Er fehlt schwarz auf weiß in jener Literatur, die ihresgleichen respektabel findet. "Nach wie vor", bedauert der amerikanische Psychiater Dr. Daniel Benor, "weigern sich die meisten medizinischen Fachzeitschriften, Studien über geistiges Heilen zu veröffentlichen" - ungeachtet ihrer Qualität, einfach ihres anrüchigen "esoterischen" Hintergrunds wegen. "Deshalb sind unsere Ärzte größtenteils nicht mit ihnen vertraut."

Doch es gibt sie längst, durchgeführt von neugierigen Medizinern, Biologen, Chemikern, Physikern und Psychologen, an deren wissenschaftlicher Qualifikation zu zweifeln schwerfällt. Rund 200 derartige Studien, neben einem Dutzend Dissertationen vor allem Forschungsberichte in fünf angesehenen grenzwissenschaftlichen Fachzeitschriften aus den letzten fünf Jahrzehnten, hat Benor mittlerweile ausfindig gemacht.[1] Über die Hälfte dieser Tests verlief erfolgreich, deutlich oberhalb von Zufallswahrscheinlichkeiten ("statistisch signifikant") - und dies selbst unter den ungünstigen Bedingungen, die argwöhnische

Blicke distanzierter Wissenschaftler und nüchtern-kühle Laboreinrichtungen, permanenter Leistungsdruck und alltagsferne Versuchsanordnungen von vornherein für die beteiligten Heiler schufen. Eine mysteriöse Kraft zeigte sich dabei wiederholt, teilweise sogar im "Doppelblind-Versuch", an Menschen: etwa Patienten mit Bluthochdruck, Asthma, Epilepsie, Arthritis, Verengungen der Herzkranzgefäße, schweren Verbrennungen, Hautallergien, Krebs; aber auch an Tieren, insbesondere Ratten und Mäusen[2]; an Pflanzen, etwa Gräsern, verschiedenen Getreidesorten und Samenkörnern; an Pilzen und Bakterien; an isolierten Zellen und Zellbestandteilen wie Enzymen, Abwehrzellen, roten Blutkörperchen; und sogar an anorganischem Material wie Wasser oder Kristallen. Einen Überblick über den Forschungsstand gebe ich in Kap. IV meines *Großen Buchs vom geistigen Heilen - Möglichkeiten, Grenzen und Gefahren* (Lea-Verlag, Schönbrunn 2000). Auch meine Anthologie *Geistiges Heilen für eine neue Zeit - Vom "Wunderheilen" zur ganzheitlichen Medizin* (Kösel-Verlag: München 1999) geht näher darauf ein; zu den Mitautoren zählt Dr. Daniel Benor mit einer deutschen Übersetzung seines klassischen Aufsatzes *Survey of Spiritual Healing Research*. Von angeblichen "Beweismängeln" brauchen sich Hilfesuchende jedenfalls nicht länger irritieren zu lassen.

Anmerkungen

1 Daniel Benor: *Healing Research*, Vol. 1-4, München 1992 ff.

2 Siehe das Kapitel 40, "Beistand für kranke Vierbeiner".

37
Auf der Suche nach Erklärungen
Wie ist Geistheilung überhaupt möglich?

Über einem entlegenen Dschungelgebiet verliert ein Flugzeug eine Kiste mit batteriegetriebenen Kofferradios. Sie geht auf einer Urwaldlichtung nieder, auf der Eingeborene in primitiven Strohhütten hausen. Nie zuvor sind sie mit anderen Zivilisationen in Berührung gekommen, geschweige denn mit deren kommunikationstechnischen Errungenschaften. Entsprechend ängstlich nähern sie sich der aufgeplatzten Kiste, und nur zögernd befingern sie die herausgefallenen Radios. "Es sind Geschenke des Himmels", beruhigt sie ihr Medizinmann. Und so nimmt jeder Eingeborene einen der kleinen schwarzen Kästen mit in seine Hütte. Rasch entdecken sie, daß daraus unverständlich sprechende Stimmen, fremdartige Gesänge und Musik ertönen, sobald sie einen bestimmten Knopf drücken und an einem Rädchen drehen; und daß diese Töne um so deutlicher werden, je weiter ein silberner Stab aus dem Kasten herausgezogen wird. Ein besonders Neugieriger zerlegt das Gerät, doch findet er weder winzige Menschen noch Musikinstrumente darin. Von Radiowellen, Frequenzen und den Funktionsprinzipien von Rundfunkempfängern hat der Stamm selbstverständlich keine Ahnung. Trotzdem kursieren im Dorf zahlreiche Theorien darüber, wie es die Kästen anstellen, zu sprechen und zu singen. "Es sind die Seelen unserer Ahnen", sagt einer, "der Stab ist das Ohr, das ihnen lauscht, während sie durch die Lüfte schweben." Ein anderer meint: "Ein Zauber hat Dämonen in den Kasten gebannt. Aus ihm heraus wenden sie sich an uns." Ein dritter glaubt: "Der Kasten ist das Sprachrohr unserer Götter." Fragend wenden sie sich an den Medizinmann: "Kennst du das wahre Geheimnis?" Doch er schweigt.

Sind wir auf unserer Suche nach Erklärungen, wie geistiges Heilen möglich ist, diesen Wilden bislang prinzipiell voraus? Kaum ein einführendes Buch über diese sonderbare Therapieform versäumt es, der Erläuterung von "Theorien" ein eigenes Kapitel zu widmen. Doch strenggenommen hat nichts, was auf den betreffenden Seiten vorgetragen wird, die Bezeichnung "Theorie" verdient: im Sinne eines Systems von gesetzesartigen Aussagen über Zusammenhänge zwischen beobachteten Ereignissen und Vorgängen sowie über die Ursachen dieser Zusammenhänge - ein System überdies, aus dem zuverlässige Prognosen und erfolgversprechende Handlungsanweisungen logisch abzuleiten sind. Was uns stattdessen geboten wird, sind Metaphern, in denen Geistheiler selbst zu umschreiben versuchen, was sie tun. Von "Kanälen" und "kosmischen Kraftquellen", von "Schwingungen" und "feinstofflichen Körpern", von "Strömen", "Feldern" und "Licht" ist die Rede. Diese Bilder sind anschaulich und in hohem Maße suggestiv. Doch vorläufig weiß niemand, ob es treffende, brauchbare Bilder sind - oder ob sie eher irreführen, weil sie an bekannte Naturerscheinungen denken lassen, die möglicherweise ganz anderen Prinzipien folgen. Bis jetzt steht lediglich fest, worauf geistiges Heilen *nicht* vollständig zurückzuführen ist:

- nicht bloß auf psychologische Wirkfaktoren wie Suggestionen und Placebo-Effekte (siehe Kapitel 13);

- nicht bloß auf paranormale Leistungen wie Psychokinese und Telepathie. (Die meisten Geistheiler heilen nicht durch gezielte psychokinetische Einwirkungen auf Teile des Körpers oder auf eingedrungene Krankheitserreger, sondern durch unspezifische Reize auf den Organismus als Ganzem. Die Telepathie-Hypothese erklärt nicht, wie Geistheiler es fertigbringen, auch niedere Lebewesen, isolierte Zellen und anorganisches Material zu beeinflussen.)

- auch nicht auf bekannte physikalische Energien (und deren informationsübertragende Eigenschaften) wie elektrische Ströme, magnetische Felder oder Radiowellen. (Dagegen spricht unter anderem, daß sich die von Geistheilern ausgehenden oder vermittelten Kräfte offenbar durch beliebige Entfernungen und Hindernisse nicht abschwächen lassen - und ihre Empfänger selbst auf anderen Kontinenten zielgenau erreichen.)

In Wahrheit machen uns die Phänomene, mit denen geistiges Heilen die neuzeitliche Medizin und Naturwissenschaft herausfordert, bisher ebenso ratlos wie einst Fossilienfunde, die anscheinend für Darwins Evolutionstheorie sprachen, die Anhänger der biblischen Schöpfungslehre. In dieses Defizit an *Erklärungen* hinein wuchert ein Wust von unausgegorenen Spekulationen, derentwegen leider auch gesicherte *Beobachtungen* unverdientermaßen ins Zwielicht geraten.

Aber Erklärungsnotstand sollte Patienten nicht abhalten. Vielen Hilfesuchenden ist speziell beim geistigen Heilen mulmig zumute, weil sich niemand gerne eine Hoffnung macht, von der er nicht versteht, wie es überhaupt *möglich* sein soll, daß sie sich erfüllt. Wie soll Geistheilung gelingen können, wenn der Klient von seinem Therapeuten weit entfernt ist, ihm vielleicht niemals begegnete - und womöglich nicht einmal weiß, daß auf Distanz mit ihm gearbeitet wird? Wie sollen übermittelte "Heilkräfte" zielgenau, selbst zu anderen Kontinenten hin, einen bestimmten Empfänger erreichen können, ohne sich dabei im geringsten abzuschwächen: kranke Menschen ebenso wie Ratten und Hamster, Pilze in Petrischalen und Enzyme in Reagenzgläsern? Wenn zufällige Koinzidenzen und psychologische Mechanismen die Wirkungen geistigen Heilens nur teilweise erklären - welche Faktoren spielen dann zusätzlich mit? Was ist das für ein unsichtbares therapeutisches Agens, das der schieren *Intention*, der konzentrierten Absicht eines dafür begabten Menschen zu gehorchen scheint?

Zum Vergleich: Wie soll jemand nach Osten segeln und im Westen ankommen können? Wie soll man einen fast so deutlich hören können, als stünde er neben uns, wenn er doch weiter weg ist, als die lauteste Stimme jemals reichen kann? Wie soll einer zu sehen sein, der sich hinter dem Horizont befindet? Ehe Kolumbus die Welt umsegelte und die Erde für uns aufhörte, eine Scheibe zu sein; ehe Telefon und Fernsehen erfunden wurden - und die für technische Umsetzungen nötigen physikalischen Gesetzmäßigkeiten begriffen wurden -, hatte niemand eine Vorstellung davon. Trotzdem kann selbst der unzivilisierteste Urwaldbewohner von den Vorzügen des Fernsprechers, des Fernsehers profitieren, sobald er gelernt hat, die richtigen Knöpfe zu drücken. Daß vorerst niemand wirklich weiß, *wie und warum* Fernheilen wirkt, ändert nichts daran, *daß* es wirkt. **Was zählt für Patienten mehr?** Keiner wußte, wie Penicillin wirkt (oder daß es überhaupt existiert), ehe der britische Biologe Alexander Fleming 1929 die zufällige Entdeckung machte, daß das Wachstum von Bakterien durch Pilze aufgehalten wird. Ihm fiel auf, daß eine Glasschale mit einer Staphylokokkenkultur von Schimmel befallen war - und daß rings um die Schimmelkolonie die Kokken in scharfem Umkreis durch Auflösung zerstört waren, wohingegen sie in weiterem Abstand unbehindert weiterwuchsen. Daraus schloß er, daß von der Schimmelkolonie eine wachstumshemmende ("antibiotische") Substanz in die Umgebung diffundiert sein müßte. Es vergingen noch viele Jahre, ehe diese Substanz identifiziert und ihre chemische Zusammensetzung aufgeklärt war. Wäre Flemings Entdeckung mit dem Argument abgetan worden, man wisse nichts darüber, *wie* Pilze Bakterien den Garaus machen, so hätte sich die Einführung lebensrettender Antibiotika verzögert. Ähnliche Beispiele liefert die Medizinhistorie in Hülle und Fülle: Schon den als "Hexen" verschrieenen Kräuterweiblein des Mittelalters war bekannt, daß ein aus den Samen der Herbstzeitlose gewonnenes Gift bei Gicht wunderbar schmerzstillend wirkt; doch erst in diesem Jahrhundert wurde entdeckt, daß es sich bei diesem Wirkstoff um Colchicin handelt. **Daß wir die Funktionsweise eines Instruments noch nicht recht verstehen, schmälert seinen Nutzen nicht im geringsten**. Schon ein Neandertaler setzte Wurfgeschosse ein, ohne von Ballistik und Gravitation die geringste Ahnung zu haben. Eingedenk der Vorläufigkeit und Fehlbarkeit allen menschlichen Wissens, und gemessen an den gewaltigen Zeiträumen, die der Evolution unserer Naturerkenntnis hoffentlich noch bleibt, stehen wir im Verständnis der Gesetzmäßigkeiten, die hinter geistigem Heilen wirken, womöglich noch auf der Stufe von Neandertalern.[1] Da ist jede Menge Pragmatismus angebracht, ganz besonders für die Aussortierten des konventionellen Medizinbetriebs.

Die Hummel hat 0,7 Quadratzentimeter Flügelfläche bei 1,2 Gramm Gewicht. Nach den bekannten Gesetzen der Aerodynamik scheint es unmöglich, bei einem solchen Verhältnis zu fliegen.

Die Hummel weiß das aber nicht. Sie fliegt einfach.

Anmerkung

1 Siehe H. Wiesendanger, "Wie Neandertaler" in ders. (Hrsg.): *Geistiges Heilen für eine neue Zeit - Vom "Wunderheilen" zur ganzheitlichen Medizin*, Kösel-Verlag: München 1999, S. 86-88.

38

Liebesenergie für unsere Kleinsten

Geistiges Heilen bei Kindern: Erstaunliches aus Forschung und Praxis

Können schon Säuglinge und Kleinkinder auf Placebos hereinfallen? Jedenfalls sprechen sie auf geistiges Heilen an, selbst bei vermeintlich "austherapierten" Leiden - im allgemeinen noch stärker als Erwachsene.

In Banijas, einem Dorf 60 Kilometer südwestlich von Damaskus[1], stört seit Wochen ein bärtiger Wanderprediger, der sich als Sohn Gottes ausgibt, mit seiner ergebenen Anhängerschaft die öffentliche Ordnung. Zahlreiche Wunderheilungen auf offener Straße werden ihm nachgesagt, und so sieht sich die missionierende Gruppe, wo immer sie sich blicken läßt, im Nu von verzweifelten Hilfesuchenden bestürmt.

Auch heute umringt den charismatischen Heilsverkünder wieder eine aufgeregte Schar von Kranken und Schaulustigen. Plötzlich löst sich ein Mann aus der Menge, sinkt vor dem Prediger auf die Knie und klagt ihm sein Leid: "Meister, ich habe meinen Sohn zu dir gebracht. Er ist von einem stummen Geist besessen. Immer wenn der Geist ihn überfällt, wirft er ihn zu Boden, und meinem Sohn tritt Schaum vor den Mund, er knirscht mit den Zähnen und wird starr. Ich habe ihn schon zu deinen Jüngern gebracht, aber sie konnten ihn nicht heilen."

Der Wunderheiler zögert keinen Augenblick: "Bringt ihn zu mir!" Und man führt den Knaben herbei. "Kaum wird der Dämon des Heilers gewahr", so hält ein ergriffener Augenzeuge fest, "da zerrt er den Jungen hin und her, so daß er hinfällt und sich mit Schaum vor dem Mund auf dem Boden wälzt."

"Wie lange hat er das schon?", erkundigt sich der Heiler. Der Vater antwortet: "Von Kind auf. Oft hat der böse Geist ihn sogar ins Feuer oder Wasser geworfen, um ihn umzubringen. Doch wenn du kannst, hilf uns! Hab Mitleid mit uns!"

""Wenn du kannst?"", mokiert sich der Heiler über den Anflug von Zweifel. "Alles kann, wer glaubt!" Den Beweis läßt er sogleich folgen - mit einem kurzen exorzistischen Ritual. Nach ein paar einleitenden Drohungen gegen den körperlosen Besetzer ruft er aus: "Ich befehle dir, du stummer und tauber Geist: Verlaß ihn, und kehre nicht mehr in ihn zurück!" Zunächst zerrt der Geist den Jungen hin und her - dann verläßt er ihn mit lautem Gebrüll. Nun liegt der Junge da wie tot. "Er ist gestorben!", raunt die Menge. Der Sekundenheiler aber faßt ihn an der Hand, richtet ihn auf - und der Knabe erhebt sich. Atemloses Staunen - dann bricht ein Jubelsturm los.

Die biblische Szene, mit Jesus von Nazareth im Mittelpunkt[2], entstammt einer unwirklich fernen Vergangenheit, so scheint es. Ein medizinischer Sachverständiger unserer Tage jedenfalls würde damit kurzen Prozeß machen: Alle Symptome des Knaben deuten darauf hin, daß er keineswegs an "dämonischer Besessenheit" gelitten habe, sondern an Epilepsie; und daß die öffentliche Spontanremission wohl bloß eine scheinbare gewesen sei, da epileptische Anfälle in großen Zeitintervallen auftreten können, was zu voreiligen Schlüssen von zeitweiliger Symptomfreiheit auf vollständige Genesung verleiten könne. Ohnehin sei eine geradezu augenblickliche Heilung einer langjährigen Epilepsie, und dies gar durch ein bißchen exorzistische Wortmagie, aus wissenschaftlicher Sicht völlig ausgeschlossen, der Glaube daran okkulter Humbug - und entsprechende Hoffnungen eine "Gefahr für die Volksgesundheit", da im Vertrauen darauf womöglich notwendige ärztliche Maßnahmen unterlassen werden.

Und doch finden solche unerwarteten Genesungen, zwei Jahrtausende nach Christus, nach wie vor statt: in den Praxen Tausender von Geistheilern, die gemeinsam mit ihren Klienten unbeirrt die christliche Zuversicht teilen, daß "alles kann, wer glaubt". Nicht nur schwerkranke Erwachsene, auch Kinder profitieren davon - bereits im Vorschulalter, sogar schon in der Säuglingszeit. Zwar sind nur etwa 1,5 Prozent derer, mit denen Heiler zu tun bekommen, jünger als zehn Jahre, und nur 0,4 Prozent sind noch keine fünf Jahre alt.[3] Doch gerade in dieser Altersgruppe erzielen Geistheiler in Einzelfällen mitunter Erfolge, die kein Schulmediziner für möglich hielt: sei es bei Problemen mit starken psychischen Anteilen wie Angstzuständen und Lernstörungen; bei vergleichsweise harmlosen Leiden wie Einnässen oder Warzen, Strabismus (Schielen) oder Kurzsichtigkeit; bei hartnäckigen Allergien, Verbrennungen, Mittelohr- oder Hirnhautentzündungen; selbst bei Lähmungen, bei Mongolismus und anderen angeborenen körperlichen und geistigen Behinderungen und Mißbildungen, bei Neurodermitis und Mukoviszidose, ja sogar bei lebensbedrohlichen Erkrankungen wie Leukämie und Hirntumoren. "Die allermeisten Heiler", so erklärt der amerikanische Arzt Dr. Daniel Benor, der mit seinem auf vier Bände angelegten *Healing Research* den bisher umfassendsten Überblick über den gegenwärtigen Forschungsstand zum geistigen Heilen erarbeitet hat[4], "geben an, daß Kinder auf geistiges Heilen weitaus bereitwilliger ansprechen als Erwachsene, auch bei besonders ernsten Leiden. Ihres Erachtens liegt dies zum einen daran, daß Kinder nicht so sehr voller Zweifel sind, zum anderen daran, daß deren gesundheitliche Beeinträchtigungen in der Regel noch nicht so lange bestehen wie bei Erwachsenen."[5]

Noch so zahlreiche Fallschilderungen über geistig geheilte Kinder lassen Pädiater alter Schule jedoch in der Regel unbeeindruckt. Denn fast immer stammen die Angaben von den Heilern selbst, den Angehörigen der behandelten Kinder oder sensationshungrigen Reportern - und alle drei stehen im Verdacht, Krankheitsverläufe zu schönen, die Wirkungen vorangegangener oder begleitender ärztlicher Maßnahmen zu verkennen oder zu verschweigen, die biologischen Selbstregulationsmechanismen gerade des kindlichen Organismus zu unterschätzen. **Lösen sich vermeintliche "Heilwunder" bei schwerkranken Kindern zuverlässig in Nichts auf, sobald ein geschulter Mediziner einen gründlichen Blick auf die angeblichen "Beweise" wirft?**

Doch auch Ärzte geraten mitunter ins Staunen. Der britische Mediziner Rex Gardner hat den Fall eines elf Monate alten Babies untersucht, das im August 1977 ins Viktoria-Krankenhaus von Newcastle eingeliefert werden mußte, weil es selbst in Ruhelage kaum noch Luft bekam. Nach einer Lungenbiopsie stand die Ursache fest: eine fortgeschrittene fibrosierende Alveolitis, eine chronische Entzündung der Lungenbläschen (Alveolen) einschließlich des "Interstitiums" zwischen ihnen, des sie umgebenden Zwischenraums, der Bindegewebe, Gefäße und Nerven enthält. Röntgenaufnahmen zeigten rechtsseitig einen "Pneumothorax": In der Brustfellhöhle hatte sich Luft angesammelt, der rechte Lungenflügel drohte zu kollabieren. "Eine solche Erkrankung innerhalb des ersten Lebensjahrs endet fast immer tödlich", kommentiert Gardner. Auf verabreichte Antibiotika sprach der kleine Junge nicht an. Daraufhin bekam er drei Monate lang Steroide, ab der siebten Woche ergänzt durch Azathioprin, das entzündungshemmend wirkt, allerdings auch die Immunkräfte schwächt. Als jetzt immer noch keinerlei Besserung eintrat, wurde der Mutter im Krankenhaus schonend beigebracht, für ihr Kind bestehe keine Hoffnung mehr. Es wurde zum Sterben nach Hause entlassen.

Ausgerechnet der Kinderarzt der Familie war es, der als letzten Strohhalm den geistigen Heildienst der örtlichen Pfingstgemeinde empfahl.[6] Dort begannen Gläubige für das Baby zu beten. Fünf Tage später machte der Kleine einen fröhlichen, munteren Eindruck, er schien wieder Freude am Spielen zu haben. Nach zwei Wochen hatte er sich derart erholt, daß er aus eigener Kraft auf den Beinen stehen konnte. Und sein Zustand verbesserte sich stetig weiter. Als er fünf Jahre und zwei Monate alt war, wurde er ärztlicherseits für "vollständig geheilt" erklärt. "Wenn euer Glaube auch nur so groß ist wie ein Senfkorn", hatte Jesus gelehrt, "dann werdet ihr zu diesem Berg sagen: Rück von hier nach dort!, und er wird wegrücken. Nichts wird euch unmöglich sein."[7]

Scheinbar unüberwindliche Berge auf kindlichen Schicksalswegen wurden, selbst nach ärztlichem Dafürhalten, auch schon in Pilgerstätten wie Lourdes versetzt. Unter den bisher 65 derart anerkannten Fällen von "Wundern" in dem französischen Marienwallfahrtsort am Fuß der Pyrenäen, die eine Ärztekommission und die Kirche nach langwierigen Untersuchungen anerkannt haben, finden sich mehrere Heilungen kleiner Kinder und Säuglinge, unter anderem von schwersten Mißbildungen.[8]

Nicht plötzlich genug, um solche Anerkennung zu finden, verlief die Genesung der kleinen Frances Burns aus Schottland, deren Schicksal der Glasgower Kinderarzt Dr. Stewart Mann vom Oakbank-Hospital verfolgt hat.[9] Im Jahre 1966 war dem damals einjährigen Baby eine Niere entfernt worden, um seine Krebserkrankung aufzuhalten. Doch zwei Jahre später hatten sich an mehreren Stellen im Körper des Mädchens Metastasen gebildet, sogar im Gesicht. Weitere Operationen, Bestrahlung und Chemotherapie richteten nichts mehr aus. Wenngleich Protestanten, entschlossen sich die Eltern, mit ihrem sterbenden Kind 1971 nach Lourdes zu reisen; das Geld dafür mußten sie sich von Verwandten leihen. In Lourdes selbst, wo die kleine Frances in der Quelle gebadet wurde, trat keine Besserung ein. Im Hospital von Lourdes wachte die Mutter am Bett ihres fiebernden Kindes und legte ihm Umschläge auf, die mit Lourdes-Quellwasser getränkt waren. Die Ärzte befürchteten, daß das Mädchen den Rücktransport nach Schottland nicht überstehen würde. Schweren Herzens trat die Mutter die Heimreise an. "Selbst den Krankenträgern standen beim Abschied die Tränen in den Augen", so berichtet sie. "Zu Hause brachte ich Frances wieder ins Krankenhaus und rechnete nicht damit, sie lebend wiederzusehen."

Als die Mutter anderntags das Klinikzimmer betrat, traute sie ihren Augen nicht: "Frances saß aufrecht im Bett und aß eine Apfelsine." Innerhalb einer Woche bildeten sich die Geschwulste zurück. Schon nach zwei Wochen wurde Frances entlassen. "Ich weiß nicht, warum wir auserwählt wurden", sagt Frau Burns. "Aber ich weiß, daß ein Wunder des Himmels mein Kind gerettet hat." Dr. Stewart Mann kommentiert: "Nach dem heutigen Stand der Wissenschaft kann diese Heilung nicht erklärt werden. Frances war dem Tode nahe, als sie Glasgow verließ. Als sie aus Lourdes zurückkam, erholte sie sich innerhalb von wenigen Tagen."

Die grenzenlose Heilkraft des Glaubens erwies sich nach Überzeugung des italienischen Augenarztes Dr. Caramazza auch bei Gemma di Giorgi, einem italienischen Mädchen, das ohne Pupillen zur Welt gekommen war. Das Kind lebte in Finsternis, und mehrere Augenspezialisten hatten erklärt, daß ihre Blindheit unheilbar sei. Als Gemma sieben Jahre alt war, nahm ihre Großmutter sie nach San Giovanni Rotondo mit, wo der wundertätige Franziskaner Francesco Forgione (1887-1968) wirkte, besser bekannt als "Pater Pio"; fast fünfzig Jahre lang trug er die Wundmale Christi an Händen und Füßen.[10] Was dem blinden Mädchen dort am 18. Juni 1947 widerfuhr, schilderte die Zeitung *Sicilia del Popolo* kurz darauf so: "Am frühen Morgen wohnten die Großmutter und ihre Enkeltochter der Messe bei. Unter dem Schweigen der betenden Menge erklang am Ende der Messe die Stimme Pater Pios: "Gemma, komm zu mir!" Das kleine, blinde Kind, unscheinbar und verloren, ängstlich und zitternd unter den vielen Menschen, wurde von der Hand der Großmutter zu Pater Pio geführt. Tausende von Augen waren auf Gemma gerichtet. Pater Pio berührte mit liebkosenden Händen ihre Augen, die sich mit Tränen füllten. Wie aus einer tiefen Lethargie erwachend, fühlte sie neues Leben den Körper durchströmen. Ihr Gesicht erhellte sich, die toten Augen begannen sich zu bewegen und das Licht zu fassen. Dann schrie sie auf: Sie konnte wieder sehen! Sie war nicht mehr blind! Gemma sah den Pater, die Großmutter, das Bild auf dem

Altar, in Wolken von Licht und Blumen gehüllt..." Bald darauf konnte sie zur Schule gehen.

Doch Lourdes ist überall - auch in Rousse, einer westbulgarischen Industriestadt an der Donau, wo die Geistheilerin Krassimira Dimowa zeitweise gelebt hat. An einem Ofen hatte sich die kleine Kremena Dimitrowa, gerade zwei Jahre alt, den Popo schwer verbrannt. Die nässenden Wunden, gerötet auch durch Urin, schmerzten das Kind so sehr, daß es sich nicht mehr ausziehen lassen wollte und bei jeder Annäherung schrie. Auf ärztliche Verordnung wurde es zwei Wochen lang mit Salben behandelt - ohne die geringste Besserung. Daraufhin wurde die Kleine zu Frau Dimowa gebracht, die ihr ein einziges Mal eine Viertelstunde lang ihre Hände in etwa zwanzig Zentimetern Entfernung über die Wunde hielt. Am darauffolgenden Morgen waren nicht nur die Schmerzen wie weggeblasen - die Wunde hatte sich über Nacht geschlossen, und neue rosa Haut hatte sich gebildet. Eine Woche später war nicht einmal mehr eine Narbe zurückgeblieben.[11]

Durch solche Fallschilderungen neugierig gemacht, nahmen zwei bulgarische Ärzte, der Gerichtsmediziner Dr. Jordan Kranaliew und die Chirurgin Dr. Petja Todorowa, ab Oktober 1989 sechs Monate lang die Krankheitsverläufe von 146 weiteren Patienten, denen die Geistheilerin Krassimira Dimowa mit Handauflegen zu helfen versuchte, unter die Lupe; der jüngste war drei Jahre alt. Nur bei zwei der Kranken, so hält das ärztliche Gutachten vom 8. Mai 1990 fest, sei die geistige Behandlung ohne unerwartet günstigen Einfluß geblieben. Unter anderem stellten sie "bei zwei Brüdern, die an progressiver Muskeldystrophie litten, eine bedeutende Besserung" fest. Bei zwei fünfjährigen Zwillingen, die an Mukoviszidose litten, verzeichneten die beiden Mediziner "einen positiven Einfluß in bezug auf das Zurückhalten von Nahrung, erhöhten Appetit, Gewichtszunahme und das Verschwinden von Schweißausbrüchen". Bei mehreren kleinen Bettnässern (*enuresis nocturna*) konstatierten sie "völlige Heilungen".[12]

Der Autor war selbst in Fachkreisen weithin unbekannt, und die Zeitschrift galt als so akademisch nüchtern, wie sich Hals-Nasen-Ohren-Ärzte ein seriöses Fachblatt wünschen. Und doch ist der Artikel von S. L. Shapiro mit dem Titel "Spontane Rückbildung bei Krebs", erschienen im Oktober 1967 in *Eye, Ear, Nose, Throat Monthly*, eine kleine Sensation: Denn erstmals in neuerer Zeit berichtete eine angesehene medizinische Fachzeitschrift hier über unerklärliche Genesungen, die auf den Einfluß geistigen Heilens zurückgeführt wurden.[13] Detailliert vorgestellt wurden mehrere Fälle von austherapierten Krebsleiden, die spontan verschwanden, nachdem die "Barmherzigen Schwestern" in New Orleans ihre verstorbene Ordensgründerin, Elizabeth Seton, betend um Beistand für die Kranken angefleht hatten.

Eine besonders eindrucksvolle Heilung Genesung, die "Mutter Seton" zugeschrieben wird, widerfuhr der Amerikanerin Ann O´ Neill. In der Osterwoche 1952, damals vier Jahre alt, wurde Ann mit akuter lymphatischer Leukämie ins St. Agnes-Hospital von Baltimore eingeliefert. Heute ist diese Krankheit in 73 Prozent der Fälle heilbar - doch zur damaligen Zeit verlief sie noch hundertprozentig tödlich. Eine Korrespondentin der *Washington Post* schilderte 1994 Einzelheiten von Anns Fall[14]: "Der Priester hatte bereits die Letzte Ölung vorgenommen, ihre Tante ein handbesticktes Totenhemdchen aus gelber Seide genäht. Aber die Eltern gaben nicht auf. An einem regnerischen Tag brachten sie ihre warm eingemummte Tochter auf den Friedhof, wo sie, umringt von betenden Nonnen, auf das Grab von Elizabeth Seton gelegt wurde."

"Einige Tage später stellte sich ein Wunder heraus: Bei der Blutuntersuchung in der Klinik fand man von Anns Krebs keine Spur mehr." Eine Kommission des Vatikans reiste eigens aus Rom an, um den Fall zu untersuchen. Neun Jahre später bestand die Kirche darauf, Ann der schmerzhaften Entnahme einer Knochenmarksprobe zu unterziehen, um ihre Heilung zu bestätigen; diese wurde unter der Leitung von Sidney Farber durchgeführt, einem Professor für Pathologie an der Universität Harvard, der die erste wirksame Behandlung von Leukämie entwickelt hat. Der Papst erklärte Anns Heilung zum Wunder, wenig später sprach er Mutter Seton heilig. Während des Kanonisierungsverfahrens bezeugte einer der angesehensten US-Hämatologen, Milton Sacks: Angesichts der ernsten Blutarmut und 40,5 Grad Fieber hätte Ann ihre Krankheit, die damals "unweigerlich tödlich verlief", nach ärztlichem Ermessen unmöglich überleben können.

Die Biochemikerin Caryle Hirshberg aus Kalifornien, eine Expertin auf dem Gebiet der spontanen Remission, die über 4000 Veröffentlichungen über dieses Phänomen aus 20 Ländern sammelte und sichtete, zählt Anns Heilung zu den eindrucksvollsten "Wunderheilungen" bei Kleinkindern.[15] Gängige medizinische und psychologische Erklärungsversuche überzeugen sie in diesem Fall in keiner Weise.

Gelegentlich begutachten Ärzte nicht nur als distanzierte Beobachter, was geistiges Heilen auch bei Kleinkindern bewirken kann - sie erleben es als betroffene Eltern unmittelbar mit.

● Der achtjährige Sohn eines Arztes aus Mainz hatte sich eine *Otitis media* zugezogen, eine Entzündung des Mittelohrs. Der Hausarzt verschrieb ein Antibiotikum. Doch das Kind klagte unter so starken Schmerzen, daß es nachts nicht mehr schlafen konnte. Ein Heilpraktiker aus Hildesheim begann eine Fernbehandlung. Schon während des ersten Versuchs schlief der Junge ein, am nächsten Tag waren die Schmerzen verschwunden.[16]

● Im Juni 1987 brachte die französische Ärztin Dr. Sylvie Dufraisse-Jourdin aus Laval, Bretagne, ihre Tochter Marion zur Welt. Neun Monate später traten bei dem Mädchen erste Symptome der "Little-Krankheit" auf - so benannt nach dem Londoner Chirurgen William Little (1810-1894), einer Kinderlähmung infolge eines frühkindlichen Hirnschadens. "Im Alter von zwei Jahren", berichtet Dr. Dufraisse, "konnte sich Marion kaum allein umdrehen; sie krabbelte auf dem Bauch mit Hilfe der Arme, während sie die Beine nachzog. Als sie vier war, wußten wir nicht, ob Marion jemals sprechen würde: Ihr Vokabular umfaßte nicht mehr als zehn Worte, die meisten verstümmelt. Ihre Beine konnten sie nicht tragen, Muskeln und Sehnen hatten sich zurückgebildet." Das Gutachten eines Arztes aus Nantes stellte darüber hinaus "psychische und emotionale Störungen" fest, unberechenbare Aufmerksamkeits- und Stimmungsschwankungen; Marion wird darin als "launisch und widersetzlich" beschrieben. Eine Kollegin aus Laval, Fachärztin für Herz- und Gefäßkrankheiten, empfahl Frau Dr. Dufraisse, sich an den Geistheiler Christos Drossinakis aus Frankfurt am Main zu wenden, bei dem ein junger Patient von ihr ein Vierteljahr zuvor schwere Herzrhythmusstörungen vollständig losgeworden war. Und die ratlose Mutter wagte es. Ab April 1992 begann sich der Heiler um Marion zu kümmern. "Seit dieser Zeit", erklärt die Ärztin, "ist eine bemerkenswerte Veränderung in der allgemeinen Entwicklung eingetreten. Marion macht beschleunigte Fortschritte. Sie beginnt, allein an Krücken zu gehen, sie lernt zu schreiben, und die verbale Kommunikation kommt in Gang. Nach jedem Zusammentreffen mit dem Heiler merken wir, daß sie dynamischer, ruhiger und beharrlicher ist bei allem, was sie unternimmt. Sie versteht alles, sie lacht auf Scherze, sie stellt Überlegungen an. Wir haben wieder Hoffnung geschöpft."[17]

Wer solche Krankheitsverläufe kurzerhand als "Placebo-Effekte" abtut, macht sich die Sache zu leicht. Je jünger kranke Kinder sind, desto weniger ausgeprägte Erwartungen und Hoffnungen richten sie auf den Heiler, zu dem ihre Eltern sie bringen, und seine sonderbaren

Handbewegungen; in der Regel überwiegt vielmehr ein ängstliches Unbehagen gegenüber dem Fremden und der ungewohnten Umgebung. Gewiß sind Kinder andererseits für Suggestionen im allgemeinen empfänglicher - zumal aus dem Munde eines geheimnisvollen "Zauberers", der sie vielleicht an allmächtige Figuren aus ihrer Märchenwelt erinnert und dem ihre Eltern spürbar vertrauen. Doch wie glaubhaft ist die Unterstellung, daß sogar schon Säuglinge einer raffinierten Eingebung erliegen und auf Pseudo-Therapeutika hereinfallen könnten? Jede Placebo-Reaktion schließt kognitive Leistungen ein; auch das Fehlidentifizieren eines Objekts, sein Verwechseln mit etwas anderem, erfordert gehörig Geist - zumal die Eigenart eines Placebos nicht unmittelbar wahrzunehmen ist, sondern mit seiner inneren Zusammensetzung und gewissen Ereignissen in der Zukunft zu tun hat. Wollen wir einem Baby mit wenigen Monaten wirklich unterstellen, bereits Meinungen über Arzneimittelwirkungen zu haben? Kann es schon glauben, daß ein Heiler ihm eine Warze oder eine Schuppenflechte nimmt - oder gar eine große Nierenzyste, wie im Fall der kleinen Jasmin W. aus Sermuth in Sachsen? Jasmin kam am 27. Juni 1994 in der Universitätsfrauenklinik von Leipzig zur Welt. Schon sechs Wochen vor der Entbindung wurde bei einer Ultraschall-Untersuchung des Fötus "eine tumoröse Veränderung der linken Niere" festgestellt, "mit großen Zysten bis zwei Zentimeter, Niere insgesamt deutlich vergrößert bis 5,5 Zentimeter". Nachdem dieser Befund auch ein halbes Jahr nach der Geburt fortbestand, brachten die Eltern ihre kleine Tochter zweimal zu dem Besprecher Peter Simon nach Lübeck.[18] Bei einer Kontrolluntersuchung kurz darauf waren die Zysten verschwunden.

Vollends unglaubhaft wird das "Placebo-Argument" angesichts erfolgreicher Fernheilungen von Kleinkindern, manchmal sogar ohne Wissen der Angehörigen.[19]

In kochendem Wasser hatte sich ein sieben Monate alter Junge Verbrennungen dritten Grades zugezogen. Einen Tag später, als das Baby bereits im Kreiskrankenhaus Leer lag, schaltete sein Großvater einen Geistheiler ein. "Noch am selben Abend begann ich, mich auf das Kind einzuschwingen und es fernzubehandeln. Am darauffolgenden Tag benachrichtigten mich die Großeltern, daß die Schmerzen des Kindes so gut wie weg seien. Daraufhin baute ich mehrere Sitzungen zur Regenerierung der Hautzellen auf - mit dem Erfolg, daß eine ärztlicherseits vorgesehene Hauttransplantation nicht mehr nötig war und keinerlei Narben zurückblieben."

Durch Fernbehandlung konnte die Heilerin Irmgard Christoph aus Neckarbischofsheim einem zweijährigen Jungen helfen, der an Mundfäule litt. Nach einem telefonischen Hilferuf der Mutter "habe ich den Astralkörper des Kindes zu mir geholt und ihn behandelt, indem ich mir vorstellte, ich trüge das Kind auf den Armen. Dabei konnte ich den Körper ganz genau fühlen. Nach etwa drei Wochen kam die Mutter voller Dankbarkeit zu mir. Die Mundfäule war seit jenem Telefongespräch allmählich abgeklungen und schließlich verschwunden."

Ein dreijähriger Jungen war an Leukämie erkrankt. Ein paar Stunden, nachdem ihn Frau Christoph zum drittenmal behandelt hatte, bekam das Kind plötzlich 41 Grad Fieber. "Die Mutter rief mich aufgeregt an und meinte, daß ihr Kind das nicht überstehen werde. Ich sagte der Mutter nur, daß ich ihren Kleinen gleich fernbehandeln werde. Am nächsten Tag sagte mir die Mutter, daß der Junge ruhig eingeschlafen sei, als ich den Hörer aufgelegt hatte. Das Kind schlief etwa zwei Stunden, wurde dann wach, und das Fieber war weg. Das wiederholte sich ein paarmal, und die Mutter hatte jedesmal Todesangst um ihr Kind. Ich habe ihr immer gesagt: 'Sie brauchen keine Angst zu haben, der liebe Gott schickt das Fieber. Nach dem Fieber wird das Kind gesund.' Nach drei Tagen war der Junge dann geheilt. Das wurde später von einem Arzt bestätigt."

Bei einem drei Monate alten Säugling war bereits kurz nach der Geburt eine Hundeallergie aufgetreten. "Sein Kopf war blutig gekratzt", erinnert sich eine Geistheilerin aus Röhrmoos. Ohne Wissen der Angehörigen versuchte sie zwei- bis dreimal je eine halbe Stunde lang eine Fernheilung. Drei Tage später waren die Symptome "völlig verschwunden und von einem Arzt auch im Blutbild nicht mehr nachweisbar".

Um Placebo-Effekte bei Geistheilungen von Kindern auszuschließen, fanden vereinzelt auch schon kontrollierte Studien statt - größtenteils allerdings mit fraglichem wissenschaftlichen Wert. Die meistzitierte, leider aber auch methodologisch unsauberste Untersuchung führte 1968 der amerikanische Arzt Dr. Platon Collipp durch, Leiter der Kinderstation am Meadowbrook Hospital in New York.[20] Im Mittelpunkt standen dabei achtzehn Kinder, die an Leukämie litten; neun von ihnen waren erst drei Jahre alt oder noch jünger. Von ihnen wurden zehn ausgewählt, für die fortan Gebetsgruppen einer örtlichen Kirchengemeinde fünfzehn Monate lang regelmäßig Gottes Gnade erbitten sollten. Keines der Kinder wußte davon, ebensowenig wie ihre Angehörigen und behandelnden Ärzte. Einige Zeit später soll es den solchermaßen Fernbehandelten zwar im Durchschnitt besser gegangen sein, wie ärztliche Gutachten und Zeugnisse von Eltern zu belegen schienen; auch überlebten sie im Durchschnitt länger. Trotzdem ist diese Studie nahezu wertlos; denn sie berücksichtigte weder, daß die Kinder an unterschiedlichen Arten von Leukämie litten (mit stark unterschiedlichen mittleren Überlebenszeiten), noch ihre unterschiedliche medikamentöse Behandlung, während der Versuch lief. Ebensowenig wurde sichergestellt, daß beide Gruppen von Kindern hinsichtlich ihres Alters und vor allem ihres Krankheitsstadiums überhaupt miteinander vergleichbar waren. Es wurde nicht einmal überprüft, ob und wie oft für die Kinder tatsächlich gebetet wurde. Zudem war Collipps Stichprobe viel zu klein, um allgemeine Schlüsse zu erlauben.

Mehr als mangelhaft angelegt ist leider auch eine neuere Studie der amerikanischen Medizinerin Nancy Ann Kramer.[21] Sie untersuchte, wie kleine Kinder, die längere Zeit im Krankenhaus liegen, auf "Therapeutic Touch" (TT, "Heilende Berührung") ansprechen: eine dem Handauflegen verwandte geistige Heilweise, welche die amerikanische Krankenschwester Dolores Krieger ab 1971 entwickelte und mittlerweile an Zehntausende von Berufskolleginnen weitergegeben hat.[22] Hospitalisierte Kinder, so nahm Kramer an, machen viele schmerzliche Erfahrungen: Zu den körperlichen Schmerzen, die von Verletzungen, akuten Erkrankungen, Untersuchungen, Operationen und Spritzen herrühren, kommt der psychische Schmerz aufgrund der Trennung von ihren Familien; der fremden, furchterregenden Umgebungen, Personen und Maßnahmen; des Alleinseins; des Miterlebens von Leiden anderer Kinder. Jüngeren Kindern, vermutete Nancy Kramer, macht all dies noch mehr zu schaffen als älteren, weil sie intellektuell und emotional noch weniger weit sind, solche Belastungen zu verarbeiten. Im Mittelpunkt ihrer fünfmonatigen Studie standen dreißig Kinder im Alter von zwei Wochen bis zwei Jahren. (Kinder, die an Krebs oder anderen chronischen Erkrankungen litten oder die fiebersenkende Medikamente erhielten, schloß Kramer von vornherein aus.) Jedes Kind behandelte sie wiederholt, jeweils genau sechs Minuten lang, mit "Therapeutic Touch", während sie in ihren Wiegen lagen - stets zwischen 6 und 14 Uhr, der Zeitspanne mit den üblicherweise meisten "Stressoren" im Krankenhausbetrieb. Zum Vergleich berührte sie, nach gleichem Zeitschema, dreißig weitere Kinder ohne therapeutische Übersicht: Sie streichelte einfach liebevoll deren Köpfchen, Oberkörper und Ärmchen. Drei und sechs Minuten nach jedem Versuch registrierten angeschlossene Meßgeräte verschiedene physiologische Parameter der Entspannung, unter anderem den Puls, die galvanische Hautreaktion und die periphere Hauttemperatur. Zu beiden Meßzeitpunkten war "Therapeutic Touch" einer blossen Zärtlichkeit deutlich überlegen.

Bedauerlicherweise achtete Nancy Kramer nicht darauf, ob die Kinder aus ihrer Test- und Kontrollgruppe hinsichtlich ihrer Gesundheitsprobleme und Belastungen überhaupt vergleichbar waren. Vielleicht waren die schwereren Fälle in ihrer TT-Gruppe von vornherein unterrepräsentiert? Als überzeugte TT-Anwenderin steht sie zudem in Verdacht, die Ergebnisse zugunsten ihrer Lieblingshypothese geschönt zu haben.

Diesen Makel teilt eine Studie der amerikanischen Medizinerin Rosalie Fedoruk. Für ihre Dissertation untersuchte sie, wie Frühgeborene auf "Therapeutic Touch" ansprechen. Entspannt es sie? Fedoruk konzentrierte sich dabei auf "kontaktloses TT", bei bei welchem die Hände den Behandelten nicht berühren, sondern einen Abstand von fünf bis zehn Zentimetern über der Hautoberfläche des Behandelten halten. Auf die übliche Betreuung auf Entbindungs- und Intensivstationen reagieren Frühchen, aufgrund ihres unausgereiften Nervensystems, besonders erregt; ihre Vitalfunktionen geraten leicht aus dem Gleichgewicht. Gerade bei ihnen kann Entspannung deshalb lebenswichtig sein. Fedoruk ließ siebzehn Frühgeborene 25 Minuten lang mit TT behandeln; zum Vergleich wurden sie während zweier weiterer 23-Minuten-Phasen entweder überhaupt nicht oder bloß zum Schein mit TT behandelt - von einer in TT nicht ausgebildeten Krankenschwester, die lediglich die typischen TT-Handbewegungen imitierte, während sie sich im Kopf mit arithmetischen Aufgaben ablenkte. Das Ausmaß der Streßreduktion wurde - allerdings nicht von einem "verblindeten", in Ablauf und Ziel des Versuchs uneingeweihten Gutachter, sondern von Fedoruk selbst - jeweils mit Hilfe der APIB-Skala gemessen (*Assessment of Premature Infant Behavior*), die Verhaltensauffälligkeiten registriert. Dabei ergab sich eine deutliche Streßreduktion bei TT, gegenüber einem unerwartet starken Erregungsanstieg bei der vorgetäuschten TT-Behandlung, die mit einer merklichen Anspannung der kopfrechnenden Betreuerinnen zusammenhängen könnte.[23]

Den bisher beachtenswerteren Forschungsbericht über Geistheilung bei Kindern brachte der amerikanische Arzt Dr. David Eisenberg von der Harvard Medical School in den achtziger Jahren von einer Chinareise zurück. In seinem Buch *Encounters with Qi* berichtet er von einem Experiment in einer ophthalmologischen Klinik, bei dem achtzig kurzsichtige Kinder nach dem Zufallsprinzip in vier Gruppen zu je zwanzig aufgeteilt wurden: Die erste blieb unbehandelt; die zweite erhielt Placebo-Augentropfen; die dritte wurde in meditativen Qi Gong-Übungen unterwiesen; die vierte wurde von einem Qi Gong-Meister behandelt, der täglich zwanzig Minuten lang damit zubrachte, eine Hand vor und die andere hinter den Kopf eines jeden Kindes zu halten und in dieser Stellung "externes Qi in Richtung der Augäpfel abzustrahlen". Zwei Monate später hatte sich in den beiden ersten Gruppen nichts getan; aus der dritten Gruppe hatte sich bei zwei Kindern die Myopie gebessert - aus der vierten bei sechzehn.[24]

Alles in allem fielen die bisherigen Forschungsergebnisse ebenso spärlich wie dürftig aus; weltweit sind bisher nicht einmal ein Dutzend halbwegs ernstzunehmende kontrollierte Studien über geistige Heilwirkungen bei Kindern publiziert worden. Den wenigen Wissenschaftlern, die sie gerne in Angriff nehmen würden, fehlt gewöhnlich das Geld - oder der Mut, sich durch die Beschäftigung mit "esoterischen" Randthemen ihren akademischen Ruf zu ruinieren. Ohnehin wären Forschungsprojekte, die dem wissenschaftlichen Ideal der placebokontrollierten, randomisierten Doppelblindstudie genügen, von vornherein ethisch fragwürdig, wie es auch schon der allererste derartige Versuch, die Collipp-Studie, gewesen war: Wer kann guten Gewissens verantworten, daß Würfel darüber entscheiden, ob ein leukämiekrankes Kind monatelang geistig geheilt werden darf - oder unbehandelt bleiben muß, weil es zur Befriedigung wissenschaftlicher Neugier einer "Kontrollgruppe" anzugehören hat?

Der Entschluß, dem eigenen kranken Kind mit geistigem Heilen zu helfen, muß für Eltern im übrigen nicht bedeuten, auf fremde Heilkräfte zu setzen. Immer mehr vertrauen dabei ihren eigenen Fähigkeiten. Allein in Reiki, einer auf den japanischen Theologen Dr. Mikao Usui zurückgehenden Methode zur Aktivierung der "allumfassenden, alles durchdringenden Lebenskraft" Qi, sollen bereits über 500.000 Westdeutsche zumindest eine Grundausbildung, den "Ersten Grad", durchlaufen haben.[25] Nur ein Bruchteil von ihnen therapiert damit professionell, die meisten tun damit nur gelegentlich sich selbst und ihren Allernächsten Gutes. Die bekannte deutsche Reiki-Meisterin Jutta Hilswicht, eine ausgebildete Heilpädagogin und Psychologin, empfiehlt allen Eltern, einen Reiki-Kurs zu besuchen, um ihren Kindern im Notfall spirituell beizustehen: sei es bei Schlafstörungen, "bei allen Kinderkrankheiten und bei Verletzungen. Mit Reiki kannst du helfen, das Kind schneller von seinen Beschwerden zu befreien. Selbst wenn dein Kind an einer schweren Krankheit leidet, wie Krebs, Leukämie, Aids oder Multiple Sklerose, kannst du ihm Erleichterung verschaffen, Schmerzen lindern helfen und dich mit ihm, immer wieder, in wärmender und herzlicher Nähe verbinden."[26] Umgekehrt zeigen schon Äußerungen und Verhaltensweisen von Kleinkindern selbst unter wissenschaftlichen Testbedingungen, daß sie "heilende Energien" durchaus spüren.[27]

Zahlreiche Geistheiler sind sich ihrer Fähigkeiten erst bewußt geworden, als sie mit dem Leid eines eigenen schwerkranken Kindes konfrontiert waren, für das die Schulmedizin nichts mehr tun konnte. Zu ihnen zählt Anne Ramsden-Höfler, eine gebürtige Engländerin, die nach einer Ausbildung als Sekretärin und Übersetzerin nach Deutschland kam, wo sie 1963 heiratete. Eine einschneidende Veränderung erfuhr ihr Leben, als 1981 ihr drittes Kind schwer an Neurodermitis erkrankte.[28] "Als unsere Tochter mit etwa einem Jahr einen kleinen Ausschlag am Handgelenk bekam", so erinnert sich Frau Ramsden, "glaubten wir zunächst, wir müßten nur mit ihr zum Arzt gehen, ihr eine Creme verschreiben lassen und damit wäre die Sache erledigt. Damals ahnten wir noch nicht, was es bedeutet, ein Kind mit Neurodermitis zu haben. Als sie zweieinhalb Jahre alt war, hatte der Ausschlag bereits ihren ganzen Körper bedeckt. Wir hatten sie in einer Allergieklinik testen lassen, und dort war man zu dem Ergebnis gekommen, daß sie auf fast alle Lebensmittel allergisch reagierte. Es war allerdings nicht genug gesunde Haut vorhanden gewesen, um sämtliche Tests durchzuführen. Und helfen konnte man uns auch nicht. Um zu verhindern, daß unsere Tochter sich nachts aufkratzte, mußte ich ihr jeden Abend Arme und Beine verbinden. Die Wärme der Bettdecke löste den schrecklichen Juckreiz aus. Irgendwann zog ich mit ihr in ein Zimmer, damit ich sie nachts trösten und am Kratzen hindern konnte."

Die Höflers versuchten es mit Homöopathie, mit Ernährungsumstellung - "nichts half. Im Gegenteil, es wurde immer schlimmer. Unsere Tochter war natürlich gereizt, und wir Eltern waren es auch. Die schlaflosen Nächte und die Kontroversen um verschiedene Therapiemethoden belasteten das ganze Familienleben."

Schließlich entschloß sich Anne Ramsden-Höfler, in ihrer Heimat England nach einem spirituellen Heiler zu suchen. "Allerdings kannte ich niemanden, der mir einen Heiler empfehlen konnte" - deshalb faßte sie den Mut zur Selbsthilfe. "Und so begann ich damit, unserer Tochter die Hand aufzulegen und für sie zu beten. Schon in der zweiten Nacht schlief sie durch. Es war das erste Mal seit einem Jahr. Ich horchte, ob sie überhaupt noch atmete, und dann verspürte ich ein gewaltiges Gefühl der Erleichterung und Dankbarkeit." Neun Monate später war das Mädchen nahezu symptomfrei: "Die Haut erholte sich. Die roten Flecken wurden blasser, die gesunden Hautflächen größer. Es war für mich ein Wunder zu beobachten, wie an die Stelle der kaputten, trockenen, harten Haut die zarte Haut eines kleinen Kindes trat." 1989 begann Anne Ramsden-Höfler, in verschiedenen Ländern Seminare zu geben und Selbsthilfegruppen anzuleiten. Als Heilerin arbeitet sie heute hauptsächlich mit chronisch kranken Kindern - nicht nur bei Neurodermitis, auch bei Darmstörungen, chronischen Hustenanfällen, Schlaflosigkeit und Unruhe, Bettnässen und Hyperaktivität.

Es ist ein Irrtum zu glauben, es bedürfe erst einer Initiation, einer göttlichen Berufung oder einer intensiven Ausbildung, ehe aus Eltern eines kranken Kindes fähige Heiler werden können. Vermutlich wirkt jede liebevolle Mutter tagtäglich intutitiv als Heilerin. Wenn sie ihren Kleinen zärtlich ihre Hände auflegt, vermag allein diese schlichte Geste zu beruhigen, zu entspannen, Schmerzen zu lindern. Ob die zärtliche Berührung "nur" wirkt, weil sie periphere Nerven reizt und elektromagnetische Felder beeinflußt oder weil sie einen "höheren", physikalisch noch unfaßbaren Heilstrom überträgt, ist dabei nachrangig und von eher akademischem Interesse.

Die rätselhafte Magie der Berührung führt uns eine Szene vor, die sich vor unseren Augen täglich viele tausend Male wiederholt: "Schwangere Frauen", so fiel der amerikanischen TT-Therapeutin Sherry Cohen auf, "können es einfach nicht lassen, das Kind zu streicheln, das sie in sich tragen. Ihre Hände streichen den Stoff glatt, der sich über den in ihr geborgenen Fötus spannt. Behutsam betasten sie die Stelle, wo der winzige Fuß sie geboxt hat. Sie liebkosen ihre runde Vorderseite unendlich zart, als wollten sie ihr Baby beruhigen. Und obgleich ihr Kleines unter Schichten von Stoff, Haut und Fett verborgen ist und in Flüssigkeit schwimmt, reagiert es meßbar darauf."[29]

Geistiges Heilen, auch und gerade bei unseren Kleinsten, erreicht sein Ziel vermutlich oft kraft mysteriöser Energien - gewiß aber als Akt der Liebe, der Aufmerksamkeit, der zärtlichen Zuwendung. Dabei ist Genesung ist nicht immer das einzig erstrebenswerte Ziel. "Auch wenn es darum geht, dein Kind beim Sterben zu begleiten", so versichert Jutta Hilswicht, kann geistiges Heilen "helfen, es loszulassen, deine Verzweiflung und den eigenen Schmerz zu überwinden, damit du die nötige Kraft bekommst für diese schwere Zeit." Einmal weihte die Reiki-Meisterin ein sechsjähriges, an Leukämie erkranktes Mädchen in den

Ersten Reiki-Grad ein. Danach schlug es die Augen auf, legte beide Hände auf sein Herz-Chakra und sagte: "Jetzt wird alles gut, mein Herz ist aufgegangen."[30]

Anmerkungen

1 Im Neuen Testament wird Banijas unter dem älteren Namen Caesarea Philippi erwähnt.

2 Zur Heilung des epileptischen Knaben siehe Matthäus 17, 14-18; Markus 9, 17-29; Lukas 9, 38-43.

3 Nach einer Studie des niederländischen Psychologen Johannes Attevelt von der Rijks-Universität Utrecht unter 4379 Patienten von 65 Geistheilern, siehe ders.: *Research into Paranormal Healing*, Utrecht 1988, S. 30-31.

4 Die beiden ersten Bände von Benors *Healing Research* erschienen 1992 im Helix-Verlag, München; zwei weitere sind in Vorbereitung. Siehe Benors Aufsatz "Heilen erforschen - ein Überblick" in Harald Wiesendanger: *Geistiges Heilen für eine neue Zeit - Vom "Wunderheilen" zur ganzheitlichen Medizin*, Kösel-Verlag, München 1999.

5 Persönliche Mitteilung vom 23. Juni 1997.

6 Die Pfingstbewegung, um 1870 in Nordamerika entstanden, geht von der realen Gegenwart des "Geistes" aus (siehe Apostelgeschichte Apg 2) und sieht sich im Besitz der urchristlichen Gnadengaben, der "Charismata" (1 Kor. 12; Röm 12, 6ff.), zu der auch Prophetie und Krankenheilung zählen.

7 Matthäus 17, 20

8 Beispiele nennt Hans Gerloff: *Die Heilungen von Lourdes im Lichte der Parapsychologie*, Büdingen-Gettenbach 1959.

9 W. Otto Roesermueller: *Wenn die Schulmedizin versagt*, Bietigheim 1975, S. 63-65.

10 Roesermueller, a.a.O., S. 54-55 (s. Anm. 9). Der Rechtsanwalt Alberto del Fante veröffentlichte 47 Gebetsheilungen Pios, die durch ärztliche Zeugnisse und Dokumente belegt sind.

11 Krassimira Dimowa, "Mein Weg zur Heilerin", *Grenzgebiete der Wissenschaft* 4/1991, S. 311-333, dort S. 318.

12 ebda., S. 330-333 (s. Anm. 11)

13 S. L. Shapiro, "Spontaneous regression of cancer", *Eye, Ear, Nose, Throat Monthly* 46, Nr. 10, Oktober 1967, S. 1306-1310.

14 Tamara Jones, "The Saint and Ann O' Neill", *The Washington Post*, Sonntag, 3. April 1994, F1-F5.

15 C. Hirshberg / M. Barasch: *Unerwartete Genesung - Die Kraft zur Heilung kommt aus uns selbst*, München 1995, S. 59-60.

16 siehe Harald Wiesendanger: *Auswege - Wo Kranke geistige Hilfe finden*, Ausgabe Deutschland, Schönbrunn 4. Aufl. 1997, PLZ 31141.

17 Siehe zu diesem Fall Harald Wiesendanger: *Das große Buch vom geistigen Heilen - Möglichkeiten, Grenzen, Gefahren*, Lea-Verlag: Schönbruznn 2000, S. 333 f.

18 siehe Der Heiler 1/1997, S. 31-36.

19 Alle Fälle aus Harald Wiesendanger: *Auswege*, a.a.O. (s. Anm. 17)

20 Platon J. Collipp, "The Efficacy of Prayer: A Triple Blind Study", *Medical Times* 97/1969, S. 204.

21 Nancy Ann Kramer, "Comparison of Therapeutic touch and casual touch in stress reduction of hospitalized children", *Pediatric Nursing* 16/1990, S. 483-485. Eine weitere, allerdings ebenfalls methodisch mangelhafte "Therapeutic Touch"-Studie deutet auf bemerkenswerte Effekte bei minderjährigen Psychiatriepatienten hin (Pamela Hughes u.a., "Therapeutic Touch with adolescent psychiatric patients", *Journal of Holistic Nursing* 14/1996, S. 6-23)

22 Zum "Therapeutic Touch" siehe Wiesendanger: *Das große Buch vom geistigen Heilen*, a.a.O., S. 30-33.

23 Rosalie Berner Fedoruk: *Transfer of the Relaxation Response: Therapeutic Touch as a Method of Reduction of Stress in Premature Neonates*, unveröffentl. Diss., University of Maryland 1984.

24 Guo/Ni, "Studies of qi gong in treatment of myopia (nearsightedness)", zitiert in David Eisenberg/Thomas Lee Wright: *Encounters with Qi,* New York 1985, S. 202-203.

25 Diese Schätzzahl nennt die deutsche Reiki-Meisterin Jutta Hilswicht in *Reiki - Heilsame Lebensenergie*, München 1995, S. 7. Zu Reiki allgemein: Wiesendanger, *Das große Buch vom geistigen Heilen*, a.a.O., S. 43-49.

26 Hilswicht, a.a.O., S. 79.

27 Das schließt Nancy E.M. France aus Testreihen mit Drei- bis Neunjährigen: "The child´s perception of the human energy field using Therapeutic Touch", *Journal of Holistic Nursing* 1993.

28 Anne Ramsden-Höfler berichtet darüber in *Leg mir die Hand auf - Praktische Anleitung zur Behandlung von Kindern mit Neurodermitis und anderen chronischen Erkrankungen*, München 1995. Den Fall ihrer eigenen Tochter schildert sie auf S. 11f., 15-18.

29 Sherry S. Cohen: *Magie der Berührung*, München 1989, S. 43.

30 Jutta Hilswicht: *Reiki - Heilsame Lebensenergie*, a.a.O., S. 79.

39
Nie zu spät
Geistiges Heilen bei alten Menschen

Selten war er jemals ernsthaft krank. Seinen ersten Herzanfall hatte er mit 114. Mit 116 gab er das Rauchen auf. Am 21. Februar 1986 dann schloß er für immer die Augen - im Alter von 120 Jahren und 237 Tagen. Damit war und ist der Japaner Shigechiyo Izumi der nachweislich älteste Mensch der Welt. Zwar ist ihm sein Ruf seither immer wieder von drahtigen Greisen mit einem geradezu biblischen Alter streitig gemacht worden. So haben schon mehrere Kaukasusbewohner von sich behauptet, sie seien über 165 Jahre alt - freilich ohne überzeugende Beweise. Izumis Alter hingegen ist zweifelsfrei erwiesen. Denn sein Name und sein Geburtsdatum, der 29. Juni 1865, wurden bei Japans erster Volkszählung aktenkundig; sie fand 1871 statt. Da war Izumi gerade sechs Jahre alt.

Einen Arzt benötigte Izumi erst weit jenseits der hundert, einen Geistheiler konsultierte er nie. Was war sein Geheimnis? Sein ganzes Leben verbrachte er auf einer abgelegenen Koralleninsel. Er pflanzte Zuckerrohr an, und das bedeutete harte körperliche Arbeit an frischer Luft. Bis kurz vor seinem Tod legte er Wert auf regelmäßige Bewegung: Jeden Tag begann er mit einem Spaziergang, anschließend jätete er im Garten Unkraut. Außerdem ernährte sich Izumi typisch japanisch: Er aß nur wenig Fett und kaum Fleisch, dafür aber große Mengen Fisch und Gemüse. Bis 91 war er einigermaßen glücklich verheiratet. Den ersten Tropfen Alkohol trank er im Alter von 70 Jahren: *schochu*, einen weißen Rum, von dem er sich danach allerdings täglich ein Gläschen gönnte: "Ohne *schochu* würde das Leben keinen Spaß mehr machen."

Doch Westeuropa ist keine Koralleninsel - sondern ein mit zahllosen gesundheitsgefährdenden Belastungen und Versuchungen durchseuchter Kulturraum, die Krankheit zu einer anscheinend geradezu notwendigen Begleiterscheinung des Altwerdens machen. Die hochentwickelte westliche Medizin und Pharmazie hat grandiose Siege gegen Infektionskrankheiten errungen, die Menschen früher in der Blüte ihrer Jahre dahinrafften - doch ohne entscheidende Durchbrüche steht sie einer Vielzahl von chronischen Leiden noch immer weitgehend machtlos gegenüber. Vor allem deswegen "wollen alle lange leben, aber keiner will alt sein", wie Benjamin Franklin (1706-1790) bemerkte.

Das Problem der chronisch Alterskranken hat sich, mit stetig steigender Lebenserwartung, von Generation zu Generation verschärft. In den ersten Jahrhunderten nach Christi Geburt starben Menschen im statistischen Mittel mit 20 bis 25 Jahren. Noch Mitte des vorigen Jahrhunderts lag die Lebenserwartung bei 40 Jahren - bis heute hat sie sich auf 80 Jahre verdoppelt. Im 1900 waren nur 7,8 Prozent der Bevölkerung über 60 Jahre - inzwischen liegt ihr Anteil bereits bei einem Viertel, und in 30 Jahren wird ein Drittel der Deutschen aus Senioren bestehen. Im Jahre 1910 wurden in Deutschland 63 über Hundertjährige gezählt; heute, an der Jahrtausendwende, sind es rund 2000. Im Jahre 1890 kamen auf einen 75jährigen 79 jüngere Personen; 1939 waren es 45, 1950 nur noch 35, 1970 waren es 25 - und 1998 zwölf. Im Jahre 2040 sollen, Hochrechnungen zufolge, nur noch 6,2 Jüngere auf einen 75jährigen kommen. Ein 65jähriger hat heute noch einiges zu erwarten: im Durchschnitt weitere 17 Jahre. Erreicht er das 75. Lebensjahr, so kann er im statistischen Mittel mit nochmals elf Jahren rechnen, ein 85jähriger kann auf sechs weitere Jahre hoffen. Während 1850 noch 75 Prozent der Bevölkerung damit rechnen mußten, vor dem 65. Lebensjahr zu sterben, ereilt der Tod heute 75 Prozent nach dem 65. Lebensjahr.

Aber welche Qualität hat dieser Zugewinn an Jahren? Wirklich lebenswert sind sie nur bei leidlicher Gesundheit - und das Risiko, sie einzubüßen, steigt mit fortschreitendem Lebensalter gnadenlos an: von Rheumatismen über Herz-Kreislaufleiden, Stoffwechselkrankheiten (wie der Diabetes), Karzinomen, Funktionsstörungen des Gehirns und zentralen Nervensystems (allen voran die senile Demenz, der "Altersschwachsinn", aber auch Parkinson und Alzheimer) bis hin zu schwindender Sehkraft, nachlassendem Gehör und anderen Störungen der Sinneswahrnehmung, zu chronischen Schmerzen, zu Schlafstörungen, zu Depressionen.

Das eine oder andere dieser Gebrechen scheint mit höherem Alter unerbittlich verbunden - und unumkehrbar, also unheilbar. Allein von der senilen Demenz sind bei den 65- bis 69jährigen zwischen 2,4 und 5,1 Prozent betroffen; dieser Anteil steigt in der Gruppe der 75- bis 79jährigen auf zehn bis zwölf Prozent - und erreicht bei den über 90jährigen bereits mehr als 30 Prozent. Über schwerwiegend gestörten Schlaf klagt bei den über 60jährigen jeder vierte Mann, und gar 40 Prozent aller Frauen. Unter den 85jährigen ist mehr als jeder Dritte, 35 Prozent, völlig unfähig, sich körperlich zu betätigen. Wer 60 und älter ist, wird im Durchschnitt mit drei Arzneimitteln täglich dauertherapiert. Der Mittelwert aller Krankenversicherten liegt bei 13,5 Arzneimittelpackungen im Jahr - bei den 80- bis 84jährigen sind es 39 Packungen.

Wer Altersleiden schicksalshaft über sich hereinbrechen wähnt, dem fällt es schwer, den Verlockungen geistigen Heilens etwas abzugewinnen - zumal wenn er zuvor jahrelang erleben mußte, wie Schulmediziner erfolglos an ihm herumgedoktert und schließlich resigniert haben. "Was soll unsereins noch beim Handaufleger?", schrieb mir kürzlich eine 72jährige Arthritispatientin aus Düsseldorf. "Vor 35 Jahren, als sich erste Symptome zeigten, hätte das vielleicht noch Sinn gehabt. Aber heute?"

Die Dame hätte Ilse S. aus Frankfurt am Main kennenlernen sollen, drei Jahre älter als sie. Seit 25 Jahren leidet die Hobby-Astrologin an hochgradiger Polyarthritis, mit starken Gelenkdeformationen und äußerst schmerzhaften Bewegungseinschränkungen, vor allem in den Händen und im linken Sprunggelenk. Im Rahmen des "Fernheil-Tests" (siehe Kap. 23) erhielt sie von dem Frankfurter Heiler Christos Drossinakis ein Amulett, das sie fünf Monate lang stets bei sich trug. Ab und zu legte er der Rentnerin zusätzlich die Hände auf, jeweils nicht länger als ein paar Sekunden. Bereits in der dritten Testwoche, Ende Mai 1998, begannen die Schmerzen zeitweilig nachzulassen. "Die Gelenke kommen mir leichter und lockerer vor", notierte sie. Mitte Juni 1998 waren "die Schmerzen zeitweilig ganz fort. Wenn sie wiederkommen, dann nur kurz und in leichter Form, so daß ich keinerlei Schmerzmittel mehr benötige; das war schon seit zehn Jahren nicht mehr so". Seit der zweiten Junihälfte ist die Rentnerin anhaltend schmerzfrei. Die zuvor nahezu steifen Finger sind inzwischen wieder so biegsam, daß die Patientin ein Glas ergreifen, festhalten und anheben kann, was zuvor unmöglich war. "Ich kann mich gut bewegen und bin glücklich, keine Schmerzen mehr zu haben", so zieht die Arthritiskranke Bilanz. "Es geht mir gut wie seit langem nicht." Wie sie ausrechnete, hat sie im Laufe ihrer Erkrankung schon über 26.000 Analgetika-Pillen schlucken müssen - seit Monaten benötigt sie keine einzige mehr, "600 habe ich mir bereits erspart". Ein Mediziner aus dem Ärzteteam, das den Versuch überwachte, benotete die Veränderung von Frau Steudels Gesundheitszustand innerhalb des 20wöchigen Testzeitraums mit + 3,78 - dem Mittelwert mehrerer zweipoliger Skalen, die von -5 = erheblich verschlechtert, über 0 = unverändert bis + 5 = erheblich gebessert reichten.

Ilse S. ist beileibe kein Einzelfall. Immer mehr ältere Menschen zieht es, wenn ärztliche Schulweisheit am Ende ist, zum Geistheiler. Schon in den fünfziger Jahren, also lange bevor die "Esoterikwelle" einsetzte, fand eine Aachener Psychologin unter einer Zufallsstichprobe von 538 Patienten eines bekannten Münchner Geistheilers einhundert über 65jährige: ein Anteil von immerhin knapp 20 Prozent.[1]

Und viele von ihnen erleben dort eine Besserung, die sie geradezu als kleines "Wunder" empfinden:

Beispiel Krebs: Bei einer 77jährigen Hausfrau aus Neubrandenburg war im *Colon transversum*, einem Teil des Dickdarms, ein Tumor festgestellt worden. Unmittelbar nach der computertomographisch gestellten Diagnose ließ sich die Patientin sechsmal jeweils anderthalb Stunden lang mit Reiki behandeln. Anfangs faustgroß, schrumpfte die Geschwulst bis zum sechsten Tag auf die Größe einer Erbse. Nach drei Monaten war sie nicht mehr feststellbar, eine erneute Computertomographie blieb ohne Befund. Der behandelnde Arzt wollte dazu keinerlei Kommentar abgeben.[2]

Durch Empfehlungen fand zu der Heilerin Brigitte Goldbach ein 60jähriger Mann aus Staucha bei Riesa: Ihm war Prostatakrebs diagnostiziert worden. Weil der Tumor zu nahe an der Blase saß, entschieden sich die behandelnden Ärzte gegen eine Operation. Stattdessen wurde eine Chemotherapie durchgeführt - ohne Erfolg. Zwölfmal, in einem Zeitraum von zwei bis drei Wochen, kam der Patient zu Frau Golfbach - und "dabei wurde der Tumor weicher, dann kleiner, und schließlich war er weg", wie die Heilerin versichert. Weil der Mann alle vier bis sechs Wochen ärztlich untersucht wurde, ist diese Genesung medizinisch dokumentiert. Sie blieb übrigens ohne Rückfälle.[3] - Zu ihren beachtlichsten Erfolgen rechnet die Heilerin Angelika Friedrich die Genesung eines 70jährigen Rentners aus Hauteroda in Thüringen: Ihm war im Herbst 1993 Leukämie diagnostiziert worden. Im Oktober desselben Jahres wandte er sich an die Heilerin. Ein einziges Mal legte sie ihm die Hände auf, daran schlossen sich zwei Fernbehandlungen anhand eines Porträtfotos an. "Nach sechs Tagen war der Mann geheilt", erklärt Frau Friedrich, "die Ärzte standen vor einem Rätsel." Auch in diesem Fall blieben Rückfälle aus.[4]

Beispiel Herzleiden: Ein 65jähriger General a. D. aus Bad Salzuflen litt seit vielen Jahren an Herzbeschwerden. Ärztlich verordnete Medikamente, darunter Betablocker, brachten keine Besserung. Nach zehn Sitzungen bei der Heilerin Hedda Lückemeier - einer ehemaligen Architektin und Unternehmensberaterin

- war sein EKG einwandfrei.[5]

Beispiel Kreislauferkrankungen: Bei einem 70jährigen ehemaligen Lokführer aus Pockau war, infolge Mangeldurchblutung, seit einem halben Jahr das rechte Bein taub. Medikamente hatten eine rasche Verschlimmerung nicht verhindern können. Ab Dezember 1994 bemühte sich Klaus Slawinski, ein Heiler aus demselben Ort, um einen "Energieausgleich". Nach zehn Sitzungen innerhalb von zwei Wochen kehrte das Gefühl im Bein wieder zurück. Nach drei weiteren Monaten, mit einer Behandlung pro Woche, war der Man völlig beschwerdefrei. Der Hausarzt "akzeptierte" die Genesung.[6] - Am 6. Oktober 1990 erhielt die Heilerin Hannelore Kappel aus dem schwäbischen Jettingen einen verzweifelten Anruf der Tochter eines 69jährigen Mannes, der in einem Papenburger Krankenhaus auf der Intensivstation im Sterben lag: Eine Embolie hatte die Pfortader verschlossen. Über das Telefon versuchte die Heilerin, den Verschluß durch geistige Fernbehandlung zu lösen - "und ich fühlte, wie es gelang". Daß der Mann am nächsten Tag überhaupt noch lebte, erklärten die Ärzte zu einem "Wunder". Er lebt noch heute.[7]

Beispiel Atemwegserkrankungen: Seit zwei Jahren machte Asthma bronchiale einer 70jährigen Krankenschwester aus Meppen zu schaffen. Schulmedizinische Maßnahmen hatten keine wesentliche Besserung gebracht. Im Oktober 1993 suchte sie ein einziges Mal den Geistheiler Otto Runde aus Nordenham auf, einen diplomierten Krankenpfleger. Dieser wandte eine Kombination von Handauflegen, Musik-, Edelstein- und Aromatherapie an. Drei Tage später fühlte sich die Patientin schlagartig "wie erlöst", und dabei blieb es anderthalb Jahre lang. Nach einem Rückfall im Februar 1995 genügte eine weitere einmalige Sitzung, sie wieder beschwerdefrei zu machen. Seither ist sie wohlauf.[8]

Beispiel Hauterkrankungen: Einen 67jährigen Rentner aus Berlin befreite die Heilerin Liselotte Baertz 1974 innerhalb von zwei Wochen von einer Gesichtsrose.[9] - An Gesäß und Oberschenkel einer 69jährigen Patientin hatte sich im Herbst 1994 ein starkes Hautekzem gebildet. Zwei Wochen später ließ sie sich von einer Heilpraktikerin ein einziges Mal die Hände auflegen. "Am nächsten Tag war der Ausschlag weg."[10]

Beispiel Stoffwechselstörungen: Ein bedrohlicher, inoperabler Nierenstein hatte sich 1992 bei einer 65jährigen Hausfrau aus Schenkenhorst/Altmark gebildet. Drei Monate später sandte ihr eine Fernheilerin von Kassel aus fünfmal "göttliches Licht", jeweils zwanzig Minuten lang. Innerhalb der nächsten zwei Wochen löste sich der Nierenstein auf.[11]

Beispiel chronische Schmerzen: Nach zwei Operationen an der Wirbelsäule konnte eine 68jährige Berlinerin seit 1990 nur noch am Stock gehen. Sie litt unter höllischen Schmerzen. Hinzu kamen hohe Blutfettwerte: "Mein Cholesterin war um das Fünffache erhöht", sagt sie. "Ich hatte deshalb schon vier Herzanfälle. Die Ärzte gaben mir eimerweise Medikamente. Zum Schluß mußte ich dreizehn verschiedene Pillen einnehmen. Und trotzdem blieb ich ein kranker Mensch, der sich wie ein Krüppel fühlte." Da stieß sie auf Dr. Krassen Jordanow, einen promovierten Humanmediziner aus Bulgarien, der sich nicht scheut, seinen Patienten die Hände aufzulegen. Schon nach der zweiten Behandlung durch Jordanow "stellte ich meinen Stock in die Ecke. Ich konnte endlich wieder unbehindert laufen. Das war aber nicht der einzige Erfolg. Die Blutfettwerte gingen auf Normalniveau zurück. Das ist durch Untersuchungen in meinem Patientenheft vermerkt. Ich bin wahnsinnig glücklich."[12] - Wegen starker Hüftschmerzen, die seit sieben Monaten andauerten, sollte eine 78jährige Rentnerin aus Bad Dürrheim 1992 operiert werden. Kurz vor dem OP-Termin ließ sie sich drei Tage hintereinander jeweils eine Stunde lang von dem Heiler Wolfgang Faller aus Villingen die Hände auflegen. Bei der ersten Behandlung nahmen die Schmerzen merkwürdigerweise fast unerträglich zu - doch nach der zweiten ließen sie nach. Beim dritten Termin schlief der Klient ein; danach war er vollkommen beschwerdefrei und blieb es bis heute.[13] - Für Schlagzeilen in der Heilbronner Lokalpresse sorgte die Heilerin Marie Jouak, eine gebürtige Portugiesin, Mitte 1992, als der 64jährige Leiter einer "Schule für orientalische Tänze" sich öffentlich zu seiner Geistheilung durch sie bekannte. Bis dahin hatte der Mann aufgrund eines Bandscheibenleidens jahrelang an heftigen Schmerzen gelitten; er konnte sich deswegen kaum noch aufrecht halten. Als die Heilerin zufällig seine Schule besuchte, will sie intuitiv gespürt haben, was ihm fehlte. In seinem Büro ließ sie den Mann auf einem Stuhl Platz nehmen. "Sie wies mich an, die Augen zu schließen, mich zu entspannen und an nichts zu denken. Dann stellte sie sich hinter mich und hielt ihre Hände etwa in fünf Zentimetern Abstand über die schmerzende Stelle." Dabei wurde dem Behandelten "plötzlich sehr warm, und die betreffende Stelle begann zu ‚arbeiten'. Es war, als wenn sie elektrisiert worden wäre. Vielleicht haben Sie schon einmal versehentlich einen Weidezaun angefaßt, der unter Strom stand. Wenn man einen Schlag bekommt, surrt es ganz merkwürdig im Körper und kribbelt ..." Als er aufstand, war der Schmerz fort. Bis heute hat der Mann keine Beschwerden mehr.[14]

Beispiel sinnesorganische Störungen: Eine 71jährige Rentnerin aus Eckernförde litt seit elf Jahren an Tinnitus (Ohrgeräusche), gegen den herkömmliche Therapien nichts ausgerichtet hatten. Im Dezember 1995 fand eine einzige, zweieinhalbstündige Sitzung bei der Heilerin Ursula Bork aus Holzdorf/Schleswig-Holstein statt. In der darauffolgenden Woche gingen die Beschwerden nach und nach zurück - und verschwanden schließlich vollständig.[15] - Seit zwei Jahren litt eine 60jährige Sekretärin aus Mannheim an Grauem Star; bereits von ihrem zwölften Lebensjahr an hatte sie mit einer Sehschwäche leben müssen, die inzwischen bei -5,5 bzw. -2,5 Dioptrien angelangt war. Eine ärztlich empfohlene Operation lehnte sie ab. 1996 fand sie zu dem Heiler Jürgen Dimpfel aus Braunschweig, der sie zweimal wöchentlich behandelte. Danach war der Graue Star nicht mehr nachweisbar; die Sehschwäche besserte sich auf -2,25 bzw. -1 Dioptrien.[16]

Beispiel motorische Störungen: Nach mehreren Schlaganfällen war eine 66jährige Frau an beidseitig gelähmt. Von Wuppertal aus schloß Margarete Rauer, Heilerin und Künstlerin, sie ein halbes Jahr lang in ihre Gebete ein. Danach war die Patientin imstande, ohne Gehhilfe zu laufen; nur ihr rechter Arm blieb gelähmt.[17] - Eine 76jährige Witwe aus Regensburg litt seit etwa zehn Jahren an progredienten atrophischen Paresen - fortschreitenden, mit der Rückbildung von Muskelgewebe einhergehenden Lähmungen -, mit einem völligen

Verlust des Temperaturempfindens. Mehrere Ärzte und Universitätskliniken hatten in ihrem Fall bereits kapituliert. Daraufhin wandte sie sich an den Heiler Armin Bauer, einen studierten Betriebswirtschaftler und Juristen, der in ihrer Heimatstadt praktiziert. Zweimal wöchentlich versuchte er ihr mit Handauflegen und Radionik zu helfen. Daraufhin kamen die Lähmungen zum Stillstand, das Wärme- und Kälteempfinden der Haut kehrte zurück.[18]

Beispiel Störungen des Gehirns und zentralen Nervensystems: Seit zehn Jahren litt eine 75jährige Hausfrau aus Dudweiler/Saar an der Parkinson´schen Krankheit. Medikamentös war ihr nicht zu helfen, ihr Zustand verschlechterte sich stetig. Ohne ihr Wissen wurde sie 1995 von einer Heilerin aus Saarlouis fernbehandelt und in Gebete einbezogen. Daraufhin "besserte sich ihr Zustand spontan innerhalb weniger Stunden", versichert die Heilerin. "Zu einem Rückfall ist es seither nicht gekommen. Die Ärzte konnten keine Erklärung dafür finden.""[19]

Und jenseits der Achtzig, im Greisenalter? Selbst dann ist mit geistigem Heilen manchmal durchaus noch eine wesentliche Linderung erreichbar:

Anhaltende Ohrgeräusche (Tinnitus) quälten einen 82jährigen Rentner aus Berlin seit zwanzig Jahren. 1992 legte ihm die Heilerin Veronika Luchmann ein einziges Mal etwa eine Stunde lang die Hände auf - danach "fühlte er sich frei und hörte, ohne Geräusche, alles wieder ganz klar".[20]

Einer 83jährigen Hausfrau aus Salzburg, die seit rund zehn Jahren an schwerem **Rheuma** litt, konnte die Hamburger Heilerin Frauke Bankosegger - eine studierte Pädagogin - Ende 1991 helfen. Ärztlich verordnete Medikamente hatten nicht angeschlagen, die Krankheit verschlimmerte sich. Schließlich wurde die Patientin stark depressiv und tablettensüchtig. Erst dreimonatiges Handauflegen und Fernbehandeln brachten die Wende: Die Schmerzschübe traten immer seltener und schwächer auf, die Frau benötigte fast keine Medikamente mehr. Dieser Erfolg hielt an. Der behandelnde Arzt tat ihn als "Zufall" ab.[21]

Gicht plagte seit Jahren eine 80jährige Rentnerin aus Salzbergen. Weil die Schulmedizin nichts mehr für sie tun konnte, wandte sie sich 1994 an die Heilerin Anni Althüser aus Rheine. Zehn Sitzungen mit Handauflegen fanden statt. Bald darauf bildeten sich die Knoten an den Händen der Patientin zurück.[22]

Neurodermitis und eine Gesichtsneuralgie belasteten seit 1992 eine 82jährige Hausfrau aus Bad Cannstatt. Ärzte therapierten sie erfolglos. 1994 ließ sie sich zwei Monate lang jeweils einmal wöchentlich von der Stuttgarter Heilerin Waltraud Roller behandeln. "Schon nach vier Sitzungen", berichtet die Handauflegerin, "stellte sich eine erste Besserung ein. Nach acht Wochen war die Frau schmerzfrei und nicht mehr verunstaltet." Nach sechs Monaten kam es zu einem vorübergehenden Rückfall - doch seither ist der Zustand stabil geblieben.[23]

Seit einer Operation 1988 litt eine 82jährige Rentnerin aus Weil am Rhein an heftigen **Schmerzen** im Oberkiefer. Ihr Hausarzt, ein Zahnarzt, ein Kieferorthopäde und weitere Ärzte konnten nichts für sie tun. 1992 fand die Frau zu der Heilerin Helga Mewes aus Bad Krozingen, die eine "Handabstrahlung auf den Oberkiefer" vornahm. Schlagartig verschwanden daraufhin die Schmerzen, kehrten aber acht Tage später wieder. Immer wenn sich die Frau seither geistig behandeln läßt, verflüchtigen sich die Beschwerden erneut für ein bis zwei Wochen.[24]

Im Jahre 1981 wandte sich an die Heilerin Elfriede Rudhardt in Kempten eine 80jährige Rentnerin aus Füssen: Sie litt seit fünf Jahren an **Glaukomen** ("Grüner Star") in beiden Augen, sollte deswegen operiert werden. Frau Rudhardt legte ihr die Hände auf, nichts weiter. Daraufhin "normalisierte sich der Augendruck, die Operation wurde überflüssig", berichtet die Heilerin. Dieser Erfolg hielt an - bis die Patientin aus Altersgründen starb.[25]

Und selbst wenn bei der körperlichen Symptomatik und den zugrundeliegenden organischen Schäden keine Wende zum besseren mehr zu erreichen ist, beschert geistiges Heilen vielen älteren Menschen doch immerhin noch einen enormen Zugewinn an innerer Ruhe und Ausgeglichenheit, an neuem Schwung und Sinn - schlicht an mehr Lebensqualität.

An schweren **Depressionen** litt seit über einem Jahr eine 65jährige Hausfrau aus Wien. Auf Empfehlung von Bekannten wandte sie sich im Mai 1995 an den Düsseldorfer Heiler Gerhard Nitschke, der sie 34mal fernbehandelte. "Schon vom ersten Tag an", berichtet der Heiler, "traten Besserungen ein, die dann kontinuierlich zunahmen". Inzwischen fühle sie sich "ausgesprochen wohl", schrieb ihm die Patientin Ende Juni 1995. "Ich kann nur sagen: Vielen Dank!"[26]

Einen 70jährigen, der im Laufe von fünfzehn Jahren fünf **Schlaganfälle** erlitten hatte, betreute die Heilerin Annelie Wehrkamp aus Varel, Schleswig-Holstein, im Herbst 1995. Seither "lacht er wieder und wirkt wie neu zum Leben erweckt. Er ist wieder ein vitaler und frühlicher Mensch geworden", auch wenn seine Lähmungen nicht wesentlich zurückgegangen sind.

Wie typisch sind solche Einzelfälle? Welche Chancen haben ältere Menschen generell, bei Geistheilern Hilfe zu finden? Auch hierzu liegen mittlerweile spannende Statistiken vor:

- In einer Studie aus dem Jahre 1958, in der 538 Patienten eines Geistheilers die erreichten Veränderungen bewerten sollten, berichteten alles in allem 39,2 %, ihr Leiden habe sich anhaltend gebessert - darunter immerhin 35 (!) Prozent der über 65jährigen. 22,1 % der Gesamtstichprobe erfuhren zumindest eine vorübergehende Besserung - unter ihnen 27 % der über 65jährigen. 29,2 % erklärten, ihre Beschwerden hielten unverändert an - von den über 65jährigen sagten dies 21 %. Insgesamt 9,5 % erlebten eine Verschlechterung - und auch nur 17 % der über 65jährigen.[27]

- Unter rund 4500 Niederländern, die einen Heiler aufgesucht hatten, fand sich ein halbes Jahr nach der letzten Sitzung "keinerlei Korrelation zwischen dem Alter und dem erlebten Behandlungsergebnis".[28]

- Auch eine deutsche Studie aus dem Jahre 1980, die 819 Patienten von Geistheilern einbezog, konnte "eine Abhängigkeit des Heilerfolges vom Alter kaum feststellen. Die Besserungen insgesamt sind bei allen Altersgruppen fast gleich häufig." Allerdings zeigten sich "geringe Unterschiede im Grad der Besserung: Die Angabe ‚stark gebessert' wurde von der mittleren Altersgruppe (40 bis 59 Jahre) häufiger gemacht als von den jüngeren und älteren Patienten".[29] Im einzelnen erklärten in der Altersklasse der 60- bis 80jährigen

  9 %: "Die Beschwerden sind weg."

  25 %: "stark gebessert"

  35 %: "etwas gebessert"

  5 %: "kaum gebessert"

  19 %: "gleichgeblieben"

  2 %: "eher verschlechtert"

  2 %: "deutlich verschlechtert"

  3 %: "läßt sich nicht beurteilen"

Daß Heiler älteren Menschen nicht helfen können, darf insofern getrost als Märchen gelten - eines, das zum großen Teil von einer überholten Auffassung über die Beziehung von Alter und Krankheit herrührt. Jenseits der Sechzig bis Siebzig, so meinte man allzu lange, kommt es "altersbedingt" zu irreparablen Leiden, die sich nur noch verschlimmern können. In Wahrheit läßt sich die Zahl der Krankheiten, die eindeutig alterskorreliert sind, beinahe an den Fingern zweier Hände abzählen: die Altersosteoporose etwa, infolge einer Entkalkung der Knochen, die auf einen verlangsamten Gewebestoffwechsel zurückgeht; Störungen der Sinnesorgane wie die "Alterssichtigkeit" (Presbyopie), weil die Linse des Auges an Elastizität verliert, der "Altersstar" infolge einer Stoffwechselstörung der Linse, die "Altersschwerhörigkeit", weil die Nervenzellen der Schnecke im Gehörgang sich abnutzen und schwinden; das "Altersherz" und der "Altershochdruck"; eine vergrößerte Prostata; oder die "Altersschwäche" (Marasmus), ein allgemeiner Leistungsabfall. Doch selbst diese Beeinträchtigungen sind therapeutisch beeinflußbar - offenkundig auch von Geistheilern, wie die erwähnten Fallbeispiele zeigen -, weil "hohes Alter" an sich kein Kausalfaktor für Krankheit ist, sondern bloß eine grobe Bezeichnung für eine Zeitspanne, in der bestimmte Krankheiten mit erhöhter Wahrscheinlichkeit auftreten, es aber nicht müssen. Wäre es anders: Wie hätte Shigechiyo Izumi mit 120 noch ein Gläschen *schochu* nippen können?

Anmerkungen

1 Ingeborg Strauch: *Zur Frage der ‚geistigen Heilung'. Ergebnisse einer experimentellen Untersuchung an einem ‚geistigen Heiler' und seinen Patienten*, Dissertation, Freiburg i. Br. 1958. In drei Studien aus den achtziger Jahren, bei denen zusammengerechnet 5300 Klienten von Geistheilern erfaßt wurden, lag der Anteil der über 60jährigen bei 17 Prozent (Johannes Attevelt: *Research into Paranormal Healing*, Dissertation, Utrecht 1988, S. 30), 28 Prozent (Susanne Wällisch/ Winfried Egeler: *Pilotstudie zur Erfassung des Interaktionsprozesses zwischen ‚geistigen' Heilern und ihren Patienten*, Diplomarbeit, Freiburg i. Br. 1987, S. 112; vgl. Heger 1985, S. 123) und 37 Prozent (Holger Schleip: *Zur Praktik des Handauflegens durch Heiler. Fragebogen-Untersuchung am Patientengut zweier Heiler*, Dissertation, Freiburg i. Br. 1980, S. 81.

2 Nach H. Wiesendanger: *Auswege - Wo Kranke geistige Hilfe finden*, 5. Aufl. Schönbrunn 1999, D-49757

3 *Auswege*, a.a.O., D-04720

4 *Auswege*, a.a.O., D-06268

5 *Auswege*, a.a.O., D-32105

6 *Auswege*, a.a.O., D-09509

7 *Auswege*, a.a.O., D-71131

8 *Auswege*, a.a.O., D-26954

9 *Auswege*, a.a.O., D-10789

10 *Auswege*, a.a.O., D-25794

11 *Auswege*, a.a.O., D-34119

12 *Auswege*, a.a.O., D-12621

13 *Auswege*, a.a.O., D-78054

14 *Auswege*, a.a.O., D-74638

15 *Auswege*, a.a.O., D-24364

16 *Auswege*, a.a.O., D-38102

17 *Auswege*, a.a.O., D-42279

18 *Auswege*, a.a.O., D-93047

19 *Auswege*, a.a.O., D-66740

20 *Auswege*, a.a.O., D-12099

21 *Auswege*, a.a.O., D-22587
22 *Auswege*, a.a.O., D-48431
23 *Auswege*, a.a.O., D-70374
24 *Auswege*, a.a.O., D-79189
25 *Auswege*, a.a.O., D-87439
26 *Auswege*, a.a.O., D-40229
27 Strauch, a.a.O., S. 86
28 Attevelt, a.a.O., S. 38
29 Schleip, a.a.O., S. 81

40
Beistand für kranke Vierbeiner

Im Spiegel der Wissenschaft: Geistiges Heilen bei Tieren

Was Geistheiler seit eh und je berichten, bestätigen wissenschaftliche Experimente neuerdings eindrucksvoll: Auch Vierbeiner sprechen auf ihre Kräfte an. Im Forschungslabor läßt geistiges Heilen bei Versuchstieren Tumoren und Kropfe langsamer wachsen, schließt Wunden schneller, heilt Malaria, weckt vorzeitig aus einer Betäubung auf. Daß hier bloß "Placebos" wirken, ist unwahrscheinlich.

"Alle Tiere", so befand der große französische Philosoph René Descartes (1596-1650), mit dessen Werk im christlichen Abendland angeblich das Zeitalter der "Aufklärung" anbrach, "sind in Wahrheit Automaten."[1] Ihr Tod bedeute nichts weiter als die Zerstörung eines wichtigen Bestandteils einer Maschine; der Leib eines lebenden Tieres unterscheide sich von dem eines toten Tieres wie eine aufgezogene Uhr, die ihr Bewegungsprinzip in sich trägt, von einer zerbrochenen, deren Feder nicht mehr arbeitet.[2] Das sterbende Tier, folgerte Descartes, gebe also nicht etwa seine Seele auf, denn es habe nie eine Seele besessen - genauso wie die beschädigte Uhr nicht ihren "Gang" aufgibt, denn "Gang" bezeichnet kein immaterielles Ding an sich, sondern bloß das

Funktionieren einer Maschine infolge der Anordnung ihrer Teile. Allein der Mensch, als denkendes, seiner selbst bewußtes Ich, sei mehr als ein bloßer Bio-Roboter.

Die cartesianische Biologie drückt der westlichen Veterinärmedizin, wie der Heilkunde insgesamt, bis heute ihren Stempel auf. Wenn Tiere erkranken, werden sie ärztlicherseits noch immer überwiegend so behandelt, als gälte es, defekte Maschinen instandzusetzen: Sie werden aufgeschnitten und zugenäht, bestrahlt und gespritzt, geschient und verbunden. Und scheint der Aufwand zu groß, werden sie kurzerhand eingeschläfert. Die Psyche eines Vierbeiners berücksichtigen nach wie vor nur wenig Tierärzte - ja, manche bezweifeln, ob sie überhaupt eine reale Größe sei. Die experimentelle Tierforschung treibt diese Einstellung auf die Spitze: Allein in Deutschland werden Jahr für Jahr bis zu zehn Millionen Mäuse, Ratten, Meerschweinchen, Katzen, Hunde, Affen und Rinder in den Forschungslabors der pharmazeutischen und chemischen Industrie, der großen Kosmetik- und Lebensmittelkonzerne "verbraucht": ein Massenverschleiß, bei dem Tiere zur Wegwerfware werden, die nach Gebrauch auf den Müll gekarrt wird.

Dabei gäbe es gute Argumente für einen anderen, humaneren Umgang mit Tieren, insbesondere mit erkrankten - Argumente, die nicht nur emotionalen Vorlieben, religiösem Dafürhalten und moralischer Entrüstung entspringen, sondern überprüfbaren, wissenschaftlich erhärteten Tatsachen. Immer schon haben aufmerksame, sensible Tierhalter beobachtet, daß sich ihre Vierbeiner oft gegen alle ärztlichen Prognosen von einem Leiden erholten, wenn ihnen liebevolle Zuwendung zuteil wurde. Schon Mitte der fünfziger Jahre fiel zwei kanadischen Psychologen auf, daß Tiere, mit denen besonders sanft umgegangen wurde, Belastungsproben besser bestanden und schneller wuchsen als Tiere, die nur gefüttert und gelegentlich gesäubert wurden.[3] 1959 berichtete der amerikanische Geistheiler Frederick Knowles über Testreihen, in denen seine zweieinhalbjährige Tochter in fünf von acht Fällen bei jungen Ratten eine ungewöhnliche Gewichtszunahme erreichen konnte - einfach durch ausgiebiges Streicheln.[4] Beruhen solche Effekte nur auf der beruhigenden Wirkung von Zärtlichkeit, vermittelt durch günstige hormonelle Veränderungen? Oder könnte dabei, zumindest manchmal, auch ein paranormaler Faktor mitspielen? Sprechen Tiere auf geistiges Heilen an? Verblüffende Forschungsergebnisse deuten darauf hin.

Ein Biochemiker der McGill-Universität in Montreal, Professor Bernard Grad, war Anfang der sechziger Jahre der erste, der unter Laborbedingungen überprüfte, wie geistiges Heilen bei Tieren wirkt. Im Mittelpunkt mehrerer Testreihen stand der namhafte Heiler Oskar Estebany, der einst als Oberst der ungarischen Kavallerie bei kranken Pferden seiner Einheit durch bloßes Handauflegen außerordentliche Erfolge erzielt haben soll. Grad und Estebany entschieden sich für Mäuse als Versuchstiere, da sie davon ausgingen, daß diese Tiere keine Erwartungshaltungen hegen können, die sie auf Heilversuche womöglich rein psychosomatisch reagieren lassen.

In einem ersten Versuch betäubte Grad 96 Mäuse, allesamt weiblich und sechs bis neun Wochen alt, mit Äther. Dann enthaarte er an ihrem Rücken ein Stück Fell - und schnitt ihnen ein ungefähr 1x2 cm großes, annähernd ovales Stück Haut heraus. Diese Wunden vermaß er fortan täglich, indem er ihre Ränder auf einer durchsichtigen Plastikfolie mit einem Fettstift nachzeichnete und den Inhalt dieser Konturen mit einem Planimeter bestimmte, einem mathematischen Instrument, mit dem krummlinig begrenzte Flächen mechanisch ausgemessen werden können. Täglich nahm Estebany zweimal jeweils eine Viertelstunde lang die Käfige in die Hand, in der 48 verletzte Mäuse saßen; die übrigen 48, die "Kontrollgruppe", blieben unbehandelt. (Die Zuteilung der Mäuse zu den beiden Gruppen erfolgte nach einem Zufallsverfahren; so sollte sichergestellt werden, daß sich unterschiedliche Größen der Wunden, aber auch andere Faktoren wie Gewicht, Alter und Gesundheitszustand statistisch gleich verteilten.) Alle Tiere wurden gleich gepflegt, gefüttert und aufbewahrt; kein Wärter konnte wissen, um welche sich Estebany kümmerte. Während der vierzehntägigen Testdauer verheilten die Wunden der geistig behandelten Mäuse deutlich schneller.[5]

Um einen Zufall auszuschließen, wiederholte Grad den Test kurz darauf, diesmal mit 300 Mäusen. Jetzt steckte er die Mäusekäfige in Papiertüten, ehe er sie Estebany in die Hand drückte; so versuchte er dem Einwand zuvorzukommen, die Tiere hätten womöglich nur auf die wahrgenommene physische Präsenz des Heilers reagiert. Zur Kontrolle ließ Grad weitere Mäusekäfige exakt gleich lang von Medizinstudenten halten, die bisher nicht durch eine besondere Heilbegabung aufgefallen waren. Eine dritte Gruppe wurde wiederum überhaupt keiner Behandlung unterzogen, sondern lediglich in Käfige gesperrt und gefüttert. Im Laufe von sechzehn Tagen verheilten die Wunden in Estebanys Gruppe abermals eindeutig am raschesten. Dies auf Suggestion zurückzuführen, erschien Grad ebenso unzureichend wie "jede andere Erklärung". Daher liege "die Versuchung nahe, den beobachteten Heilungseffekt 'übernatürlich' zu nennen".[6]

Von diesen Resultaten fasziniert und ermutigt, forschte Grad weiter. Bei 70 Mäusen erzeugte er zunächst einen künstlichen Kropf. Dazu setzte er sie auf eine strikt jodfreie Diät. Zusätzlich mischte er ihnen eine chemische Substanz namens Thiouracil ins Trinkwasser, die den Jodstoffwechsel der Schilddrüse hemmt. Dann teilte er sie in drei Gruppen auf: Die erste blieb unbehandelt; Käfige mit Mäusen der zweiten Gruppe nahm Estebany wiederum zweimal täglich jeweils eine Viertelstunde lang in die Hand; zeitgleich wurden die Käfige mit Mäusen der dritten Gruppe künstlich erwärmt, auf eine Temperatur, die der gewöhnlichen Wärmeabstrahlung von Estebanys Händen entsprach. Diesmal fiel das Ergebnis weniger eindrucksvoll aus: Während der vierzigtägigen Versuchsphase wuchsen die Kröpfe in der zweiten, geistig behandelten Gruppe nur unwesentlich langsamer als die in der dritten, wärmebestrahlten Gruppe.[7]

Überraschend erfolgreich verlief hingegen der zweite Teil dieses Experiments. 37 Mäuse mit künstlichem Kropf wurden, in Vierer- oder Fünfergruppen, dreieinhalb Wochen lang jeweils von Montag bis Samstag eine Stunde lang morgens und abends in Versuchskäfige gesperrt. In jedem lag ein Bausch von zehn Gramm Wolle. Jeden zweiten Bausch hielt Estebany täglich fünfzehn Minuten lang in der Hand, im Bemühen, die Wolle "energetisch aufzuladen". Bei denjenigen Mäusen, die in Kontakt mit dem Fetisch kamen, entwickelte sich der Kropf eindeutig langsamer - und bildete sich auffallend rascher zurück, nachdem Grad sie wieder auf eine normale, jodhaltige Ernährung umgestellt hatte.[8]

Selbst Fernheilung bei Tieren konnte schon experimentell gesichert werden: bei Hamstern, die an Amyloidose litten. Bei dieser Stoffwechselkrankheit lagert sich Amyloid, ein Eiweiß-Polysaccharid-Körper, in verschiedene Gewebe und Organe ein - oft infolge chronischer Erkrankungen wie Tuberkulose, Polyarthritis und Osteomyelitis. Die betroffenen Organe werden in ihrer Funktion eingeschränkt und verhärten sich - ein Prozeß, von dem neuerdings angenommen wird, daß er die Entstehung der Alzheimer-Krankheit begünstigt. Frank Snel und O. Hol vom Parapsychologischen Labor der Universität Utrecht erzeugten bei 42 Hamstern künstlich eine Amyloidose, indem sie ihnen täglich zwei Milliliter von fünfprozentigem Kasein - wichtigster Eiweißbestandteil der Milch - unter die Haut spritzten. Dann sandten sie vier Geistheilern Fotos von Käfigen zu, in denen ein Teil der Versuchstiere untergebracht war - mit der Auflage, sie einmal täglich "fernzuheilen".

Allen Hamstern wurde laufend Blut abgenommen, um es eingehend auf jede erdenkliche Veränderung hin zu analysieren. Während der 23 Testtage unterschieden sich die Blutwerte der "ferngeheilten" Tiere zunehmend deutlicher von ihren unbehandelten Artgenossen: unter anderem hinsichtlich zweier Enzyme (Laktatdehydrogenase und Gamma-Glutamyltransferase) und des Hämoglobin-Spiegels. Auffallend unterschiedliche Hämoglobinwerte ergaben sich auch, als Snel und Hol ihr Experiment abwandelten: Diesmal erhielten fünf Heiler Fotos von jeweils zwei einzelnen Hamstern.[9]

Auch Tieren mit Krebs können Geistheiler offenbar helfen. So berichtet die chilenische Psychologin Gita Elguin, selbst eine begabte Heilerin, von eigenen Experimenten mit 30 von 60 tumorkranken Mäusen. Nach 22 Tagen, mit zwanzig Testsitzungen, wurden die Tiere getötet, Gewicht und Volumen ihrer Tumoren vermessen. Die Geschwülste der geistig behandelten Versuchstiere waren im Durchschnitt deutlich kleiner und leichter. Bemerkenswerterweise schlugen Versuche mit der umgekehrten Intention fehl: In der Absicht, die Tumoren schneller wachsen zu lassen, konnte Elguin keinerlei nennenswerte Effekte erzielen.[10] "Dies", so kommentiert der Londoner Arzt und Heiler Dr. Daniel Benor, "paßt zu einer Behauptung, die von Heilern oft zu hören ist: Eine 'natürliche Intelligenz' lenke die Heilkraft nur zum Wohl des Behandelten."

Bei weitem am ausgiebigsten experimentiert wurde bisher mit bewußtlosen Mäusen und Ratten. Nachdem Tiere des gleichen Stamms, Alters und Geschlechts mit schwach dosiertem Äther anästhesiert worden waren, sollten Geistheiler, teilweise aber auch gewöhnliche Testpersonen versuchen, aus größerem Abstand einen Teil der Tiere vorzeitig zu "wecken". Ein Großteil dieser Versuche verlief spektakulär erfolgreich.[11]

Daß auch bei kranken Tieren beileibe nicht alle Heiler gleich viel zustandebringen, mußte der amerikanische Forscher Gary Null Anfang der achtziger Jahre feststellen. Mit geistigem Heilen begann er sich zu befassen, nachdem sein Bruder 35jährig einen schweren Schlaganfall erlitten hatte. In den folgenden Monaten testete er fünfzig Heiler auf ihre Fähigkeit, das Leben von Mäusen zu verlängern, denen eine besonders tödliche Art von Krebszellen injiziert worden war. Nur ein einziger, so fand Gary Null, schnitt dabei unerwartet erfolgreich ab: der israelische Rabbi Abraham Weisman. (Bei einem Tier, dessen sich Weisman annahm, verschwand die Geschwulst sogar vollständig.) Mit ihm experimentierte Null nun weiter. "Am 14. Juli 1977", berichtet er, "ließ ich bei zwanzig identischen Mäusen Krebs auslösen. Um zehn von ihnen kümmerte sich in der Folgezeit Rabbi Weisman. Der Versuch war von Anfang bis Ende 'doppelblind' angelegt: Der Wissenschaftler, der das Tumorwachstum und die Überlebenszeiten jedes beteiligten Tiers bestimmte, blieb im unklaren darüber, welches geistig behandelt wurde und welches nicht; ebensowenig wußte er, wer die zu behandelnden Tiere ausgewählt hatte." Weismans Tiere starben im Durchschnitt nach 12,8 Tagen - die unbehandelten bereits nach 8,9 Tagen.[12]

Hamstern und Mäusen zu unterstellen, sie würden auf "Placebos" hereinfallen, fällt schwer. Vollends unglaubwürdig wird diese Unterstellung bei Protozoen, tierischen Einzellern, und anderen niederen Lebewesen: Auch sie zeigten sich im Labor als geistig beeinflußbar. Schon Anfang der fünfziger Jahre hatte der Parapsychologe Nigel Richmond Aufsehen erregt, als er berichtete, er habe Pantoffeltierchen (*Paramecia*) "durch bloßes Denken" dazu bewegen können, bei ihren sonst zufälligen Schwimmbewegungen bestimmte Richtungen häufiger einzuschlagen als andere. Dazu beobachtete er Paramecien in 75facher Vergrößerung unter einem Mikroskop, dessen Sichtbereich durch ein Kreuz in vier gleich große Quadranten eingeteilt war. Indem er jeweils das oberste Blatt von einem gut gemischten Stapel Spielkarten aufdeckte, bestimmte Richmond, in welchen der vier Quadranten er ein Pantoffeltierchen dirigieren wollte. Darauf konzentrierte er sich nun genau fünfzehn Sekunden lang. In 794 derartigen Versuchen gelangen ihm 253 "Treffer".[13]

In einem ähnlichen Versuch wurden Mottenlarven genau in die Mitte einer Petrischale gelegt. Diese Schale lag auf einem Papierkreis gleichen Durchmessers, der vom Mittelpunkt aus in zwölf gleich große Sektoren unterteilt war. Diese Sektoren waren durchnumeriert. Willkürlich wurde festgelegt, daß die geradzahligen Sektoren "gut", die ungeraden "schlecht" sein sollten. Zwei Versuchspersonen versuchten nun in mehreren Durchgängen, die Larven geistig in die "guten" Sektoren zu locken; zumindest einem Teilnehmer gelang dies überzufällig oft.[14] (Ähnliche Versuche mit Algen verliefen ebenfalls schon erfolgreich.)[15]

Ein Automat reagiert nicht, wenn Menschen ihm "Heilenergie" übermitteln. Tiere tun es offenbar. Insofern irrte Descartes. Daß Parapsychologen ihn widerlegten, indem auch sie Tiere wie Automaten behandelten, macht jeden betroffen, der in Humanität einen Wert sieht, an dem das Verhalten gegenüber allem, was lebt, zu messen ist. Um einen Psi-Faktor bei geistigem Heilen zu isolieren, opferten Wissenschaftler Versuchstiere zu Hunderten, machten sie künstlich krank, züchteten sie zu Tode. Das läßt ahnen, um wieviel mächtiger dieser Faktor wirken kann, wenn er verbunden wird mit Anteilnahme, aufmerksamer Zuwendung und Fürsorge, kurzum mit Liebe - auch gegenüber Geschöpfen, die kein *cogito ergo sum* denken können.[16]

Anmerkungen

1 René Descartes, *Oeuvres*, hrsg. v. Charles Adam/Paul Tannery, Neuausgabe 1964-1967 (13 Bde.), Bd. VI, S. 321

2 a.a.O., Bd. XI, S. 330 f.

3 W. J. McClelland, "Differential handling and weight gain in the albino rat", *Canadian Journal of Psychology* 10/1956, S. 19 ff.; O. Weininger, "Mortality of albino rats under stress as a function of early experience", *Canadian Journal of Psychology* 7/1953, S. 111 ff.

4 Frederick W. Knowles, "Rat experiments and mesmerism", *Journal of the American Society for Psychical Research* 53/1959, S. 62-65.

5 Bernard Grad, "Some biological effects of the 'laying-on of hands': A review of experiments with animals and plants", *Journal of the American Society for Psychical Research* 59/1965, S. 95-127.

6 Bernard Grad / R. J. Cadoret / G.I. Paul, "The influence of an unorthodox method of treatment on wound healing in mice", *International Journal of Parapsychology* 3/1961, S. 5-24.

7 Grad, a.a.O. (s. Anm. 5)

8 Grad, a.a.O. (s. Anm. 5)

9 Frans Snel / P. R. Hol, "Psychokinesis experiments in casein induced amyloidosis of the hamster", *European Journal of Parapsychology* 5/1983, S. 51-76.

10 Brenio Onetto / Gita H. Elguin, "Psicoquinesis en la tumorgenesis experimental", *Journal of Parapsychology* 30/1966, S. 220 ff.

11 Näheres in *Der Heiler* 1/1997. Siehe Graham K. und Anita M. Watkins, "Possible PK influence on the resuscitation of anaesthetized mice", *Journal of Parapsychology* 35/1971, S. 257-272. Graham K. Watkins / A. M. Watkins / R. A. Wells, "Further studies on the resuscitation of anaesthetized mice", in W. G. Roll / R. L. Morris / J. D. Morris (Hrsg.), *Research in Parapsychology 1972*, Metuchen, NJ 1973, S. 157-159; Roger Wells & Judith Klein, "A replication of a 'psychic healing' paradigm", *Journal of Parapsychology* 36/1972, S. 144-149; Marilyn Schlitz, "PK on living systems: Further studies with anaesthetized Mice", *Parapsychology Review* 13/1982, S. 13. Roger Wells / Graham Watkins, "Linger effects in several

PK experiments", in J. D. Morris / W. G. Roll / R. L. Morris, *Research in Parapsychology 1974*, Metuchen, NJ 1975, S. 143-147.

12 Gary Null, "Healers or hustlers", Pt. IV, *Self-Help Update* 1981, S. 18.

13 Nigel Richmond, "Two Series of PK tests on parameci", *Journal of the Society for Psychical Research* 36/1952, S. 194-200.

14 Louis Metta, "Psychokinesis on Lepidoptera larvae", *Journal of Parapsychology* 36/1972, S. 213-221.

15 Charles M. Pleass / N. Dean Dey, "Using the Doppler effect to study behavioral responses of motile algae to psi stimulus", in D. I. Radin (Hrsg.), *Proceedings of Presented Papers: Parapsychological Association 28th Annual Convention*, Alexandria/Virginia 1985, S. 373-405.

16 Daß zu einer erfolgreichen Geistheilung kranker Tiere auch eine Ethik gehört, die sie als Mitgeschöpfe achtet, verdeutlicht die Schweizer Heilerin Ruth Maurer in ihrem Buch *Heilung für unsere Tiere*, Kachina-Verlag: Hausen 1998.

41 Von Mücken und Elefanten

Über angebliche Risiken und Nebenwirkungen geistiges Heilens

In Hintertupfingen soll ein Zwergwüchsiger beim Versuch, den Heiligenschein seines Heilers zu streicheln, von der Stehleiter geplumpst sein, wobei er sich den großen Zeh verstauchte. Kaum hatte ein Besprecher eine magische Formel gemurmelt, da fielen einem Ostfriesen angeblich nicht nur sieben Warzen ab, sondern auch die letzten sieben Haupthaare. Ein Hinterammergauer klagt, seit ein Schamane ihm mit einem Ochsenschwanzfetisch eifrig vor der Nase herumwedelte, über einen kuhmistähnlichen Nachgeschmack beim Verzehr eines seiner Grundnahrungsmittel, der geliebten Ochsenschwanzsuppe aus der Aldi-Dose. Gravierendere Beschwerden über Risiken und Nebenwirkungen geistigen Heilens können die "Ethik-Kommissionen", die vereinzelte Heilerverbände als Anlaufstelle für unzufriedene Klienten eingerichtet haben, an den Fingern einer Hand abzählen.

Spaß beiseite: Sind die Kommissionen mit Blindheit geschlagen? Kehren sie Trägödien zuhauf unter den Teppich? Verkennen sie eine monströse Dunkelziffer? Das lassen jedenfalls aufgeregte Stellungnahmen von ärztlichen Standesorganisationen, kirchlichen Sektenbeauftragten und entlarvungswütigen Journalisten befürchten, die unisono, mit erigiertem Zeigefinger, ein ominöses Gefahrenpotential geistigen Heilens anprangern, vor dem die "Volksgesundheit" bewahrt werden müsse.

Nimmt man das Schreckensbild ernst, das die erbittertsten Kritiker an die Wand malen, so lauern hinter geistigem Heilen immense Risiken: von finanzieller Ausbeutung über psychische Abhängigkeit bis hin zu bleibenden gesundheitlichen Schäden, schlimmstenfalls sogar mit Todesfolge. Wer allerdings die vorgebrachten Fälle sorgsam prüft, die als "Beweis" dafür herhalten müssen, merkt rasch, daß dabei meist nicht nur Extremfälle von der Seltenheit einer Janosch´schen Tigerente verzerrt und aufgebauscht werden, sondern auch durchweg versäumt wird, *Heilen* und *Heiler* auseinanderzuhalten: die *Methode* und ihre *Anwender*.

Die Behandlung selbst ist in aller Regel frei von jeglichen schädlichen Nebenwirkungen, insofern völlig gefahrlos. Daß Handauflegen und Fürbitte - urchristliche Formen der Krankenbetreuung, die über 95 Prozent aller Geistheiler im deutschsprachigen Raum praktizieren - irgendwelches Unheil anrichten könnten, ist eine unbelegte Unterstellung am Rande der Absurdität. Heiler spritzen nicht, verordnen keine Medikamente, dringen nicht mit Instrumenten unter die Haut, rühren den Körper meist nicht einmal an.

Trotzdem können Heiler, wie alle Therapeuten, unbestreitbar ganz erheblichen Schaden anrichten, sofern sie es darauf anlegen: Je dominanter ihre Persönlichkeit ist, je verzweifelter ein Patient und je größer dessen Bereitschaft, sich nicht nur vorbehaltlos anzuvertrauen, sondern geradezu auszuliefern, desto größer wird die Gefahr, in psychische Abhängigkeiten zu geraten. Dadurch werden Kranke verführbar, unterlassen möglicherweise lebenswichtige ärztliche Behandlungen, lassen sich ausbeuten.

Eine weitere Gefahr könnte in Fehleinschätzungen der eigenen Lage bestehen, gefördert durch unbedachte Äußerungen des Heilers, vor allem in Form von "Psi-Diagnosen": scheinbar hellsichtigen Wahrnehmungen versteckter Krankheiten, von denen der Patient noch nichts wußte. (Siehe Kapitel 27: "Wie mit Röntgenaugen - Können Heiler außersinnlich Krankheiten erkennen?".) Die meisten Heiler trauen sich eine außersinnliche Antenne dafür zu, was ihren Patienten fehlt; entsprechende Eindrücke äußern sie teils schon vor Beginn der Behandlung, teils begleitend, teils bei der abschließenden Bewertung des vermeintlich erzielten Erfolgs. Jeder Irrtum kann dabei fatale Folgen haben: Ein gutgläubiger Klient, dem ein metastasierter Tumor angedichtet wird, kann dadurch in tiefe Verzweiflung gestürzt, äußerstenfalls sogar in den Selbstmord getrieben werden. Ein Krebskranker andererseits, dem nach ein paar Sitzungen weisgemacht wird, nun seien seine Geschwülste verschwunden, hält es möglicherweise für überflüssig, sich ärztlich nachuntersuchen zu lassen; unterdessen wuchern die Tumoren weiter. Noch tückischer sind aber angeblich hellsichtige Einsichten in bedrohliche Leiden, die sich noch nicht "auf der physischen Ebene manifestiert" haben - weshalb sie mit medizinischer Diagnostik noch nicht feststellbar seien -, sich aber "auf der astralen Ebene", "im Energiekörper", "in der Aura" schon deutlich abzeichnen. So können Hilfesuchenden quälende Ängste eingepflanzt werden, die kein Arztbesuch ausräumen kann - mit fatalen gesundheitlichen Folgen, selbst wenn der "siebte Sinn" des Heilers getrogen haben sollte. Wer eine Krankheit lange und panisch genug erwartet, vergrößert die Wahrscheinlichkeit, daß sie ihn irgendwann tatsächlich ereilt.

Ebenso verhängnisvoll wie falsche Diagnosen könnten sich auch unterlassene auswirken. Welcher Heiler darf sich schon anmaßen, alles und jegliches zu "sehen", was seinen Patienten fehlt? Übersieht er ein erhebliches Leiden, so wiegt sich der Betroffene womöglich allzulange in trügerischer Sicherheit: ein oft nicht wieder wettzumachender Zeitverlust.

Sind geistige Behandlungen selbst wirklich risikolos? Wird nicht in der Esoterikszene selbst gelegentlich von bedrohlichen Folgen geistigen Heilens geraunt? Da ist von manipulierten "Chakras" die Rede, die ein Heiler "öffnet", aber fahrlässigerweise nicht mehr "schließt"; von einem "Überschuß" an zugeführter Heilenergie; von abträglichen Konsequenzen, falls ein vorgegebenes Heilritual nicht strikt eingehalten wird. Ob dahinter allerdings mehr als ein "*Nocebo*-Effekt" steckt - Wirkungen eines bloßen Glaubens der Behandelten an Gefahren -, harrt vorerst der wissenschaftlichen Überprüfung.

Gewiß: Die Ungefährlichkeit jener mysteriösen "Energien", die Heiler zu vermitteln suchen, versteht sich nicht von selbst. Zwar versichern die meisten Geistheiler, ihre Heilströme könnten nur Gutes anrichten - vor allem jene, die ihre Kraft letztlich auf eine göttliche Quelle zurückführen. Doch darüber läßt sich streiten, so scheint es. Einer Bekannten, die unter starkem Augenüberdruck und quälenden Rückenschmerzen litt, empfahl ich vor sechs Jahren, sich an die bulgarische Heilerin Krassimira Dimowa zu wenden: eine herausragend befähigte, tiefgläubige Handauflegerin, die in staatlichen Kliniken ihres Heimatlandes mehrfach wochenlang von Ärztegremien getestet worden ist. Doch Dimowa weigerte sich, die Frau zu behandeln, "weil zugleich Herzrhythmusstörungen vorliegen". Als ich verwundert nachfragte, erklärte mir die Heilerin: Zwar sei sie imstande, Energie in kranke Körper zu leiten - doch wohin diese Energien fließen, könne sie nicht ohne weiteres steuern. Im Herzbereich könnten sie ein bestehendes Leiden eventuell verschlimmern.

Im Bild der "Energiezufuhr", einer Lieblingsmetapher geistiger Heiler, macht Dimowas Weigerung durchaus Sinn. Denn das Gleichgewicht in jenem unsichtbaren "Energiekörper", auf den ihre Bemühungen in erster Linie abzielen, kann grundsätzlich auf dreierlei Weise gestört sein: durch Blockaden, durch Defizite - und durch Überschüsse. Rührt ein Leiden von einem Überschuß her, so müßte es sich theoretisch noch verstärken, falls weitere Energie zuströmt.

Allerdings vermute ich, daß Dimowas Bedenken von einer zu engen Anlehnung an physikalische Energiebegriffe herrühren. *Hätte* jene Kraft, die Geistheiler übertragen, wirklich Ähnlichkeit mit elektrischem Strom, mit Magnetfeldern oder irgendwelchen anderen bekannten Energieformen, so müßte unter geistig Behandelten eine hohe Quote von Fällen feststellbar sein, in denen sich ein Leiden im Therapiezeitraum verschlimmerte. Davon berichten aber nur drei von hundert Heilerpatienten (siehe Kap.1) - fast ausnahmslos solche, deren Krankheit vor Behandlungsbeginn rasant fortschritten war und von Geistheilern zumindest verlangsamt, wenn auch nicht zum Stillstand gebracht werden konnte. Deutet dies nicht darauf hin, daß unser "Energiekörper" über einen recht zuverlässigen Mechanismus zur Selbstregulation verfügt? Anscheinend nimmt er sich nicht mehr Energie von außen, als er braucht, und leitet sie nur jenen Organen zu, die sie benötigen.

Erwiesene, durch tragische Einzelfälle belegte Gefahren gehen meines Erachtens nur von drei Formen geistigen Heilens aus: von Exorzismen, von psychochirurgischen Eingriffen in den Körper sowie von manchen schamanistischen Praktiken. Im fanatischen Ehrgeiz, einen bösen Dämon mit allen Mitteln auszutreiben, haben übereifrige Exorzisten manchen "Besessenen" schon zu Tode gequält. (Allerdings kommen körperliche Züchtigungen bei jenen "sanften", auf die Macht des Wortes, des Rituals und religiösen Symbols setzenden Exorzismen, die im christlichen Abendland inzwischen überwiegen, überhaupt nicht vor.)[1] Um Austreiber, die folterähnliche Maßnahmen gutheißen, sollten Patienten einen großen Bogen machen.

Auch "Schamanen" können Schaden anrichten, insbesondere bei seelisch Belasteten. Der unreflektierte Geisterglaube, mit dem sie Hilfesuchende konfrontieren, kann bestehende Psychosen schlimmstenfalls noch verstärken.[2]

Zurückhaltung ist auch gegenüber "Psychochirurgen" geboten.[3] Zwar operierten herausragende Könner wie der Brasilianer Zé Arigó oder der Philippino Antonio Agpaoa jahrzehntelang unter der Aufsicht argwöhnischer Ärzte, immer wieder umlauert von Spitzeln der Staatsanwaltschaft, die vergeblich auf den geringsten Fall von Körperverletzung warteten. Doch niemand weiß, wie viele Patienten auf den Operationstischen von Minderbegabten bleibende Organschäden davontrugen, sich gefährliche Infektionen zuzofen oder gar verblutet sind. Den beschwichtigenden Versicherungen von Reiseveranstaltern, die Charterflüge nach Fernost und Südamerika anbieten, würde ich nicht ohne weiteres trauen. An mir herumschneiden lassen würde ich nur Psychochirurgen, über deren Sorgfalt und Ungefährlichkeit sich glaubwürdige, sachverständige Augenzeugen schon vor Ort vergewissert haben. (Dieselbe Skepsis würde ich im übrigen auch gegenüber den Stationsärzten der chirurgischen Abteilung eines städtischen Krankenhauses walten lassen.)

Doch solche Heilweisen stellen zumindest in Westeuropa ausgesprochene Randerscheinungen dar. Wenn hierzulande "geistig" behandelte Patienten jemals Schaden nahmen, dann wegen eines ethischen Fehlverhaltens vereinzelter Heiler, die überschätzen, was sie können, und sich als Ersatzdoktoren aufspielen. Von solchem Gebaren distanzieren sich die allermeisten Heiler von vornherein: Sie halten sich an ethische Grundregeln, die ein gesundheitliches Risiko für Klienten ausschließen. Ohnehin kommt Scharlatanerie unter Heilern vermutlich eher seltener vor als in anderen Berufsgruppen: vor allem, weil die meisten Heiler ihre Kraft aus einer höheren, göttlichen Quelle zu schöpfen meinen, von der sie sich zugleich in hohem Maße in die sittliche Pflicht genommen fühlen. Vollends verflüchtigt sich das Gefahrenpotential, wenn Patienten auch in der Not nicht aufhören, mündige Bürger zu sein - und bei Kontakten mit Heilern auf Merkmale achten, die den Scharlatan verraten. (Siehe Kapitel 30: "Vorsicht, Scharlatan! Was einen empfehlenswerten Heiler auszeichnet".)

Welche verkannten Nebenwirkungen geistiges Heilen auch immer zeitigen mag: Wie verschwindend gering nehmen sie sich im Vergleich zu dem immensen Schaden aus, den unerfahrene, nachlässige oder überforderte Ärzte tagtäglich anrichten! Allein 1996 forderten 30.000 Bundesbürger Schadensersatz wegen ärztlicher Kunstfehler; die

Dunkelziffer von Geschädigten, die sich Ansprüche erst gar nicht juristisch geltend zu machen trauen, liegt um ein Vielfaches höher. Dabei geht jeder vierte Pfusch tödlich aus.[4] Vor neun Jahren reichten den ärztlichen Haftpflichtversicherungen noch 167 Millionen Mark aus, um "iatrogene", also vom Arzt verschuldete Behandlungsfehler abzugleichen; die aktuelle Zahl liegt weit jenseits der 500-Millionen-Grenze. Jedem zehnten Arzt, so die neuesten Schätzungen, unterläuft pro Jahr mindestens ein grober Schnitzer. Hinzu kommen die oftmals verheerenden Nebenwirkungen der über 75.000 auf dem Markt befindlichen Arzneimittel: Allein in der Bundesrepublik leben 800.000 Medikamentensüchtige.[5] Auf die Einnahme von Pharmazeutika führt der Bundesverband der AOK 30.000 Todesfälle pro Jahr in Deutschland zurück.[6] Jedes vierte behandlungsbedürftige organische Leiden und sechs Prozent aller Erkrankungen mit Todesfolge rühren vermutlich von Arzneimittel-Nebenwirkungen her. **Der Schaden für die Volksgesundheit, der auf das Konto des medizinisch-industriellen Komplexes geht, steht prozentual in keinem Verhältnis zu jenen paar gerichtsnotorischen Fällen pro Jahr, in denen ein Geistheiler einen Hilfesuchenden erwiesenermaßen gefährdete.**

Das Gemunkel um die von Geistheilern ausgehenden Gefahren für den "Volkskörper" strotzt deswegen vor Verlogenheit. Kein Gesundheitspolitiker denkt im Traum daran, den Bürgern das Alkoholtrinken oder das Rauchen, das Skifahren oder das Drachenfliegen zu verbieten, wie sehr deren körperliche Unversehrtheit dadurch auch gefährdet sein mag. Die aufgelegten, zum Bittgebet gefalteten Hände des Heilers, der weder eine Approbation noch einen Heilpraktikerschein vorweisen kann, werden dagegen kriminalisiert, als handle es sich um eine besonders raffinierte Foltermethode, vor der ahnungslose Patienten staatlich geschützt werden müssen. Dabei ist jede Schachtel Tabakwaren gefährlicher, als es die geballte Energie von tausend Reiki-Meistern jemals sein kann.

Von daher wird verständlich, warum englische Versicherungen Geistheilern seit längerem anbieten, ihr Haftungsrisiko für den symbolischen Jahresbeitrag von einem britischen Pfund abzusichern - während Anästhesisten und Chirurgen, Orthopäden und Gynäkologen hierzulande fünfstellige Beiträge leisten müssen, um vor den Folgen von Kunstfehlern geschützt zu sein. Der Arzt, der den Geistheiler zum "Gesundheitsrisiko" stempelt, erinnert insofern an den Elefanten, der sich nach dem sprichwörtlichen Rundgang durch den Porzellanladen dafür ausspricht, ein gesetzliches Landeverbot für Mücken zu verhängen - da von der Wucht des Aufpralls zumindest eine abstrakte Gefahr für zerbrechliche Gegenstände ausgehe. Mit diesem Gefahrenpotential sollten Hilfesuchende sorgenfrei leben können.

Anmerkungen

1 Siehe dazu H. Wiesendanger: *Das große Buch vom geistigen Heilen - Möglichkeiten, Grenzen, Gefahren*, Lea-Verlag: Schönbrunn 2000, Kap. "Exorzismus - Vom Bösen besessen", S. 147-163.

2 Siehe dazu *Das große Buch vom geistigen Heilen*, Kap. "Schamanismus - Die Weisheit der Ekstase", S. 164-172.

3 Siehe *Das große Buch vom geistigen Heilen*, Kap. "Mediales Heilen - Hilfe aus dem 'Jenseits'", S. 104-146.

4 Allgemeiner Patienten-Verband (APV) (Hrsg.): *Ärztefehler - pfuschen und vertuschen*, Frankfurt/Main o.J.

5 Nach Klaus-Peter Schlebusch u.a.: *Die Vernichtung der Biologischen Medizin*, München 1989, S. 39 f.

6 Ebda., S. 47 f.

42
Schattenseiten
Können Geistheiler auch krank machen?

Mit ihrer Stuttgarter Heilerin war Christel S. aus Bad Kreuznach eigentlich stets hochzufrieden gewesen. Seit Frühjahr 1993 hatte sich die Patientin wegen einer Formaldehyd-Allergie teils die Hände auflegen, teils "fernbehandeln" lassen. Doch trotz dieser ständigen Betreuung entwickelten sich rheumatische Symptome: "Im Juni 1996", berichtet Christel S., "fiel mir erstmals die degenerative Veränderung der Zehen auf." Ein Arzt diagnostizierte eine beginnende Arthrose.

Von diesem Moment an schlug das Vertrauen der Patientin in Argwohn um: Könnte die Heilerin die Ursache sein? Nach und nach entwickelte Christel S. eine dazu passende Theorie, die ihr immer plausibler vorkam: Bis Mitte 1996 habe die Heilerin über eine "hochwertige Strahlungskraft" verfügt. Doch dann starb ihr Mann, der in den anderthalb Jahren zuvor, nach einem Schlaganfall, bereits ein hundertprozentiger Pflegefall gewesen war. Seit diesem Schicksalsschlag, vermutete Christel S., "sank das Strahlungspotential stark ab, unter fünfzig bis sechzig Prozent", und die Heilerin war nicht mehr imstande, es wieder "aufzubauen", so daß "der Strahlungseinfluß einschränkend und belastend" wurde. Daraufhin bat die Patientin, weitere Bemühungen unverzüglich einzustellen. Doch die Heilerin macht unverdrossen weiter, wie die Patientin "wegen meiner "Sensitivität" deutlich "gespürt" haben will: "Täglich zwischen 22 Uhr und sechs Uhr morgens bekomme ich zwei bis vier Stunden Strahlung", was die Heilerin jede weitere Fernbehandlung bestritt - was auch sonst?

Leidet Christel S. schlicht unter Verfolgungswahn? **Oder ist es tatsächlich denkbar, daß Geistheiler einen Patienten, gegen dessen Willen, mit ihren Kräften regelrecht verfolgen und krankmachen können, sofern sie es darauf anlegen?** "Viele von denen betreiben weiße und schwarze Magie", versuchte mich Wilma B. aus Unterseen, selbst "Opfer eines Geistheilers", in einem Leserbrief an eine Frauenzeitschrift aufzuklären, die mich zu geistigem Heilen interviewt hatte.[1] "Beides kommt aus derselben Quelle. Das kann für den Patienten schwere Folgen haben, ich sage das aus eigener sehr negativer Erfahrung. Mein Körper wurde nicht gesund, ganz im Gegenteil."

Die Befürchtung, böswillige Heiler könnten unsereinem etwas Schlimmes "anhexen", ist unter Hilfesuchenden durchaus verbreitet. Eine Münchnerin, die mir, anonym, seitenlang über sexuelle Zudringlichkeiten ihres Heilers berichtete, wollte unter gar keinen Umständen, daß ich den Beschuldigten zur Rede stelle: "Der tut mir vielleicht noch etwas an, Entfernung spielt für solche Leute ja keine Rolle."

Auch manche Geistheiler weisen warnend auf diese vermeintliche Gefahr hin. So ist Willi Krämer aus Essen "von zwei Personen berichtet worden, die durch Puppenzauber einen Menschen umgebracht haben".[2] Faruk Demir, Diplom-Ingenieur und nebenbei ein ebenso erfahrener wie vielgelobter Heiler aus Köln, warnt vor "Millionen von feinstofflichen Wesen", die in jeden geistigen Heilprozeß hineinwirken, auch ohne Wissen der Beteiligten. Diese Wesen "können in einem einzigen Punkt Platz finden. Der menschliche Körper ist für sie praktisch wie ein großer Planet und bewohnbar. Sie formen ihn um, wie sie lustig sind, züchten Krankheiten, ... können sie gesundheitlich lahmlegen."[3]

Unheimliche Patientenschicksale scheinen den Warnern rechtzugeben.

Noch mit 27 Jahren hatte er vor Gesundheit, Aktivität und Lebensfreude nur so gestrotzt. Johannes Fichtel[4], im Hauptberuf Zeitschriftenhersteller bei einem Offenburger Verlag, betrieb topfit seit achtzehn Jahren eine asiatische Kampfsportart, in der er es sogar zu Meisterehren gebracht hatte. Als leidenschaftlicher, im Freundeskreis deswegen mit Komplimenten überhäufter Hobbykoch dachte er zeitweilig daran, ein Lokal zu übernehmen, und schrieb an einem Kochbuch. Obendrein war er ein gefragter Gitarrist und Sänger, der in mehreren Blues- und Rockbands mitwirkte.

Doch als er sich Anfang November 1996 an mich wandte, war er ein gebrochener, von Todesangst gepeinigter Mann, den Dauerschmerzen und immer häufigere Schwächeanfälle zermürbten.

Sein Elend begann im März 1989, als er aushilfsweise mit einer Band, die den deutschen Volksmusikstar Tony Marshall begleitete, zu einer zwölftägigen Kurztournee nach Afrika flog. Trotz vorsorglicher Schutzimpfungen fing er sich dort offenbar einen heimtückischen Virus ein: "Am fünften Tag, nachdem ich wieder zu Hause war, bekam ich plötzlich nachts im Bett heftige Stiche in der linken Brust, konnte nicht mehr richtig sehen, bekam Atemnot und Platzangst - was ich vorher nicht kannte, denn nie zuvor hatte ich Angstzustände. Hinzu kamen fürchterliche Kopfschmerzen, die bis zum heutigen Tage anhalten." Daß die Zahl seiner weißen Blutkörperchen stark zugenommen hatte, deutete auf einen Infekt hin. Doch sechs Jahre lang fahndeten Tropenmediziner erfolglos nach dem Auslöser. (Erst Ende 1996 stellte ein bulgarischer Neurologe die vermutlich korrekte Diagnose: eine verschleppte Leptomeningitis, Hirnhautentzündung.) Eine leichte linksseitige Lähmung und epilepsieähnliche Anfälle stellten sich ein. In den Beinen und entlang der Wirbelsäule traten höllische Schmerzen auf. Immer wieder verzerrte sich die Mimik in unkontrollierbaren Zuckungen. Da stieß Fichtel im Wartezimmer eines Heilpraktikers auf einen reißerischen Illustriertenbericht über einen "Wunderheiler" in Tirol, zu dem er sofort 530 Kilometer weit aufbrach. Gleich nach dem ersten Blickkontakt am 3. Januar 1994, ohne jegliche Untersuchung, stellte ihm der Heiler die falsche Diagnose, versprach ihm vollständige Genesung, legte ihm die Hände auf und verpaßte ihm täglich zwei Spritzen mysteriösen Inhalts. Dafür knöpfte er dem Patienten während 21 Behandlungswochen 23.967 DM ab, versicherte aber mehr als einmal, ihm "zwischen 15.000 und 20.000 DM" zurückzuerstatten, falls der Erfolg ausblieb.

Am Ende ging es Fichtel noch elender als zuvor, doch sein Geld sah er nie wieder. Ich riet ihm, diesen Skandal der österreichischen Ärztekammer zu melden, die Presse einzuschalten und die zuständige Staatsanwaltschaft auf den cleveren "Wundertäter" anzusetzen. Doch obwohl er hellauf empört darüber war, "schamlos übers Ohr gehauen worden" zu sein, lehnte er rechtliche Schritte strikt ab. "Diesem Mann", sagte er, "traue ich alles zu. Der hat so gewaltige geistige Kräfte, mit denen kann er mich aus purer Rache fertigmachen, auch wenn ich weit weg bin."[5]

In ähnlichen Fällen scheint es nicht bei folgenlosen Befürchtungen zu bleiben - manche Patienten wähnen sich von Heilern, mit denen sie sich überworfen haben, wahrhaftig "übersinnlich gequält". Zu ihnen zählt ein wohlhabendes Architektenehepaar aus Berlin, das sich mir im

Herbst 1994 anvertraute. Jahrelang hatte es einen Heiler, von dessen Fähigkeiten es anfänglich zutiefst überzeugt war, mit Feuereifer protegiert. Eigens für ihn kauften sie sogar eine vornehme Jugendstilvilla, in der er für eine Freundschaftsmiete eine repräsentative "Praxis" einrichten konnte; gemeinsam mit ihm gründeten sie einen Verein "zur Förderung geistigen Heilens", der ihm, gratis, willkommene PR-Dienste leistete. Doch als ihnen immer häufiger Klagen über seinen geldgierigen, kaltschnäuzigen Umgang mit Hilfesuchenden zugetragen wurden, distanzierten sie sich von ihm, forderten ausstehende Mietzahlungen und dachten daran, Reporter auf ihn anzusetzen, um ihn als Scharlatan anzuprangern. Just mit dem Tag ihres Rückzugs von ihm begann für die beiden eine rätselhafte Pechsträhne, verbunden mit nie gekannten gesundheitlichen Problemen - und unheimlichen Geschehnissen in ihrer Umgebung. Schlagartig gingen Aufträge spärlicher ein, häuften sich Schulden. Mehrfach kam es dem Architekten so vor, als versetze ihm eine unsichtbare Faust einen heftigen Schlag gegen die Brust - einmal, beim Einkaufen in einem Laden, ging er wie vom Blitz getroffen zu Boden. Auf der Rückenlehne eines schwarzen Ledersessels in seinem Wohnzimmer soll sich, vor den Augen mehrerer entsetzter Gäste, sekundenlang eine Teufelsfratze abgezeichnet haben. Mit Schaudern erinnert sich das Ehepaar an frühere vertrauliche Gespräche mit dem Heiler, in denen er sich gebrüstet hatte: Er könne jeden "vernichten", der es wage, ihm in die Quere zu kommen. Denn mit schwarzer Magie experimentiere er seit vielen Jahren. Gleiches berichtete mir eine Heilpraktikerin, die denselben Heiler wegen fahrlässiger Tötung bei der Berliner Staatsanwaltschaft anzeigen wollte. Angeblich vom selben Tag an, als dieser Entschluß für sie feststand, entwickelte sie eine chronische Immunschwäche mit andauernden Infekten.[6]

Geradezu Todesängste plagen die Seminarveranstalterin Hedwig Kunz[7] aus Düsseldorf, seit sie sich 1997 mit einem "Schamanen" aus Usbekistan überwarf, den sie vier Jahre zuvor auf der Krim für die deutsche Eso-Szene entdeckt und gemanagt hatte. (Zunehmende Geldgier und Betrügereien, Star-Allüren, Allmachtsgehabe und sexuelle Belästigungen mehrerer weiblicher Klienten hätten sie angewidert, wie sie mir berichtete.) "Seither arbeitet er schwarzmagisch mit mir", ist sich Frau Kunz sicher. "Was ich mitmache, ist grauenvoll." Immer wieder spürte sie seine "Psi-Angriffe" - oft als unsichtbare, dennoch schmerzhaft zustechende "Spritzen" -, die sie körperlich schwächten. "Manchmal verlor ich für einige Zeit die Sinne, hatte keine Orientierung mehr, zitterte am ganzen Körper, die Beine zuckten unwillkürlich." Mehrfach tauchten in ihrer Wohnung gespenstische, bedrohliche Gestalten auf. Aus dem Nichts waberte dunkler Rauch durch alle Zimmer - ohne Brandherd. "Ich bin am Ende", klagte sie mir.[8]

Im Juni 1998 erreichte mich ein Hilferuf der Heilpraktikerin Dagmar Fierek[9] aus Eching, Bayern. Sechzehn Jahre lang war sie religiöse Schülerin eines tibetisch-buddhistischen Lamas gewesen, der in der Schweiz ein klösterliches Institut leitete. Von ihm wandte sie sich 1989 ab, abgestoßen von geheuchelter Demut und bestärkt durch die Begegnung mit dem namhaften Qi-Gong-Meister Z. aus China, der in Reutlingen gerade eine Praxis aufbaute. (Diesen Mann hatte ich auf einem Kongreß persönlich kennen und schätzen gelernt, deshalb machte mich Frau Fiereks Brief besonders betroffen.)

Bald darauf, im März 1990, erkrankte Dagmar Fierek erstmals in ihrem Leben körperlich schwer: "Rapide verlor ich an Gewicht und Energie. Mein blondes Haar verfärbte sich. Ich hatte die grauenhaftesten körperlichen Symptome, verlor Blut und Harn, hatte unerträgliche Schmerzen und dachte, ich würde sterben. Dieser Zustand hielt volle fünf Wochen an." Seither wiederholt er sich zwei- bis dreimal jährlich, wobei er jeweils fünf Wochen bis vier Monate anhält - sonderbarerweise nicht nur bei ihr, sondern auch bei ihrem neuen Lehrer Z. Kurz nach dem ersten derartigen Kollaps meldete sich der Lama sowohl bei Dagmar Fierek als auch bei Z. - und verlangte "Schutzgeld", damit die schwarzmagischen Angriffe aufhören, die mutmaßlich von ihm selbst ausgingen. Während die damals nahezu mittellose Frau nur 250 DM erübrigen konnte, soll der Lama von dem wohlhabenden Z., einem der gefragtesten Qi-Gong-Experten Deutschlands, über 50.000 DM erpreßt haben. "Vor einigen Tagen", so berichtete mir die Heilpraktikerin weiter, "erhielt ich von Z. eine kurze Nachricht: Er liege in einem Sindelfinger Krankenhaus, habe schwere organische Schäden und sei körperlich vollkommen ruiniert. Er meinte sogar, er habe keine Aussichten mehr zu überleben." Bei Z. ´s Frau seien, ebenfalls wie aus heiterem Himmel, ähnliche Symptome aufgetreten. In allen Fällen seien hinzugezogene Mediziner vor völligen Rätseln gestanden, was Ursachen und Therapiemöglichkeiten betraf.

Von schwarzmagischen Wölfen im Schafspelz des Therapeuten wähnen sich mitunter auch Geistheiler verfolgt. “Seit zwei Jahren und vier Monaten” sei sie außerstande zu heilen, so vertraute sich mir Anneliese T. aus Dresden im April 2000 an. Schuld daran seien unentwegte “Angriffe” zweier zwielichtiger Standeskollegen, die sie aufs

Widerwärtigste "traktieren": Geisterhaft "gehen diese Bestien immer wieder in meinen Hals mit ihrem Penis." Als hochsensitives Medium leide sie ganz besonders darunter.[10]

Solche unheimlichen Erlebnisse scheinen düsterste Befürchtungen zu bestätigen, die unter Patienten erstaunlich weit verbreitet sind: Demnach wirken Heiler nicht nur segensreich, sondern richten auch Schaden an, sofern sie es darauf anlegen; denn könnten die Kräfte, derer sie sich anscheinend bedienen, nicht auch mißbraucht werden? **Steckt in geistigem Heilen also ein *spezifisches* Gefahrenpotential, das über die üblichen Risiken anderer Therapien hinausgeht? Drohen nicht nur finanzielle Ausbeutung, psychische Abhängigkeit und Anstiftungen dazu, ärztliche Maßnahmen zu unterlassen - sondern magische Verfolgungen, Hexerei?**

Diese Frage zählt zu den meistgestellten, die mir Anrufer und Briefeschreiber zutragen, solange sie noch unschlüssig sind, ob sie sich auf geistiges Heilen einlassen sollen. Daß sie Hilfesuchende immer häufiger beschäftigt, entspricht dem wieder zunehmenden Glauben an Hexerei: Während 1956 nur ein Prozent der westdeutschen Bevölkerung auf die Frage, ob "vielleicht doch etwas dran ist, daß es vielleicht Hexen gibt", mit "Ja, bestimmt" und sieben Prozent mit "Vielleicht" antworteten, waren es 1989 bereits drei bzw. 13 Prozent.[11] Zwei Jahre später waren bereits 18 Prozent "der Überzeugung, daß es heute noch Hexen gibt"; 14 Prozent gaben an, "an die Wirkung magischer Rituale zu glauben".[12]

Steckt hinter den Schreckensberichten von "schwarzmagisch" Verfolgten bloß eine psychosomatische Reaktion, die das Gegenstück zum Placebo-Effekt bildet[13]: ein "*Nocebo-Effekt*" (von lat. *nocere*: schaden)? Wie reagieren Versuchspersonen, denen ein Scheinmedikament ohne pharmakologische Inhaltsstoffe verabreicht wird - zum Beispiel eine Zuckerpille oder eine Spritze, die bloß harmlose Kochsalzlösung enthält -, während sie im Glauben gelassen werden, sie bekämen eine echte Arznei? Manche trauen dem Präparat schädliche (Neben-)Wirkungen zu - und entwickeln Symptome, die verblüffend exakt zu dieser Erwartung passen. In einer placebokontrollierten Studie über Chemotherapie bei Magenkrebs trat bei jedem dritten Patienten starker Brechreiz auf, nachdem er ein Placebo erhalten hatte; jeder Fünfte mußte sich übergeben, und bei nahezu jedem Dritten war Haarausfall festzustellen.[14] In einer anderen Studie wurde Patienten weisgemacht, sie erhielten das Antibiotikum Streptomycin, obwohl sie in Wahrheit nur Placebos schluckten; dennoch traten streptomycin-typische Nebenwirkungen auf, unter anderem Hörverlust bei hohen und niederen Tönen.[15] In einem weiteren Experiment brach ein Patient, nachdem er ein Placebo geschluckt hatte, mit einem anaphylaktischen Schock zusammen, verbunden mit Übelkeit, einem rapiden Absinken des Blutdrucks und feuchtkalter, bleicher Haut.[16] Häufig schon sind Patienten von Placebos sogar süchtig geworden; im Laufe von nur einem Jahr nahm einer von ihnen rund 10.000 Placebo-Pillen ein.[17]

Eine heftige Placebo-Reaktion lag vermutlich auch einem rätselhaften Fall zugrunde, mit dem ich im Laufe des "Fernheil-Tests" zu tun bekam, bei dem ich 1998/99 über 50 Geistheiler aus sieben europäischen Ländern 290 "austherapierte" chronisch Kranke mit verschiedenen Varianten des "Fernheilens" behandeln ließ.[18] Wer der "Amulettgruppe" zugelost worden war, erhielt zu Beginn des fünfmonatigen Testzeitraums ein Objekt, das ein Geistheiler vermeintlich "mit heilender Energie aufgeladen" hatte. Dazu gehörte auch Doris L., eine 24jährige Studentin aus dem niederbayerischen Altenstadt, die seit 1977 an schwerstem Asthma bronchiale litt. Kaum begann sie das Amulett anzuwenden, da *verschlimmerten* sich Atemnot und Hustenreiz dramatisch. Zunächst sah sie sich gezwungen, stärkere Kortisonpräparate in steigender Dosis einzunehmen. Als selbst das nichts half, beschloß sie in der elften Testwoche, das Amulett abzulegen. "Seitdem besserten sich meine Atembeschwerden kontinuierlich, und ich konnte endlich wieder die ganze Nacht durchschlafen".[19] Daß sie eine mögliche Furcht vor der unheimlichen Magie des Amuletts belastet haben könnte, bestreitet die junge Frau zwar. Doch unterbewußt mögen solche Ängste doch am Werk gewesen sein, zumal bei einer Erkrankung, die häufig so ausgeprägte psychogene Anteile aufweist wie Asthma.

Wer die Rolle des Nocebo-Effekts, wie des Glaubens überhaupt, in der Medizin immer noch unterschätzt, dem sei ans Herz gelegt, sich für das außergewöhnliche Schicksal des Amerikaners Desmond M. zu interessieren. Dieser bedauernswerte Mann litt an einem weit fortgeschrittenen Lymphom, einer Form von Lymphknotenkrebs. Daß er in Kürze sterben würde, schien unausweichlich. Da hörte er von einem noch unerprobten neuen Medikament namens Krebiozen, das Enthusiasten bereits als "Wundermittel" feierten. Voller neuer Hoffnung bestand er darauf, als Testperson in eine erste klinische Studie mit Krebiozen einbezogen zu werden. Seine Ärzte waren einverstanden, wenngleich sie davon ausgingen, daß er so oder so nicht länger als zwei Wochen überleben werde. Seine körperliche Verfassung war erbärmlich. Ans Bett gefesselt, rang er keuchend nach Luft.

Doch innerhalb von zehn Tagen nach der Einnahme von Krebiozen schrumpften seine Tumoren in unfaßbarem Maße - "wie Schneebälle auf einem heißen Ofen", wie einer der behandelnden Ärzte anmerkte. Bald darauf konnte Desmond M. aus dem Krankenhaus entlassen werden.

Zwei Monate später jedoch geisterten entmutigende neue Meldungen über Krebiozen durch die Medien. Kurz darauf mußte der Mann ins Krankenhaus zurückkehren, mit deutlich vergrößerten Tumoren.

Da entschloß sich sein Arzt, ihm weiszumachen, soeben sei eine Lieferung mit einer neuen, viel potenteren Krebiozen-Variante in der Klinik eingetroffen. Abermals erhielt der Patient Injektionen - allerdings nicht mit Krebiozen, sondern bloß mit destilliertem Wasser. Trotzdem schrumpften die Tumoren ein zweites Mal, und der Patient erholte sich dramatisch schnell.

Mehrere Monate hielt seine Genesung an. Dann hörte er in den Fernsehnachrichten die Meldung: "Landesweite AMA-Tests (der *American Medical Association*) haben ergeben, daß Krebiozen als Krebstherapie wertlos ist."

Nicht einmal zwei Tage später war Desmond M. tot.

Reicht ein Nocebo-Effekt, der derart wirkungsmächtig ist, nicht vollauf aus, um alle eingebildeten und tatsächlichen Schäden zu erklären, die Klienten von Geistheilern davontragen? Einen darüber hinausgehenden "Psi"-Faktor zu unterstellen, gilt in der akademischen Fachwelt als schierer Aberglaube. Die im Wissenschaftsbetrieb der Gegenwart immer noch vorherrschende Einstellung hierzu hat der namhafte britische Ethnologe James Frazer (1854-1941) in seinem zwölfbändigen *The Golden Bough* schon vor achtzig Jahren auf den Punkt gebracht: "Magie ist ein unechtes System angeblicher Naturgesetze ... eine Pseudowissenschaft ebenso wie eine mißlungene Kunst ... (Entsprechende Überzeugungen sind typisch für) die unreife Intelligenz nicht nur des Wilden, sondern auch von mit Ignoranz und Dummheit geschlagenen Leuten, wie sie überall anzutreffen sind."[20]

Der Glaube an magische Mächte, auch und gerade an "schwarze", zieht sich indes durch alle Religionen und Kulturkreise. Das christliche Abendland macht da keine Ausnahme. Elias beispielsweise veranlaßte, wenn wir der Bibel Glauben schenken wollen, offenbar allein durch Geisteskraft, daß 42 Kinder von Bären verschlungen wurden, zur Strafe dafür, daß sie über sein kahles Haupt gespottet hatten. (*Zweites Buch der Könige* 2, 23-24). Der Apostel Paulus schlug einen Zauberer mit Blindheit

(*Apostelgeschichte* 13, 11). Und selbst Jesus Christus ließ auf magischem Weg einen offenkundig unschuldigen Feigenbaum verbrennen, bloß weil er keine Früchte trug. (*Matthäus* 21, 19, *Markus* 11, 13-14, 20-22).

Ethnologen und Anthropologen haben von ihren Forschungsreisen in die dritte Welt ganze Berge von durchaus eindrucksvollen Dokumentationen über schwarze Magie mitgebracht.[21] Führen sie uns denn nicht unübersehbar vor Augen, welch ungeheure Wirkung ein "böser Blick", eine einzige haßerfüllte Verwünschung auf das körperliche Wohlergehen ihrer Opfer haben kann? Allem Anschein nach reicht die bloße *Absicht*, einem anderen Menschen zu schaden, tatsächlich häufig aus, ihn zu verletzen, krank zu machen - oder gar umzubringen. Überzeugend belegt sind Todesfälle durch Voodoo-Zauber: Ein zuvor völlig gesunder Mensch wird schlagartig bettlägrig, magert ab und stirbt innerhalb von ein bis zwei Wochen, nachdem ein Fluch über ihn gesprochen wurde. In manchen zentralafrikanischen Stämmen wird nur ein Viertel aller Todesfälle natürlichen Ursachen zugeschrieben, während über 50 Prozent der Magie zur Last gelegt werden.[22]

Ob der Schadenszauber von Medizinmännern, Schamanen und Voodoo-Hexern seine Ziele allerdings stets mit "übernatürlichen" Mitteln erreicht, ist in den meisten Fällen zweifelhaft. Denn gewöhnlich wirkt er nur dann, wenn das Opfer von ihm erfährt. Und dieses Wissen allein, verbunden mit einem ängstlichen Glauben an die unentrinnbare Macht des Zaubers, kann dramatische körperliche Auswirkungen haben. Bei vielen Voodoo-Opfern ist eine Überaktivität des Parasympathikus festgestellt worden, jenes Zweigs des "unwillkürlichen", autonomen Nervensystems, der lebenswichtige Funktionen wie Herzschlag, Lungenkontraktion, Verdauung und Drüsensekretion steuert.[23] Hier scheinen tatsächlich "Nocebo-Reaktionen" abzulaufen. Dafür spricht die Beobachtung vieler Ethnologen, daß starker Glaube im allgemeinen auch ausreicht, um einen Fluch abzuwehren: sei es im Vertrauen auf göttlichen Beistand, auf die eigenen Geisteskräfte, mit magischen Schutzmitteln oder im Bund mit einem Schamanen, der sich auf Abwehrzauber versteht.

Allerdings versagt eine rein psychologische Deutung in Fällen, in denen das Opfer nachweislich nichts davon weiß, daß sich ein Schadenszauber auf seine Person richtet - und trotzdem heftig darauf reagiert, selbst über große Entfernungen hinweg. Einen der überzeugendsten Fälle von schwarzmagischer Körperverletzung eines ahnungslosen Opfers präsentierte der mehrfach preisgekrönte Dokumentarfilm "Reise ins Jenseits", der Ende der sechziger Jahre mit beachtlichem Erfolg in deutschen Kinos lief. Die brasilianische Voodoo-Priesterin Madrinia Violte hatte von einer Familie den Auftrag bekommen, eine Hunderte von Kilometern entfernt lebende Frau zu quälen, Senora Ottilia aus Indaituba. Dazu benutzte die Magierin eine primitive Stoffpuppe, die den Körper des Opfers symbolisierte. Darin stach Violte Nadeln ein, so tief, daß sie völlig in der Puppe verschwanden; dabei murmelte sie unverständliche, drohend klingende Beschwörungsformeln. Jedesmal reagierte das ahnungslose Opfer darauf derart heftig, daß es das staatliche Krankenhaus von Indaituba aufsuchen mußte. Dort belegten Röntgenaufnahmen, daß tief in ihrem Körperinneren zentimeterlange, nadelartige Metallteile steckten, die heftig schmerzten und chirurgisch entfernt werden mußten. "Daß die Nadeln manuell von außen durch die Haut eingeführt wurden, ist auszuschließen", erklärte Chefarzt Dr. Ramos dazu. "Dagegen spricht die Lage der Metallteile zwischen den Knochen und in der Tiefe der Gliedmaßen, aber auch das Fehlen jeglicher Einstichstellen." Ihm seien "Hunderte von ähnlichen Fällen in Brasilien" zu Ohren gekommen.

Dramatische Anhaltspunkte, die in dieselbe Richtung deuten, verdanken wir dem amerikanischen Psychologen Max Freedom Long, den es 1917 nach Hawaii zog. Dort brachte er mehrere Jahre als Schullehrer in der Nähe des Kilauea-Vulkans zu - und betrieb nebenbei eingehende ethnologische Feldforschungen. Hierbei stieß er auf die magische Praxis des *ana-ana*: des "Todesgebets", dessen Ursprung in Polynesien liegt, von wo aus es sich auf die hawaiianischen Inseln ausbreitete.[24] Mit detektivischem Spürsinn recherchierte Long zahlreiche Fälle, in denen Schamanen ein Opfer, das oft auf einer anderen Insel lebte, regelrecht "zu Tode beteten". Fast immer hatte es keinerlei Ahnung, welch düstere Intentionen sich auf es richteten; Suggestionen schieden folglich aus. Am meisten verblüffte den Forscher, daß sämtliche Opfer auf die gleiche Weise starben, die westliche Mediziner als "aszendierende Paralyse" bezeichnen würden: An Zehen und Füßen einsetzend, wurden zunächst die unteren Gliedmaßen taub und lahm. Dann stiegen die Symptome aufwärts, wobei sie sich stetig steigerten. Sobald sie die Höhe des Zwerchfells erreicht hatten, starb der Betroffene an Atemstillstand. Ein Krankheitsbild, das westlichen Medizinern vertraut ist und mit dieser Erkrankung nahezu identisch ist, ist das Guillain-Barré-Syndrom (akute Polyneuritis). In jedem zweiten derartigen Fall kann eine Virusinfektion des oberen Atemwegs- oder Magen-Darm-Trakts nachgewiesen werden - doch ansonsten gilt die Krankheit als "idiopathisch", d. h. ohne erkennbare Ursache entstanden.[25] Heutzutage geht sie in der Regel nicht mehr tödlich aus, weil künstliche Beatmung die Betroffenen am Leben hält, bis sie überstanden ist.

Der Anthropologe Michael Harner, auch hierzulande prominent geworden durch sein Werben für einen "westlichen" Schamanismus, verbrachte längere Zeit bei den Jivaros, einem südamerikanischen Indianerstamm in Ecuador, und erlernte ihre Sprache. Unter den Bräuchen, in die er eingeweiht wurde, war das Verschießen von *tsentaks*, unsichtbaren magischen Pfeilen, weit verbreitet. Diese *tsentsaks* werden von den Jivaros als Hilfsgeister betrachtet, die Krankheiten heilen, aber auch verursachen können. "Gute" Schamanen sind imstande, sie aus Getroffenen "herauszusaugen", während "böse" Gegenspieler sie einsetzen, um Stammesgenossen übel mitzuspielen. Auch Harner schildert zahlreiche Fälle, in denen die Opfer unmöglich von der Beeinflussung wissen konnten.[26]

Bei den Zulus in Afrika lernte der italienische Forschungsreisende Attilio Gatti einen *Sangoma* (Medizinmann) kennen, der ihn in den Schadenszauber des "Roten Feuerballs" einweihte.[27] Dazu werden lediglich ein paar Haare des ausgewählten Opfers benötigt. Diese wickelt der Sangoma zusammen mit der Haut einer Giftschlange und Teilen toxischer Pflanzen in ein rotes Tuch ein, das er mit Bast verschnürt und unter Beschwörungen kocht. Anschließend wird der Ball an einer Bastschnur über einem Schlangennest aufgehängt. Irgendwann reißt der Bast, und das Bündel fällt auf die Schlangen. In genau diesem Augenblick soll das Opfer, wo auch immer es sich gerade befindet, tot umfallen, so als hätte eine Giftschlange es gebissen. Gatti schildert mehrere Fälle, in denen (Auto-) Suggestion der Opfer auscheidet, weil sie von den ausgeführten Manipulationen nichts wissen konnten. Ähnlich verfahren die Zauberer der Kâte auf Papua-Neuguinea, wenn sie irgendetwas, das nach ihrem Glauben die Seele (*ga*) des Menschen enthält - sei es ein Härchen, ein Speiserest oder ein Zigarettenstummel - mit Bast und Blättern zu einem Päckchen verschnüren, das sie anschließend traktieren.[28] In der ethnologischen Fachliteratur finden sich als Folgen schwarzer Magie unter anderem Unfälle, eine im Koma endende schlagartige Mattigkeit, gastritische Schmerzen und eine unvermittelt einsetzende Appetitlosigkeit, an der Betroffene schließlich verhungern.[29]

Gut kontrollierte Experimentalstudien im Labor, obschon bislang erst in erbärmlich geringer Zahl, stützen den Verdacht. Nicht nur Heiler und andere ausgewiesene Psi-Begabte, sondern auch gewöhnliche Versuchspersonen sind demnach imstande, Wachstum und Mutationsrate von

Mikroorganismen und Pflanzen auf Distanz zu beeinflussen.[30] Bei Carroll Nash, Professor für Biologie an der St. Joseph´s University in Philadelphia, waren sechzig Versuchspersonen auf diese Weise bei *Escherichia Coli*-Bakterien erfolgreich. Der Heilerin Olga Worrall gelang es zwischen 1979 und 1981 in Testreihen am "Technic Research Laboratories", einem privaten Forschungsinstitut in Golden Valley nahe Reno, unter Aufsicht der Biologin Elizabeth Rauscher mehrfach, Bakterien des Typs *Salmonella typhimurium* einen 23prozentigen Wachstumsschub zu geben, verglichen mit Kontrollproben.[31] Derselbe Bakterientyp erhöhte seine Wachstumsrate um 700 bis 1000 Prozent, als chinesische Qi-Gong-Meister ihnen "positives" Qi sandten - und verringerte sich um 50 Prozent, wenn sie mittels Qi abzutöten versucht wurden.[32] Solche Effekte konnten selbst dann noch festgestellt werden, wenn sich der "Sender" anderthalb Meter bis 24 Kilometer von den Zielobjekten entfernt aufhielt.[33] Die mittlere Überlebensrate von isolierten Tumorzellen, die aus der Schleimhaut entnommen worden waren, änderte sich unter "geistiger" Einwirkung des britischen Heilers Matthew Manning um 200 bis 2000 Prozent - selbst von einem anderen, elektrisch abgeschirmten Raum aus.[34] **Wenn Heiler Bakterien und Krebszellen *in vitro* zum Wachstum anregen können - warum nicht auch *in vivo*, im Körper eines Klienten?**

Weitere beachtliche Anhaltspunkte liefert ein junger Forschungszweig, der selbst innerhalb der Parapsychologie bisher zuwenig Beachtung gefunden hat: die UGR (*Unseen Gaze Research*, wörtl. "Erforschung des nicht wahrgenommenen Blicks"). Ernst hätte ihn zumindest aber schon der große russische Dichter Fjodor Dostojewski (1821-1881) genommen.

Während Fürst Myschkin, tragischer Held in Dostojewskis Roman *Der Idiot* (1868/69), im Bahnhof von Petersburg stand, "schien es ihm plötzlich, daß ein seltsamer, glühender Blick zweier Augen aus der Menge, die sich auf dem Bahnsteig drängte, starr auf ihn gerichtet wäre. Als er jedoch genauer hinschaute, konnte er davon nichts mehr entdecken." Ein paar Stunden später wähnte er den gleichen Blick erneut auf sich ruhen, "die Augen dicht hinter seinem Rücken". Es war ihm, "als hätte ihn etwas durchbohrt, und gleichzeitig fühlte er sich an etwas erinnert - etwas Schweres, Finsteres, Düsteres ..."

Myschkin quälte ein weitverbreitetes Gefühl. Ob in Cafés oder Restaurants, in Zugabteilen oder Straßenbahnen, in Wartezimmern oder Fußgängerzonen: Manchmal packt uns unvermittelt ein plötzliches Unbehagen; dumpf spüren wir, wie etwas Fremdes unangenehm zudringlich wird. Im selben Augenblick glauben wir intuitiv zu wissen: "Jemand starrt mich an!", obwohl wir den Betreffenden anscheinend unmöglich wahrnehmen können, zumindest nicht mit unseren normalen Sinnen. Wir drehen uns um: nicht blindlings irgendwohin, sondern meist, merkwürdig zielsicher, in genau die Richtung, aus welcher uns der Blick zu treffen scheint - und finden unsere Ahnung seltsam häufig bestätigt.

Der Eindruck, ungesehene Blicke zu spüren, ist weit verbreitet: Bereits bei einer 1913 in Kalifornien durchgeführten Umfrage, der allerersten zu diesem Phänomen, entsannen sich 68 bis 86 Prozent der Interviewten - je nach Altersgruppe und Geschlecht - mindestens eines derartigen Erlebnisses.[35] Unter befragten Europäern sind es 80 Prozent[36], unter Studenten in St. Louis 85 Prozent[37], unter Texanern 94 Prozent[38].

Steckt hinter dieser vermeintlichen Sensibilität schierer Aberglaube? Überbewerten wir dabei zufällige Gleichzeitigkeiten? Reagieren wir in Wahrheit auf unterschwellige sensorische Hinweisreize: einen Schattenwurf vielleicht, ein Räuspern oder einen Atemhauch im Nacken? Oder weist diese Erfahrung paranormale Anteile auf: Könnte Telepathie im Spiel sein?

Auf einen Psi-Faktor deuten spektakuläre Testreihen hin, die im Rahmen des DMILS-Forschungsprogramms (*Direct Mental Interaction with Living Systems*) unter Leitung des amerikanischen Parapsychologen Dr. William Braud in den späten achtziger Jahren begannen und bis heute fortgesetzt werden: anfangs an der "Mind Science Foundation" in San Antonio, Texas, neuerdings am "Institute of Transpersonal Psychology" in Palo Alto, Kalifornien. In einer typischen Versuchsanordnung bemüht sich ein "Agent" - wörtl. "Handelnder", hier: derjenige, der schaut -, innerhalb einer mehrminütigen Zeitspanne jeweils ein paar Sekunden lang, nach einer zufällig festgelegten Sequenz, den "Perzipienten" (Wahrnehmenden) entweder geistig zu "erreichen" und seine Aufmerksamkeit zu erregen, indem er ihn intensiv anstarrt (Experimentalphase) - oder wegzuschauen und sich innerlich abzulenken (Kontrollphase). Wiederholt fand Braud bestätigt, daß "Perzipienten" auch unter Laborbedingungen auffallend häufig Blicke registrieren, die auf sie gerichtet sind - viel häufiger jedenfalls, als bloß zufälliges Herumraten statistisch erwarten ließe.

Dabei nahmen Versuchspersonen, die der Gruppe der "Perzipienten" (Wahrnehmenden) zugelost worden waren, in einem schalldichten, elektromagnetisch abgeschirmten Laborraum Platz und entspannten sich. Unterdessen war eine Videokamera auf sie gerichtet. Was diese aufnahm, wurde live auf einen Monitor in einem anderen, mindestens 20 Meter entfernten Raum übertragen, vor dem ein "Agent" ("Handelnder") saß.

Telepathische Verbindungen zeigten sich in Serien solcher "Anstarrtests" zumeist nur auf einer unbewußten Ebene. Nachdem Braud einen "Perzipienten" anfangs jeweils befragte, ob dieser meinte, angestarrt worden zu sein (ebenso verfuhr der Biologe Rupert Sheldrake mit englischen Schulkindern), ist er inzwischen dazu übergegangen, den elektrischen Hautwiderstand des "Perzipienten" zu messen: ein verläßlicher Indikator für die Aktivität des autonomen Nervensystems. "Eine normalerweise unbewußte physiologische Reaktion wie diese", erläutert Braud, "zeigt unterschwellige Wahrnehmungen möglicherweise sensibler an als jegliche bewußte Äußerung". Diese Annahme bestätigte sich: Zwar lag bei beiden Versuchsanordnungen die Trefferquote der "Perzipienten" deutlich über der statistischen Zufallswahrscheinlichkeit. Doch am eindrucksvollsten fielen die physiologischen Messungen aus: In Phasen des Angestarrtwerdens erhöhte sich die elektrodermale Aktivität durchschnittlich um immerhin 18 Prozent.

Statistische Signifikanzen kümmerten Dostojewskis blaublütigen "Idioten" freilich nicht. Zwar hatte Fürst Myschkin den Eindruck, "als hätte ihn etwas durchbohrt", zunächst bloß für den Vorboten eines seiner häufigen epileptischen Anfälle gehalten. ("Ich fange jetzt wieder an, alles Mögliche zu sehen", wie Dostojewski ihm in den Mund legt.) Doch die Augen, die ihn hinterrücks anstarrten, waren nichts Eingebildetes: Sie gehörten seinem Verfolger Rogoshin.

Was Braud festgestellt hat, ist nichts Geringeres als die Fähigkeit beliebig ausgewählter Testpersonen, eine auf sie gerichtete Intention eines anderen Menschen außersinnlich zu registrieren, wenn auch nur unbewußt. **Sollten Patienten auf dieselbe mysteriöse Weise nicht auch von ihren Heilern "erreicht" werden können, falls diese es darauf anlegen?** Könnten solche Einflußnahme womöglich über die Grenzen eines Blicks hinausreichen, innerhalb derer sich Brauds Versuche bewegten - und einen Patienten einholen, wo auch immer er sich gerade aufhält? Experimentelle Telepathieforschung spricht dafür.[39] Erfolgreiche Fernheilungen, von denen der Behandelte nichts wußte, während sie stattfanden, deuten darauf hin, daß paranormale Verbindungen zum Wohle anderer möglich sind. Ist auszuschließen, daß durch solche Verbindungen anderen auch Schaden zugefügt werden kann? Trotzdem bleibt vorerst offen (und hätte experimentelle Nachforschungen verdient),

- ob schädliche telepathische Einflüsse auch nur annähernd so stark sind, wie okkultistischen Bangemachern schwant - oder es bei erhöhter elektrodermaler Aktivität und anderen physiologischen Reaktionen harmloserer Art bleibt.
- ob die erzielten Wirkungen *spezifisch* genug sind, um die Intention des Schädigers auch nur halbwegs zu befriedigen. (In Brauds Experimenten trat lediglich ein unspezifisches, mildes Streßsymptom auf, abzulesen an Veränderungen des Hautwiderstands.)
- ob solche Wirkungen *persistieren*, d. h. auch unabhängig von der konzentrierten Absicht des Schädigers andauern und ein Eigenleben entfalten. (Andernfalls müßte jeder Heiler, der nichtsahnende Patienten hartnäckig quälen will, sich unentwegt im Geiste mit ihnen befassen - womit er sich selbst wohl am allermeisten strafen würde.)

Dem bedrohlichen Phänomen in Studien mit Menschen nachzuspüren, verbietet sich freilich aus ethischen Gründen: Wer will schon Heiler, aus reinem Erkenntnisinteresse, dazu anstiften, Hilfesuchenden magisch zu schaden? Immerhin gibt es aus der Humanforschung aber indirekte Anhaltspunkte, die eher unabsichtlich gesammelt wurden: in "Doppelblind-Studien" nämlich, bei denen sich die Beteiligten im nachhinein als keineswegs "blind" erwiesen. Vielmehr zeigte sich, daß Absichten, Überzeugungen und Einstellungen von Versuchsleitern und anderem Personal imstande sind, das klassische Doppelblind-Design zu durchkreuzen. So stellte sich heraus, daß bei Doppelblindstudien zur Wirksamkeit von Vitamin E bei Angina pectoris, ebenso wie zum therapeutischen Nutzen von Meprobamat (Equanil, Miltown) bei chronischen Angstzuständen, die recht unterschiedlichen Forschungsergebnisse mit den positiven oder negativen Erwartungen der beteiligten Experimentatoren korrelierten.[40] In einem besonders verblüffenden Experiment ließ der amerikanische Parapsychologe Jery Solfvin studentische Hilfskräfte glauben, daß sie Labormäusen zwei verschiedene Dosen von Malaria-Erregern injizierten; tatsächlich waren bei den Versuchstieren daraufhin unterschiedliche Erkrankungsstadien festzustellen, die zu den gehegten Erwartungen paßten - obwohl die Dosis in Wahrheit bei jeder Maus exakt die gleiche gewesen war.[41]

Für den bekannten amerikanischen Alternativmediziner Larry Dossey lassen derartige Studien nur einen Schluß zu: "Die Evidenz (für schwarzmagische Einflüsse auf die Gesundheit von Menschen) ist beträchtlich."[42] Hätte er recht, so wären die Implikationen für die medizinische Forschung und klinische Praxis weitreichend. Bei therapieresistenten Erkrankungen, die als "idiopathisch" gelten - und oftmals zu Geistheilern führen -, aber auch bei anderen chronischen Leiden wäre die Frage nach geistigen Einwirkungen angebracht. Und auch die Beziehung zwischen Arzt und Patient müßte neu überdacht werden. Wie die meisten Wissenschaftler, so unterscheiden sich auch Ärzte in ihrer psychischen Grundstruktur, die ihre Praxis prägt: in Erwartungen bezüglich des Krankheitsverlaufs und der Wirksamkeit therapeutischer Maßnahmen. Manche neigen zu Skepsis und Pessimismus, andere eher zu Zuversicht. Falls solche Haltungen tatsächlich unmittelbare Wirkungen auf die Gesundheit der Patienten haben, sollten Ärzte ihren eigenen inneren Zuständen größere Aufmerksamkeit schenken - und darauf drängen, die medizinische Ausbildung entsprechend zu erweitern.

Wenn tatsächlich nicht völlig auszuschließen ist, daß böswillige Heiler auf geistigem Wege einem unliebsamen Klienten Schaden zufügen können, so beunruhigen Hilfesuchende zwei Fragen: **Woran erkennen sie überhaupt, ob ihnen auf solche Weise übel mitgespielt wird? Und wie, wenn überhaupt, können sich davor schützen?**

In der Esoterikszene kursieren etliche "Ratgeber", die dürftige Antworten auf die erste Frage, aber bedenkenswerte auf die zweite enthalten.[43] "Aus der Ferne wirkende Kräfte", so versichert der Magie-Experte Matthias Mala in einem Buchkapitel über "Schwarzmagische Angriffe"[44], "können wir mental wie körperlich vernehmen", nämlich dadurch, "daß wir ungewollt und dumpf auf eine Person oder ein Geschehen fixiert bleiben, über das wir uns normalerweise spielend hinwegsetzen können"; durch "wiederkehrende Alpträume"; durch "unbestimmte Kältegefühle, Sträuben der Nackenhaare; das vage Gefühl, als würde jemand hinter uns stehen"; durch "ungewöhnliche, meist eingebildete Geräusche". "Mit Gewißheit", so verbreitet der Autor weiter, "können wir einen schwarzmagischen Angriff annehmen, wenn zugleich mit diesen Anzeichen Katzen das Zimmer verlassen." Solche Kaffeesatzleserei hilft mit mindestens derselben Gewißheit gerade nicht beim Identifizieren von Gefahrenherden, sondern macht alle und jegliche, die sie für bare Münze nehmen, zu angstneurotischen Nervenbündeln - wie etwa jene eingangs erwähnte Christel S. aus Bad Kreuznach, die ihre Arthrose und Chemikalien-Allergie darauf zurückführt, daß sie "seit vier Jahren und zehn Monaten" von einer Stuttgarter Heilerin "und ihren zwei Mitarbeitern täglich zehn Stunden und mehr niedere Strahlung erhält". (Als ob die Heilerin nichts Besseres zu tun hätte.) Oder Anneliese T. aus Dresden, deren Heiler "seinen Geist geklont hat", um nun "als Bestie in meinem Körper Tag und Nacht" sein Unwesen zu treiben.[45]

Was an schützenden und stärkenden Praktiken zur Abwehr magischer Angriffe empfohlen wird, ist bisher leider nie zum Gegenstand ernsthafter empirischer Forschung geworden. Deshalb kann Hilfesuchenden vorerst nur geraten werden, sie auszuprobieren, sofern sie sich "geistig" verfolgt wähnen - *nachdem* psychiatrische oder psychotherapeutische Maßnahmen erfolglos geblieben sind. Auch wenn "weiße Magie" vielleicht nur als Placebo wirkt - Hauptsache, sie wirkt überhaupt, lindert Pein und besänftigt Verfolgungsängste. Wer noch fest im christlichen Glauben verwurzelt ist, mag auf Fürbitten zu Gott setzen. In jedem Fall hilfreich ist Selbstbewußtseinstraining, das die Überzeugung stärkt, unsichtbaren fremden Mächten nicht wehrlos ausgeliefert zu sein, sondern ihnen eigene Stärke entgegensetzen zu können. Parallelen zur "Besessenheit" drängen sich auf: Weshalb werden nur so wenige Menschen Opfer von Zudringlichkeiten aus der geistigen Welt, wenn doch womöglich jeder von uns ständig von unsichtbaren Wesen und Kräften umgeben ist? Psychologische Studien deuten darauf hin, daß Betroffene bestimmte Persönlichkeitsstrukturen aufweisen, die sie allem Anschein nach für derartige Heimsuchungen besonders empfänglich machen.[46]

Ein schwarzmagisches Risiko, selbst wenn es nicht von der Hand zu weisen ist, sollten Patienten allerdings nicht überschätzen. Die zunehmende Hysterie um angeblich allgegenwärtige Psi-Attacken nutzt vor allem jenen, die mit ihrer professionellen "Abwehr" Geld verdienen. Zum einen denken die allermeisten Heiler nicht im Traum daran, ihre Fähigkeiten jemals zu "schwarzen" Zwecken zu nutzen, selbst wenn sie wüßten, wie sie dabei vorzugehen hätten. Was sie können, verstehen sie als Gottesgeschenk, das sie nicht mißbrauchen dürfen. Wie erkennt und meidet man die wenigen Scharlatane, die es womöglich dennoch tun? Sie neigen zu Drohungen, zeigen Allmachtsgehabe, brüsten sich mit magischer Potenz.

Mir wäre wohler, wenn ich Kranken die Furcht vor Schattenseiten der Geistheilerei ausreden könnte; aber völlig ausschließen kann ich sie nicht, auch wenn ich sie fast immer für wahnhaft halte.

Doch selbst wenn von Flüchen und Verwünschungen tatsächlich eine ungesunde Form von Energie ausgehen sollte, überschätzen Kranke, die sich schwarzmagisch verfolgt wähnen, deren Stärke maßlos. Wie lange hätten Stalin und Hitler andernfalls wohl gelebt?

Anmerkungen

1 *Modeblatt* 7/95, 15/95, S. 104f.

2 Leserbrief in Der *Heiler im Wassermann-Zeitalter* 1/2000, S. 38.

3 Aus einem Brief vom 29.1.2000

4 ein Pseudonym

5 vertrauliche Mitteilung

6 vertrauliche Mitteilung

7 ein Pseudonym

8 vertrauliche Mitteilungen

9 ein Pseudonym

10 Aus einem Brief vom 30.4.2000

11 *Allensbacher Berichte* Nr. 20/1989.

12 Nach einer Repräsentativumfrage der Wickert-Institute im Juni 1991 unter 1795 Westdeutschen.

13 Siehe H. Wiesendanger: *Geistiges Heilen für eine neue Zeit - Vom 'Wunderheilen' zur ganzheitlichen Medizin*, Kösel: München 1999.

14 *World Journal of Surgery* 7/1983, S. 390-399.

15 *Journal of the American Medical Association* 155/1954, S. 339-341.

16 *Medical World News* 4.2.1980, S. 39-47.

17 Rhein, a.a.O.

18 Harald Wiesendanger: *Heilen ohne Grenzen - "Fernbehandeln" auf dem Prüfstand*, Schönbrunn 1999.

19 *Heilen ohne Grenzen*, a.a.O, S. 112 f.

20 J. G. Frazer: *The Golden Bough*, New York 1922.

21 Reichhaltige Dokumentationen von anscheinend schwarzmagisch beeinflußten Erkrankungen und Todesfällen in der dritten Welt präsentieren der italienische Parapsychologe Ernesto Bozzano in *Übersinnliche Erscheinungen bei Naturvölkern*, Freiburg i. Br. 1975 (2. Aufl.), siehe ib. 29 ff., 113 ff., der italienische Forschungsreisende Attilio Gatti in *Sangoma*, Zürich 1960, sowie der deutsche Psychologe Werner Bonin in *Naturvölker und ihre übersinnlichen Fähigkeiten*, München 1986. Siehe auch *Bulletin of the John Hopkins Hospital* 120/1967, S. 186-187; Allan Angoff / Diana Barth (Hrsg.): *Parapsychology and Anthropology* (1974); H. Kalweitz: *Shamans, Healers, and Medicine Men*, Boston 1992. Jüngste Fälle, in denen körperlich gesunde Menschen offenbar allein durch Suggestion oder auch rituelle Verwünschungen im Rahmen des Voodoo-Kults starben, präsentiert und analysiert der Schweizer Psychiater Gary Bruno Schmid in *Tod durch Vorstellungskraft - das Geheimnis psychogener Todesfälle*, Wien/New York 2000.

22 Nach *Die magischen Künste*, Time-Life-Redaktion, Amsterdam 1991, S. 11.

23 *Psychosomatic Medicine* 19/1957, S. 182-190.

24 Max Freedom Long: *The Secret Science Behind Miracles,* Marina Del Rey 1976.

25 M. M. Wintrobe u.a. (Hrsg.), *Harrison´s Principles of Internal Medicine*, 7. Aufl. 1974, S. 1717-1730.

26 Nach M. Harner: *Der Weg des Schamanen*, Genf/München 1994, S. 41-43. Vgl. *Der Heiler* 3/96, S. 66.

27 Nach Bonin, a.a.O., S. 35

28 Bonin, a.a.O. S. 113 f,: Christian Keysser: *Ajo!* Nürnberg 1926.

29 S. Bramley: *Macumba*, New York 1979.

30 *Journal of the American Society for Psychical Research* 51/1982, S. 217-221; *Journal of the American Society for Psychical Research* 53/1984, S. 145-152.

31 Harald Wiesendanger: "Das ‚Salmonellen-Wunder'", *Der Heiler* 2/1998, S. 62-64.

32 *China Qi Gong Magazine* 1/1983, S. 36.

33 *Journal of Parapsychology* 32/1968, S. 237-243.

34 *Journal of the Society for Psychical Research* 50/1979, S. 199-223.

35 *American Journal of Psychology* 24/1913, S. 570-575.

36 Rupert Sheldrake: *The Seven Experiments that Could Change the World*, London: Fourth Estate 1994.

37 *Journal of the Society for Psychical Research* 33/1992, S. 448-457.

38 *Proceedings of Presented Papers: 33rd Annual Parapsychological Association Convention*, Chevy Chase, MD, S. 14-28.

39 Siehe z. B. Harald Wiesendanger: *Die Jagd nach Psi*, Freiburg 1989, Kap. X ("Telepathie").

40 Stanley Krippner (Hrsg.): *Advances in Parapsychology*, Band 4, Jefferson, NC 1984, S. 61-63.

41 *European Journal of Parapsychology* 4/1982, S. 160-197.

42 *Journal of Scientific Exploration* 8/1994, S. 73-90.

43 Zum Beispiel Dion Fortune: *Selbstverteidigung mit Psi*, Interlaken 4. Aufl. 1987; Matthias Mala: *Weiße Magie. 365 schützende und stärkende Praktiken*, München 1996.

44 Mala, a.a.O., S. 102 f.

45 Brief vom 31. Januar 1998.

46 *Zeitschrift für Parapsychologie und Grenzgebiete der Psychologie* 27/1985, S. 116-141.

43
Auf Kriminelle einlassen?

Geistheiler als Straftäter: Warum sie vom Rechtsstaat verfolgt werden

Über beinahe jedem Geistheiler in Deutschland schwebt das Damoklesschwert des "Heilpraktikergesetzes" (HPG) von 1939. Wer Krankheiten behandelt, ohne als Arzt approbiert oder als Heilpraktiker zugelassen zu sein, muß demnach befürchten, als Straftäter verfolgt zu werden: Er riskiert ein Tätigkeitsverbot, hohe Geldbußen und, im Wiederholungsfall, sogar eine Haftstrafe - selbst wenn er nicht den geringsten Schaden anrichtet und mit Hilfesuchenden vorbildlich liebevoll und uneigennützig verfährt. So wirft der Gesetzgeber seriöse Heiler mit Kurpfuschern in einen Topf.

Ähnlich hanebüchene Rechtsverhältnisse finden Geistheiler bisher fast überall in Europa vor. Lediglich Großbritannien, die Niederlande und eine Handvoll Schweizer Kantone, mit Einschränkungen auch Norwegen, Dänemark und Irland sind in dieser Hinsicht zu Inseln der Liberalität und Toleranz geworden. Wenn Sie die Hintergründe dieses immer noch viel zu wenig bekannten Justizskandals interessieren, empfehle ich Ihnen das Kapitel 8, "Wer heilt, will Recht", in meiner Anthologie *Geistiges Heilen für eine neue Zeit - Vom "Wunderheilen" zur ganzheitlichen Medizin* (Kösel-Verlag, München 1999). Als Staatsbürger sollten Sie sich darüber empören, als Patient dürfen Sie allerdings beruhigt sein: Wer sich von einem Geistheiler behandeln läßt, macht sich auch nach deutschem Recht nicht strafbar, zumindest bis jetzt noch nicht - im Unterschied etwa zum Kunden eines Diebs, wenn er wissentlich eine gestohlene Ware erwirbt.

44
Ohne schlechtes Gewissen

Das Kreuz mit der Kirche: Ist Geistheilung unchristlich?

Kommt zu mir, die ihr euch plagt und schwere Lasten zu tragen habt. Ich werde euch Ruhe verschaffen!": Dieses Jesus-Wort steht als Motto auf Handzetteln, mit denen Pfarrer Hansruedi Felix auf jene aufsehenerregenden Veranstaltungen aufmerksam macht, die er seit September 1995 in der reformierten Offenen Kirche Elisabethen von Basel anbietet. Versprochen wird "Segnung und Handauflegung zur seelischen und körperlichen Unterstützung und ganzheitlichen Genesung durch HeilerInnen, die sich als VermittlerInnen der göttlichen Kraft verstehen und notleidenden Menschen durch Handauflegung Hilfe anbieten. Keine Voranmeldung."

Um wöchentlich 30 bis 60 Hilfesuchende kümmern sich, an jedem Donnerstag von 14 bis 18 Uhr, jeweils vier von insgesamt neun Heilerinnen. Viele erfahren Linderung - doch "Wunderheilungen" sind bisher noch nicht vorgekommen, wie Pfarrer Felix einräumt; geschähen sie, so würde er über sie möglichst Stillschweigen bewahren; denn traditionelle Wallfahrtsreklame ist ihm ein Greuel. Er will "zur Versöhnung zwischen Kirche und Heilungsbewegung beitragen", nichts weiter.

In den Heilerinnen sieht der Geistliche Werkzeuge Gottes: "Auch ein Arzt kann nicht heilen. Er kann mit seinem wissenschaftlichen Instrumentarium lediglich dahingehend wirken, daß die Heilungskräfte im Patienten aktiv werden. Dasselbe tut die Heilerin auf ganz anderem Weg."

Alle drei Monate gestaltet Pfarrer Felix, gemeinsam mit seinen handauflegenden Helferinnen, eine liturgische Heilungsfeier mit musikalischer Umrahmung, einem Bibeltext mit Ansprache, einer Segnung mit Öl und dem Angebot der Handauflegung.

Steht der umstrittene Pfarrer damit nicht fest auf dem Boden biblischer Überlieferung? Schon Jesus heilte, auf geistigem Weg, Blinde und Lahme, Aussätzige und Besessene. Mindestens vierzig Stellen in den Evangelien künden davon. Manchmal genügte ihm dazu ein einziges Wort oder ein knapper Befehl, wie bei Matthäus 9,6: "Steh auf, nimm deine Tragbahre und geh!", oder bei Markus 7,13: "Er sprach zu dem Taubstummen: Effata, das heißt: Öffne dich!" Ein andermal "berührte er ihre Hand, und das Fieber wich" (Matthäus 8, 13). Hin und wieder verband er eine heilende Geste mit beschwörenden Worten. ("Jesus streckte die Hand aus und sprach: Ich will, sei rein", Matthäus 8, 3.) Oder er sprach ein Gebet. Oder er ließ Leidende sein Gewand berühren.

Solche Krankenheilungen setzte Jesus zweifellos nicht nur beiläufig als spektakuläre Zauberkunststücke ein, welche die Massen auf ihn und seine Botschaft neugierig machen sollten - sie waren essentieller Bestandteil seiner Botschaft. In seiner anscheinend grenzenlosen Macht zu heilen wollte er Zeugnis dafür ablegen, wessen Sohn er war und wer ihm beistand; in der Möglichkeit, im Vertrauen auf Ihn selbst von vermeintlich ausweglosem Leid frei zu werden, sollte die Allmacht tiefer Religiosität offenbar werden: "Alle Dinge sind möglich dem, der da glaubt" (Markus 9, 23). Die Heilungen Jesu waren wortlose Lektionen, wie sie überzeugender nicht ausfallen konnten.

Entsprechend große Bedeutung maß Jesus dem Heilauftrag bei, als er seine Jünger aussandte, das Wort Gottes zu verkünden: "Heilt Kranke, weckt Tote auf, macht Aussätzige rein, treibt Dämonen aus!" (Matthäus 10, 5; ähnlich zitiert ihn das Lukas-Evangelium 10, 9.) Die ersten christlichen Wanderprediger hielten sich streng daran - und darauf beruhte ein Großteil des Erfolgs ihrer Mission. Sich Kranker anzunehmen und ihr Leid durch Gebete, Salbungen und aufgelegte Hände zu lindern, gehörte in den urchristlichen Gemeinden lange Zeit zum selbstverständlichen Alltag. Pflegedienst war Gottesdienst.

Treffen Geistheiler insofern nicht ein zentrales christliches Anliegen? Sollte ihnen daher nicht die Unterstützung der Kirchen in ihrem Befreiungskampf gegen rechtsstaatliche Fesseln sicher sein? Die meisten Heiler führen die Energien, die sie vermitteln, auf einen göttlichen Ursprung zurück. Viele sind praktizierende, tiefgläubige Christen, die sich wie einst Jesus als Werkzeug Gottes fühlen - als "Kanal" für eine übermenschliche Kraft, die durch sie wirkt.

Auf dieselbe Kraft beruft sich seit den sechziger Jahren eine innerkirchliche Bewegung, die weltweit bereits über dreißig Millionen Christen erfaßt haben soll: die "Charismatische Erneuerung". Ihre bedeutendsten Wegbereiter, die Amerikaner Agnes Sanford, Francis MacNutt und John Wimber, ziehen in öffentlichen Heilgottesdiensten oft mehrere tausend Gläubige in ihren Bann. Eine wachsende Zahl von Gemeindepfarrern auch im deutschsprachigen Raum folgt ihrem Beispiel; die Resonanz übertrifft ihre kühnsten Erwartungen.

Doch gerade von Vertretern der großen christlichen Amtskirchen werden solche Strömungen mit kaum geringerem Argwohn verfolgt als von seiten der Ärzteschaft. Allenfalls werden sie geduldet, selten sogar ermutigt - doch je höhere Würdenträger in der Kirchenhierarchie sich dazu äußern, desto größeres Unbehagen wird spürbar. Und wann hat je ein Bischof seine Stimme erhoben, um auf das Vorbild Jesu Christi und seiner Apostel hinzuweisen, wenn mit einem Geistheiler vor einer Strafkammer wieder einmal kurzer Prozeß gemacht wurde? Wer widersprach dem Vatikan, als dieser dem Erzbischof von Sambia, Emmanuel Milingo, 1991 strikt untersagte, in Rom und anderen Städten öffentliche "Heilungsmessen" abzuhalten? "Ich lege die Hände auf und bete", hatte Milingo seine unkonventionellen Meßfeiern verteidigt. "Alles andere ist Gottes Verdienst." Damit fiel er beim Vatikan in Ungnade: "Der Glaube beruht nicht auf derartigen mehr oder weniger aufsehenerregenden und magischen Mirakelveranstaltungen", ereiferte sich Antonio Silvestrelli, Prälat für Glaubens- und Moralfragen im Vatikan, in einer geharnischten Presseerklärung.

Was hat die Kirche gegen solche Mirakel? Die Gründe dafür sind vielschichtig. Im Laufe der Kirchengeschichte trat Verkündigung und Bekehrung immer mehr in den Vordergrund der christlichen Mission, das Wort wog mehr als das Werk, Seelenheil mehr als Leibeswohl. Die ersten Jünger Jesu waren einfache Menschen, Zöllner und Fischer vom See Genezareth, und auch ihre ersten Anhänger kamen in der Mehrzahl aus dem Kreis der Armen und Bedrückten. Es überwogen Handwerker, Freigelassene und Sklaven - Leute, die nicht viel Worte machten, sondern die Taten grenzenloser Nächstenliebe und unbedingten Gottvertrauens für sich selber sprechen ließen. Unter ihren Nachfolgern hingegen überwiegen Kirchenfunktionäre, beraten und gestützt von Theologen, deren Gelehrsamkeit Mühe hat, zwischen zwei Buchdeckel zu passen. Der Schwerpunkt christlichen Glaubens verlagerte sich aus

Hand und Herz in den Kopf, und damit auch weg von der heilenden Hand.

Hinzu kommt ein ungebrochener Hang, die Heilige Schrift zu "entmythologisieren". In ihm wirkt bis heute ein Rechtfertigungszwang weiter, an dem die Kirche seit der Aufklärung schwer trägt: Konfrontiert mit den Erkenntnisansprüchen und -zuwächsen der modernen Naturwissenschaften, schien es einer immer größeren Zahl von Theologen eine arge Zumutung für die kritische Vernunft, die biblischen Wunderberichte weiterhin wörtlich zu nehmen. Ob auferweckte Tote oder Schwebeschritte über Seen, selbstbrennende Büsche oder Zeichen an der Wand: Alles scheinbar "Übernatürliche" wurde zu Gleichnissen umgedeutet, auf bloß "symbolische" Schilderungen zurückgeführt. Seither sollen mit Blinden Uneinsichtige gemeint sein, Aussätzige erscheinen mit den Flecken der Sünde behaftet, und Gichtbrüchige gelten als Menschen, die nicht mehr auf dem rechten Pfad der sittlichen Gebote zu wandeln vermögen. Aber die Religion braucht das Wunder, und wo sie es zur bloßen Allegorie verkümmern läßt, vernichtet sie es gründlicher, als die Naturwissenschaft je zuwege brächte.

Bei vielen Kirchenvertretern herrscht zudem ein fatalistisches Krankheitsverständnis vor, das den Urchristen noch weitgehend fremd war, aber spätestens in der Zeit der verheerenden Seuchen, die Europa im Mittelalter heimsuchten, die Oberhand gewann. Unter den Händen Jesu und seiner Apostel schien noch jedes Leid zu weichen; doch den Wellen von Cholera, Typhus und vor allem von Pest, die bis zum Ende des 18. Jahrhunderts ganze Städte und Landstriche entvölkerten, fühlte sich das christliche Abendland bei aller Glaubenskraft wehrlos ausgeliefert. Kein Geistlicher, ja nicht einmal der Papst vermochte sie zu bannen. Inbrünstige Gebete von Abermillionen blieben unerhört. Was blieb ihnen anderes übrig, als sich in das Unabwendbare zu fügen? Trost schöpften sie aus dem Gedanken, daß Krankheit die Zuchtrute Gottes sei - die gerechte Strafe für offenbare oder heimliche Sünde. So scheint sich in physischem Leid der Wille eines göttlichen Gerichts auszudrücken. "Wunderheiler", die darauf aus sind, es zu beenden, freveln somit, weil sie den Vollzug des Urteils zu vereiteln versuchen. Krankheit als Lektion: Statt nach "Wundern" Ausschau zu halten, sollten Betroffene eher lernen, sich in ihr Schicksal zu fügen - und seinen tieferen Sinn zu erkennen.

Ein viertes, immer noch mächtiges Motiv, auf Distanz zu Geistheilern zu gehen, steckt im Hang orthodoxer Kirchenkreise, alles Wundersame zu verteufeln. Kündigt die Heilige Schrift nicht für die "Endzeit" "Zeichen und Wunder" an (2. Thessalonicher 2, 9), durch welche die

Gläubigen verführt werden sollen, von Gott abzufallen (Matthäus, Kap. 24)? Der Teufel kann sich "verstellen in einen Engel des Lichts", warnt die Bibel. So könne es geschehen, daß eine Bewegung den Namen Gottes rühme und doch einen "fremden Geist", ein "fremdes Feuer" in sich trage (3. Mose 10). Also beweisen Wunder gar nichts, auch keine Heilwunder. Denn "der Geist aus dem Abgrund" wirkt ebenfalls Wunder (Offenbarung 13, 13). Wen solche apokalyptischen Ängste plagen, der ist leicht versucht, in Geistheilern arglose oder gar vorsätzliche Vollzugsgehilfen teuflischer Verführungskünste zu sehen - sozusagen die therapeutische Vorhut der *civitas diaboli*, des Reichs Satans, der Leiber kuriert, um Seelen zu fangen.

Über solche Abwehrreaktionen kann eine wachsende Zahl von Christen jedoch nur verständnislos den Kopf schütteln. Sie erleben geistiges Heilen als praktisches Beispiel selbstloser Nächstenliebe, vollbracht von Mitmenschen, deren tiefe Frömmigkeit und Demut manchem Priester alle Ehre machen würde. Wäre Jesus Christus heute unter uns - auch er könnte schwerlich mit kirchlichem Segen rechnen, falls er sich Kranker ebenso annähme wie einst. Der päpstliche Bannstrahl, der Emmanuel Milingo ereilte, träfe auch ihn.

Geharnischte interne Kritik schlug denn auch Pastorin Renate Ebeling entgegen, nachdem sie Anfang 1997 in der St. Nikolai-Kirche in Kiel zu einem zweistündigen "Heilungsgottesdienst" eingeladen hatte. Rund 300 Menschen waren gekommen, überwiegend Kranke. Lange Warteschlangen bildeten sich vor dem Altar, an dem die Genesungswünsche mit Handauflegen, Bittgebeten und einer Salbung bestärkt wurden. "Die Heilige Schrift trägt uns solches Tun auf", beharrte die Geistliche, die auch im Klinikum der Christian-Albrechts-Universität von Kiel tätig ist. "Vorwürfe, das sei okkult oder esoterisch, erweisen sich im Blick auf die biblischen Belege als haltlos."

45
Letztes Geleit

Heil werden im Tode - Geistiges Heilen als Sterbehilfe

Wann folgt die Ursache der Wirkung? Wenn ein Arzt hinter dem Sarg seines Patienten hergeht." Damit der Witz ankommt, muß Zuhörern klar sein: Ein Arzt, dessen Patient stirbt, hat versagt. Eine Therapie, die den Behandelten nicht retten kann, war nutzlos, zumindest in seinem Fall.

Mit derselben Erwartung sehen sich Geistheiler unentwegt konfrontiert. Deren "Erfolg" messen Hilfesuchende und ihre Angehörigen schließlich daran, wie rasch und vollständig Symptome verschwinden oder zumindest nachlassen, ein Leiden "besiegt" oder wenigstens erträglicher gemacht wird. Doch wenn eine Erkrankung trotz geistigen Heilens unaufhaltsam voranschreitet - taugt dann der Heiler nichts?

Wer derart richtet, begreift nicht, worum es geht. Geistiges Heilen ist in erster Linie eine besondere Form, in der Menschen, ganze Personen, in einer therapeutischen Beziehung miteinander umgehen: eine Form von spiritueller Genesungshilfe, in der Anteilnahme, Vertrauen und liebevolle Zuwendung eine Schlüsselrolle spielen. Und dabei sollten wir das Wort "Heiler" ganz wörtlich nehmen: Einen Menschen zu heilen bedeutet eigentlich, ihn "heil", das heißt "ganz" zu machen, und dazu gehört weitaus mehr, als nur gewisse defekte Teile seines Körpers zu reparieren. Ein Krebspatient beispielsweise mag als kuriert gelten, wenn seine Tumoren verschwunden sind und mehrere Jahre nicht wiederkehren; aber ihn zu heilen erfordert, die ganze Vielfalt von äußeren und inneren Bedingungen zu erkunden und zu beseitigen, die ihn überhaupt erst krank machten: zum Beispiel belastende soziale Beziehungen, unausgewogene Ernährung und andere ungesunde Lebensgewohnheiten, mancherlei Ängste, Komplexe und Zwänge, sein Hadern mit dem Schicksal, vielleicht auch verlorene Werte und Sinnleere, oder irgendein erlittenes *Un*-Heil, mit dem er nicht fertig wird. Was ein guter Geistheiler tut, steht der Seelsorge des Priesters insofern viel näher als der therapeutischen Intervention des Schulmediziners. Geistheiler betreiben sozusagen *Heilsorge*, in Sorge um das Heil ihrer Patienten. Und heil werden kann ein Mensch durchaus, ohne symptomfrei zu werden. Einen Krebskranken geistig zu heilen, kann auch bedeuten, ihn mit seinem Schicksal auszusöhnen; ihm die Angst und Verzweiflung zu nehmen, mit der er sich gegen sein Los aufbäumt; ihn auszusöhnen mit dem Unausweichlichen; ihn darauf vorzubereiten, es anzunehmen; es ihm leichter zu machen, Abschied zu nehmen.

So war es bei Sonja Jost.[1] Sie war erst 45. Aber sie hatte Krebs im Endstadium, mit Metastasen im ganzen Körper. Mit unsäglichen Schmerzen und Atemnot lag die Lehrerin 1994 in einer südostbayerischen Klinik. Ihre Ärzte erwarteten, daß sie jede Minute sterben würde. Doch Sonja Jost gab nicht auf. Sie rief den Geistheiler Freddie Tal zu sich, der sie fortan täglich eine Stunde lang behandelte. Die Stationsleitung hatte nichts dagegen: Der Fall schien ihr ohnehin "hoffnungslos".

Doch seit der Geistheiler zu ihr kam, konnte sie sich entspannen und besser schlafen. Die Schmerzen ließen nach, das Atmen fiel ihr leichter, das Wasser in den Lungen wurde weniger. "Sie konnte wieder lächeln", erinnert sich der Heiler, "und hatte tiefe Einsichten über ihr Leben und ihre Haltung gegenüber sich selbst." Nach zehn Tagen starb sie friedlich und schmerzfrei: nicht kuriert, aber heil.

Anmerkung

1 Ein Pseudonym.

Kurz und bündig

Zehn Goldene Regeln - Hilfesuchenden ans Herz gelegt

1 **Lassen Sie sich nicht irremachen:** weder durch ärztliche Bedenken, noch durch abfällige Äußerungen seitens Verwandter, Freunde und Kollegen, noch durch Einwände von kirchlicher Seite, noch von angeblichen wissenschaftlichen "Forschungslücken", noch vom Mangel an Erklärungen. Es gibt für Patienten keinen vernünftigen Grund, sich nicht auf geistiges Heilen einzulassen, egal bei welcher Diagnose: Die Mehrzahl der Behandelten profitiert davon. (Siehe Kap. 1.) Und selbst wenn es nichts nützt, richtet es keinerlei Schaden an.

2 **Schrauben Sie überzogene Erwartungen zurück.** Geistheiler sind keine allmächtigen Wundertäter. Haben Sie Geduld: Je fortgeschrittener Ihr Leiden ist, je länger es bereits andauert, desto schwerer wird ihm geistiges Heilen beikommen. Oft ist keine vollständige Genesung mehr möglich, immerhin aber eine Linderung - und zumeist eine deutliche, anhaltende Verbesserung des Allgemeinbefindens.

3 **Informieren Sie sich.** Verschaffen Sie sich zumindest einen groben Überblick über die verschiedenen Formen geistigen Heilens, über Möglichkeiten und Grenzen, über Methoden und theoretische Hintergründe. (Dabei hilft Ihnen hoffentlich mein *Großes Buch vom geistigen Heilen*, siehe "Lesetips" im Anhang.)

4 **Werden Sie zum bewußten Selbstheiler.** Machen Sie sich klar, was Sie selbst zu Ihrer Genesung beitragen können. Keine Geistheilung kann gelingen, wenn Sie nicht mithelfen, die inneren und äußeren Umstände zu ändern, unter denen sich Ihre Krankheit entwickelte.

5 **Sehen Sie in geistigem Heilen keinesfalls eine Alternative zur Schulmedizin**, sondern bloß eine sinnvolle Ergänzung. Heiler sind keine Ersatzdoktoren.

6 **Fahnden Sie unter Heilern nicht nach "Spezialisten"** für Ihr besonderes Krankheitsbild. Es gibt keine, allem Anschein zum Trotz.

7 **Vertrauen Sie auf der Suche nach einem fähigen, seriösen Geistheiler Ihrem persönlichen Eindruck, Ihrer Intuition, Ihrer Menschenkenntnis.** Sie sind verläßlichere Ratgeber als bloßes Hörensagen, als Meldungen in Presse, Funk und Fernsehen, als Anzeigen und Werbebroschüren. Skepsis ist auch gegenüber Empfehlungen seitens Heilerverbänden angebracht: Sie vermitteln ausschließlich eigene Mitglieder. Manche betätigen sich als Agenturen zur Klientenbeschaffung, wodurch sie besonders attraktiv für Anfänger, Mittelmäßige und Nichtskönner sind, denen Kundschaft fehlt; ein wirklich guter Heiler kann darauf verzichten, allein die Mundpropaganda zufriedener Patienten beschert ihm im allgemeinen mehr Arbeit, als er bewältigen kann. Die Zugehörigkeit zu einem Verein bürgt weder für mehr Charakter, noch für mehr Moral, noch für größere therapeutische Befähigung, wie sogenannte "Ehrenkodices", "Diplome", "Prüfungen" und anderes Wortgeklingel vorgaukeln. Fähige, seriöse Heiler gibt es auch außerhalb von Vereinen. (Siehe Kap. 26, 28)

Beschaffen Sie sich zunächst Anschriften und Telefonnummern von Heilern in der Nähe Ihres Wohnorts. (Mehrere hundert werden in dem kommentierten Adressenverzeichnis *Auswege - Wo Kranke geistige Hilfe finden* vorgestellt, siehe "Lesetips" im Anhang.) Rufen Sie mehrere an. Vereinbaren Sie einen Termin zum Kennenlernen. Lassen Sie sich genau erläuten, wie Ihre Behandlung ablaufen soll, bitten Sie um eine kostenlose Probesitzung. Klären Sie vorab die Honorarfrage. Hören Sie auf Ihre innere Stimme: Meint es dieser Mensch gut mit Ihnen? Fühlen Sie sich in seiner Gegenwart wohl, angenommen und aufgehoben? Liegen Sie mit ihm "auf gleicher Wellenlänge"? Treffen Sie erst dann Ihre Wahl.

Brechen Sie eine Behandlung dann ab, wenn sie nicht nach spätestens fünf bis zehn Sitzungen zu einer ersten spürbaren Linderung von Beschwerden geführt hat. Ein anderer Heiler, eine andere geistige Heilmethode kommt bei Ihnen dann möglicherweise weiter.

8 **Achten Sie vom ersten Kontakt an aufmerksam auf Anzeichen, die den Scharlatan verraten**: Er kommt seltener vor, als panikmachende Kritiker ungeprüft unterstellen, aber häufiger, als blauäugige Esoteriker wahrhaben wollen. Vor allem folgende Merkmale sollten Sie stutzig machen (siehe Kap. 30):

- Der Heiler verspricht Ihnen rasche, vollständige Heilung.
- Er stellt Ihnen unüberprüfbare Diagnosen.
- Er hält Sie davon ab, zum Arzt zu gehen, und äußert sich pauschal abfällig über die Medizin.
- Er bedrängt Sie, laufende ärztliche Behandlungen abzubrechen, Medikamente abzusetzen.
- Er droht Ihnen mit einer Verschlimmerung Ihres Leidens, falls Sie sich nicht auf ihn einlassen bzw. sich nicht von ihm weiterbehandeln lassen möchten.
- Er nimmt sich keine Zeit für Sie, läßt Wärme und Anteilnahme vermissen.

Hoffnung darf Sie nicht blind machen. Das Licht am Ende des Tunnels - es könnte immer auch ein entgegenkommender Zug sein.

9 **Lassen Sie sich auf Inserate oder sonstige Werbung gar nicht erst ein.** Meiden Sie Heiler mit dubiosen akademischen Titeln, ebenso wie die vermeintlichen "Stars" der Szene. (Siehe Kap. 21, 28.)

10 **"Fernbehandlungen" sind immer nur die zweitbeste Lösung.** Beim geistigen Heilen, wie überhaupt in therapeutischen Beziehungen, ist persönlicher Kontakt ein wesentlicher Faktor. (Siehe Kap. 33.)

Zum Ausklang

Wenn der Kanzler Krebs hätte

Was geschähe, wenn Gerhard Schröder an bösartigem Krebs erkranken würde, wie jährlich 400.000 Deutsche? Natürlich würde er sich von den weltweit führenden Spezialisten operieren, bestrahlen und chemotherapieren lassen.

Doch wenn die Schulmedizin nicht weiterkäme - und sein Leiden so bedrohlich fortschritte, daß er schließlich als "austherapiert" gälte? Vielleicht würde er, auf Anraten unkonventioneller Onkologen, auf naturheilkundliche Mittel setzen, sein Immunsystem im Kampf gegen die Tumorzellen zu stärken.

Und falls auch das nicht hilft? Wenn Schröder vor der Wahl stände: entweder aufgeben - oder nach jedem Strohhalm greifen? Sogar er würde dann vielleicht mit dem Gedanken spielen, es mit geistigem Heilen zu probieren. Seit die Mauer fiel, ist die Bereitschaft deutscher Regierungschefs, an Wunder zu glauben, ohnehin gewachsen - warum also sollte er sich nicht probeweise darauf einlassen?

Natürlich würde er nicht selbst zum Hörer greifen. Eine Sekretärin, ein Sachbearbeiter müßte für ihn vorfühlen. Vielleicht würden sie mich anrufen - wie es 1996 Beauftragte des Vizepräsidenten eines deutschen Landtags sowie eines Bonner Parlamentariers getan haben, im Juni 1999 gefolgt von einem chronisch rückenschmerzgeplagten Mitglied im

Rechtsausschuß des Deutschen Bundestags - und mich um eine Empfehlung bitten: Ein besonders fähiger, absolut diskreter Geistheiler müsse es sein, am besten einer, der in der Nähe von Berlin wohnt und zu Hausbesuchen im Kanzleramt bereit wäre. Strengstens vertraulich, so würde betont, müsse die ganze Angelegenheit behandelt werden. Nicht auszudenken, wenn die Öffentlichkeit Wind davon bekäme, daß Deutschlands Bundeskanzler sein Schicksal in die Hände von wandelnden Placebos legt.

Ich würde Diskretion zusichern, die Geistheilung begänne. Doch natürlich ließe sie sich auf Dauer nicht geheimhalten. Findige Berlin-Korrespondenten, die auch sonst das Gras wachsen hören, kämen rasch dahinter - und prompt gingen Agenturmeldungen um die Welt: "Kanzler beim Wunderheiler". In ersten Stellungnahmen bringen die Bundesärztekammer und der Bundesverband der pharmazeutischen Industrie ihre Bestürzung darüber zum Ausdruck, daß der mächtigste Mann im Staat offensichtlich jeden Blick für das Machbare verloren habe. Oppositionsführerin Angela Merkel merkt spöttisch an, angesichts der desolaten Wirtschafts- und Finanzpolitik habe er ohnehin seit längerem den Eindruck, daß Schröder nur noch ein Wunder helfen könne. Zutiefst befremdet zeigt sich die Deutsche Bischofskonferenz darüber, daß in unserem christlichen Land nun schon die politische Elite der Versuchung zu unchristlichem Hokuspokus erliege, anstatt ihr Schicksal gläubig der Allmacht Gottes anzuvertrauen. Die CDU-Sozialausschüsse stört, daß der Kanzler auch mit dieser Initiative keinen einzigen neuen Arbeitsplatz geschaffen habe. Unverzüglich stellt Bundesgesundheitsministerin Ulla Schmidt klar, Schröders privater Alleingang in höchster Not bedeute keineswegs, daß auf der Neunten Stufe der Gesundheitsreform Geistiges Heilen künftig auf Krankenschein zu haben sein werde. Jürgen Trittin verleiht seiner Hoffnung Ausdruck, Schröders Hinwendung zur Esoterik möge sich günstig auf die Restlaufzeit deutscher Kernkraftwerke sowie die EU-Altautoverordnung auswirken, und erwägt ein Forschungsprogramm zur Nutzenanalyse Geistigen Heilens als Quelle erneuerbarer Energie. Die sechs deutschen Heilpraktikerverbände erstatten kollektive Strafanzeige gegen den Bundeskanzler - wegen Ermöglichung, Förderung und Verschleierung einer Straftat, als die Geistiges Heilen ohne staatliche Zulassung gemäß dem "Heilpraktikergesetz" zu gelten habe. Oskar Lafontaine bemängelt das für Schröder auch hier wiederum typische "schlechte Mannschaftsspiel", und Hillu meint, mit ihr wäre das alles nicht passiert. Wie die Deutsche Gesellschaft für Humanes Sterben verlauten läßt, hätte sich Schröders Problem auch ganz anders lösen lassen. Die Witwe des früheren

Bundeswirtschaftsministers Jürgen Möllemann wechselt ins Lager der Sozialdemokraten über: Im Herbst 1992 hatte ihr Mann sich persönlich für einen Handaufleger in seinem Wahlkreis eingesetzt, dem wegen "unerlaubter Ausübung der Heilkunde" ein Strafverfahren drohte.[1]

Und wenn nun das Unfaßbare geschähe und Schröder einige Wochen später tumorfrei wäre? Wenn er dies gar zum Anlaß nähme, sich für Heiler öffentlich einzusetzen? Bis dahin hätte er vermutlich ein Mißtrauensvotum im Bundestag, begründet mit Zweifeln an seiner Zurechnungsfähigkeit, politisch schon nicht mehr überlebt. Die Heilung würde als "Spontanremission" abgetan, auf einen "Placebo-Effekt" zurückgeführt - oder einem verzögerten Erfolg schulmedizinischer Maßnahmen zugeschrieben.

Und wenn auch Geistheilung den Kanzler nicht retten könnte? Dann hätten Kritiker es ohnehin schon immer gewußt: An solcher Scharlatanerie kann nichts dran sein.

Die Moral des makabren Gedankenspiels: Wer hierzulande seine Macht nutzen würde, um für "Wunderheiler" einzutreten, verlöre sie wundersam schnell. Vorerst noch.

Anmerkung

1 Siehe Harald Wiesendanger: *Das Große Buch vom Geistigen Heilen - Möglichkeiten, Grenzen, Gefahren*, Lea-Verlag: Schönbrunn 3. Aufl. 2003, S. 313 f., 344 ff.

Über den Autor

Harald Wiesendanger, 1956 in Lörrach/Baden geboren, studierte 1975 bis 1982 Philosophie, Psychologie und Soziologie an der Universität Heidelberg, wo er zum Dr.phil. promovierte. Als Stipendiat der Deutschen Forschungsgemeinschaft (DFG) brachte er mehrjährige Forschungsarbeiten über die Analytische Philosophie des Geistes zum Abschluß (*Ursprung und Entwicklung des modernen Materialismusstreits*, 1983). Daraus ging sein erstes Buch hervor, *Mit Leib und Seele. Ursprung, Entwicklung und Auflösung eines philosophischen Problems* (1987); darin hinterfragt er, am Beispiel des klassischen Leib-Seele-Dualismus, den altehrwürdigen Anspruch von Philosophen, anders als empirische Wissenschaftler a priori zu zeitlos gültigen, "notwendig wahren" Erkenntnissen über das "Wesen" alles Seienden zu gelangen. Für ihn selbst wurde dieses Buch zur Leiter, auf der er aus seinem Fach ausstieg - in die Wissenschaftspublizistik.

Nach mehreren Jahren als Redakteur und Chefredakteur bei Tageszeitungen und Fachzeitschriften arbeitet er seit 1986 als freier Publizist von einem abgelegenen Odenwalddorf östlich von Heidelberg aus. Seither leitet er die "PSI-Presseagentur für Grenzgebiete der Wissenschaft". Seine Themenschwerpunkte: Psychologie und Grenzwissenschaften, insbesondere Parapsychologie und Paramedizin. Das Themenspektrum reicht dabei von Esoterik allgemein über Okkultismus, Astrologie, Jenseitsforschung und veränderte Bewusstseinszustände bis hin zu Reinkarnation und Geistiges Heilen. Von 1987 bis 1990 gab er einen monatlichen *Psychologischen Informationsdienst* für die Wissenschaftsressorts von Tages- und Wochenzeitungen heraus, von 1991 bis 1995 den monatlichen Pressedienst *Paramed* für Alternativ- und Paramedizin. 1988 gründete er den *PSI-Pressedienst*, den ersten und bislang einzigen seiner Art im deutschsprachigen Raum. Inzwischen sind von Wiesendanger weit über 2000 Artikel über grenzwissenschaftliche Themen erschienen: in Tages- und Wochenzeitungen wie *Die Zeit, Die Welt, Frankfurter Allgemeine, Frankfurter Rundschau, Süddeutsche Zeitung, Rheinischer Merkur* und *Bild*, ebenso in Fachzeitschriften wie *Bild der Wissenschaft, Psychologie heute, Ärzte Zeitung, Erfahrungsheilkunde* und *Esotera*; er gehört dem Redaktionsteam der Zeitschrift *Wendezeit* (früher: *Wassermann-Zeitalter*) an. Darüber hinaus berät und beliefert Wiesendanger Rundfunk- und Fernsehanstalten im In- und Ausland bei Sendungen zu "Psi"-Themen. Er ist Mitorganisator der alljährlichen Internationalen "Psi-Tage" in Basel, des weltweit bedeutendsten Publikumskongresses für Grenzwissenschaften, um dessen Pressearbeit er sich zugleich kümmert; in diesem Rahmen findet seit 1992 alle ein bis zwei Jahre der "Weltkongress für Geistiges Heilen" statt.

Seit Ende der achtziger Jahre haben ihn vor allem zwei Themenschwerpunkte beschäftigt: Geistiges Heilen und Reinkarnation.

Allein zum Thema "Geistiges Heilen" veröffentlichte er bisher neun Sachbücher (siehe "Lesetipps"), schrieb Dutzende von Hintergrundberichten, Serien und Dokumentationen, referierte auf Kongressen, trat über dreißigmal im Fernsehen auf, führte wiederholt Umfragen, Tests und Experimente durch - zuletzt den "Fernheil-Test" 1998/99 mit 55 Heilern aus sieben Ländern Europas und 290 chronisch Kranken. Im Jahre 1994 rief er den "Dachverband Geistiges Heilen" (DGH) ins Leben, dessen Erster Vorsitzender er bis 1998 war. Von 1996 bis 1999 gab er *Der Heiler* heraus, ein "Magazin für mehr Geist und Seele im Gesundheitswesen". Seit 1992 führt er eine "Heiler-Datenbank", die auf mehreren Umfragen unter rund 1000 Heilern im deutschsprachigen Raum beruht. Mehrfach hat er Geistiges Heilen in Umfragen, Tests und Experimenten wissenschaftlich erforscht, gemeinsam mit Ärzten und Naturwissenschaftlern - unter anderem 1998 in einem ärztlich kontrollierten Fernheil-Test mit 120 chronisch Kranken und 50 Heilern -, "in aufgeschlossener Distanz", wie er sagt, denn "einer Geistheilung bedarf zuallererst die Heilerszene selbst". Im Rahmen der europaweiten, EU-geförderten Fernheilstudie EUHEALS, die noch bis Ende 2004 läuft, rekrutiert und koordiniert er rund 500 Heiler aus 21 Ländern, die sich um 400 chronisch Kranke kümmern.

Zu seinem zweiten Schwerpunktthema, Reinkarnation, veröffentlichte Wiesendanger bisher die drei Bücher *Zurück in frühere Leben - Möglichkeiten der Reinkarnationstherapie*, *Wiedergeburt - Herausforderung für das westliche Denken* und *Zeitreiseführer*. Er zählt zu den Mitorganisatoren des Kongresses "Wiedergeburt - Wahn oder Wirklichkeit?" im Rahmen der 18. Basler Psi-Tage" (November 2000). Im Frühjahr 2000 begann er eine großangelegte Studie "Reinkarnation: Erfahrungen und Einstellungen in Mitteleuropa". Wiesendanger ist Mitglied der *Association for Past-Life Research and Therapies*.

In einem ausführlichen Porträt kennzeichnete ihn die *Ärzte Zeitung* 1990 als einen "Grenzgänger zwischen Wissenschaft und Aberglaube", dessen publizistische Tätigkeit für eingefleischte Esoteriker ebenso ein Ärgernis darstelle wie für hartgesottene Szientisten. "Wir brauchen dringend Wissenschaftler, die Anomalien aushalten können, wenn neuartige Erfahrungen althergebrachte Theorienrahmen sprengen - ebenso dringend, wie Okkultisten wissenschaftliches Argumentieren lernen müssen. Wie ich einerseits auf rätselhafte Phänomene aufmerksam zu machen versuche, die der etablierte Wissenschaftsbetrieb übersieht, verkennt oder totschweigt, so warne ich andererseits davor, sie voreilig als 'gegeben' hinzunehmen", so umreißt Wiesendanger sein Hauptanliegen.

Inzwischen zählt er zu den angesehensten und einflußreichsten Grenzwissenschaftlern und Wissenschaftspublizisten im deutschsprachigen Raum. Für seine Leistungen wurde er 1995 mit dem Preis für Parapsychologie der Schweizer Hedri-Stiftung ausgezeichnet, 1998 zum Würdenträger des Forschungszentrums für Traditionelle Volksmedizin in Moskau und des Russischen Heilerverbands ernannt; er gehört dem Editorial Panel des *International Journal of Healing and Caring* an.

Personenregister

Sachregister

Die umfassende Einführ

Im Urteil von Lesern:

"Mit Abstand das beste Buch auf diesem Gebiet."
Maya Hirschi, Winterthur

"Sehr informativ, ausgewogen und umfassend recherchiert."
Bert Kowalzik, Bremen

"In keinem anderen Buch habe ich über dieses Thema so anschauliche und sachliche Informationen erhalten. Es ist wirklich ausgezeichnet und sehr hilfreich."
Ursula Englert, Hamburg

"Brillant geschrieben und hervorragend recherchiert. Ich habe es mit großem Gewinn gelesen. Selten habe ich ein so spannendes populärwissenschaftliches Buch in den Händen gehalten. Ausgezeichnet finde ich auch die wissenschaftliche Auseinandersetzung mit dem Thema und die mir bis dahin unbekannten Fakten und Experimente."
Heike Greve, Kiel

"Ihnen gebührt Dank und Anerkennung, daß Sie sich kritisch und befürwortend für alternative Heilmethoden einsetzen, Daten und Fakten in solcher Fülle zusammenzustellen und den Leser durch die Art der Darstellung unbedingt zu überzeugen."
Ingrid Kristalli, Saloniki

"Ich bin fasziniert darüber, daß es über geistiges Heilen eine so umfassende Abhandlung gibt."
Dipl.-Ing. Eva Baumgärtel, Neuss

"Es ist für mich ein einzigartiges Werk."
Hans-H. Becker, Bad Pyrmont

"Sehr gut - im Gegensatz zu vielem Schund, der auf dem Markt ist."
Herta Lang, Garching

"Habe ich mit Begeisterung gelesen. Ein hervorragendes Buch mit riesigem Informationsgehalt - auch für den Laien."
Edeltraut Lauer, Schonach

"Ich habe das Buch soeben fertig gelesen und bedaure, daß die Lektüre nicht mehr weiter geht. Das Gebiet interessiert mich seit Jahren, und noch nie fand ich ein Buch, das mich derart fesselte wie Ihres."
Dr. med. Beat Schaub, Basel

"Ich betrachte es als ein Glück, daß ich Ihrem Buch begegnet bin. Wenn es einem schlecht geht, hilft es

Der Überblick

**438 Seiten
(siehe Bestellformular S. 397f.)**

schon, darin zu lesen. Es macht Mut."
Maria Bamberger, Wien

"Das interesssanteste Buch, das ich in meinem Leben gelesen habe. Danke für dieses Erlebnis!"
A. Feldmann, Fürstenfeldbruck

"Ein regelrechter Lichtblick in der esoterischen Sumpflandschaft."
Andreas Sommer, Eppelheim

"Ihr Buch verschlinge ich zur Zeit wie einen Karl-May-Band. Ein Jahrhundertwerk im wahrsten Sinne des Wortes!"
Hans-Joachim Rau

"'Das große Buch vom geistigen Heilen' ist bereits zur Pflichtlektüre für alle neuen Kursteilnehmer avanciert. Von Ihrem breiten und außergewöhnlichen Fachwissen bin ich sehr beeindruckt."
George Paul Huber,
"Livitra"-Heilzentrum

Das Große Buch vom Geistigen Heilen

Im Urteil der Presse:

"Die wohl umfassendste Veröffentlichung dieser Art auf dem Buchmarkt."
Lebenshilfe Nachrichten

"Wiesendanger führt anhand authentischer Patientenberichte vor, welche erstaunlichen Heilungen allein spirituelle energetische Kräfte bewirken können."
Ärzte Zeitung

"Ein Sachbuch dieser Qualität, prallgefüllt mit weithin unbekannten Fakten und originellen Argumenten, war überfällig; aus der Fülle der 'Wunderheiler'-Literatur ragt es einsam heraus."
Gnosis

"Stilistisch brillant, logisch durchdacht und vorbildlich gegliedert, inhaltlich aktuell und ausgewogen, wissenschaftlich fundiert und zugleich ein verläßlicher Ratgeber für die Praxis."
Proteg News

"Umfassend und anschaulich stellt dieses Buch die ganze Vielfalt geistiger Heilweisen vor, porträtiert ihre herausragendsten Vertreter, wägt Möglichkeiten und Grenzen, Chancen und Risiken jeder Therapieform unvoreingenommen gegeneinander ab. Gegen den Titel "Das große Buch" hat sich der Autor gegenüber dem Verlag lange Zeit gesträubt. ("Mir klingt er zu unbescheiden.") Doch es hat ihn verdient. Unter den 7000 Esoterik-Neuerscheinungen, die allein in diesem Jahr wieder auf den deutschen Buchmarkt drängen, zählt diese mit Sicherheit zu den allernötigsten."
Erfahrungsheilkunde

Einblicke

GEISTIGES HEILEN IN DER ÄRZTLICHEN PRAXIS -
Damit die Humanmedizin humaner wird
ca. 200 S., Broschur

Humanmedizin muss humaner werden, energetisch und ganzheitlich, um effektiver zu sein. Geistiges Heilen kann dabei mithelfen.

Denkanstöße hierzu sollen von dieser Anthologie ausgehen.

Darin berichten rund 20 Ärzte verschiedener Fachrichtungen über ihre persönlichen Erfahrungen mit Geistigem Heilen - zur Ermutigung von Standeskollegen, von Krankenkassen, von Gesundheitspolitikern, von Patienten.

Mit einer ausführlichen Einleitung von Harald Wiesendanger ("Nur eine Frage der Zeit").

Die Hintergründe

**448 Seiten.
Gebunden mit
Schutzumschlag.**

(siehe Bestellformular S. 397f.)

Ein Phänomen unter der Lupe

Geistiges Heilen gewinnt zunehmend an Bedeutung, obwohl es noch immer von Kritikern als Scharlatanerie gebrandmarkt wird. Doch die Erfahrung zeigt: Geistiges Heilen ist risikolos, frei von schädlichen Nebenwirkungen und mit anderen Heilverfahren nutzbringend kombinierbar. Neun von zehn Behandelten können Positives berichten, selbst in vermeintlich "hoffnungslosen" Fällen. Warum also begegnet die älteste Heiltradition der Menschheitsgeschichte nach wie vor massiven Widerständen? Was ist von ihr zu halten? Wie viel leistet sie wirklich?
Dieses Buch schafft Klarheit. Harald Wiesendanger und seine namhaften Mitautoren (Ärzte, Heiler, Naturwissenschaftler, Parapsychologen, Psychotherapeuten und Juristen) schildern die wichtigsten Aspekte geistigen Heilens mit seinen weitreichenden Chancen für das neue Jahrtausend. Sie setzen sich mit vielen offenen Fragen auseinander, informieren aus Forschung und Praxis, inspirieren und vermitteln Zukunftsperspektiven.
Eine überaus spannende Lektüre für alle, die bereit sind, in Gesundheitsfragen neue Wege zu gehen.

"Geistiges Heilen für eine neue Zeit"

Mit Beiträgen von:

Dr. Pablo Alemany, Dr. med. Daniel Benor, Dr. med. Herbert Benson, Dr. med. Jakob Bösch, Dr. med. Pierre Bovet, Dr. med. Michael Dixon, Gertrud Emde, Manfred Engel, Dr. Peter Gilgen, Dr. med. Ulrich Hasler, Dr. med. Ellis Huber, Dr. med. György Irmey, Dr. med. Ulrich Klettner, Wolfgang Lüdke, Dr. med. Albrecht Mahr, RA Harald Roth, Dr. med. Hans-Christoph Scheiner, Dr. med. Barbara Schliecker, Dr, med. Verena Schmuckermeier, Prof. Dipl.-Ing. Alex Schneider, Pamela Sommer-Dickson, Dr. med. Andreas-Hans Wasylewski, Lucius Werthmüller.

Im Urteil von Lesern:

"Sehr ansprechend und objektiv geschrieben."
Werner Kluge, Burgkunstadt

"Ihr Buch spricht mir aus der Seele."
Maria Fillenberg, Amberg

"'Geistiges Heilen für eine neue Zeit' habe ich mit großem Interesse gelesen. Ich hoffe, daß es großen Anklang findet. Gottes Segen für Sie und die Verbreitung des Buches."
Waltraud Pampel, Vorstandsmitglied der "Deutschen Vereinigung für geistiges Heilen"

"Ganz herzlichen Dank und Gratulation für diese hochkarätige Zusammenstellung. Ihr Buch werden wir in Seminaren ausdrücklich empfehlen."
Claus Claussen, Vorsitzender der "Arbeitsgemeinschaft für Holistik in der Heilung"

"Danke für dieses schöne Buch. Es schafft Klarheit."
Werner J. Meinhold, Vorsitzender der "Deutschen Gesellschaft für therapeutische Hypnose und Hypnoseforschung", Leiter der "Gesellschaft Harmonie 1782"

"'Ein Buch mit wichtigen Aspekten, ... sehr lesenswert. Ich mag es, wenn jemand 'auf den Punkt kommt'."
Hubertus M. Schweizer, Heilpraktiker und Heiler, Councillor der "World Federation of Healing"Deutschland

"Ich wünsche Ihrem Werk weite Verbreitung, um die materialistische Medizin auf das ihr gebührende Maß zu reduzieren und die Entstehung neuer Weltbilder zu fördern."
Prof. Dr. Ernst Senkowski, Mainz

"Herzlichen Glückwunsch zum Erscheinen Ihres neuen Buches! Ich wünsche Ihnen viel Erfolg damit, und daß es eine große Leserschaft weltweit findet!"

Sofi Tachalov (Heilerin), Venlo

Im Urteil der Presse:

"Was ist von geistigem Heilen zu halten? Klarheit schafft das neueste Buch des Philosophen und Psychologen Harald Wiesendanger, der als führender Experte für geistiges Heilen gilt und sich seit vielen Jahren dafür einsetzt, geistiges Heilen in das öffentliche Gesundheitswesen einzubeziehen, nach erfolgreichen Vorbildern aus dem Ausland."

Erfahrungsheilkunde

"'Wiesendangers Buch macht den Streitern für eine Legalisierung des Geistigen Heilens neuen Mut und nimmt Kritikern einiges von ihrem Pauschal-Wind aus den Segeln."

Grenzenlos

"Der in einschlägigen Kreisen wohlbekannte Verfasser setzt sich seit vielen Jahren für die Anerkennung der geistigen Heilung ein.In diesem aufschlußreiche Sammelband ... stammen elf Beiträge aus seiner eigenen Feder, die eine Art Rahmen für 24 Artikel kompetenter Mitautoren bilden. Das vielgestaltige Material beinhaltet in neun Abschnitten nahezu alle Aspekte."

Transkommunikation

"Alle Aspekte des geistigen Heilens finden in diesem Buch eine fachgerechte Behandlung. Angefangen mit dem Wesen des Heilens - zwischen Energietransfer und liebevoller Fürsorge - über eine Kasuistik austherapierter Fälle, die Auseinandersetzung mit dem bekannten Argument des Placebo-Effekt bis hin zu Forschungsergebnissen usw. bekommt der Leser vom Autor und weiteren Spezialisten einen umfassenden Überblick über das Thema. Eine spannende Lektüre.

Para (Schweiz)

"Gibt einen aktuellen Überblick und zeigt den Weg vom 'Wunderheilen' zur ganzheitlichen Medizin."

Feierabend (Würzburg)

Gerade die Berichte aus der Praxis zeigen, daß es zwischen Himmel und Erde offenbar doch mehr gibt, als 'unsere Schulweisheit sich träumt'."

Der Dom, Kirchenzeitung für das Erzbistum Paderborn

"Ausgezeichnet und vor allem seriös zusammengefaßt."

Ski-Magazin

"Ein Werk, das uns ganz tief hineinführt in das Phänomen Geistheilen. Es beeindruckt durch die Fülle von Aspekten, die in ihm behandelt werden. Was man aus ihm lernen kann, ist unbezahlbar. Jedem Interessierten muß es dringend empfohlen werden."

VTF-Post

Der Test

Großformat A 4,
160 Seiten,
mit ca. 100 Fotos,
Grafiken und Tabellen

(s. Bestellformular S. 397f.)

Fernheilen: Probe aufs Exempel

Das "Fernbehandeln", die angebliche Vermittlung von heilenden Energien über beliebige Entfernungen hinweg, ist ein Mysterium. Denn wie soll Geistheilung gelingen, wenn ein Kranker von seinem Therapeuten Hunderte von Kilometern entfernt ist, ihm vielleicht niemals begegnete - und womöglich nicht einmal weiß, daß auf Distanz mit ihm gearbeitet wird? Wie sollen übermittelte "Heilkräfte" zielgenau, selbst zu anderen Kontinenten hin, einen bestimmten Empfänger erreichen können, ohne sich dabei im geringsten abzuschwächen?

Der "Fernheil-Test" hat die Probe aufs Exempel gemacht - in einer aufwendigen wissenschaftlichen Studie mit 55 Fernheilern aus sieben europäischen Ländern und 290 Schwerkranken, die aus schulmedizinischer Sicht "austherapiert" waren; durchschnittlich elf Jahre lang hatte sich jeder von ihnen mit seinem Leiden herumgequält, ohne bei Ärzten Hilfe zu finden.

Ein neunköpfiges Team von Medizinern und Wissenschaftlern, mehrere Universitäten und private Forschungsinstitute haben an dieser Studie mitgewirkt. Sie belegt zweifelsfrei: **Fernheilen wirkt - selbst in vermeintlich aussichtslosen Fällen.**

Spurensuche

FERNHEILEN (ab Mai 2004)
Band 1: Das Phänomen
Band 2: Antworten, Tipps und Warnungen für Hilfesuchende
(s. Bestellformular S. 397f.)

Fernheilen - ein Ausweg für Kranke?

Band 1 führt in die Vielfalt der Fernheilmethoden ein, schildert überzeugende Fälle von erfolgreichen Fernbehandlungen, stellt wissenschaftliche Tests und Experimente vor, sucht nach Erklärungen, setzt sich mit Einwänden von Kritikern auseinander.

Band 2 geht auf die drängendsten Fragen ein, die Patienten bewegen, wenn sie unschlüssig sind, ob sie sich auf diese mysteriöse Behandlungsweise überhaupt einlassen sollen. Mit vielen Tipps und Warnungen, die Hilfesuchenden bei der Suche nach fähigen, seriösen Fernheilern Enttäuschungen ersparen.

Das Lexikon

GEISTHEILUNGEN - Erfolge von A bis Z
(ab März 2004) ca. 200 Seiten, Broschur

In welchen Fällen hilft Geistiges Heilen? Bewirkt es auch etwas bei meinem speziellen Leiden?" Dieses Buch lässt Menschen zu Wort kommen, die sich Geistheilern anvertrauten - und diesen Schritt nicht bereut haben. Und es gibt Heilern Gelegenheit, besonders bemerkenswerte Erfolge aus ihrer Praxis vorzustellen. **Ihre Fallberichte machen vermeintlich "Hoffnungslosen" neuen Mut.**

Bei Tumoren?

GEISTIGES HEILEN BEI KREBS - Ein unkonventioneller Ausweg
(ab Mai 2005) ca. 200 S., Broschur

Immer mehr Krebskranke erwägen, sich auf Geistheiler einzulassen. Doch die Verunsicherung ist groß: Was können diese umstrittenen Laientherapeuten wirklich? **Wieviel erreichen sie speziell bei Tumorleiden? Dieses Buch schafft Klarheit** - gestützt auf faszinierende Fallbeispiele, auf eindrucksvolle klinische Studien, auf spektakuläre Laborversuche, auf Erfahrungsberichte von Krebspatienten.

In Gottes Namen

WIE JESUS HEILEN (ab März 2005)
Geistiges Heilen: ein Akt christlicher Nächstenliebe.
ca. 200 Seiten, Broschur

Schon Jesus behandelte Kranke durch Handauflegen und Gebet. Wenn Kirchenvertreter Geistheiler beargwöhnen, verkennen sie den Heilungsauftrag des Gottessohns, wie Theologen, Priester und tiefgläubige Patienten von Heilern in diesem Buch darlegen.

Die Adressen

Wo finden Kranke spirituelle Hilfe?

AUSWEGE - Die Heiler-Datenbank

Ein kommentiertes Adressenverzeichnis in 10., aktualisierter und erweiterter Auflage (Bestellung S. 396)

Wer hilft Patienten auf geistigem Weg - möglichst in der Nähe ihres Wohnorts? Welche Methoden setzt er dazu ein? Welche Qualifikationen kann er vorweisen? Was kostet er?

AUSWEGE stellt über 500 Heiler aus Deutschland, der Schweiz und Österreich vor, übersichtlich geordnet nach Postleitzahlen. Mit vielen Tips und Warnungen für die Suche nach seriösen Heilern.

AUSWEGE erschließt eine "Heiler-Datenbank", die auf mehreren Umfragen unter rund 1000 Geistheilern beruht, welche Harald Wiesendanger mittels eines 25teiligen Fragebogens seit 1992 mehrfach in der Szene durchführte.

**Ein unentbehrlicher Wegweiser
für jeden Patienten,
für den Ärzte zuwenig tun.**

Stimmen zu AUSWEGE

So urteilen Hilfesuchende:

"Danke für dieses Adressenverzeichnis, es gibt in der Not Hoffnung."
Mathilda Hortig, Darmstadt

"Auf der Suche nach Heilern ist 'Auswege' für mich eine optimale Orientierungshilfe."
Berta F., Berlin

"Die ausführlichen, präzisen Porträts jedes Heilers machen klar, mit wem man es zu tun bekommen wird." Friedrich K., Köln

"Ein großes Lob, denn Ihr Verzeichnis war sehr hilfreich für mich."
Hella Kantelberg, Hamburg

"Ein Glück, daß es so ein Buch gibt." Eva-Maria S., München

So urteilen Experten:

"Ich möchte Sie ermutigen, mit dieser bedeutsamen Arbeit fortzufahren." Dr. med. Daniel Benor, "Doctor-Healer Network"

"Selbstverständlich unterstütze ich Sie in jeder Form bei Ihrer wertvollen und qualifizierten Arbeit."
George Paul Huber, Livitra-Heilzentrum

"Die Arbeit, die Sie sich mit der Erstellung eines 'Heilerverzeichnisses' machen, ist bewundernswert und sehr sinnvoll. Ihre Mühe wird sich lohnen, denn damit können Sie vielen kranken Menschen, die Hilfe suchen, etwas Konkretes anbieten. Haben Sie herzlichen Dank für Ihre Idee und die Ausführung."
Ilse-Marie Struck, Heilpraktikerin

"Es ist in unserer heutigen Zeit eine sehr gute und hilfreiche Idee, ein Adressenverzeichnis mit seriösen Heilern interessierten und hilfsbedürftigen Menschen zugänglich zu machen, und Pionierarbeiten dieser Art begegne ich stets mit großem Interesse. So möchte ich Ihr Vorhaben sehr gerne unterstützen und Ihnen, so gut es geht, behilflich sein." Pamela Sommer-Dickson, spirituelle Psychotherapeutin, Councillor der "World Federation of Healing" Schweiz

"Ich verstehe Ihre Bestürzung über die Orientierungslosigkeit von Kranken, die nach geistiger Hilfe suchen. Für Sie und Ihre Arbeit alles Gute!"
Hubertus M. Schweizer, Heilpraktiker und Heiler, Councillor der "World Federation of Healing" Deutschland

"Für Ihre Arbeit wünschen wir Ihnen Gottes Segen."
Rosalia Kommol, Vorstandsmitglied der "Gemeinschaft für Geistige Entfaltung"

Bestellung

___ Expl. Wiesendanger: **Das Große Buch vom Geistigen Heilen - Möglichkeiten, Grenzen, Gefahren** .... 25 EUR

___ Expl. Wiesendanger, **Geistheilungen - Erfolge von A bis Z** .... 25 EUR

___ Expl. Wiesendanger: **Fernheilen, Band 1: Das Phänomen** (ab Mai 2004) .... 28 EUR

___ Expl. Wiesendanger: **Fernheilen, Band 2: Antworten, Tipps und Warnungen für Hilfesuchende** (ab Mai 2004) .... 25 EUR

___ Expl. Wiesendanger: **Heilen ohne Grenzen - 'Fernbehandeln' auf dem Prüfstand** (ab 4/2004) .... 25 EUR

___ Expl. Wiesendanger (Hg.): **Geistiges Heilen in der ärztlichen Praxis - Damit die Humanmedizin humaner wird** .... 23 EUR

___ Expl. Wiesendanger (Hg.): **Geistiges Heilen für eine neue Zeit - Vom "Wunderheilen" zur ganzheitlichen Medizin** .... 28 EUR

ab März 2005: **Wie Jesus heilen. Geistiges Heilen: ein Akt christlicher Nächstenliebe** ..... 25 EUR

ab Mai 2005: **Geistiges Heilen bei Krebs - Ein unkonventioneller Ausweg** .... 25 EUR

alle Preise incl. Versandkosten

Ferner lieferbar *(im Buchhandel vergriffen, wenige Restexemplare beim Autor)*

___ Expl. Wiesendanger: **Die Jagd nach Psi - Über neue Phänomene an den Grenzen unseres Wissens** .... 15 EUR

___ Expl. Wiesendanger: **Zurück in frühere Leben - Möglichkeiten und Grenzen der Reinkarnationstherapie** .... 25 EUR

___ Expl. Wiesendanger (Hg.): **Wiedergeburt - Herausforderung für das westliche Denken** .... 15 EUR

Fortsetzung s. nächste Seite

Bestellung

___ Expl. Wiesendanger, **Der Streit ums Horoskop - Astrologen stellen sich der Kritik** .... 15 EUR

___ Expl. Wiesendanger, **In Teufels Küche - Jugendokkultismus: Gründe, Folgen, Hilfen** .... 15 EUR

___ Expl. Wiesendanger, **Auf kurz oder lang - Aphorismen, Anekdoten, Analysen, Anarchismen über Gott und die Welt** .... 20 EUR

___ Expl. Wiesendanger, **Auf weiter Flur - Noch mehr Aphorismen, Anekdoten, Analysen, Anarchismen über Gott und die Welt** .... 20 EUR

___ Expl. Wiesendanger, **Die Suche nach Sinn - Allerletzte Antworten auf letzte Fragen** (ab 11/2004) 25 EUR

alle Preise incl. Versandkosten

Vergriffen sind:

Wiesendanger, **Zeitreiseführer**
Wiesendanger, **Mit Leib und Seele**
Wiesendanger, **Zwischen Wissenschaft und Aberglaube**
Wiesendanger, **Bruno Gröning - Ein Ausweg für Kranke?**

GRATIS:

____ Infos über **AUSWEGE - Die Heiler-Datenbank.** (Mit Adressen und Porträts von über 500 Geistheilern

____ Infos über die Internationalen **"Basler Psi-Tage" / Weltkongress für Geistiges Heilen**

Lieferung an folgende Anschrift:

Vorname, Name: ______________________________

Straße, Nr.: ______________________________

Land/PLZ/Ort: ______________________________

eMail: ______________________________

Datum: ______________ Unterschrift: ______________

Einen Verrechnungsscheck über EUR ____________ bzw. _____ CHF in bar (incl. Versandkosten) lege ich dieser Bestellung bei. (Lieferung *nur bei Vorkasse*.)

Bitte einsenden an:
Dr. Harald Wiesendanger
Zollerwaldstr. 28
D - 69436 Schönbrunn